KB268828

한 권으로 끝내는

스페인어 탑 되기

박 은 주 지음

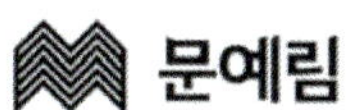

문예림

저 자 **박 은 주**(Yuri, Park)

한국외국어대학교 스페인어학과 및 동 대학원 스페인어 교육학 석사 학위를 취득하였다. 멕시코에서 다년간 통역사로 활동하였고, 문화체육관광부, 방위사업청, 현대그룹 등 강의, 현재는 종로 파고다어학원에서 스페인어 전임 강사로 활동하고 있다. 저서로는 말문이 트이는 블라블라 스페인어, 나 혼자 간다 여행 스페인어, 스페인어 회화 꿀패턴, 일상생활 스페인어 첫걸음이 있다.

녹음 : Sergi Giménez Palomo
　　　 Verónica López Medina
삽화 : 원대한

한 권으로 끝내는 스페인어 탑되기

초 판 3쇄 인쇄 : 2017년 4월 15일
초 판 3쇄 발행 : 2017년 5월 8일

저　　자 : 박 은 주
발행인 : 서 덕 일
발행처 : 도서출판 문예림
등　　록 : 1962. 7. 12 제2-110호
주　　소 : 경기도 파주시 회동길 366(서패동) (10881)
전　　화 : (02)499-1281~2
팩　　스 : (02)499-1283
http : //www.bookmoon.co.kr
E-mail : info@bookmoon.co.kr

ISBN 978-89-7482-770-0(13770)

　스페인어는 이미 우리 일상생활 혹은 주변에서 쉽게 찾아볼 수 있습니다. 외국 영화 속에 등장하는 히스패닉들이 쓰는 스페인어, 얼마 전 한국 드라마에서도 주인공이 심지어 스페인어로 된 노래를 부르고 스페인어로 대사를 하는 장면도 있었으며, 핸드폰 광고에서는 스페인 사람들이 등장하여 대화하는 등 아마 관심있게 본 사람이라면 알게 모르게 스페인어가 많이 사용되고 있구나하고 절감할 수 있었을 것입니다. 요즘 일부 다큐멘터리 방송에서도 스페인이나 중남미 국가들을 소개하는 프로그램을 쉽게 접할 수 있고, 카페나 바 등에서 스페인 혹은 라틴 노래와 음악들이 흘러나오는 경우는 다반사입니다. 이미 '베사메 무쵸'(Bésame mucho), '돈데보이'(Dónde voy), '키사쓰 키사쓰 키사쓰'(Quizás Quizás Quizás), '라 쿠카라차'(La Cucaracha) 등의 노래들은 이미 대중들에게 익숙한 노래들이며, 일부 노래들은 한국어로 번안되어 대중적으로 불려지고 있습니다. 또한 한국어와 어느 정도 유사한 발음과 영어와 비슷한 알파벳으로 인해 자동차나 가전제품, 가구 등의 광고의 브랜드 네임으로서 뿐만 아니라 길거리의 표지판 광고 등에서도 쉽게 찾아볼 수 있습니다.

　수년간 스페인어 강의를 해오면서 스페인어를 배우는 동기도 각양각색이고 매해 스페인어에 관심을 가지고 배우려는 학생들의 수가 늘고 있음을 실감하고 있습니다. 단순한 관심, 취미 및 여행, 어학연수 뿐만 아니라 이민, 건축, 음악, 요리, 축구, 춤, 미술 등 아주 세부적이고 구체적인 동기를 가지고 스페인어를 공부하고자 하는 학습자들도 많이 늘고 있는 추세입니다. 아직까지는 스페인어가 영어, 중국어에 비해 한국에서는 인지도가 비교적 낮은게 현실이나 약 20여개국의 모국어이며 약 4억 명이 모국어로 사용하고 있고, 미국에서는 4천만 명 이상의 히스패닉 인구가 있다는 현실을 감안한다면 스페인어는 차세대에 반드시 배워야 할 필수 언어임에는 틀림없습니다. 본 저자 역시 스페인과 중남미 등지에서 오랜 시간을 체류한 경험이 있지만 외국여행 및 외국에서의 거주 경험이 있는 사람이라면 스페인어의 위상과 인기는 한 번쯤 실감했을 것이라 여겨집니다.

　다년간 스페인어 강사로 활동하면서 두 가지 고민을 늘 해왔습니다. 첫째, '어떻게 하면 학생들에게 좀 더 쉬우면서도 재미있게 스페인어를 가르칠 수 있을까?' 두 번째로는 '문법과 회화를 동시에 학습할 수 있는 가장 효율적인 방법은 무엇일까?' 하는 질문에 대한 해답

을 찾으려고 그동안 다양한 수업자료들과 강의방법을 동원하며 시행착오를 겪어왔습니다. 가장 좋은 강의를 함에 있어서 가장 필요한 것이 좋은 교재의 선택이라 생각하고 문법과 회화를 동시에 배울 수 있고, 다소 어렵게 느껴지는 스페인어 문법을 초보자의 입장에서 좀 더 쉽게 다가갈 수 있도록 학습자의 입장에서 본 교재를 만들게 되었습니다.

본 교재는 총 25과까지 동사 시제별로 현재부터 과거시제 그리고 접속법까지 스페인어의 모든 문법들이 총체적으로 자세히 설명되어 있어 초급자 뿐만 아니라 중 · 고급 학습자들까지 공부할 수 있는 학습서라는 특징이 있습니다. 문법, 연습문제, 말하기, 듣기 그리고 쓰기 파트로 구성되어 있어 문법, 읽기, 쓰기, 듣기, 말하기의 모든 영역을 골고루 학습할 수 있게끔 하였습니다. 특히 말하기 영역에서 각 과에서 학습한 문법을 실생활에 적용하여 의사소통할 수 있도록 재미있게 구성해 보았습니다. 그동안 강의를 하면서 학생들로부터 연습문제가 많이 포함되어 있는 교재에 대한 문의를 받아온 점을 고려하여 최대한 많은 양의 연습문제를 수록하여 학습자들이 각 과의 문법에 대해 가능한 한 많은 연습을 할 수 있도록 하였습니다. 또한 스페인어 자격증 시험(DELE)에 응시하기 전에 꼭 알아야 할 기초 문법과 상황별 회화, 필수 어휘 등을 다루었으므로 앞으로 자격증 시험을 준비하는 학습자들에게도 도움을 주고자 노력했습니다.

끝으로 이 책을 만드는데 도움을 주신 모든 분들께 감사드립니다.

박 은 주

¡Hola! ¿Qué tal?

(안녕, 어떻게 지내니?)

- 스페인어 알파벳
- 강세
- 명사의 성과 수
- 정관사와 부정관사

문법

1 스페인어 알파벳

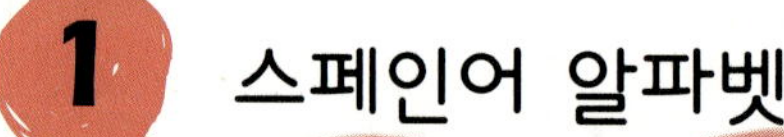

모음	A E I O U a e i o u 스페인어에서 모음은 '아, 에, 이, 오, 우' 5개이며, 어떠한 위치에서도 동일한 발음이 난다.

자음	발음	자음 + 모음 (a, e, i, o, u)	단어
B b	be (베)	ba, be, bi, bo, bu (바, 베, 비, 보, 부)	banana (바나나) 바나나 bar (바르) 바
C c	ce (쎄)	ca, ce, ci, co, cu (까, 쎄, 씨, 꼬, 꾸)	café (카페) 커피 cine (씨네) 영화관 Colombia (꼴롬비아) 콜롬비아 Cecilia (쎄씰리아)
Ch ch	che (체)	cha, che, chi, cho, chu (차, 체, 치, 초, 추)	chico (치꼬) 젊은 남자 checo (체꼬) 체코 사람 coche (꼬체) 자동차
D d	de (데)	da, de, di, do, du (다, 데, 디, 도, 두)	domingo (도밍고) 일요일 dado (다도) 주사위
F f	efe (에페)	fa, fe, fi, fo, fu (파, 페, 피, 포, 푸)	foto (포또) 사진 elefante (엘레판떼) 코끼리 Filipinas (필리삐나쓰) 필리핀
G g	ge (헤)	ga, ge, gi, go, gu (가, 헤, 히, 고, 구)	gato (가또) 고양이 Guatemala (구아떼말라) 과테말라

자음	발음	자음 + 모음 (a, e, i, o, u)	단어
G g	ge (헤)	gue, gui, güe, güi (게, 기) (구에, 구이)	Argentina (아르헨띠나) guerra (게라) 전쟁 guitarra (기따라) 기타 vergüenza (베르구엔싸) 부끄러움 lingüística (링구이쓰띠까) 언어학
H h	hache (아체)	ha, he, hi, ho, hu (아, 에, 이, 오, 우) 묵음으로 절대 발음하지 않는다.	Honduras (온두라쓰) 온두라스 hospital (오쓰삐딸) 병원 hotel (오뗄) 호텔
J j	jota (호따)	ja, je, ji, jo, ju (하, 헤, 히, 호, 후) 목청에서 끌어오르는 듯 목 안에 서 세게 발음해야 한다.	julio (훌리오) 7월 jamón (하몬) 햄 Jamaica (하마이까) 자메이카
K k	ca (까)	외래어에만 존재하는 발음으로 원래 발음대로 읽는다.	kilómetro (낄로메뜨로) 킬로미터 kiwi (끼위) 키위
L l	ele (엘레)	la, le, li, lo, lu (라, 레, 리, 로, 루)	lago (라고) 호수 calor (깔로르) 더위
Ll ll	elle (에예)	lla, lle, lli, llo, llu (야, 예, 이, 요, 유) 표준 발음은 '이'이나 지역에 따 라서는 '지'에 가까운 발음을 하 기도 한다.	lluvia (유비아) 비 Mallorca (마요르까) 마요르카
M m	eme (에메)	ma, me, mi, mo, mu (마, 메, 미, 모, 무)	mundo (문도) 세상 mango (망고) 망고
N n	ene (에네)	na, ne, ni, no, nu (나, 네, 니, 노, 누)	negro (네그로) 검정 Nicaragua (니까라구아) 니카라 구아
Ñ ñ	eñe (에녜)	ña, ñe, ñi, ño, ñu (냐, 녜, 니, 뇨, 뉴)	España (에스빠냐) 스페인 español (에스빠뇰) 스페인어 niño (니뇨) 아이
P p	pe (뻬)	pa, pe, pi, po, pu (빠, 뻬, 삐, 뽀, 뿌)	Panamá (빠나마) 파나마 piano (삐아노) 피아노 pollo (뽀요) 닭고기
Q q	cu (꾸)	que, qui (께, 끼)	Quito (끼또) 키토 queso (께소) 치즈

자음	발음	자음 + 모음 (a, e, i, o, u)	단어
R r	ere (에레)	ra, re, ri, ro, ru (라, 레, 리, 로, 루) 혀가 입 앞쪽에서 확실히 발음한다.	pero (뻬로) 그러나 cero (쎄로) 제로 caro (까로) 비싼 doctor (독또르) 의사 profesor (쁘로페소르) 선생님
	erre (에레~)	단어 첫 자리의 ⟨r⟩와 ⟨rr⟩는 길게, 강하게, 진동하는 발음을 내야 한다. 또한, l, n, s 뒤에 오는 경우에도 진동하는 발음을 낸다.	perro (뻬로) 개, 강아지 cerro (쎄로) 언덕 carro (까로) 자동차 rosa (로사) 장미 Rusia (루시아) 러시아 reina (레이나) 여왕 risa (리사) 웃음 Enrique (엔리께) 엔리케 Israel (이스라엘) 이스라엘 alrededor (알레데도르) 주변에
S s	ese (에세)	sa, se, si, so, su (싸, 쎄, 씨, 쏘, 쑤)	salud (쌀룯) 건강, 건배 sábado (싸바도) 토요일
T t	te (떼)	ta, te, ti, to, tu (따, 떼, 띠, 또, 뚜)	tomate (또마떼) 토마토 tequila (떼낄라) 데킬라
V v	uve (우베)	va, ve, vi, vo, vu (바, 베, 비, 보, 부)	vaca (바까) 소 verbo (베르보) 동사
W w	uve doble (우베 도블레)	외래어에만 있는 알파벳으로 원래 발음나는 대로 읽는다.	Washington (워싱똔) 워싱턴 Whisky (위스끼) 위스키
X x	equis (에끼쓰)	대부분 ⟨ks⟩ (윽스)로 발음된다. 가끔 지명에서 ⟨ㅎ⟩ 발음이 나기도 하고 ⟨s⟩와 같은 발음이 나기도 한다.	examen (엑싸멘) 시험 taxi (딱씨) 택시 México (메히꼬) 멕시코 xenofobia (쎄노포비아) 외국인 혐오 xilófono (씰로포노) 실로폰
Y y	i griega (이 그리에가)	ya, ye, y, yo, yu (야, 예, 이, 요, 유) 표준 발음은 '이' 처럼 발음하지만, 일부 지역에서는 '지'에 가까운 발음을 내기도 한다.	Yolanda (욜란다) 욜란다 Yemen (예멘) 예멘 Paraguay (빠라과이) 파라과이

자음	발음	자음 + 모음 (a, e, i, o, u)	단어
Z z	zeta (쎄따)	za, ze, zi, zo, zu (싸, 쎄, 씨, 쏘, 쑤) 혀를 내밀어 발음하며, ce, ci와 동일하게 발음해야 한다.	zapato (싸빠또) 신발 lápiz (라삐쓰) 연필 zoo (쏘) 동물원 Venezuela (베네쑤엘라) 베네수엘라

- 스페인 본토 발음과 중남미 발음을 구분하는 중요한 기준이 되는 것이 바로 z와 ce, ci의 발음이다. 중남미에서는 〈싸, 쎄, 씨,쏘, 쑤〉로 발음하는 반면, 스페인 반도에서는 혀를 윗니와 아랫니 사이에 넣어 〈θ〉로 발음한다.
- 2010년 이후 스페인어 철자법 개정을 시행하여 ch(che)와 ll(elle)는 독립적인 문자로 인정되지 않고 c(ce)와 l(ele)의 하위 항목으로 편입되었다. 본 교재에서는 스페인어 발음을 좀 더 쉽고 간단하게 공부하기 위해 구 알파벳의 명칭을 사용하기로 하겠다.

- 주의해야 할 발음

ca, que, qui, co, cu	까, 께, 끼, 꼬, 꾸
za, ce, ci, zo, zu	싸, 쎄, 씨, 쏘, 쑤
ja, je/ge, ji/gi, jo, ju	하, 헤, 히, 호, 후
ga, gue, gui, go, gu	가, 게, 기, 고, 구
ha, he, hi, ho, hu	아, 에, 이, 오, 우
lla, lle, lli, llo, llu	야, 예, 이, 요, 유
ya, ye, y, yo, yu	야, 예, 이, 요, 유
ra, re, ri, ro, ru	혀를 굴리는 발음
va, ve, vi, vo, vu (=ba, be, bi, bo, bu)	바, 베, 비, 보, 부

2 강세

스페인어는 단어마다 강세가 있다. 즉 강세가 있는 음절을 강하게 발음해야 한다는 것을 의미하며, 강세를 통해 동음이의어를 구별하므로 스페인어에서 강세는 아주 중요한 역할을 하게 된다.

Ⓐ 모음 또는 자음 중 n과 s로 끝나는 단어는 끝에서 두 번째 음절에 강세가 있다.

me-sa (테이블)	hom-bre (남자)
jo-ven (젊은이)	e-xa-men (시험)
lu-nes (월요일)	mar-tes (화요일)

Ⓑ n과 s를 제외한 나머지 자음으로 끝나는 단어는 마지막 음절에 강세가 온다.

Mad-rid (마드리드)	re-loj (시계)
ho-tel (호텔)	a-mor (사랑)
ciu- dad (도시)	dor-mir (자다)

Ⓒ 이중 모음이 포함된 단어는?

모음 5개는 강모음(a, e, o)와 약모음(i, u)으로 구분하며, 강모음 + 약모음, 약모음 + 강모음, 약모음 + 약모음 등의 이중 모음으로 구성된 경우 이중 모음은 한 음절로 간주되어 분리 시킬 수 없다. 또한, 이중 모음에서 강세는 항상 강모음에 온다.

ai-re (공기)	gra-cias (감사합니다)
cau-sa (이유)	pa-ra-guas (우산)
rei-na (여왕)	eu-ro (유로)
boi-na (베레모)	pa-la-cio (궁전)

Ⓓ 악센트 부호(tilde)를 찍어야 하는 단어는 Ⓐ, Ⓑ에 해당하지 않는 강세 불규칙 단어

fá-cil (쉬운)	sá-ba-do (토요일)
ca-fé (커피)	Mé-xi-co (멕시코)
día (날)	te-le-vi-sión (텔레비전)
au-to-bús (버스)	ja-món (햄)

E 동음이의어와의 구별을 위해 악센트 부호(tilde)를 표시하기도 한다.

> sí – si (예 – 만일)   él – el (그 남자 – 남성 정관사)

3 명사의 성과 수

A 명사의 성

스페인어의 모든 명사는 남성 또는 여성으로 구분되며 사물의 성은 둘 중 하나로 고정되어 있지만 사람 또는 동물은 타고난 성을 따르게 된다. 남성은 보통 ~o, 여성 명사는 ~a로 끝난다. 자연성이 있는 명사는 그것을 따른다.

1. 모음으로 끝날 때

남성(-o)	여성(-a)
coreano (한국 남자)	coreana (한국 여자)
italiano (이탈리아 남자)	italiana (이탈리아 여자)
chino (중국 남자)	china (중국 여자)
alumno (남학생)	alumna (여학생)
médico (남자 의사)	médica (여의사)
camarero (남자 웨이터)	camarera (여자 웨이터)

2. 자음으로 끝날 때

남성	여성(-a)
español (스페인 남자)	española (스페인 여자)
japonés (일본 남자)	japonesa (일본 여자)
francés (프랑스 남자)	francesa (프랑스 여자)
inglés (영국 남자)	inglesa (영국 여자)
profesor (남자 선생님)	profesora (여선생님)
doctor (남자 의사)	doctora (여의사)

3. 남·여성이 동일한 경우

남성	여성
estudiante (남학생)	estudiante (여학생)
periodista (남자기자)	periodista (여기자)

Ⓑ 명사의 수

모음으로 끝날 때 + s		자음으로 끝날 때 + es	
단수	복수	단수	복수
coreano	coreanos	español	españoles
italiano	italianos	japonés	japoneses
chino	chinos	francés	franceses
española	españolas	inglés	ingleses
japonesa	japonesas	profesor	profesores

※ 단, 국명형용사의 경우, 여성 명사 혹은 복수 명사로 변할 때 강세가 떨어진다.

4 정관사와 부정관사

스페인어의 모든 명사에는 관사가 동반될 수 있으며, 명사에 성과 수가 있듯이 관사 또한 성·수 변화를 하게된다.

Ⓐ 정관사

정관사는 구체적인 것을 설명하는 영어의 **the**에 해당하며, 실제로 존재하는, 이미 앞서 언급한 적이 있는 명사를 다시 반복해서 말할 때 사용한다.

	남성	여성
단수	el	la
복수	los	las

Ⓑ 부정관사

정해지지 않은 그 어떤 것을 지칭할 때 사용하며 영어의 a, an에 해당한다. 처음으로 언급하거나 실제로 존재하는지 확실하지 않을 경우 사용된다.

	남성	여성
단수	un	una
복수	unos	unas

Ⓒ 명사의 성

1. 어미가 –o로 끝나는 명사는 대부분 남성 명사이다.

   el libro (책)   el gato (고양이)   el coreano (한국 남자)

2. 어미가 –a로 끝나는 명사는 대부분 여성 명사이다.

   la casa (집)   la mesa (탁자)   la profesora (여자 선생님)

3. 어미가 –or, –ón, –je로 끝나는 명사는 대부분 남성 명사이다.

   el doctor (남자 의사)   el señor (아저씨)   el jugador (선수)   el león (사자)

   el traje (정장)   el masaje (마사지) el mensaje (멧시지)

4. 어미가 –ción, –sión, –dad으로 끝나는 명사는 대부분 여성 명사이다.

   la televisión (텔레비전)   la información (정보)   la conversación (대화)

   la ciudad (도시)   la universidad (대학교)

5. 어미가 –e 혹은 –ista로 끝나는 명사가 사람일 경우 남, 여성이 동일한 명사이다.

   el/la cantante (가수)   el/la estudiante (학생)   el/la cliente (고객)

   el/la periodista (기자)   el/la artista (예술가)   el/la futbolista (축구 선수)

명사	남성 명사	여성 명사	남,여성 동일 명사
-o	×		
-a		×	
-ción, -sión		×	
-dad		×	
-e (사람)			×
-je	×		
-or	×		
-ista			×
-ón	×		

예 외

la mano (손)	la foto (사진)	la radio (라디오)
el sistema (시스템)	el programa (프로그램)	la moto (오토바이)
el día (날, 일)	el mapa (지도)	el sofá (소파)
el problema (문제)	el clima (기후)	

연습문제

A 스페인어 알파벳을 듣고 큰소리로 따라 읽어 봅시다. 〔3〕

B 다음 발음에 해당하는 스페인어 알파벳을 써 봅시다. 〔4〕

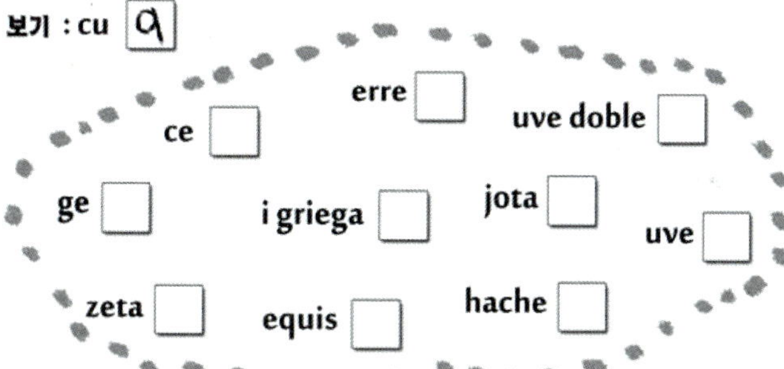

C 다음 단어들은 영어와 유사한 단어들이다. 따라 읽어보고 의미를 말해 봅시다. 〔5〕

aeropuerto	animal	artista	bicicleta	catedral
chocolate	concierto	diccionario	elefante	escuela
euro	examen	familia	fútbol	historia	hotel
información	isla	jirafa	metro	museo	música
oficina	palacio	plaza	policía	restaurante	televisión
teléfono	tomate	universidad	zoo

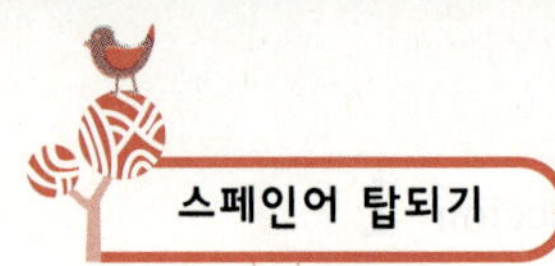

D 다음 단어를 듣고, 강세가 있는 음절에 표시해 봅시다. 🎧 6

am-bu-lan-cia	te-lé-fo-no	pro-fe-sor	va-ca-cio-nes
(앰뷸런스)	(전화)	(선생님)	(휴가)
ca-ma-re-ro	Mé-xi-co	Bar-ce-lo-na	hos-pi-tal
(웨이터)	(멕시코)	(바르셀로나)	(병원)
es-cri-bir	Co-lom-bia	di-rec-tor	cu-ba-no
(쓰다)	(콜롬비아)	(감독)	(쿠바 남자)

E 다음 표에 **D** 의 단어들을 알맞게 분류해 봅시다.

끝에서 마지막 음절에 강세가 있는 단어	끝에서 두 번째 음절에 강세가 있는 단어	강세 불규칙 단어
profesor	ambulancia	teléfono

F 다음 단어들을 음절분해하고 적절한 강세를 사용하여 발음해 봅시다. 🎧 7

estudiante	vivir	español	Málaga
(학생)	(살다)	(스페인어)	(말라가)
señora	gracias	aquí	
(아주머니)	(감사합니다)	(여기)	

G 다음 단어들을 듣고, 강세 부호가 필요한 경우 표기해 봅시다. 🎧 8

lapiz	Angel	television	estan	Bogota
Victor	Gomez	cafe	aqui	Seul

H 남성 명사에는 관사 el을, 여성 명사에는 관사 la를 써 봅시다.

1. _______ médico (의사)
2. _______ camarero (웨이터)
3. _______ mesa (탁자)
4. _______ señora (아주머니)
5. _______ peluquero (미용사)
6. _______ arquitecto (건축가)
7. _______ señorita (아가씨)
8. _______ enfermera (간호사)
9. _______ silla (의자)
10. _______ vestido (원피스)
11. _______ bolso (핸드백)
12. _______ pintura (그림)

I 남성 명사에는 관사 el을, 여성 명사에는 관사 la를 써 봅시다.

1. _______ solución (해결책)
2. _______ amor (사랑)
3. _______ calor (더위)
4. _______ universidad (대학)
5. _______ canción (노래)
6. _______ libertad (자유)
7. _______ verdad (사실)
8. _______ olor (냄새)
9. _______ excursión (소풍)
10. _______ condición (조건)
11. _______ periodista (기자)
12. _______ cantante (가수)
13. _______ viaje (여행)
14. _______ melón (멜론)

J 남성 명사에 밑줄을 그어 봅시다.

1. ciudad (도시)
2. día (날)
3. moto (오토바이)
4. foto (사진)
5. radio (라디오)
6. mano (손)
7. mapa (지도)
8. sofá (소파)
9. problema (문제)
10. camión (트럭)
11. salón (거실)
12. paisaje (풍경)
13. televisión (텔레비전)
14. jamón (햄)

K 다음 보기와 같이 서로 이름을 묻고 대답해 봅시다.

보기
¿Cómo te llamas? (넌 이름이 뭐야?)
– Me llamo Bárbara. (난 바르바르라고 해.)

1. _______________________________
   – _______________________________ Carlo.
2. _______________________________
   – _______________________________ María.
3. _______________________________
   – _______________________________ Antonio.
4. _______________________________
   – _______________________________ Miguel.
5. _______________________________
   – _______________________________ Carlos.
6. _______________________________
   – _______________________________ Carmen.
7. _______________________________
   – _______________________________ Pedro.

• 스페인어 이름

Chicos (남자들)	Chicas (여자들)
Julio	Natalia
Pedro	Sara
Armando	Silvia
Gabriel	Laura
Carlos	Susana
Felipe	Marisa
Raúl	Anita
Rogelio	Paqui

듣 기

A Carmen과 Miguel의 대화를 듣고 큰소리로 따라 읽어 봅시다. **9**

Carmen:	¡Hola! Buenos días. ¿Qué tal?
Miguel:	¡Hola! Buenos días. ¿Cómo te llamas?
Carmen:	Me llamo Carmen, ¿y tú?
Miguel:	Me llamo Miguel.
Carmen:	Mucho gusto, Miguel.
Miguel:	Mucho gusto, Carmen.
Carmen:	Adiós.
Miguel:	Hasta luego.

- **만날 때 인사하기**
  - ¡Hola! (안녕!)
  - ¡Hola! ¿Qué tal? (안녕! 어떻게 지내니?)
  - Buenos días. (아침인사 / 점심 식사 전까지)
    Buenas tardes. (오후인사 / 저녁 식사 전까지)
    Buenas noches. (저녁인사 / 저녁 식사 후부터 자기 전까지)

- **작별 인사하기**
  - Adiós. (잘 있어.)
  - Hasta luego. (나중에 봐.)
  - Chao. (안녕.)
  - Hasta pronto. (또 보자.)

- **자기 소개하기**
  - ¿Cómo te llamas? (넌 이름이 뭐니?)
  - Me llamo Sara, ¿y tú? (난 사라, 넌?)
  - Me llamo Julio. (난 훌리오야.)

¿De dónde eres?

(어디 출신이니?)

- SER 동사의 용법
- 평서문 / 부정문 / 의문문
- 직업
- 국적

문법

1 SER 동사의 용법

영어의 be 동사에 해당되며 국적, 이름, 직업, 성격 및 외모 등의 불변하는 영구적인 것을 나타낼 때 사용된다.

Ⓐ 형태

	인칭대명사	Ser 동사 (∼이다)
1인칭 단수 (나)	Yo	soy
2인칭 단수 (너)	Tú	eres
3인칭 단수 (그/그녀/당신)	Él/ella/usted	es
1인칭 복수 (우리)	Nosotros/nosotras	somos
2인칭 복수 (너희)	Vosotros/vosotras	sois
3인칭 복수 (그들/그녀들/당신들)	Ellos/ellas/ustedes	son

• Nosotras와 Vosotras는 여자들만 있을 때 사용되는 인칭대명사이다.

Ⓑ Tú와 Usted

Tú (너)	Usted (당신)
비존칭 나이가 많지 않을 때 친근함, 믿음 구어체에서 (informal)	존칭 나이가 많을 때 (약 60세 이상) 처음 만남, 낯선 관계 문어체에서 (formal)

ⓒ 약자

존칭	약자
señor (~ 씨, 선생님)	Sr.
señora (~씨, 선생님)	Sra.
señores (~ 부부)	Sres.
usted (당신)	Ud.
ustedes (당신들)	Uds.

2 평서문 / 부정문 / 의문문

Ⓐ 평서문

평서문의 어순은 영어와 동일하며, (주어) + 동사 + 보어의 순서이다.

> (주어) + 동사 + 보어
> (Yo)   soy   Paco. (나는 빠꼬야.)
> (Tú)   eres   coreano. (너는 한국인이야.)
> (Él)   es   estudiante. (그는 학생이야.)

스페인어는 주어를 생략하여 말하는 것이 일반적이나 3인칭일 경우(él/ella/usted) 주어를 구체화 시키기 위해, 혹은 강조하기 위해 주어를 사용한다.

Ⓑ 부정문

부정문은 반드시 동사 앞에 no를 첨가한다.

> (주어) + no + 동사 + 보어
> (Yo)   no   soy   María. (나는 마리아가 아니야.)
> (Tú)   no   eres   coreana. (너는 한국 여자가 아니야.)
> (Ella) no   es   estudiante. (그녀는 학생이 아니야.)

ⓒ 의문문

의문문은 평서문에서 주어와 동사의 어순을 바꾸거나 평서문의 억양을 올리면 된다.

> ¿ 동사 + (주어) + 보어 ?↗
> - ¿ Eres   (tú)   Paco?↗ (너는 빠꼬니?)
> - Sí, soy Paco.↘ (그래, 내가 빠꼬야.)
> - No, (no soy Paco,) soy Pepe.↘ (아니, 난 빼빼야.)

단, 의문문에서 주어가 생략되면, 평서문과 어순이 같아지므로 상대가 의문문인지 구분하기 위해서는 상승 억양으로 발음하는 것이 중요하다.

> 예를 들어, Eres estudiante.↘ (너는 학생이다.)
> ¿Eres estudiante?↗ (너는 학생이니?)

에서와 같이 동일한 문장이지만, 문어체에서는 물음표의 문장 부호를 통해 의문문인지 평서문인지 구분이 가능하지만, 구어체에서는 하강 억양으로 발음하면 의문문과 평서문의 구분이 모호해질 우려가 있다.

ⓓ 의문문과 평서문의 억양

다음 문장들을 큰소리로 다음과 같은 억양을 사용하여 따라 읽어 봅시다.

〔10〕

> **보기**
> ¿Eres estudiante?↗ (너는 학생이니?)
> - Sí, soy estudiante.↘ (그래, 난 학생이야.)

1. ¿Eres médico?↗   – Sí, soy médico.↘
2. ¿Eres ingeniero?↗   – Sí, soy ingeniero.↘
3. ¿Eres profesor?↗   – Sí, soy profesor.↘
4. ¿Eres arquitecto?↗   – Sí, soy arquitecto.↘
5. ¿Eres secretaria?↗   – Sí, soy secretaria.↘

 **직업**

A 직업 묻기

직업을 물을 때 쓰는 의문사 Qué는 영어의 **what**에 해당하며 '무엇' 을 의미한다.

> ¿Qué es él? (그는 직업이 뭐야?)
> – Es médico. (의사야.)
> ¿Qué es ella? (그녀는 직업이 뭐야?)
> – Es médica. (의사야.)
>
> ※ 단, ser 동사 뒤에 오는 직업은 일반적으로 관사를 생략한다.

B 직업 어휘 및 성·수 변화

	남성 단수	여성 단수	남성 복수	여성 복수
Es Son	médico (의사)	médica	médicos	médicas
	peluquero (미용사)	peluquera	peluqueros	peluqueras
	profesor (선생님)	profesora	profesores	profesoras
	enfermero (간호사)	enfermera	enfermeros	enfermeras
	camarero (웨이터)	camarera	camareros	camareras
	cocinero (요리사)	cocinera	cocineros	cocineras
	abogado (변호사)	abogada	abogados	abogadas
	secretario (비서)	secretaria	secretarios	secretarias
	periodista (기자)	periodista	periodistas	periodistas
	cantante (가수)	cantante	cantantes	cantantes
	policía (경찰)	policía	policías	policías
	estudiante (학생)	estudiante	estudiantes	estudiantes
	dependiente (점원)	dependiente	dependientes	dependientes

4 국적

Ⓐ 국적 묻기

국적을 물을 때 쓰는 의문사 Dónde는 영어의 where에 해당하며 '어디'를 의미한다.

- ¿De dónde eres? (넌 어디 출신이야?)
- Soy española, (Soy de España) ¿y tú? (난 스페인에서 왔어, 그리고 넌?)
- Soy mexicano. (Soy de México) (난 멕시코 사람이야.)

※ 단, 전치사는 모든 의문사 앞에 위치해야 한다.
　국가명은 반드시 대문자로, 국명 형용사는 소문자로 쓴다.

Ⓑ 국가명 　　　　　　　　　　　　　　　　　　　　11

⒞ 국명 형용사

brasileño/brasileña (브라질 사람)	alemán/alemana (독일 사람)
argentino/argentina (아르헨티나인)	chileno/chilena (칠레인)
francés/francesa (프랑스인)	marroquí/marroquí (모로코인)
mexicano/mexicana (멕시코인)	italiano/italiana (이탈리아인)
español/española (스페인 사람)	peruano/peruana (페루인)
portugués/portuguesa (포르투갈인)	
estadounidense/estadounidense (미국인)	
cubano/cubana (쿠바인)	boliviano/boliviana (볼리비아인)

※ 스페인어에서 국명 형용사는 반드시 소문자로 표기하며, 대부분의 국명 형용사는 ~és, ~ano, ~eño, ~ense 형으로 끝난다.

⒟ 문장 부호 ¿? 와 ¡!

스페인어의 의문문과 감탄문에서는 문장 앞과 뒤쪽에 ¿? 와 ¡! 부호를 붙이며, 앞에는 거꾸로된 ¿, ¡를, 뒤에는 일반적인 ?, !를 써야 한다.

¡Hola! (안녕!)
¡Olé! (올레!, 좋아!)
¿Cómo te llamas? (넌 이름이 뭐야?)

연습문제

A 인칭대명사와 ser 동사를 각각 연결해 봅시다.

1. Yo	a. somos
2. Tú	b. es
3. Él/ella/usted	c. soy
4. Nosotros	d. sois
5. Vosotros	e. son
6. Ellos/ellas/ustedes	f. eres

B ser 동사로 질문하고 긍정으로 답변해 봅시다.

> 보기 ¿Eres estudiante?   – Sí, soy estudiante.

1. ¿Eres español?   – Sí, ___________________________
2. ¿Eres Rosa?   – Sí, ___________________________
3. ¿Eres Pedro?   – Sí, ___________________________
4. ¿Eres estudiante de chino? – Sí, ___________________________
5. ¿Eres profesor de español? – Sí, ___________________________
6. ¿Eres japonés?   – Sí, ___________________________

C ser 동사로 질문하고 부정으로 답변해 봅시다.

> 보기 ¿Eres estudiante? profesor   – No, soy profesor.

1. ¿Eres Ana? María
   – No, _______________________________
2. ¿Eres Raúl? Pablo
   – No, _______________________________
3. ¿Eres alemán? francés
   – No, _______________________________
4. ¿Eres Cecilia? Flor
   – No, _______________________________
5. ¿Eres estudiante de español? inglés
   – No, _______________________________
6. ¿Eres estudiante de inglés? español
   – No, _______________________________

D ser 동사로 질문하고 긍정 혹은 부정으로 답변해 봅시다.

> 보기 ¿Es Bárbara estudiante?   – Sí, es estudiante.

1. ¿Es Carlos médico?
   – Sí, _______________________________
2. ¿Es María profesora? (camarera)
   – No, _______________________________
3. ¿Es Pedro profesor? (arquitecto)
   – No, _______________________________
4. ¿Es Antonio alumno?
   – Sí, _______________________________
5. ¿Es Miguel español? (francés)
   – No, _______________________________
6. ¿Es María secretaria? (médica)
   – No, _______________________________
7. ¿Es Luis coreano?
   – Sí, _______________________________

E 다음 보기와 같이 여성형으로 써 봅시다.

> **보기**　Es alumno. (그는 학생이야.)　　– Es alumna. (그녀는 학생이야.)

1. Es peluquero.　　　　– _______________________
2. Es profesor.　　　　 – _______________________
3. Es arquitecto.　　　 – _______________________
4. Es cocinero.　　　　 – _______________________
5. Es médico.　　　　　 – _______________________
6. Es panadero.　　　　 – _______________________
7. Es cantante.　　　　 – _______________________
8. Es policía.　　　　　 – _______________________
9. Es enfermero.　　　　– _______________________
10. Es abogado.　　　　 – _______________________

F 다음 유명인들과 그들의 직업을 연결지어 봅시다.

1. Raúl González　　　　　　　a. director del cine
2. Pedro Almodóvar　　　　　　b. arquitecto
3. Gabriel García Márquez　　　c. cantante
4. Frida Khalo　　　　　　　　d. actor
5. Penélope Cruz　　　　　　　e. futbolista
6. Antonio Banderas　　　　　　f. actriz
7. Julio Iglesias　　　　　　　g. escritor
8. Antoni Gaudí　　　　　　　　h. pintora

G 다음 표를 국명 형용사로 완성해 봅시다.

País (국가)	Nacionalidad (국적)	
	masculino (남성형)	femenino (여성형)
1. Inglaterra	inglés	__________
2. Alemania	__________	alemana
3. Irán	__________	iraní
4. Rusia	ruso	__________
5. Japón	__________	japonesa
6. China	chino	__________
7. Suiza	__________	suiza
8. Canadá	canadiense	__________
9. Australia	australiano	__________
10. Grecia	__________	griega

H 다음 유명인들과 그들의 국적을 연결해 봅시다.

1. Frida Khalo	a. argentino
2. Yuna Kim	b. colombiana
3. Gabriel García Márquez	c. español
4. Messi	d. estadounidense
5. Penélope Cruz	e. colombiano
6. Antonio Banderas	f. española
7. Shakira	g. coreana
8. Barack Obama	h. mexicana

I 국명 형용사를 써서 문장을 완성해 봅시다.

> **보기** Ann es de Estados Unidos.   – Es estadounidense.

1. Sergio es de Rusia.   – _______________________
2. Françoise es de Suiza.   – _______________________
3. Ronaldo es de Brasil.   – _______________________
4. Mustafá es de Marruecos   – _______________________
5. Ester es de España   – _______________________
6. Giovanni es de Italia.   – _______________________
7. Adriana es de Argentina.   – _______________________
8. Mei Chang es de China.   – _______________________
9. Keiko es de Japón.   – _______________________
10. Christa es de Alemania.   – _______________________

J 다음 표를 국명 형용사로 완성해 봅시다.

국가명	남성 단수	여성 단수	남성 복수	여성 복수
1. Italia (이탈리아)	italiano	italiana	italianos	italianas
2. México (멕시코)	mexicano		mexicanos	
3. Canadá (캐나다)	canadiense		canadienses	
4. Brasil (브라질)	brasileño			brasileñas
5. Suiza (스위스)		suiza		suizas
6. Suecia (스웨덴)		sueca	suecos	
7. Egipto (이집트)	egipcio		egipcios	
8. Inglaterra (영국)		inglesa	ingleses	
9. Francia (프랑스)		francesa		francesas
10. Japón (일본)	japonés		japoneses	
11. Chile (칠레)	chileno			chilenas
12. Colombia (콜롬비아)		colombiana		colombianas

K 국명 형용사를 써서 문장을 완성해 봅시다.

> **보기**
> Penélope Cruz y Javier Bardem son de España.
> (페넬로페와 하비에르는 스페인 출신이야.)
> – Son españoles. (그들은 스페인 사람들이야.)

1. Brad Pitt y Angelina Jolie son de Estados Unidos.
  – ____

2. Juan Carlos y doña Sofía son de España.
  – ____

3. Monica Bellucci y Laura Pausini son de Italia.
  – ____

4. Naomi Campbell y Mike Jagger son de Inglaterra.
  – ____

5. Paulo Coelho y Lula da Silva son de Brasil.
  – ____

6. Juliette Binoche y Julie Delpy son de Francia.
  – ____

7. Fidel Castro y Celia Cruz son de Cuba.
  – ____

8. Asada Mao y Haruki Murakami son de Japón.
  – ____

말 하 기

A 다음 유명인들의 직업과 국적을 서로 묻고 대답해 봅시다.

Profesión (직업)	Nacionalidad (국적)
cantante (가수) actor/actriz (배우) pintor/a (화가) político/a (정치인) futbolista (축구선수) tenista (테니스 선수) golfista (골프선수) director/a del cine (영화감독) escritor/a (작가)	colombiano/a (콜롬비아인) mexicano/a (멕시코인) español/a (스페인인) estadounidense (미국인) peruano/a (페루인) inglés/a (영국인) cubano/a (쿠바인) puertorriqueño/a (푸에르토리코인) japonés/a (일본인) griego/a (그리스인) italiano/a (이탈리아인)

¿Qué es _______________? ¿De dónde es _______________?	Es cantante. Es española.
1. Penélope Cruz	Es una actriz española. (그녀는 스페인 배우이다.)
2. Gabriel García Marquez	_______________
3. Antonio Banderas	_______________
4. Frida Khalo	_______________
5. Cameron Diaz	_______________
6. Haruki Murakami	_______________
7. Jennifer Lopez	_______________
8. Ricky Martin	_______________
9. Rafael Nadal	_______________
10. Hillary Clinton	_______________
11. Mario Vargas Llosa	_______________
12. Nana Mouskouri	_______________
13. Monica Bellucci	_______________
14. Pablo Piccaso	_______________
15. El Che Guevara	_______________
16. David Villa	_______________
17. Tiger Woods	_______________
18. Pedro Almodóvar	_______________

듣 기

A   Ana와 Miguel의 대화를 듣고 따라 읽어 봅시다.

Ana:	¡Hola! ¿Qué tal?
Miguel:	Muy bien, gracias. ¿Y tú qué tal?
Ana:	Bastante bien, gracias.
Miguel:	¿Cómo te llamas?
Ana:	Me llamo Ana, ¿y tú?
Miguel:	Yo me llamo Miguel.
Ana:	¿Eres estudiante de español?
Miguel:	Sí, soy estudiante de español. ¿Y tú?
Ana:	Yo también soy estudiante de español.
Miguel:	Mucho gusto.
Ana:	Encantada.
Miguel:	Adiós.
Ana:	Hasta luego.

B   Ana와 Miguel의 대화를 듣고 따라 읽어 봅시다.

Ana:	¡Hola! Soy Ana.
Miguel:	Encantado, Ana. Yo soy Miguel. ¿De dónde eres?
Ana:	Soy inglesa. ¿Eres italiano?
Miguel:	Sí, soy de Roma. ¿Y tú de qué ciudad eres?
Ana:	Soy de Londres. ¿Eres estudiante de español?
Miguel:	Sí, soy estudiante de español. ¿Y tú?
Ana :	Yo también, Miguel.
Miguel:	Adiós, Ana. Hasta luego.
Ana:	Chao, hasta pronto.

주요 어휘

muy 아주   bien 잘, 좋은   gracias 감사합니다   bastante 충분한, 충분히   cómo 어떻게   llamarse ~라고 불리다, 이름이 ~이다   también ~도 역시   mucho 많은   (el) gusto 즐거움   encantado/a 기쁜, 황홀한   adiós 안녕(헤어질 때)   hasta ~까지   luego 후에, 나중에   (la) ciudad 도시   pronto 곧, 일찍

주요 표현

1. 〈¿Qué tal?〉은 '어떻게 지내니?'라는 의미로, 스페인어로 안부를 묻는 인사말이며 같은 표현으로는 ¿Cómo está(s)?가 있는데, 이 표현은 3과 estar 동사편에서 자세하게 다루도록 한다.

2. 〈¿Cómo te llamas?〉는 '너의 이름이 뭐니?'라는 이름을 묻는 표현이며, 의문사 cómo(어떻게)와 재귀동사 llamarse(~라고 불리다, 이름이 ~이다)가 합쳐진 형태이다. 재귀동사 llamarse는 제 4과에서 자세히 다루게 되니, 지금은 기본 회화체로 암기하도록 한다.

3. 〈¿De qué ciudad eres?〉는 '넌 어느 도시 출신이니?'라는 출신 도시를 묻는 표현이다. 스페인어에서는 전치사가 반드시 의문사 앞에 위치한다.

쓰 기

A 다음 단어들을 정렬하여 문장을 만들어 봅시다.

1. ¿de estudiante Eres español?

   – ____________________________________

2. Francia de Francesco es

   – ____________________________________

3. España José son Daniel y de

   – ____________________________________

4. abogados y Jorge somos yo

   – ____________________________________

5. es pintor Pablo Piccaso español un

   – ____________________________________

6. estudiante soy chino de Yo

   – ____________________________________

B 다음 문장을 스페인어로 작문해 봅시다.

1. 고마워.

   – ____________________________________

2. 넌 스페인어를 배우는 학생이니?

   – ____________________________________

3. 나도 그래.

   – ____________________________________

4. 넌 어디 출신이야?

   – ____________________________________

5. 난 영국 남자야.

   – ____________________________________

6. 넌 어느 도시에서 왔니?

  -

7. Juan은 스페인 의사이다.

  -

8. Penélope Cruz는 스페인 여배우이다.

  -

¿Cómo está?
(어떻게 지냅니까?)

¿Cómo es?
(그는 어떤 사람이야?)

- SER/ESTAR 동사 용법
- 형용사의 성·수 변화
- SER/ESTAR 동사 비교
- SER와 ESTAR 동사의 선택에 따른
  형용사의 의미 변화

문법

1 SER/ESTAR 동사의 용법

A 형태

	인칭대명사	Ser	Estar
1인칭 단수 (나)	Yo	soy	estoy
2인칭 단수 (너)	Tú	eres	estás
3인칭 단수 (그/그녀/당신)	Él/ella/usted	es	está
1인칭 복수 (우리)	Nosotros/nosotras	somos	estamos
2인칭 복수 (너희)	Vosotros/vosotras	sois	estáis
3인칭 복수 (그들/그녀들/당신들)	Ellos/ellas/ustedes	son	están

B Ser 동사의 용법

1. Ser + 이름

Yo soy Felipe. (나는 펠리페이다.)

Vosotras sois Carmen y Luisa. (너희들은 까르멘과 루이사이다.)

2. Ser + 직업

Tú eres profesor. (너는 선생님이다.)

Ellas son estudiantes. (그녀들은 학생들이다.)

3. Ser + 국적

Usted es español. (당신은 스페인 사람이다.)

Nosotros somos chilenos. (우리들은 칠레인이다.)

4. Ser + de + 출신지

Usted es de España. (당신은 스페인 출신이다.)

Nosotros somos de Chile. (우리는 칠레인이다.)

5. Ser + 성격, 외모

Yo soy simpático. (나는 친절하다.)

Ella es guapa. (그녀는 예쁘다.)

C Estar 동사의 용법

1. 감정 및 심리 상태를 표현

Manolo está cansado. (마놀로는 피곤하다.)

Mis padres están enfermos. (나의 부모님은 아프시다.)

2. 장소

Madrid está en España. (마드리드는 스페인에 있다.)

El vino está en la mesa. (와인은 탁자에 있다.)

3. 일시적인 것, 가변적인 것을 표현

El café está caliente. (커피는 뜨겁다.)

Ana está guapa. (아나는 예쁘다.)

2 형용사의 성·수 변화

A 성격과 외모 (Ser 동사)

Ser 동사	부사	외모 형용사	성격 형용사
Es	muy (아주) bastante (충분히) un poco (조금)	guapo/a (잘생긴) feo/a (못생긴) alto/a (키가 큰) bajo/a (키가 작은) delgado/a (마른/날씬한) gordo/a (뚱뚱한) grande (몸집이 큰) pequeño/a (체격이 작은) joven (젊은) mayor (나이가 연장자인)	simpático/a (친절한/상냥한) antipático/a (괴팍한) alegre (즐거운/유쾌한) serio/a (심각한/과묵한) trabajador/a (부지런한) vago/a (게으른) tímido/a (소심한) atrevido/a (적극적인) nervioso/a (예민한) tranquilo/a (침착한)

Ⓑ 상태 (Estar 동사)

Estar 동사	부사	상태 형용사
Está	muy bastante un poco	contento/a (만족한/행복한) triste (슬픈/우울한) enfermo/a (아픈) cansado/a (피곤한) divertido/a (재미있는) aburrido/a (지루한) nervioso/a (긴장한) tranquilo/a (마음이 편안한) enfadado/a (화난) enamorado/a (사랑에 빠진)

Ⓒ 위치 (Estar 동사)

¿Dónde estás (tú)? (어디에 있니?)

인칭대명사	Estar 동사	장소 부사구
Yo	estoy	
Tú	estás	en casa. (집에 있어.)
Él/ella/usted	está	en el hospital. (병원에 있어.)
Nosotros/as	estamos	en la biblioteca. (도서관에 있어.)
Vosotros/as	estáis	
Ellos/ellas/Uds.	están	

- 장소 전치사 en은 '~에' 의 의미로 일반적으로 장소 명사를 동반하며 이 장소 부사구는 형용사와는 달리 성·수 변화하지 않는다.
- 일반 명사는 관사를 동반하지만 집(casa)이 자신의 집일 경우는 관사를 생략한다. 국명과 지역명과 같은 고유명사에도 관사가 붙지 않는다.

Estoy en Madrid. (나는 마드리드에 있다.)

Estoy en casa de José. (나는 호세 집에 있다.)

D Muy / Bastante / Un poco

Muy   + 형용사: 아주, 매우
Bastante + 형용사 : 충분히, 적당히
Un poco + 형용사 : 조금

Él es guapo.   Ella es fea.

Es <u>muy</u> guapo. (○)   Es <u>muy</u> fea. (○)

Es <u>bastante</u> guapo. (○)   Es <u>bastante</u> fea. (○)

Es <u>un poco</u> guapo. (×)   Es <u>un poco</u> fea. (○)

* Muy와 Bastante는 긍정/부정의 의미의 형용사 둘 다 취할 수 있지만, Un poco는 항상 부정의 의미를 지니는 형용사를 동반한다.

E 형용사의 성 · 수 변화

단수		복수	
남성	여성	모음	+ − s
− o serio guapo	− o > − a seria guapa	serio guapa vago	serios guapas vagos
− or trabajador	+ − a trabajadora	자음	+ − es
− e inteligente	− e inteligente	trabajador	trabajadores

정관사	명사	Ser 동사	형용사
El	chico	es	simpátic<u>o</u>. (trabajador)
La	chica	es	simpátic<u>a</u>. (trabajador<u>a</u>)
Los	chicos	son	simpátic<u>os</u>. (trabajador<u>es</u>)
Las	chicas	son	simpátic<u>as</u>. (trabajador<u>as</u>)

- 스페인에서는 여성을 '아름답다, 예쁘다' 라고 표현할 수 있는 말은 다양하다. 가령 guapa 이외에도 bonita, linda, hermosa, bella 등으로 표현될 수 있으나 남성에게는 guapo만 주로 쓰인다.
- 스페인어에서 feo는 영어의 ugly만큼 강한 뉘앙스를 풍기지는 않으며, 친한 사이에서 애칭 및 농담 식으로 ¡Feo!, ¡Gordito! 등으로 표현하기도 한다.

3 SER/ESTAR 동사 비교

Ser 동사 (영구적, 지속적, 객관적 특성)	Estar 동사 (일시적, 잠정적 상태, 주관적 특성)
1. 직업 Mi hermano es ingeniero. (내 동생은 기술자이다.)	1. 신체적 정신적 상태 Hoy estoy muy cansado. (오늘 매우 피곤하다.) Rosa no está bien y está muy triste. (로사는 컨디션이 좋지 않고 아주 우울해.)
2. 국적 및 출신지 Es mexicana. (그녀는 멕시코 사람이다.) ¿De dónde eres? (넌 어느 나라 출신이니?)	2. 장소 El coche está aquí. (차가 여기에 있어.)
3. 외모 및 성격 묘사 Juan es muy nervioso. (후안은 아주 예민한 성격이다.)	3. 사물의 주관적 상태 La sopa está muy caliente. (수프가 아주 뜨거워.) El café colombiano está bueno. (콜롬비아 커피는 맛있다.)
4. 행사가 일어나다. El baile es aquí. (댄스 파티가 여기서 열려.) La fiesta es este sábado. (파티는 이번 토요일이야.)	
5. 사물의 객관적 상태나 본질적 특성 El sol es caliente. (태양은 뜨겁다.) El café es muy bueno. (커피는 아주 좋은 커피이다. 즉, 커피의 품질이 좋다.)	

• Rosa es muy guapa. / Rosa está muy guapa.

　두 문장 모두 로사는 예쁘다라는 의미이지만 첫 번째 문장은 로사는 원래 예쁘게 생긴 여자임을 강조하고 두 번째 문장은 로사는 오늘따라 예쁘다는 의미를 가진다고 할 수 있다. 따라서 두 번째 문장은 모자, 원피스 등으로 외모에 일시적인 변화를 주었을 때 사용하는 표현이다.

 **SER와 ESTAR 동사의 선택에 따른 형용사의 의미 변화**

단어	Ser	Estar
aburrido	지겨운 (사람)	지겨운 (상태)
alto	키가 큰	높은 지위에 있는
atento	예의가 바른	주의 깊은
bajo	키가 작은	낮은 지위에 있는
bueno	착한	맛있는, 좋은, 건강한
fresco	뻔뻔한, 신선한	신선한
listo	영리한, 똑똑한	준비된
malo	나쁜, 못된	아픈
nuevo	새로 만든	쓰지 않은
orgulloso	거만한	자랑스러운
rico	부자인	맛있는
seguro	안전한	확실한
verde	녹색의	덜 익은
vivo	생기 있는	살아있는

• 모든 형용사들이 ser/estar 동사를 바꿔 사용할 수 있는 것은 아니나 위의 표에서와 같이 일부 형용사들은 ser/estar 동사의 선택에 따라 완전히 다른 의미로 해석될 수 있으므로, 스페인어 의사 소통시 ser/estar 동사의 선택이 아주 중요하다고 할 수 있다.

예를 들어, 어떤 사람을 만나 María es muy buena라고 해야하는데 María está muy buena라고 잘못 말한 경우 전자는 '마리아는 착한 여자이다' 라는 의미이지만 후자는 '마리아는 몸매가 섹시하다' 라는 완전히 다른 의미로 전달될 수도 있기 때문이다.

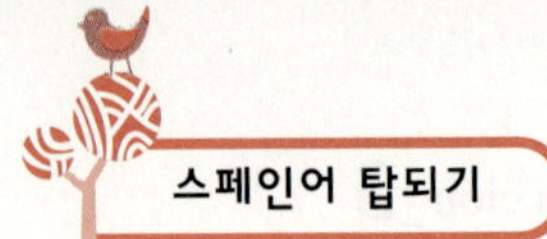

연습문제

A 다음 형용사를 여성형으로 만들어 봅시다.

> 보기
>
> Juan es guapo. (후안은 잘생겼어.)
> – Juana es guapa. (후아나는 예뻐.)

1. Ángel es alto.　　　　　　– Ángela ____________________
2. Paco es bajo.　　　　　　– Paquita ____________________
3. Manolo es feo.　　　　　　– Maribel ____________________
4. José es delgado.　　　　　– Aurora ____________________
5. Ernesto es joven.　　　　– Bárbara ____________________
6. Emilio es grande.　　　　– Beatriz ____________________
7. Diego es simpático.　　　– Rosa ____________________
8. Carlos es serio.　　　　　– Gabriela ____________________
9. Antonio es alegre.　　　　– Raquel ____________________
10. Alberto es vago.　　　　– Lucía ____________________

B 반대의 의미를 지니는 형용사를 써서 문장을 만들어 봅시다.

> 보기
>
> Manolo es alto. (마놀로는 키가 커.)
> – Carmen es baja. (까르멘은 키가 작아.)

1. Mateo es feo.　　　　　　– Marina ____________________
2. Rafael es bajo.　　　　　– Amalia ____________________
3. Carlos es tranquilo.　　　– Clara ____________________
4. Felipe es divertido.　　　– Carmen ____________________
5. Ramiro es gordo.　　　　– Anita ____________________
6. Jorge es mayor.　　　　　– Paloma ____________________

7. Alejandro es antipático.   – Teresa _______________________

8. Pepe es tímido.   – Sara _______________________

9. Nicolás es vago.   – Reina _______________________

10. Pablo es serio.   – Esther _______________________

C 형용사 성·수 변화하여 문장을 만들어 봅시다.

※ 형용사의 위치: 관사 + 명사 + 형용사
반드시 형용사는 명사 뒤에서 수식한다.

보기   Laura : chica, guapo, alto. → Laura es una chica guapa y alta.
(라우라는 예쁘고 키가 큰 여자다.)

1. Esteban: chico, feo, bajo.   – _______________________

2. La profesora Martínez: mujer, guapo, delgado.
   – _______________________

3. Alberto: señor, mayor, gordo.   – _______________________

4. Arnold Schwarzenegger: hombre, alto, fuerte.
   – _______________________

5. Oprah Winfrey: presentadora, simpático, alegre.
   – _______________________

6. Will Smith: actor, delgado, alto. – _______________________

7. Jennifer Lopez: cantante, bonito, divertido.
   – _______________________

8. George Clooney: actor, guapo, atrevido.
   – _______________________

9. Penélope Cruz: actriz, guapo, joven.
   – _______________________

10. Hillary Clinton: política, inteligente, rubio.
   – _______________________

D 다음 문장을 성 · 수 변화하여 연습해 봅시다.

> 보기
>
> El libro es nuevo. (en plural) (그 책은 새 것이다.)
> – Los libros son nuevos. (그 책들은 새 것들이다.)
> Los alumnos son simpáticos. (en femenino)
> (그 학생들은 친절하다.)
> – Las alumnas son simpáticas. (그 여학생들은 친절하다.)

1. La casa es pequeña. (en plural) ________________________________

2. El profesor es guapo. (en femenino)

   ____

3. El libro es nuevo. (en plural) ________________________________

4. La universidad es muy grande. (en plural)

   ____

5. El gato es feo. (en femenino) ________________________________

6. Los chicos son trabajadores. (en femenino)

   ____

7. El alumno es muy inteligente. (en femenino)

   ____

8. El médico es gordo. (en plural) ________________________________

9. La secretaria es bastante morena. (en plural)

   ____

10. La profesora es bastante divertida. (en plural)

    ____

E 인칭대명사와 estar 동사를 서로 연결해 봅시다.

1. Yo   a. estamos
2. Tú   b. están
3. Él/ella/usted   c. estáis
4. Nosotros   d. estoy
5. Vosotros   e. estás
6. Ellos/ellas/ustedes   f. está

F 다음 보기와 같이 부정문으로 만들어 봅시다.

보기
José está enfermo. (호세는 아파.)
– Ana no está enferma. (아나는 아프지 않아.)

1. Julio está bien.   – Rosa _______________________
2. David está tranquilo.   – Beatriz _______________________
3. Pedro está divertido.   – Luisa _______________________
4. Juan está cansado.   – Carla _______________________
5. Pedro está contento.   – Lola _______________________
6. Raúl está triste.   – Natalia _______________________
7. Javier está enamorado.   – Teresa _______________________
8. Santiago está nervioso.   – Pilar _______________________
9. Jorge está aburrido.   – Amalia _______________________
10. Guillermo está preocupado.   – Claudia _______________________

G 다음 질문에 보기와 같이 대답해 봅시다.

보기
¿Cómo está María? cansado   – Está cansada.
(마리아는 어때?)   (피곤해.)
¿Cómo están Pedro y Antonio? enfermo   – Están enfermos.
(뻬드로와 안토니오는 어때?)   (아파.)

1. ¿Cómo está Carmen? cansado

   – _______________________

2. ¿Cómo está Jorge? tranquilo

   – _______________________

3. ¿Cómo está el señor? contento

   – _______________________

4. ¿Cómo está la señora? aburrido

   – _______________________

5. ¿Cómo está la profesora? triste

  – ________________________________

6. ¿Cómo están los alumnos? cansado

  – ________________________________

7. ¿Cómo están los niños? nervioso

  – ________________________________

8. ¿Cómo están ellos? enfadado

  – ________________________________

9. ¿Cómo están las profesoras? contento

  – ________________________________

10. ¿Cómo están los chicos? divertido

  – ________________________________

H ser 동사와 estar 동사 중 알맞은 형태를 선택해 봅시다.

	es	está	
	☐	☐	mexicano.
	☐	☐	ingeniero.
	☐	☐	muy contento.
	☐	☐	un poco cansado.
	☐	☐	un hombre simpático.
Enrique	☐	☐	un poco bajo.
	☐	☐	preocupado por su trabajo.
	☐	☐	de Guadalajara.
	☐	☐	en casa
	☐	☐	un alumno inteligente.
	☐	☐	guapo y moreno.
	☐	☐	enamorado de su novia.

말 하 기 

A 다음과 같이 서로의 성격에 대해 질문하고 대답해 봅시다.

> **보기**
> Soy <u>muy</u> divertido/a. (난 아주 재미있는 사람이야.)
> Soy <u>bastante</u> serio/a. (충분히 과묵해.)
> Soy <u>un poco</u> serio/a. (조금 과묵해.)

Estudiante 1	Estudiante 2
1. ¿Eres divertido/a o serio/a? (넌 재미있는 사람이니 아니면 과묵하니?)	Soy _______________
2. ¿Eres alegre o triste? (넌 쾌활해 아니면 우울한 사람이야?)	Soy _______________
3. ¿Eres trabajador/a o vago/a? (넌 부지런해 아니면 게을러?)	Soy _______________
4. ¿Eres joven o mayor? (젊어 아니면 나이가 많아?)	Soy _______________
5. ¿Eres tranquilo/a o nervioso/a? (침착하니 아니면 예민해?)	Soy _______________
6. ¿Eres simpático/a o antipático/a? (친절해 아니면 괴팍한 성격이야?)	Soy _______________
7. ¿Eres atrevido/a o tímido/a? (적극적이야 아니면 소심해?)	Soy _______________

Mi compañero/a _______________ es muy _______________

y es bastante _______________ y (pero) es un poco _______________

____

B 서로의 심리적 신체적 상태에 대해 묻고 대답해 봅시다.

> 보기
>
> Estoy <u>muy</u> bien. (아주 상태가 좋아.)
> Estoy <u>bastante</u> contento. (충분히 만족해.)
> Estoy <u>un poco</u> nervioso. (조금 긴장했어.)

Estudiante 1	Estudiante 2
1. ¿Estás bien o enfermo/a? (지금 괜찮아 아니면 아파?)	Estoy ___________________
2. ¿Estás contento/a o triste? (만족해 아니면 우울해?)	Estoy ___________________
3. ¿Estás nervioso/a o tranquilo/a? (긴장했어 아니면 마음이 편안해?)	Estoy ___________________
4. ¿Estás cansado/a? (피곤해?)	Estoy ___________________
5. ¿Estás divertido/a o aburrido/a? (재미있어 아니면 지겨워?)	Estoy ___________________
6. ¿Estás enamorado/a? (사랑에 빠졌니?)	Estoy ___________________

Mi compañero/a ________________ está muy ________________

Y está bastante ______________________________________

pero está un poco ____________________________________

듣 기

A Antonio와 Sara의 대화체를 듣고 따라 읽어 봅시다. 

Antonio:	Hola, Sara, ¡cuánto tiempo!
Sara:	Es verdad, Antonio, ¿cómo estás?
Antonio:	Fenomenal. El trabajo bien y la familia también. ¿Y tú?
Sara:	Bien, muy ocupada. Esta semana tengo mucho trabajo y estoy muy cansada.
Antonio:	Me alegro de verte.
Sara:	Y yo también, hasta pronto.
Antonio:	Adiós, hasta pronto.

B 두 선생님간의 대화체를 듣고 따라 읽어 봅시다. **15**

Profesor:	Buenos días, profesora García. ¿Cómo está usted?
Profesora:	Estoy muy bien. ¿Y usted, profesor Méndez?
Profesor:	Un poco cansado. ¿Cómo está la familia?
Profesora:	Bien, gracias. ¿Y su familia?
Profesor:	Está muy bien. Gracias.

주요 어휘

cuánto 얼마나 많은(의문사)　　(el) tiempo 시간　　fenomenal 멋진, 훌륭한, 아주 좋은　　(la) verdad 사실, 진실　　(el) trabajo 일　　muy 아주, 매우　　bien 잘, 좋은　　cansado/a 피곤한　　alegrarse de ～에 대해 즐거워하다, 기뻐하다.　　ver 보다　　te 너를　　(la) familia 가족　　ocupado/a 바쁜　　esta 이(지시 형용사)　　(la) semana 주　　tener 가지다　　su 그의, 그녀의, 당신의　　hasta ～까지　　pronto 곧, 빨리

주요 표현

1. 〈¡Cuánto tiempo!〉는 '정말 오랜만이야' 라는 의미를 지니는 유용하게 쓰이는 회화체 표현이다.

2. 〈Me alegro de verte〉는 '너를 만나서 기뻐' 라는 의미로 alegrarse de + 동사원형 (～로 기뻐하다) 의 숙어 표현이다.

3. 〈Esta semana tengo mucho trabajo〉는 '이번주에는 일이 많아' 라는 표현으로 tener(가지다)동사가 동사 활용된 구문이다. (tengo/tienes/tiene/tenemos/tenéis/tienen) tener동사는 제 5 과 불규칙 동사편에서 자세히 다루도록 한다.

4. 〈fenomenal〉은 '훌륭해, 멋져, 아주 좋아' 라는 의미의 현재 상태의 최상급의 표현으로, 유사표현으로는 Genial, Estupendo 등이 있다.

5. 〈Gracias〉는 '고맙습니다, 감사합니다' 라는 의미로 답변으로는 De nada (천만에요)라고 표현할 수 있다.

쓰 기

A 다음 단어들을 바르게 정렬하여 스페인어로 써 봅시다.

1. ¿estás/tú/Cómo?
   – _______________________________

2. bien/muy/Yo/estoy
   – _______________________________

3. un/Tú/simpático/eres/chico/muy
   – _______________________________

4. inteligente/Sara/chica/bastente/es/una
   – _______________________________

5. ¿la/Cómo/familia/está?
   – _______________________________

6. cansado/poco/Yo/un/estoy/hoy
   – _______________________________

7. simpática/es/y/alegre/profesora/La/muy
   – _______________________________

8. es/La/interesante/español/de/muy/clase
   – _______________________________

B 다음 문장을 스페인어로 작문해 봅시다.

1. 그는 아주 친절하다.
   – _______________________________

2. 그녀는 충분히 똑똑하다.
   – _______________________________

3. Nora는 예쁘고 키가 크다.
   – _______________________________

4. Jesús는 젊고 날씬하다.

   – ____

5. Miguel은 부지런하고 재미있다.

   – ____

6. Sandra는 예쁘지만 키가 조금 작다.

   – ____

7. Pablo는 칠레 사람이고 아주 잘 생겼다.

   – ____

8. 넌 오늘 피곤해?

   – ____

¿Qué haces?
(직업이 뭐야?)

¿Estudias o trabajas?
(공부하니 아니면 일하니?)

- 직설법 현재 동사 AR형 동사
- LLAMARSE 동사
- 가족명
- 소유형용사

문법

1 직설법 현재 동사 AR형 동사

  스페인어 동사들은 동사원형의 형태에 따라 −AR형, −ER형, −IR형 동사 세 가지 유형으로 나누어지며 이번 과에서는 AR형 규칙동사에 대해 살펴보도록 하자.

Ⓐ AR형 동사 규칙형

  AR형 동사는 다음과 같은 형태로 규칙 변화한다.

		- Estudiar - (공부하다)	
Trabajar	일하다		
Hablar	말하다		
Tomar	마시다, 먹다		
Cantar	노래하다		
Bailar	춤추다	Yo estudi-o	-O
Pintar	색칠하다, 그림 그리다	Tú estudi-as	-AS
Pasear	산책하다	Él / ella / Ud. estudi-a	-A
Cocinar	요리하다	Nosotros estudi-amos	-AMOS
Nadar	수영하다	Vosotros estudi-áis	-ÁIS
Llevar	가지고 가다	Ellos / ellas / estudi-an	-AN
Comprar	사다	Uds.	
Tocar	연주하다		
Escuchar	듣다		
Lavar	씻다		

인칭대명사	Trabajar	Hablar	Tomar	Cantar	Bailar
Yo	trabajo	hablo	tomo	canto	bailo
Tú	trabajas	hablas	tomas	cantas	bailas
Él/ella/Ud.	trabaja	habla	toma	canta	baila
Nosotros/as	trabajamos	hablamos	tomamos	cantamos	bailamos
Vosotros/as	trabajáis	habláis	tomáis	cantáis	bailáis
Ellos/ellas/Uds.	trabajan	hablan	toman	cantan	bailan

인칭대명사	Pasear	Cocinar	Nadar	Llevar	Lavar
Yo	paseo	cocino	nado	llevo	lavo
Tú	paseas	cocinas	nadas	llevas	lavas
Él/ella/Ud.	pasea	cocina	nada	lleva	lava
Nosotros/as	paseamos	cocinamos	nadamos	llevamos	lavamos
Vosotros/as	paseáis	cocináis	nadáis	lleváis	laváis
Ellos/ellas/Uds.	pasean	cocinan	nadan	llevan	lavan

2 LLAMARSE 동사

Ⓐ 재귀대명사 Se

재귀대명사 Se는 타동사를 자동사로 만들어 주는 역할을 하며, 행위의 결과가 주어 자신에게 되돌아 오게 한다.

Llamar (~를 부르다) + Se → Llamarse 이름이 ~라고 불리워지다, 이름이 ~이다.

질문

¿Cómo + te llamas + tú? 넌 이름이 뭐니?

¿Cómo + se llama + usted? 성함이 어떻게 되세요?

인칭대명사	Se	Llamar	Llamarse
Yo	me	llamo	Me llamo Sara.
Tú	te	llamas	Te llamas José.
Él/ella/Ud.	se	llama	Se llama José.
Nosotros/as	nos	llamamos	Nos llamamos Sara y José
Vosotros/as	os	llamáis	Os llamáis Sara y José.
Ellos/ellas/Uds.	se	llaman	Se llaman Sara y José.

A: ¿Cómo te llamas tú? (넌 이름이 뭐니?)

B: Me llamo Ana. (난 아나야.)

A: ¿Cómo se llama usted? (당신은 성함이 어떻게 되세요?)

B: Me llamo Miguel. (미겔이라고 합니다.)

A: ¿Cómo os llamáis vosotros? (너희들은 이름이 뭐야?)

B: Nos llamamos Ana y Miguel. (아나와 미겔이라고 해.)

A: ¿Cómo se llaman ellos? (그들은 이름이 뭐니?)

B: Se llaman Ana y Miguel. (아나와 미겔이야.)

A: ¿Cómo se llaman ustedes? (당신들은 이름이 뭔가요?)

B: Nos llamamos Ana y Miguel. (아나와 미겔입니다.)

• llamarse 동사는 재귀동사로 특수 동사이며 일단, 스페인어를 처음 접하는 초급자들은 단순 암기를 하기를 권하며 제10과 재귀대명사 파트에서 재귀동사는 자세하게 다루도록 한다.

3 가족명

복수 (Los / Las)	El	La
Los abuelos (조부모)	abuelo (할아버지)	abuela (할머니)
Los padres (부모님)	padre (아버지)	madre (어머니)
Los esposos (부부)	esposo (남편)	esposa (아내, 부인)

복수 (Los / Las)	El	La
Los hijos/Las hijas (자녀들/딸들)	hijo (아들)	hija (딸)
Los hermanos/Las hermanas (형제들/자매들)	hermano (형제)	hermana (자매)
Los tíos (숙부모)	tío (삼촌)	tía (고모, 숙모, 이모)
Los sobrinos (조카들)	sobrino (조카)	sobrina (여조카)
Los primos (사촌 형제)	primo (사촌)	prima (여자 사촌)
Los nietos/Las nietas (손자들/손녀들)	nieto (손자)	nieta (손녀)
	cuñado (처남, 매제, 시동생)	cuñada (올케, 시누이, 처형, 처제)
	suegro (시아버지, 장인)	suegra (시어머니, 장모)
	yerno (사위)	nuera (며느리)

- 스페인에서는 mujer가 '여자' 외에 '부인'을 의미하기도 하며 señora도 '부인'을 뜻한다. 그러나 중남미에서는 mujer가 '여자'만을 의미한다.
- hermano/a는 '형제, 자매'라는 의미로 mayor (나이가 연장자인), menor (나이가 더 어린)를 붙이면 형, 언니, 남동생, 여동생이 됩니다.

hermano mayor	오빠, 형	hermana mayor	언니, 누나
hermano menor	남동생	hermana menor	여동생

4 소유형용사

남성		여성	
단수 + libro	복수 + libros	단수 + casa	복수 + casas
mi (나의)	mis	mi	mis
tu (너의)	tus	tu	tus
su (그의, 그녀의, 당신의)	sus	su	sus
nuestro (우리들의)	nuestros	nuestra	nuestras
vuestro (너희들의)	vuestros	vuestra	vuestras
su (그들의, 그녀들의 당신들의)	sus	su	sus

남성				여성			
단수		복수		단수		복수	
mi	abuelo	mis	abuelos	mi	abuela	mis	abuelas
tu	hermano	tus	hermanos	tu	hermana	tus	hermanas
su	sobrino	sus	sobrinos	su	sobrina	sus	sobrinas
nuestro	primo	nuestros	primos	nuestra	prima	nuestras	primas
vuestro	hermano	vuestros	hermanos	vuestra	hermana	vuestras	hermanas
su	tío	sus	tíos	su	tía	sus	tías

- 소유형용사는 반드시 명사 앞에 위치하며, 뒤에 나오는 명사의 성·수 일치해야 한다.

  Mi libro es nuevo. 나의 책은 새 책이다. (책은 한 권)
  Mis libros son nuevos. 나의 책들은 새 책들이다. (책은 여러 권)
  Su hermano es guapo. 그의 동생은 잘 생겼다.
  Su hermana es guapa. 그녀의 언니는 예쁘다.

- 소유형용사의 단수/복수, 남성/여성의 형태는 소유자 즉 주격 인칭대명사와는 전혀 상관
  이 없으며 소유형용사 이후의 명사의 성·수에 의해 결정된다. 즉 su는 다양한 의미를
  지니는 소유형용사로(그의/그녀의/당신의/그들의/그녀들의/당신들의) 의미와 상관없이
  뒤에 나오는 명사가 단수면 su를, 복수면 sus를 선택하여 써야 한다.

- 다양한 의미를 지니는 소유형용사 su의 혼돈을 피하기 위해 'de + 소유자' 의 형태를 써
  서 표현할 수도 있다.

  El libro de Pedro es nuevo (= Su libro es nuevo)

- 스페인어권 지역에서는 아버지와 어머니의 성을 모두 사용한다. 부모나 조부모의 이름을
  물려받거나 종교의 영향으로 성경 속의 성인(santos)의 이름을 인용하여 이름이 두 개가
  되는 경우도 많이 있다. 예를 들어, José Ruiz Blasco와 María Picasso López에게서
  태어난 아들이 바로 Pablo Ruiz Picasso이며, 즉 Pablo(이름) + Ruiz(아버지 성) +
  Picasso(어머니 성)으로 구성된다.

연습문제

A ar형 동사의 동사 변화표를 채워봅시다.

인칭대명사	Comprar (사다)	Practicar (연습하다)	Bailar (춤추다)	Pasear (산책하다)
1. Yo		practico	bailo	
2. Tú	compras		bailas	paseas
3. Él/ella/usted		practica		
4. Nosotros/nosotras	compramos		bailamos	
5. Vosotros/vosotras		practicáis		paseáis
6. Ellos/ellas/ustedes	compran		bailan	

인칭대명사	Preparar (준비하다)	Escuchar (듣다)	Fumar (담배 피우다)	Esquiar (스키 타다)
7. Yo		escucho		esquío
8. Tú	preparas		fumas	esquías
9. Él/ella/usted		escucha		esquía
10. Nosotros/nosotras	preparamos		fumamos	esquiamos
11. Vosotros/vosotras		escucháis		esquiáis
12. Ellos/ellas/ustedes	preparan		fuman	esquían

B ar형 규칙 동사와 인칭대명사를 연결해 봅시다.

1. Yo	•	• a. hablas
2. Tú	•	• b. estudiamos
3. Él/ella/usted	•	• c. canto
4. Nosotros	•	• d. trabajáis
5. Vosotros	•	• e. nadan
6. Ellos/ellas/ustedes	•	• f. escucha

C 다음 동사의 동사원형을 써 봅시다.

1. hablan
2. escuchas
3. preparo
4. bailamos
5. fuma
6. paseáis
7. canto
8. compra

D 다음 동사에 해당하는 인칭대명사를 써 봅시다.

1. estudio
2. habla
3. cantamos
4. escuchas
5. tocáis
6. trabajas
7. fumo
8. trabajan

E 다음 동사를 동사 변화해 봅시다.

1. Cocinar (yo)
2. Trabajar (tú)
3. Hablar (él)
4. Escuchar (tú)
5. Tomar (usted)
6. Pasear (nosotros)
7. Fumar (vosotros)
8. Nadar (ellos)

F 각각의 직업과 일하는 곳을 연결지어 봅시다.

<table>
<tr><td>보기</td><td>

– ¿Qué hace Paco?
(빠코의 직업이 뭐야?)
– Es Profesor.
(선생님이야.)

</td><td>

– ¿Dónde trabaja Paco?
(빠코는 어디서 일해?)
– Trabaja en una escuela.
(학교에서 일해.)

</td></tr>
</table>

1. Paco es profesor.　　•
2. José es policía.　　•
3. Pedro es mecánico.　　•
4. María es peluquera.　　•
5. Alfredo es conductor.　　•
6. Javier es arquitecto.　　•
7. Ignacio es periodista.　　•
8. Paloma es ama de casa.　•
9. Marta es dependiente.　　•
10. Laura es médica.　　•

•　a. Trabaja en un hospital.
•　b. Trabaja en una peluquería.
•　c. Trabaja en un autobús.
•　d. Trabaja en un periódico.
•　e. Trabaja en una escuela.
•　f. Trabaja en un taller de coche.
•　g. Trabaja en casa.
•　h. Trabaja en un supermercado.
•　i. Trabaja en un despacho.
•　j. Trabaja en una policía.

G usted의 호칭을 사용하여 정중하게 질문해 봅시다.

<table>
<tr><td>보기</td><td>

¿Hablas inglés?
(스페인어를 하니?)

</td><td>

– ¿Habla usted inglés?
(당신은 스페인어를 합니까?)

</td></tr>
</table>

1. ¿Estudias español?　– ______________________
2. ¿Trabajas en la oficina?　– ______________________
3. ¿Practicas el tenis?　– ______________________
4. ¿Escuchas música?　– ______________________
5. ¿Cantas bien?　– ______________________
6. ¿Bailas flamenco?　– ______________________
7. ¿Nadas en la piscina?　– ______________________
8. ¿Paseas en el parque?　– ______________________
9. ¿Cocinas la paella?　– ______________________
10. ¿Fumas cigarrillos?　– ______________________

H 다음 질문에 Sí/No로 대답해 봅시다.

> **보기** ¿Hablas español? (스페인어를 하니?)
> – Sí, hablo español. (응, 스페인어를 말해.)
> – No hablo español. (아니, 스페인어를 하지 못해.)

1. ¿Hablas español? – _______________________________
2. ¿Cantas bien? – _______________________________
3. ¿Estudias en la universidad? – _______________________________
4. ¿Trabajas? – _______________________________
5. ¿Tocas la guitarra? – _______________________________
6. ¿Escuchas la radio? – _______________________________
7. ¿Nadas en la piscina? – _______________________________
8. ¿Practicas español en clase? – _______________________________
9. ¿Bailas? – _______________________________
10. ¿Cocinas? – _______________________________
11. ¿Fumas? – _______________________________
12. ¿Tomas cerveza? – _______________________________
13. ¿Hablas chino? – _______________________________
14. ¿Paseas en el parque? – _______________________________

I ar형 동사를 활용하여 문장을 만들어 봅시다.

1. Los señores Martínez _______________ la radio. (escuchar)
2. María _______________ un cuadro. (pintar)
3. Juan _______________ la guitarra. (tocar)
4. Carla _______________ la comida. (preparar)
5. Los estudiantes _______________ en el mar. (nadar)
6. Los niños _______________ por el parque. (pasear)
7. Nosotros _______________ una canción. (cantar)
8. Marta _______________ una camisa. (lavar)
9. Felipe _______________ una maleta. (llevar)
10. Raúl _______________ un cigarrillo. (fumar)

J llamarse 동사와 재귀대명사를 연결해 봅시다.

1. Me •   • a. llamáis
2. Te •   • b. llama
3. Se •   • c. llamamos
4. Nos •   • d. llamo
5. Os •   • e. llamas
6. Se •   • f. llaman

K 다음 질문에 보기와 같이 대답해 봅시다.

> **보기**
>
> ¿Cómo te llamas?   Me llamo Carmen.
>
> (너의 이름은 뭐니?)   (난 까르멘이야.)

1. ¿Cómo te llamas?   – _________________ Carlos.
2. ¿Cómo te llamas?   – _________________ Luisa.
3. ¿Cómo se llama ella?   – _________________ Juana.
4. ¿Cómo se llama él?   – _________________ José.
5. ¿Cómo se llama Ud.?   – _________________ Carmen.
6. ¿Cómo os llamáis?   – _________________ Felipe y Miguel.
7. ¿Cómo os llamáis?   – _________________ Charo y Rosa.
8. ¿Cómo se llaman ellos? – _________________ Adriana y Andrea.

L 다음 대화체를 읽고 빈칸을 llamarse 동사로 동사 변화해 봅시다.

1. Profesor: ¿Cómo _________________?

   Marta: _________________ Marta.

2. Pablo: ¿Cómo _________________?

   Profesora: _________________ Emilia.

3. Profesor: ¿Cómo _________________?

   Carmen: Yo _________________ Carmen y él _________________ Pedro.

4. Miguel: ¿Cómo _________________ ustedes?

    Profesor: _________________ Juan Muñoz. Soy el profesor de inglés.

    Profesora: _________________ Isabel López. Soy la profesora de

       matemáticas.

M 알맞은 소유형용사를 선택하여 봅시다.

  1. (Yo) _________________ hermano

  2. (Eva y Juan) _________________ madre

  3. (Tú) _________________ tíos

  4. (Ustedes) _________________ hijos

  5. (Nosotros) _________________ abuelos

  6. (Pablo) _________________ tía

  7. (Tú y tu hermana) _________________ tío

  8. (Usted) _________________ padres

  9. (Tú) _________________ prima

 10. (Fernando) _________________ sobrina

N 소유형용사를 성·수 변화하여 문장을 만들어 봅시다.

> **보기** ¿Cómo se llama su padre? (Pedro)
> (페드로의 아버지의 이름은 뭐야?)

1. ¿Cómo se llama _________________ madre? (Juan)

2. ¿Cómo se llaman _________________ padres? (Usted)

3. ¿Cómo se llama _________________ hermana? (Vosotros)

4. ¿Cómo se llama _________________ hijo? (Tú)

5. ¿Cómo se llaman _________________ hermanos? (Pedro y Ana)

6. ¿Cómo se llaman _________________ hermanos? (Vosotros)

7. ¿Cómo se llaman _________________ hijos? (Ella)

8. ¿Cómo se llaman _________________ tíos? (Tú)

말 하 기

A 다음과 같이 서로 질문하고 대답해 봅시다.

보기
E1: ¿Estudias español? (스페인어를 공부하니?)
E2: Sí, estudio español. (응, 공부해.)
  (No), no estudio español. (아니, 공부 안 해.)

※ 언어명은 남성 국명 형용사와 일치하며 국명 형용사와 마찬가지로 반드시 소문자로 써야 한다.

Idiomas (언어)	Sí	No
inglés (영어)		
francés (프랑스어)		
italiano (이탈리아어)		
chino (중국어)		
alemán (독일어)		
japonés (일본어)		
ruso (러시아어)		
coreano (한국어)		
árabe (아랍어)		
griego (그리스어)		
español (스페인어)		

Mi compañero/a ___________________ estudia ___________________
y ____

B 다음 보기와 같이 스페인어 묻고 대답해 봅시다.

¿Qué idiomas hablas? (어떤 언어를 할 줄 아니?)

> 보기 ¿Hablas inglés? (영어를 말할 줄 아니?)
> - Sí, hablo inglés muy bien. (아주 잘 해.)
> - Sí, hablo inglés bastante bien. (충분히 잘 하지.)
> - Sí, hablo un poco (de inglés). (영어 조금 해.)
> - No, no hablo nada (de inglés). (하나도 할 줄 몰라.)

※ nada는 '절대로'라는 의미로 완전 부정어로 반드시 앞의 no와 함께 써야 한다.

¿Hablas ________________?

Idiomas (언어)	Sí	No
inglés (영어)		
francés (프랑스어)		
italiano (이탈리아어)		
chino (중국어)		
alemán (독일어)		
japonés (일본어)		
ruso (러시아어)		
coreano (한국어)		
árabe (아랍어)		
griego (그리스어)		
español (스페인어)		

Mi compañero/a ________________ habla muy bien ________________

También habla bastante bien ________________

Y habla un poco de ________________

Pero no habla nada de ________________ ni de ________________

C 다음 보기와 같이 스페인어로 서로 묻고 대답해 봅시다.

> **보기**
> ¿Hablas español? (너는 스페인어를 하니?)
> Sí, hablo español. (그래, 스페인어 말할 줄 알아.)
> No, no hablo español. (아니, 스페인어 할 줄 몰라.)

Preguntas (질문)	Sí	No
1. Hablar español en clase (스페인어로 말하기)		
2. Tomar cerveza (맥주 마시기)		
3. Cantar en el karaoke (노래방에서 노래하기)		
4. Bailar el tango (탱고 추기)		
5. Escuchar música (음악 듣기)		
6. Nadar en la piscina (수영장에서 수영하기)		
7. Pasear por el parque (공원 산책하기)		
8. Cocinar (요리하기)		
9. Tocar la guitarra (기타 연주하기)		
10. Practicar español en casa (집에서 스페인어 연습하기)		
11. Estudiar francés (프랑스어 공부하기)		
12. Trabajar (일하기)		
13. Fumar (담배 피우기)		
14. Esquiar en la nieve (눈에서 스키 타기)		
15. Ligar (con los chicos/las chicas) (꼬시기)		
16. Charlar con amigos (친구랑 수다떨기)		

Mi compañero/a ______________ normalmente ____________________

____________________ y ________________________________

듣 기

A Diego와 Eva의 대화를 듣고 큰소리로 따라 읽어 봅시다. 

Diego:	Eva, ¿tú qué haces?, ¿estudias o trabajas?
Eva:	Trabajo en una escuela. Soy profesora de inglés.
Diego:	Yo soy estudiante. Estudio en la universidad.
Eva:	¡Tú hablas español muy bien!
Diego:	Yo estudio español en la escuela de idiomas.
Eva:	¿Ah, sí? ¡Qué interesante!
Diego:	¿Qué idiomas hablas?
Eva:	Hablo inglés, español y chino. ¿Cómo es la clase de español?
Diego:	La clase es muy divertida.
Eva:	¿Cómo es el profesor?
Diego:	Mi profesora se llama Carmen. Es española y es muy simpática.
Eva:	¿Cómo son los compañeros de clase?
Diego:	También son muy simpáticos.
Eva:	¿Hablas mucho en clase?
Diego:	Sí, hablo mucho.
Eva:	¿Escuchas música en clase?
Diego:	Sí, escucho música y también canto.
Eva:	¿Practicas el español en casa?
Diego:	Sí, practico bastante.
Eva:	¡Qué bien!

주요 어휘

qué 무엇   hacer ~을 하다   estudiar 공부하다   trabajar 일하다   (la) escuela 학교   (el/la) profesor/a 선생님   (el) inglés 영어   (la) universidad 대학교   hablar 말하다   muy 아주, 매우   bien 잘   (el) idioma 언어   interesante 흥미 있는, 재미 있는   (el) español 스페인어   (el) chino 중국어   (la) clase 수업   divertido/a 즐거운, 재미있는   mi 나의   simpático/a 상냥한, 친절한   (el/la) compañero/a 동료   mucho 많이   escuchar 듣다   (la) música 음악   también ~도 역시   cantar 노래하다   practicar 연습하다   (la) casa 집   bastante 충분히, 적당히

주요 표현

1. 〈¿Qué haces?〉는 직업을 묻는 표현으로 의문사 qué(무엇)와 hacer(~를 하다)가 합쳐진 표현이다. hacer동사는 hago/haces/hace/hacemos/hacéis/hacen으로 동사 변화한다. hacer동사는 제 5과 불규칙 동사편에서 자세히 다루도록 한다.

2. 〈¡Qué interesante!〉는 '정말 재미있겠다!' 라는 의미로, 의문사 ¡Qué + 형용사/부사! 형태의 감탄문이다. 예를 들어, ¡Qué guapo!(정말 잘생겼다!), ¡Qué bien!(정말 잘 됐다!) 등의 다양한 형태로 쓰일 수 있다.

3. mucho의 쓰임새 (형용사/부사)

   영어의 much/many에 해당하는 형용사 및 부사로, 형용사로 쓰일 때는 뒤에 명사를 동반하고, 동사 뒤에서는 부사로 쓰여 '많이' 의 의미를 지닌다.

	남성 (많은)	여성 (많은)	부사 (많이)
단수 + 셀 수 없는 명사	mucho (dinero) 많은　　돈	mucha (lluvia) 많은　　비	Trabajo mucho. (일을 많이 한다)
복수 + 셀 수 있는 명사	muchos (amigos) 많은　친구들	muchas (amigas) 많은　여자 친구들	Te quiero mucho. (널 많이 사랑해)

B Paco가 Gema에게 자신의 가족에 대해 소개하고 있다. 듣고 큰소리로 따라 읽어 봅시다.

🎧 17

Gema:	¿Cómo es tu familia?
Paco:	Somos cinco. Mi padre, mi madre, mi hermano, mi hermana y yo.
Gema:	¿Cuántos años tienen tus padres?
Paco:	Mi padre tiene cincuenta y mi madre cuarenta y cinco.
Gema:	¿Qué hace tu padre?
Paco:	Mi padre trabaja en un hospital, es médico. Y mi madre es ama de casa.
Gema:	¿Cómo son tus padres?
Paco:	Mi padre es muy simpático y trabajador. Mi madre es generosa y un poco seria.
Gema:	¿Cuántos años tiene tu hermano?

Paco:	Tiene veintiocho años. Trabaja en un despacho. Es abogado.
Gema:	¿Está casado?
Paco:	No, está soltero, pero tiene novia. Se llama Alicia y es agente de seguros. Es muy guapa.
Gema:	¿Cuántos años tiene tu hermana?
Paco:	Mi hermana pequeña tiene dieciocho años. Estudia en un instituto.
Gema:	¿Cómo es tu hermana?
Paco:	Es muy sociable y deportista. ¡Ah! Tengo un perro. Se llama Totó. Es muy cariñoso.

주요 어휘

(la) familia 가족　(el) padre 아버지　(la) madre 어머니　(el) hermano 형, 오빠, 남동생　(la) hermana 언니, 여동생, 누나　(el) hospital 병원　(el) médico 의사　(la) ama de casa 가정주부　simpático 친절한, 상냥한　trabajador 부지런한　generoso/a 너그러운　serio/a 진지한, 무뚝뚝한　(el) despacho 사무실　(el) abogado 변호사　casado/a 결혼한, 기혼의　soltero/a 미혼의, 싱글인　(la) novia 여자친구　(el) agente de seguros 보험 설계사　guapo/a 잘생긴, 예쁜　pequeño/a 나이가 어린　(el) instituto 중·고등학교　sociable 사교적인　deportista 운동을 좋아하는　(el) perro 개　cariñoso/a 사랑스러운, 다정한

주요 표현

1. 〈¿Está casado?〉는 '결혼했니?'라는 의미로 Está soltero(미혼)/Está divorciado(이혼한)/Está viudo(미망인) 등의 표현이 있다.
2. 〈hermano pequeño〉는 '어린 동생'을 의미하며 hermano menor와 같은 의미를 지닌다.

쓰 기

A 다음 단어들을 정렬하여 문장을 만들어 봅시다.

1. mexicanos Mis son abuelos

    – _______________________________________

2. azul es habitación Mi

    – _______________________________________

3. estudiante Mi es hermana

    – _______________________________________

4. muy tío es guapo Tu

    – _______________________________________

5. hermana Su joven es

    – _______________________________________

6. madre es profesora Mi

    – _______________________________________

7. ¿es familia Cómo su?

    – _______________________________________

8. ¿tu se español de Cómo profesor llama?

    – _______________________________________

B 다음 문장을 스페인어로 작문해 봅시다.

1. 넌 직업이 뭐니?

    – _______________________________________

2. 넌 공부하니 아니면 일하니?

    – _______________________________________

3. 난 언어 학원에서 스페인어를 공부해.

    – _______________________________________

4. 넌 참 스페인어를 잘 하는구나!

  –

5. 정말 재미있겠다!

  –

6. 난 영어 선생님이고 학원에서 일해.

  –

7. 넌 어떤 언어를 할 줄 아니?

  –

8. 내 여동생은 Alicia라고 하고, 18살이야.

  –

¿Qué haces en tu tiempo libre?

(여가 시간에 뭐 하니?)

- 직설법 현재 동사 ER / IR형 동사
- TENER 동사
- 의문사
- IR 동사

문법

1 직설법 현재 동사 ER / IR형 동사

Ⓐ ER형 동사 규칙형

Comer	먹다	
Beber	마시다	
Coser	바느질하다	
Correr	달리다	
Leer	읽다	
Vender	팔다	
Comprender	이해하다	
Aprender	배우다	
Coger ※	잡다, 타다	
Ver ※	보다	
Hacer ※	하다	
Tener ※	가지다	

- Comer -

Yo	com-o	-O
Tú	com-es	-ES
Él / ella / Ud.	com-e	-E
Nosotros	com-emos	-EMOS
Vosotros	com-éis	-ÉIS
Ellos / ellas / Uds.	com-en	-EN

※ 불규칙 동사

인칭대명사	Beber	Coser	Correr	Leer	Vender	Aprender
Yo	bebo	coso	corro	leo	vendo	aprendo
Tú	bebes	coses	corres	lees	vendes	aprendes
Él/ella/Ud.	bebe	cose	corre	lee	vende	aprende
Nosotros/as	bebemos	cosemos	corremos	leemos	vendemos	aprendemos
Vosotros/as	bebéis	coséis	corréis	leéis	vendéis	aprendéis
Ellos/ellas/ Uds.	beben	cosen	corren	leen	venden	aprenden

ⓑ ER형 동사 불규칙형

인칭대명사	Hacer (하다)	Ver (보다)	Coger (잡다, 타다)	Tener (가지다)
Yo	hago	veo	cojo	tengo
Tú	haces	ves	coges	tienes
Él/ella/Ud.	hace	ve	coge	tiene
Nosotros/as	hacemos	vemos	cogemos	tenemos
Vosotros/as	hacéis	veis	cogéis	tenéis
Ellos/ellas/ Uds.	hacen	ven	cogen	tienen

ⓒ IR형 동사 규칙형

Escribir	쓰다
Vivir	살다
Recibir	받다
Repartir	분배하다
Compartir	나누다, 공유하다
Abrir	열다
Cubrir	덮다
Sufrir	고통받다

- Vivir -

Yo	viv-o	-O
Tú	viv-es	-ES
Él /ella /Ud.	viv-e	-E
Nosotros	viv-imos	-IMOS
Vosotros	viv-ís	-ÍS
Ellos /ellas / Uds.	viv-en	-EN

인칭대명사	Escribir	Vivir	Recibir	Repartir
Yo	escribo	vivo	recibo	reparto
Tú	escribes	vives	recibes	repartes
Él/ella/Ud.	escribe	vive	recibe	reparte
Nosotros/as	escribimos	vivimos	recibimos	repartimos
Vosotros/as	escribís	vivís	recibís	repartís
Ellos/ellas/ Uds.	escriben	viven	reciben	reparten

인칭대명사	Compartir	Abrir	Cubrir	Sufrir
Yo	comparto	abro	cubro	sufro
Tú	compartes	abres	cubres	sufres
Él/ella/Ud.	comparte	abre	cubre	sufre
Nosotros/as	compartimos	abrimos	cubrimos	sufrimos
Vosotros/as	compartís	abrís	cubrís	sufrís
Ellos/ellas/Uds.	comparten	abren	cubren	sufren

D IR형 동사 불규칙형

인칭대명사	Salir (나가다)	Ir (가다)	Dormir (자다)	Servir (서빙하다)
Yo	salgo	voy	duermo	sirvo
Tú	sales	vas	duermes	sirves
Él/ella/Ud.	sale	va	duerme	sirve
Nosotros/as	salimos	vamos	dormimos	servimos
Vosotros/as	salís	vais	dormís	servís
Ellos/ellas/Uds.	salen	van	duermen	sirven

2 TENER 동사

A 의문 형용사 cuánto/cuánta/cuántos/cuántas (얼마나 많은)

유일하게 성·수변화하며, 영어의 how many/how much에 해당하는 의문 형용사/부사이다.

	남성	여성
cuánto / cuánta + 셀 수 없는 명사	¿Cuánto dinero tienes? (얼마나 많은 돈을 갖고 있니?)	¿Cuánta ropa tienes? (얼마나 많은 옷을 갖고 있니?)
cuántos / cuántas + 셀 수 있는 명사	¿Cuántos hermanos tienes? (얼마나 많은 형제들을 갖고 있니?)	¿Cuántas hermanas tienes? (얼마나 많은 자매들을 갖고 있니?)

¿Cuántos años tienes (tú)?　(넌 몇 살이니?)

Tengo veinte (años).　　　(20 살이야.)

¿Cuántos años tiene usted?　(당신은 몇 살입니까?)

Tengo treinta y tres (años).　(33 살입니다.)

Ⓑ 기수 (0~100)

0 cero			
1 uno	11 once	21 veintiuno	10 diez
2 dos	12 doce	22 veintidós	20 veinte
3 tres	13 trece	23 veintitrés	30 treinta
4 cuatro	14 catorce	24 veinticuatro	40 cuarenta
5 cinco	15 quince	25 veinticinco	50 cincuenta
6 seis	16 dieciséis	26 veintiséis	60 sesenta
7 siete	17 diecisiete	27 veintisiete	70 setenta
8 ocho	18 dieciocho	28 veintiocho	80 ochenta
9 nueve	19 diecinueve	29 veintinueve	90 noventa
10 diez	20 veinte	30 treinta	100 cien
		31 treinta y uno	

- 16~29까지는 dieciséis… veintinueve 식으로 합성어로만 쓰며, 악센트에 주의해야 한다.
- 1~30까지는 한 개의 단어이고, 31~99까지는 3개의 단어로 이루어져 있다.
- uno 뒤에 남성 명사가 오게 되면 'o'가 탈락되고, 여성 명사가 오면 una가 된다.

3　의문사

Ⓐ ¿Dónde + 동사? (어디에)

¿Dónde está Camila? (카밀라는 어디에 있니?)

B ¿Cuándo + 동사? (언제)

¿Cuándo ves la tele? (텔레비전은 언제 보니?)

C ¿Cómo + 동사? (어떻게)

¿Cómo te llamas? (이름이 뭐니?)

D ¿Cuál es / Cuáles son + 명사? (무엇, 수변화함, 옵션, 선택 사항)

¿Cuál es tu deporte favorito? (네가 좋아하는 운동이 뭐야?)

¿Cuáles son tus aficiones? (너의 취미는 뭐야?)

E ¿Quién(es) + 동사? (누구)

¿Quién es Shakira? (샤키라가 누구야?)

¿Con quién vives? (누구와 함께 사니?)

F ¿Cuánto + 동사? (얼마나 많이)

¿Cuánto cuesta? (얼마예요?)

G ¿Cuánto(s) / Cuánta(s) + 명사 + 동사? (얼마나 많은)

¿Cuántos años tienes? (나이가 몇 살이니?)

¿Cuántos hermanos tienes? (형제가 몇 명이야?)

H ¿Qué + 동사? (무엇= what)

¿Qué haces esta tarde? (오늘 오후에는 무엇을 하니?)

I ¿Qué + 명사 + 동사 (무슨 = which)

¿Qué hora es? (몇 시야?)

J ¿Por qué + 동사? (왜)

¿Por qué estudias español? (왜 스페인어를 공부하니?)

4 IR 동사

A ¿A dónde vas (tú)? (어디로 가니?)

Ir + a + 관사 + 장소 명사 ~ 로 가다			
인칭대명사	**Ir 동사**		
Yo	voy	a casa (집)	• Voy a casa에서 집은 일반적으로 관사를 생략한다.
Tú	vas	al hospital (병원)	
Él/ella/Ud.	va	al parque (공원)	• 장소 전치사 a(~으로, ~에)
Nosotros/as	vamos	al cine (영화관)	• 전치사 a와 관사 el이 합쳐지면 al로 축약형이 된다.
Vosotros/as	vais	a la piscina (수영장)	(de + el → del)
Ellos/ellas/Uds.	van	a la biblioteca (도서관)	

B 빈도 부사

- siempre(항상), casi siempre (거의 항상), todos los días(매일), normalmente(보통, 평상시에), a menudo(자주), a veces (가끔), casi nunca(거의~ 하지 않는다), nunca (절대로~하지 않는다)

- siempre, casi siempre, normalmente, a menudo, a veces 는 동사 앞, 동사 뒤, 문장 끝에 자유롭게 위치할 수 있다.

Bruno <u>siempre</u> come en casa. (브루노는 항상 집에서 밥을 먹는다.)

Bruno come <u>siempre</u> en casa.

Bruno come en casa <u>siempre</u>.

- nunca와 casi nunca는 동사 앞에 위치할 수 있고, 만약 문장 끝에 위치할 경우 no를 반드시 동반한다.

Sonia <u>nunca</u> come en casa. (쇼냐는 절대로 집에서 밥을 먹지 않는다.)

Sonia <u>no</u> come <u>nunca</u> en casa.

연습문제

A 다음 동사의 동사원형을 써 봅시다.

1. comen   _______________________
2. bebo   _______________________
3. lee   _______________________
4. corremos   _______________________
5. coge   _______________________
6. vendéis   _______________________
7. aprendes   _______________________
8. hago   _______________________

B 다음 동사에 해당하는 인칭대명사를 써 봅시다.

1. comes   _______________________
2. beben   _______________________
3. comprendéis   _______________________
4. aprendemos   _______________________
5. coso   _______________________
6. abrís   _______________________
7. coges   _______________________
8. hace   _______________________

C 다음 동사를 동사 변화해 봅시다.

1. Comer (yo)   _______________________
2. Beber (tú)   _______________________
3. Salir (él)   _______________________
4. Leer (tú)   _______________________

5. Comprender (usted) _________________________

6. Aprender (nosotros) _________________________

7. Ver (vosotros) _________________________

8. Hacer (ellos) _________________________

D 다음 문장을 usted으로 질문해 봅시다.

> **보기** ¿Comes la hamburguesa?
>
> – ¿Come usted la hamburguesa? (당신은 햄버거를 먹습니까?)

1. ¿Comes las pizzas?   – _________________________

2. ¿Bebes cerveza?   – _________________________

3. ¿Coges el taxi?   – _________________________

4. ¿Aprendes español?   – _________________________

5. ¿Ves la tele?   – _________________________

6. ¿Haces los deberes de español?

   – _________________________

7. ¿Coses?   – _________________________

8. ¿Lees el periódico?   – _________________________

9. ¿Escribes la carta?   – _________________________

10. ¿Vives en el piso?   – _________________________

E 다음 질문에 빈도 부사를 사용하여 대답해 봅시다.

> **보기** ¿Bebes cerveza? (맥주를 마시니?)
>
> – <u>Todos los días</u> bebo. (매일 마셔.)
>
> – <u>A menudo</u> bebo. (자주 마셔.)
>
> – <u>A veces</u> bebo. (가끔 마셔.)
>
> – <u>Casi nunca</u> bebo. (거의 안 마셔.)
>
> – <u>Nunca</u> bebo cerveza. (절대 안 마셔.)

1. ¿Bebes cerveza? Todos los días – ___________________________

2. ¿Lees poesía? A menudo　　　　 – ___________________________

3. ¿Lees el periódico? A veces　　 – ___________________________

4. ¿Ves la tele? Casi nunca　　　 – ___________________________

5. ¿Haces los deberes de español? Nunca

　　　　　　　　　　　　　　　 – ___________________________

6. ¿Haces yoga? Todos los días　 – ___________________________

7. ¿Navegas por Internet? A menudo

　　　　　　　　　　　　　　　 – ___________________________

8. ¿Usas el ordenador? A veces　 – ___________________________

9. ¿Aprendes español? Casi nunca

　　　　　　　　　　　　　　　 – ___________________________

10. ¿Coges el taxi? Nunca　　　　 – ___________________________

F 다음 동사를 동사 변화하여 문장을 완성해 봅시다.

1. Los niños ___________ en el parque. (correr)

2. Juan ___________ el periódico en la sala. (leer)

3. Yo ___________ la televisión en casa. (ver)

4. María ___________ el taxi. (coger)

5. José ___________ cerveza en el bar. (beber)

6. Ella ___________ libros en una librería. (vender)

7. Los estudiantes ___________ los deberes. (hacer)

8. Elena ___________ la camisa. (coser)

9. Nosotros ___________ la lección en clase. (aprender)

10. El señor ___________ vino en el bar. (beber)

11. Yo ___________ en una casa. (vivir)

12. Ella ___________ una carta. (escribir)

G tener 동사를 알맞은 형태로 동사 변화해 봅시다.

1. Elena _______________ once años.
2. Tú _______________ diecinueve años.
3. Juan y Mario _______________ catorce años.
4. Nosotras _______________ quince años.
5. Usted _______________ treinta y un años.
6. Yo _______________ veintidós años.

H 알맞은 의문사를 써서 대화체를 완성해 봅시다.

Carlos: Hola, ¿_______________ tal?

Miguel: Muy bien, ¿y tú _______________ estás?

Carlos: Muy bien, ¿_______________ te llamas?

Miguel: Me llamo Miguel.

Carlos: ¿De _______________ eres, Miguel?

Miguel: Soy coreano.

Carlos: ¿_______________ haces?, ¿estudias o trabajas?

Miguel: Trabajo en una empresa española.

Carlos: ¿Y _______________ vives?

Miguel: Vivo en la calle Retiro.

Carlos: ¿_______________ años tienes?

Miguel: Tengo veinticuatro.

Carlos: ¿_______________ hermanos tienes?

Miguel: Una hermana.

Carlos: ¿Con _______________ vives?

Miguel: Con mis padres.

Carlos: ¿_______________ es tu cantante favorito?

Miguel: Shakira.

Carlos: ¿_______________ estudias español?

Miguel: Es mi hobby.

I   ir 동사를 동사 변화하여 문장을 완성해 봅시다.

1. Maribel _______________ al gimnasio.
2. Los estudiantes _______________ a clase de español.
3. María y Paco _______________ al restaurante.
4. Tú _______________ a la biblioteca.
5. Ustedes _______________ a clase de español.
6. Yo _______________ a casa.
7. Los niños _______________ a la escuela.
8. Maribel y Julio _______________ a la peluquería.
9. Nosotros _______________ a la discoteca.
10. Vosotros _______________ a la escuela de idiomas.

말 하 기

A   다음 보기와 같이 동료에게 스페인어로 묻고 대답해 봅시다.

보기   ¿Bebes cerveza? (넌 맥주를 마시니?)
- Sí, todos los días bebo (cerveza). (응, 매일 마셔.)
- Sí, bebo a menudo. (자주 마셔.)
- Sí, a veces bebo. (응, 가끔 마셔.)
- No, casi nunca bebo. (거의 안 마셔.)
- No, nunca bebo. (절대로 안 마셔.)

※ 빈도 부사 nunca는 완전 부정의 부사로 문장의 가장 앞에 위치하거나, 뒤에 위치하게 되면 앞에 no를 한번 더 중복해야 한다.
　예를 들어, Nunca bebo 혹은 No bebo nunca로 말할 수 있다.

	todos los días (매일)	a menudo (자주)	a veces (가끔)	casi nunca (거의~않다)	nunca (절대로)
1. Beber cerveza (맥주 마시기)					
2. Leer el periódico (신문 읽기)					
3. Ver la tele (텔레비전 보기)					
4. Usar el ordenador (컴퓨터 사용하기)					
5. Hacer los deberes de español (스페인어 숙제하기)					
6. Hacer yoga (요가하기)					
7. Aprender idiomas (언어 배우기)					
8. Escribir una carta (편지쓰기)					
9. Coser (바느질하기)					
10. Ver películas (영화 보기)					
11. Coger el taxi (택시 타기)					
12. Navegar por Internet (인터넷하기)					

¿Qué hace tu compañero/a en su tiempo libre normalmente?

(평소에 여가 시간에 당신의 동료는 무엇을 하나요?)

Mi compañero/a _____________ todos los días _____________________

y a veces (a menudo) ____

pero nunca ____

B 다음 보기와 같이 서로 질문하고 대답해 봅시다.

보기
> E1: ¿Vas al concierto con frecuencia? (콘서트에 자주 가니?)
> E2: Sí, voy a menudo. (응, 자주 가.)
> Sí, voy a veces. (그래, 가끔 가.)
> No, casi nunca voy. (거의 안 가.)
> No, nunca voy. (절대로 안 가.)

※ Con frecuencia는 a menudo와 유사어로 '빈번히'를 의미하며 영어의 with frequency에 해당한다.

Estudiante 1	Estudiante 2
¿Vas a __________ con frecuencia?	
1. el teatro (극장)	__________
2. el cine (영화관)	__________
3. exposiciones (전시회)	__________
4. la ópera (오페라)	__________
5. el concierto (콘서트)	__________
6. el zoo (동물원)	__________
7. la discoteca (클럽)	__________
8. el parque de atracciones (놀이공원)	__________
9. el gimnasio (체육관)	__________
10. la piscina (수영장)	__________
11. la montaña (산)	__________
12. el campo (시골)	__________
13. el restaurante mexicano (멕시코 식당)	__________
14. la biblioteca (도서관)	__________
15. el bar (바)	__________

Mi compañero/a ______________ va ________________ a menudo

y va __________________________ a veces.

pero (casi) nunca va ________________________________

C 각자의 개인 정보를 써본 다음 동료들의 개인 정보를 서로 묻고 표를 완성해 봅시다.

Preguntas (질문)	Respuestas (대답)
1. ¿Cómo te llamas?	Me llamo ___________________
2. ¿Cómo te apellidas?	Me apellido ___________________
3. ¿De dónde eres?	Soy (de) ___________________
4. ¿Qué haces? ¿Estudias o trabajas?	Estudio/trabajo en ___________________
5. ¿Estás casado o soltero?	Estoy ___________________
6. ¿Cuántos años tienes?	Tengo ___________________ años.
7. ¿Dónde vives?	Vivo en ___________________
8. ¿Cuántos hermanos tienes?	(No) Tengo ___________________
9. ¿Qué idiomas hablas?	Hablo ___________ y ___________
10. ¿Cuáles son tus aficiones?	Mis aficiones son ___________________ y ___________________

Información personal (개인 정보)	
1. Nombre (이름)	Se llama ___________________
2. Apellido (성)	Se apellida ___________________
3. Nacionalidad (국적)	Es (de) ___________________
4. Profesión (직업)	Estudia/trabaja en ___________________
5. Estado Civil (결혼 여부)	Está ___________________
6. Edad (나이)	Tiene ___________________ años.
7. Dirección (주소)	Vive en ___________________
8. Hermanos (형제/자매)	(No) Tiene ___________________
9. Idiomas (언어)	Habla ___________ y ___________
10. Aficiones (취미)	Sus aficiones son ___________________ y ___________________

듣 기

 Pedro와 Natalia의 대화를 듣고 큰소리로 따라 읽어 봅시다. 

Pedro:	¡Hola! Me llamo Pedro.
Natalia:	¡Hola! ¿Qué tal?
Pedro:	¿Cómo te llamas?
Natalia:	Me llamo Natalia.
Pedro:	¿De dónde eres, Natalia?
Natalia:	Soy brasileña.
Pedro:	¿Dónde vives? ¿Vives aquí en Madrid?
Natalia:	Sí, vivo en la calle Puerto Rico.
Pedro:	¿Qué haces aquí en Madrid?
Natalia:	Estudio español en una escuela de idiomas.
Pedro:	¿Estás soltera o casada?
Natalia:	Estoy soltera. Pero tengo novio.
Pedro:	¿Cómo se llama?
Natalia:	Se llama Raúl.
Pedro:	¿Es guapo?
Natalia:	Sí, es muy guapo.
Pedro:	¿Cuántos años tienes?
Natalia:	Tengo veinticuatro años.
Pedro:	¿Tienes hermanos?
Natalia:	Sí, tengo un hermano y una hermana.
Pedro:	¿Con quién vives?
Natalia:	Vivo con mis padres y mis hermanos.
Pedro:	¿Cuáles son tus aficiones?
Natalia:	Mis aficiones son escuchar música y bailar en la discoteca. ¿Pero por qué me haces tantas preguntas?

주요 어휘

brasileño/a 브라질 사람   (la) calle 거리   hacer ~을 하다   aquí 여기   (el) español 스페인어   (la) escuela 학교, 학원   (el) idioma 언어   soltero/a 싱글의, 미혼의   casado/a 결혼한, 기혼의   (el) novio 남자친구   guapo/a 잘생긴, 예쁜   cuántos/as 얼마나 많은   (el) año 연, 해   (el/la) hermano/a 남자형제, 자매   con ~와 함께   quién/es 누구   vivir 살다   mi/s 나의   (los) padres 부모님   cuál/es 무엇   tu/s 너의   (la) afición 취미   escuchar 듣다   (la) música 음악   bailar 춤추다   (la) discoteca 클럽   pero 그러나   por qué 왜   me 나에게   tantos/as 그렇게 많은   (la) pregunta 질문

주요 표현

1. 〈¿Con quién vives?〉는 '누구와 함께 사니?'의 의미로 전치사 con이 의문사 앞으로 도치된 형태이다. 이와 같이 스페인어는 전치사는 항상 의문사 앞에 위치한다.

2. 〈¿Cuáles son tus aficiones?〉는 '너의 취미가 뭐니?'의 의미로 취미는 주로 복수의 형태로 많이 사용된다. 의문사 cuál은 복수형(cuáles)이 있으며, 선택, 옵션 등을 나타낼 때 사용된다. cuál 의문사에 관해서는 본 교재 제 13과에서 자세히 다루도록 하겠다.

3. 〈¿Por qué me haces tantas preguntas?〉는 '나에게 왜 그렇게 많은 질문을 하니?'의 의미로 me는 '나에게'를 뜻하는 간접목적격 대명사이고, tantos/tantas는 '그렇게 많은'을 의미하는 부정형용사이다.

쓰 기

A 다음 단어들을 정렬하여 문장을 만들어 봅시다.

1. ¿hamburguesas Come las usted?

    – ____________________

2. hermano y una un hermana Yo tengo

    – ____________________

3. hermanos Vivo padres mis con y mis

    – ____________________

4. ¿Madrid Qué aquí haces en?

    – _______________________________________

5. ¿haces preguntas Por tantas me qué?

    – _______________________________________

6. de español escuela una Estudio idiomas en

    – _______________________________________

7. de Los a estudiantes español clase van

    – _______________________________________

8. ¿los inglés Haces de deberes?

    – _______________________________________

B 다음 문장을 스페인어로 작문해 봅시다.

1. 어디에 사니?

    – _______________________________________

2. 몇 살이야?

    – _______________________________________

3. 누구와 함께 사니?

    – _______________________________________

4. 나는 매일 텔레비전을 봐.

    – _______________________________________

5. 난 미혼이야.

    – _______________________________________

6. 난 수영장에 거의 안 가.

    – _______________________________________

7. 난 남자 친구가 있어.

    – _______________________________________

8. 내 취미는 음악감상과 수영하는 거야.

    – _______________________________________

Lección **6**

¿Qué hora es?
(몇 시야?)

¿Qué fecha es hoy?
(오늘은 며칠이니?)

- 숫자
- 날짜
- 시간
- 서수

문법

1 숫자

A 기수 (0~100)

0 cero			
1 uno	11 once	21 veintiuno	10 diez
2 dos	12 doce	22 veintidós	20 veinte
3 tres	13 trece	23 veintitrés	30 treinta
4 cuatro	14 catorce	24 veinticuatro	40 cuarenta
5 cinco	15 quince	25 veinticinco	50 cincuenta
6 seis	16 dieciséis	26 veintiséis	60 sesenta
7 siete	17 diecisiete	27 veintisiete	70 setenta
8 ocho	18 dieciocho	28 veintiocho	80 ochenta
9 nueve	19 diecinueve	29 veintinueve	90 noventa
10 diez	20 veinte	30 treinta	100 cien
		31 treinta y uno	

- 16~29까지는 dieciséis… veintinueve 식으로 합성어로만 쓰며, 이 경우 악센트에 주의해야 한다.

2 날짜

(el año 연 · 해, el mes 월, la semana 주, el día 일)

A 요일

- 요일이 Ser 동사의 보어일 때는 관사를 생략하는 것이 일반적이며, 항상 소문자로 표기한다.

  ¿Qué día es hoy? (오늘이 무슨 요일이야?)

  – Hoy es lunes. (오늘은 월요일이야.)

- '정관사 + 요일' 은 '~ 요일에' 의 의미로 전치사가 동반되지 않으며, 정관사가 전치사의 역할을 하게 된다. 예를 들면,

  <u>El</u> sábado no trabajo. (토요일에는 일을 하지 않는다.)

- '복수 정관사 + 요일' 은 '~ 요일마다' 의 의미로 반복의 의미를 지니게 된다.

  (Los lunes/los martes/los miércoles/los jueves/los viernes/los sábados/los domingos)

  <u>Los</u> lunes estudio español. (월요일마다 스페인어를 공부한다)

B 월/달

- 달을 물을 때에는 일반적으로 estar 동사를 쓰며 월도 요일과 마찬가지로 항상 소문자로 표기해야 한다.

  ¿En qué mes estamos? (지금이 무슨 달이야?)

  – Estamos en enero. (1월이야.)

C 날짜

- ¿Qué fecha es hoy? (오늘은 며칠이야?)
- ¿A qué estamos hoy? (오늘 며칠이지?)
  - Hoy es 10 de septiembre. (9월 10일이야.)
  - Hoy estamos a 10 de septiembre. (오늘은 9월 10일이야.)

※ 1일만 기수가 아닌 서수(primero)로 표기할 수 있다.
   Hoy es primero de septiembre. (오늘은 9월 1일이야)

D 별자리

¿Cuál es tu signo del zodíaco? (당신의 별자리는?)

–Soy del mes de abril y soy Aries. (난 4월 생이고 양자리야.)

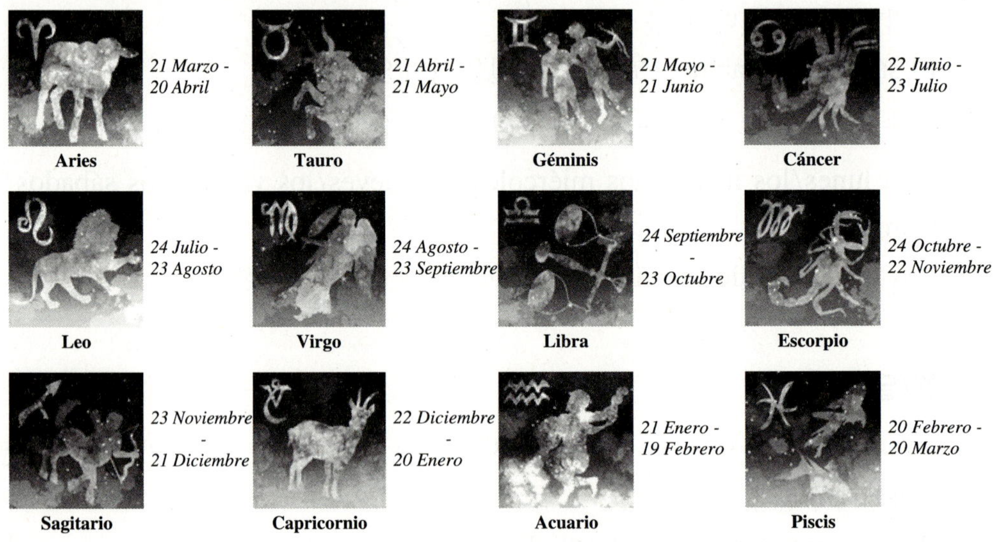

3 시간

- 시간 묻기

¿Qué hora es? (몇 시야?)

¿Tienes hora?

• 시간 말하기

Es la una. (1시야.)

Son las dos y media. (2시 반이야.)

Es (Son) + 정관사 (la/las) + 숫자

※ 시간은 무인칭이므로 ser 동사의 3인칭 단수 또는 복수 동사를 쓴다.(es/son)
　시간은 반드시 여성 정관사를 써야 하며 생략할 수 없다.(la/las)

Ⓐ 다음 시계를 관찰하고 시간을 스페인어로 말해 봅시다.

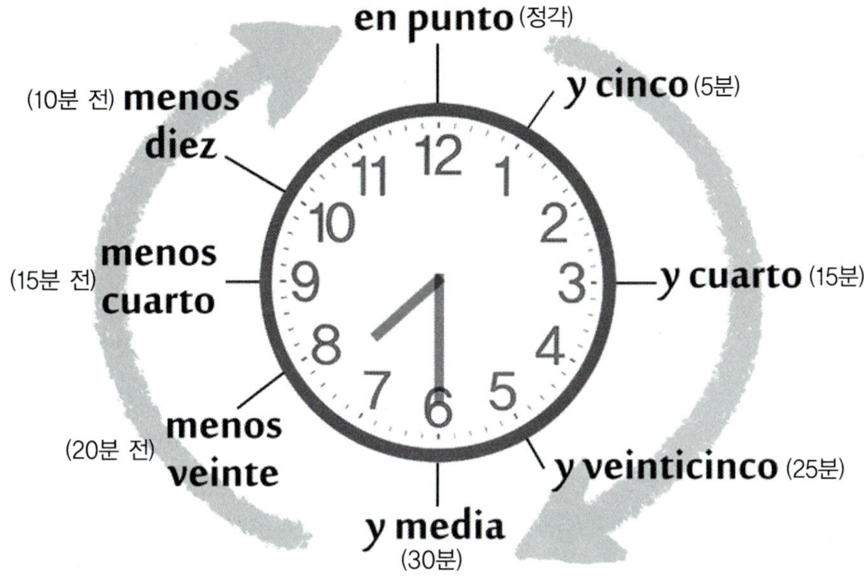

Ⓑ ¿A qué hora es la clase de español? (스페인어 수업이 몇 시에 있나요?)
– Es a las dos de la tarde. (오후 2시에 있어요.)

• 전치사 a는 시간 전치사로 '~몇 시에' 라는 의미로 해석되며, ser 동사는 '열리다' 의 의미이다. 다음 세 개의 문장을 각각 비교해 보고 해석해 보자.

Es la una. (시간을 나타내는 표현으로 1시라는 의미)

Es una. (한 개를 의미한다.)

Es a la una. ('1시에 어떤 행사가 열린다' 는 의미)

4 서수

1. primero/a (첫 번째)	6. sexto/a (여섯 번째)
2. segundo/a (두 번째)	7. séptimo/a (일곱 번째)
3. tercero/a (세 번째)	8. octavo/a (여덟 번째)
4. cuarto/a (네 번째)	9. noveno/a (아홉 번째)
5. quinto/a (다섯 번째)	10. décimo/a (열 번째)

• uno와 마찬가지로 primero와 tercero는 남성 단수 명사 앞에서 'o'가 탈락된다.

Estoy en el <u>primer(tercer)</u> año. (난 1학년 / 3학년이야.)

Es mi <u>primera(tercera)</u> clase. (첫 번째 / 세 번째 수업이야.)

Es mi <u>primer</u> curso de español. (스페인어 첫 과정 / 수업이야.)

108

연습문제

A 다음 공휴일을 스페인어로 써 봅시다.

1. ¿Qué fecha es Nochebuena? (크리스마스 이브)

   – _______________________________

2. ¿Qué fecha es el día de Año Nuevo? (설날)

   – _______________________________

3. ¿Qué fecha es el día de San Valentín? (발렌타인 데이)

   – _______________________________

4. ¿Qué fecha es Navidad? (크리스마스)

   – _______________________________

5. ¿Qué fecha es el Día de los Reyes Magos? (어린이날)

   – _______________________________

6. ¿Qué fecha es Nochevieja? (12월 31일)

   – _______________________________

B 다음 날짜를 스페인어로 써 봅시다.

> **보기**
> A: ¿A qué estamos hoy? (오늘은 며칠이야?)
> B: Estamos a once de octubre. (10월 11일이야.)

1. 24/9 _______________________________
2. 23/2 _______________________________
3. 17/7 _______________________________
4. 29/11 _______________________________
5. 19/12 _______________________________
6. 01/03 _______________________________

C 다음 시계의 시간을 스페인어로 말해 봅시다.

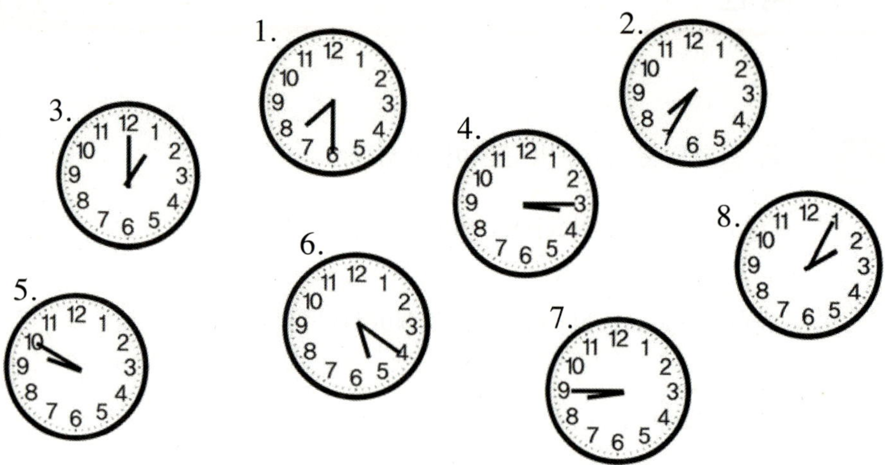

D 다음 시간을 스페인어로 써 봅시다.

1. 4:30 _______________________________
2. 7:15 _______________________________
3. 8:25 _______________________________
4. 11:15 _______________________________
5. 1:05 _______________________________
6. 4:15 _______________________________
7. 3:45 _______________________________

E ¿A qué hora es la clase? (수업이 몇 시에 있어?)

> 보기
> ¿A qué hora es la clase de español? (스페인어 수업이 몇 시야?)
> La clase de español es a las ocho y media. (8시 30분에 있어.)

1. ¿A qué hora es el concierto? (11:00)

   – _______________________________

2. ¿A qué hora es el baile? (9:30)

   – _______________________________

3. ¿A qué hora es la conferencia? (10:00)

   – ____

4. ¿A qué hora es la clase de matemáticas? (1:00)

   – ____

5. ¿A qué hora es la fiesta del Club Internacional? (7:30)

   – ____

F 기수와 서수를 서로 연결지어 봅시다.

1. uno •	• a. octavo
2. dos •	• b. quinto
3. tres •	• c. décimo
4. cuatro •	• d. tercero
5. cinco •	• e. segundo
6. seis •	• f. noveno
7. siete •	• g. primero
8. ocho •	• h. cuarto
9. nueve •	• i. sexto
10. diez •	• j. séptimo

G 명사에 따라 성 · 수 변화하여 서수로 써 봅시다.

> 보기   1 → primer día (첫 번째 날)

1. 3	__________ idioma		6. 8	__________ mujer	
2. 4	__________ hijo		7. 3	__________ día	
3. 1	__________ plato		8. 2	__________ persona	
4. 9	__________ piso		9. 1	__________ hombre	
5. 7	__________ lección		10. 5	__________ clase	

말 하 기

A 다음 달력을 보고 스페인어로 서로 묻고 대답해 봅시다.

> 보기
>
> – ¿Qué día es el tres de marzo? (3월 3일은 무슨 요일이야?)
> – Es lunes. (월요일이야.)

B 각 도시의 시간을 묻고 대답해 봅시다.

> 보기
>
> E1: ¿Qué hora es en San Juan? (산후안은 몇 시야?)
> E2: Son las seis. (6시야.)

C 각자의 일상생활 스케줄을 스페인어로 써 보고 동료들에게 물어 봅시다.

Preguntas (질문)	Yo	Mi compañero/a
1. ¿A qué hora sales de casa? (몇 시에 집에서 나가?)	Salgo a _________	Sale a __________
2. ¿A qué hora desayunas? (몇 시에 아침 먹어?)	Desayuno a _____	Desayuna a _____
3. ¿A qué hora llegas al trabajo? (몇 시에 직장에 도착해?)	Llego a _________	Llega a _________
4. ¿A qué hora comes? (몇 시에 점심 먹어?)	Como a _________	Come a _________
5. ¿A qué hora vuelves a casa? (몇 시에 집에 돌아와?)	Vuelvo a _______	Vuelve a _______
6. ¿A qué hora cenas? (몇 시에 저녁 먹어?)	Ceno a _________	Cena a _________

※ 동사 변화표

인칭대명사	Salir (나가다)	Volver (돌아오다)	Desayunar (아침 먹다)
Yo	salgo	vuelvo	desayuno
Tú	sales	vuelves	desayunas
Él/ella/usted	sale	vuelve	desayuna
Nosotros	salimos	volvemos	desayunamos
Vosotros	salís	volvéis	desayunáis
Ellos/ellas/usteds	salen	vuelven	desayunan

인칭대명사	Comer (먹다/점심 먹다)	Almorzar (점심 먹다)	Cenar (저녁 먹다)
Yo	como	almuerzo	ceno
Tú	comes	almuerzas	cenas
Él/ella/usted	come	almuerza	cena
Nosotros	comemos	almorzamos	cenamos
Vosotros	coméis	almorzáis	cenáis
Ellos/ellas/usteds	comen	almuerzan	cenan

D ¿A qué hora __________?라고 묻고 다음 표를 서로 완성해 봅시다.

 보기

E1: ¿A qué hora sale de casa la profesora Jiménez?
(히메네쓰 선생님은 몇 시에 집에서 나가나요?)
E2: Sale de casa a las 7:20. (7시 20분에 나가요.)

Estudiante 1

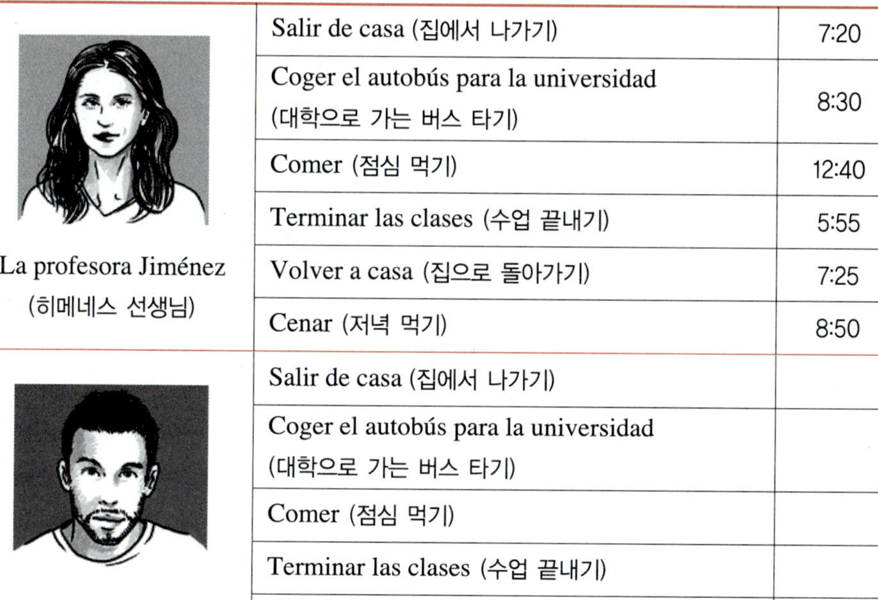

La profesora Jiménez (히메네스 선생님)	Salir de casa (집에서 나가기)	7:20
	Coger el autobús para la universidad (대학으로 가는 버스 타기)	8:30
	Comer (점심 먹기)	12:40
	Terminar las clases (수업 끝내기)	5:55
	Volver a casa (집으로 돌아가기)	7:25
	Cenar (저녁 먹기)	8:50
El profesor Sánchez (산체스 선생님)	Salir de casa (집에서 나가기)	
	Coger el autobús para la universidad (대학으로 가는 버스 타기)	
	Comer (점심 먹기)	
	Terminar las clases (수업 끝내기)	
	Volver a casa (집으로 돌아가기)	
	Cenar (저녁 먹기)	

Estudiante 2

La profesora Jiménez (히메네스 선생님)	Salir de casa (집에서 나가기)	
	Coger el autobús para la universidad (대학으로 가는 버스 타기)	
	Comer (점심 먹기)	
	Terminar las clases (수업 끝내기)	
	Volver a casa (집으로 돌아가기)	
	Cenar (저녁 먹기)	
El profesor Sánchez (산체스 선생님)	Salir de casa (집에서 나가기)	8:30
	Coger el autobús para la universidad (대학으로 가는 버스 타기)	9:15
	Comer (점심 먹기)	12:50
	Terminar las clases (수업 끝내기)	4:40
	Volver a casa (집으로 돌아가기)	5:05
	Cenar (저녁 먹기)	7:35

E 다음 그림을 보고 다음 질문에 스페인어로 서로 묻고 대답해 봅시다.

1. ¿Quién es la primera persona?

2. ¿Quién es la segunda persona?

3. ¿Es Alfredo la quinta persona?

4. ¿Es Santi la primera persona?

5. ¿Es Paula la tercera persona?

6. ¿Quién es la sexta persona?

7. ¿Es Gabriela la primera mujer?

8. ¿Quién es el primer hombre?

9. ¿Quién es la segunda mujer?

10. ¿Es Sergio el tercer hombre?

듣 기

A Carmen과 Juan의 대화를 듣고 큰소리로 따라 읽어 봅시다. 

Carmen: ¿Qué día es hoy, Juan?
Juan: Hoy es lunes.
Carmen: ¿A qué estamos hoy?
Juan: Estamos a veintidós de abril.
Carmen: ¿Cuántos años tienes?
Juan: Tengo veintiuno.
Carmen: ¡Hombre! ¡Tenemos la misma edad!
　　　　¿Cuándo cumples años?
Juan: El primero de julio, ¿y tú?
Carmen: Yo cumplo años el próximo mes. ¿Cuál es tu signo del
　　　　zodíaco?
Juan: Soy Cáncer, ¿y tú?
Carmen: Yo soy Tauro. ¿Dónde vives?
Juan: Vivo en la calle Príncipe, número 15.
Carmen: ¿En qué piso?
Juan: En el tercero.
Carmen: ¿Cuál es tu número de teléfono?
Juan: Mi teléfono es el 91 254 5013
Carmen: ¿Qué día tienes clase de español?
Juan: Los lunes, los miércoles y los viernes.
Carmen: ¿A qué hora es la clase?
Juan: Es a las diez de la mañana.
Carmen: ¿A qué hora sales a comer?
Juan: A la una.

주요 어휘

(el) día 날, 일　　(el) abril 4월　　(el) año 연, 해　　mismo/a 같은　　(la) edad 나이
cuándo 언제　　cumplir 몇 살이 되다　　(el) julio 7월　　próximo/a 다음의　　(el) mes
월　　(el) signo 표시　　(el) zodíaco 12궁, 별자리　　(la) calle 거리　　(el) número 숫
자　　(el) teléfono 전화　　mi 나의　　(la) clase 수업　　(el) español 스페인어　　(el)
lunes 월요일　　(el) miércoles 수요일　　(el) viernes 금요일　　(la) hora 시간　　(la)
mañana 아침, 오전　　salir 나가다　　comer 먹다, 점심 먹다

주요 표현

1. Cumplir (~ 살이 되다)

인칭대명사	동사	
Yo	cumplo	– ¿Cuándo cumples años?
Tú	cumples	(언제 생일이 돼?)
Él/ella/usted	cumple	– Yo cumplo diecinueve (años) el treinta
Nosotros/as	cumplimos	de agosto.
Vosotros/as	cumplís	(8월 30일에 열아홉 살이 돼.)
Ellos/ellas/ustedes	cumplen	

쓰 기

A 다음 단어들을 정렬하여 문장을 만들어 봅시다.

1. primero El enero es Nuevo Año de

– ____

2. ¿fecha Qué es Navidad?

– ____

3. ¿francés A es de clase hora la qué?

– ____

4. nueve clase las a de es inglés La

– ____

5. noviembre años trece Cumplo de el

– ____

6. abril y del Aries soy de mes Soy

– ____

B 다음 문장을 스페인어로 작문해 봅시다.

1. 오늘은 무슨 요일이야?

   – _______________________________

2. 오늘은 며칠이야?

   – _______________________________

3. 우리는 동갑이야.

   – _______________________________

4. 네 전화 번호가 뭐야?

   – _______________________________

5. 지금 몇 시야?

   – _______________________________

6. 수업이 몇 시야?

   – _______________________________

7. 4시 15분이야.

   – _______________________________

8. 나는 5층에 살아.

   – _______________________________

¡Qué hambre!
(아이, 배고파!)

¿Quieres cenar conmigo esta noche?
(오늘 밤에 나와 함께 저녁 먹을래?)

Lo siento, es que no puedo ir.
(미안하지만 갈 수 없어.)

– ESTAR / TENER 동사
– QUERER / PREFERIR / PODER 동사

문법

1 ESTAR / TENER 동사

Ⓐ Estar / Tener 동사의 형태와 용법

- 스페인어에서 일반적으로 심리적, 신체적 상태를 표현할 때에는 estar 동사와 tener 동사를 사용한다.

인칭대명사		Estar (상태가 ~이다)	Tener (가지다)
1인칭 단수(나)	Yo	estoy	tengo
2인칭 단수(너)	Tú	estás	tienes
3인칭 단수(그/그녀/당신)	Él/ella/usted	está	tiene
1인칭 복수(우리)	Nosotros/nosotras	estamos	tenemos
2인칭 복수(너희)	Vosotros/vosotras	estáis	tenéis
3인칭 복수(그들/그녀들/당신들)	Ellos/ellas/ustedes	están	tienen

- 상태를 나타낼때는 Tener + 명사가, Estar + 형용사기 오게 된다.

Estar 동사 + 형용사	Tener 동사 + 명사
Está contento/a (만족하다)	Tiene hambre (배고프다)
Está triste (슬프다)	Tiene sueño (졸리다)
Está cansado/a (피곤하다)	Tiene sed (목마르다)
Está enfermo/a (아프다)	Tiene calor (덥다)
Está aburrido/a (지루하다)	Tiene frío (춥다)
Está divertido/a (재미있다)	Tiene miedo (두려워하다)
Está ocupado/a (바쁘다)	Tiene prisa (급하다/서두르다)
Está preocupado/a (걱정하다)	

B Mucho와 Muy

- mucho는 '많은' 혹은 '많이' (형용사/부사)의 의미로 영어의 **many**, **much**에 해당하며 형용사로 쓰일 때는 성·수 변화한다.
- muy는 '아주, 매우' 의 의미를 지니는 부사로 반드시 형용사 또는 부사가 오며 성·수 변화하지 않는다.

	남성	여성
단수	mucho + 셀 수 없는 명사	mucha + 셀 수 없는 명사
복수	muchos + 셀 수 있는 명사	muchas + 셀 수 있는 명사

Tener	mucho/a/os/as	명사
tengo	mucha	hambre (배고픔)
	mucho	sueño (잠)
	mucho	calor (더위)
	mucho	frío (추위)
	mucho	miedo (두려움)
	mucha	prisa (서두름)
	mucha	suerte (행운)
	mucho	dinero (돈)
	muchas	casas (집들)
	muchos	amigos (친구들)
	muchas	amigas (여자친구들)

단, mucho가 부사로 쓰일 때는 성·수 변화하지 않는다.

Te quiero <u>mucho</u>. (너를 많이 사랑해.)

Yo como <u>mucho</u>. (나는 많이 먹어.)

Tú hablas <u>mucho</u>. (넌 말을 많이 해.)

- Estoy <u>muy</u> cansado. (난 아주/매우 피곤하다.)

Está <u>muy</u> triste. (그는 아주/매우 슬프다.)

2 QUERER / PREFERIR / PODER 동사

A Querer / Preferir (e → ie형 불규칙동사)
Poder (o → ue형 불규칙동사)

다음 세 동사는 동사원형을 취할 수 있는 동사이다.

인칭대명사	Querer (e → ie) (원하다)	Preferir (e → ie) (선호하다)	Poder (o → ue) (~을 할 수 있다)
Yo	quiero	prefiero	puedo
Tú	quieres	prefieres	puedes
Él/ella/Ud.	quiere	prefiere	puede
Nosotros/as	queremos	preferimos	podemos
Vosotros/as	queréis	preferís	podéis
Ellos/ellas/Uds.	quieren	prefieren	pueden

- Querer + 명사: ~를 원하다 (want: Quiero un libro)
- Querer + 동사원형 : ~를 하기를 원하다 (want to~)
- Querer + a + 사람 : ~를 사랑하다, Te quiero. (너를 사랑해.)

B Querer 동사로 상대의 의견묻기

¿Quieres estudiar español? (넌 스페인어를 배우기를 원하니?)

- Sí, quiero, (응, 원해.) ¿y tú? (너는?)
- Yo también, (나도 원해.) ¿y tú? (넌?)
- Yo no, (난 안 원해.) ¿y tú? (넌?)
- Yo tampoco, (나도 안 원해.) ¿y tú? (넌?)
- Yo sí. (난 원해.)

Yo también. (긍정 → 긍정) 나도 그래.	Yo no. (긍정 → 부정) 난 아니야.
Yo tampoco. (부정 → 부정) 나도 아니야.	Yo sí. (부정 → 긍정) 난 그래.

C 초대하거나 제안해 보기

질문	긍정	부정
A. ¿Quieres tomar un café? (커피 마시고 싶어?) A. ¿Quieres venir a mi casa? (우리 집에 올래?) A. ¿Quieres ir al cine conmigo? (나랑 같이 영화관에 갈래?)	B. Sí, de acuerdo. (응, 그래.) B. Vale, muy bien. (그래, 아주 좋아.) B. ¡Estupendo! (완전 좋아.)	B. No, gracias. (고맙지만 안돼.) B. Lo siento, Es que no puedo. (미안한데, 그렇게 할 수 없어.) B. Lo siento, es que no tengo tiempo. (미안한데, 시간이 없어.)

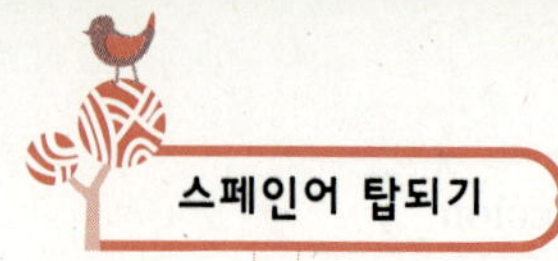

연습문제

A 다음 빈칸에 부정 형용사 mucho/mucha를 적절히 넣어 문장을 만들어 봅시다.

1. Tiene ______________ calor.
2. Tiene ______________ frío.
3. Tiene ______________ suerte.
4. Tiene ______________ prisa.
5. Tiene ______________ miedo.
6. Tiene ______________ hambre.
7. Tiene ______________ sueño.
8. Tiene ______________ sed.

B 다음 상태와 관련된 문장들을 서로 연결지어 봅시다.

1. Tiene mucha hambre   •   • a. Pone el aire acondicionado
2. Tiene mucha sed   •   • b. Cierra la ventana.
3. Tiene gripe   •   • c. Duerme la siesta
4. Tiene mucho sueño   •   • d. Coge el taxi
5. Tiene dolor de cabeza   •   • e. Toma el agua
6. Tiene mucho frío   •   • f. Come la hamburguesa
7. Tiene mucho calor   •   • g. Toma la aspirina
8. Tiene mucha prisa   •   • h. Va al médico

C 인칭대명사와 querer 동사를 서로 연결해 봅시다.

1. Yo   •   • a. queréis
2. Tú   •   • b. quieren
3. Él/ella/usted   •   • c. quiero

4. Nosotros   •   • d. quiere
5. Vosotros   •   • e. quieres
6. Ellos / ellas / ustedes   •   • f. queremos

D preferir 동사의 변화형에 대한 알맞은 인칭대명사를 써 봅시다.

1. prefieres   – ___________________________
2. prefiero   – ___________________________
3. prefieren   – ___________________________
4. preferimos   – ___________________________
5. prefiere   – ___________________________
6. preferís   – ___________________________

E querer 동사를 사용하여 긍정 혹은 부정문으로 대답해 봅시다.

> **보기**
> ¿Quieres aprender español? (스페인어를 배우고 싶니?)
> – Sí, quiero aprender español. (응, 스페인어를 배우고 싶어.)
> – No, no quiero aprender español. (아니, 스페인어 배우고 싶지 않아.)

1. ¿Quieres vivir en España?   – ___________________________
2. ¿Quieres trabajar en España?   – ___________________________
3. ¿Quieres sacar muchas fotos?   – ___________________________
4. ¿Quieres conocer la gente?   – ___________________________
5. ¿Quieres salir de noche?   – ___________________________
6. ¿Quieres visitar los museos?   – ___________________________
7. ¿Quieres ir al cine?   – ___________________________
8. ¿Quieres bailar flamenco?   – ___________________________
9. ¿Quieres encontrar un novio español?
   – ___________________________
10. ¿Quieres ir de compras?   – ___________________________

11. ¿Quieres ir de excursión?　－ _______________________________
12. ¿Quieres tomar el sol?　－ _______________________________

F querer 동사로 질문하고 preferir 동사를 사용하여 대답해 봅시다.

> 보기
> E1: ¿Quieres comer algo? (뭐 먹고 싶어?)
> E2: No, prefiero estudiar. (아니, 공부할래.)

1. ¿Quieres tomar un chocolate caliente? (tomar una cola)
　－ No, _______________________________
2. ¿Quieres estudiar en la biblioteca? (salir a pasear)
　－ No, _______________________________
3. ¿Quieres ir de compras esta tarde? (ver una película en la televisión)
　－ No, _______________________________
4. ¿Quieres comer un bocadillo? (comer un pollo asado)
　－ No, _______________________________
5. ¿Quieres bailar en la discoteca? (cantar en Karaoke)
　－ No, _______________________________
6. ¿Quieres aprender español? (aprender francés)
　－ No, _______________________________
7. ¿Quieres viajar por Sudamérica? (viajar por Europa)
　－ No, _______________________________
8. ¿Quieres jugar al fútbol? (ver el partido en la tele)
　－ No, _______________________________
9. ¿Quieres acampar en la montaña? (ir a la playa)
　－ No, _______________________________
10. ¿Quieres estudiar español? (descansar)
　－ No, _______________________________

말 하 기

A estar 또는 tener 동사를 사용하여 상대방의 상태를 스페인어로 서로 묻고 대답해 봅시다.

Estudiante 1	Estudiante 2
¿Tienes ______________? ¿Estás ______________?	
1. hambre (배고픔)	____________________
2. sueño (잠/졸음)	____________________
3. cansado/a (피곤한)	____________________
4. enfermo/a (아픈)	____________________
5. gripe (감기)	____________________
6. fiebre (열)	____________________
7. calor (더위)	____________________
8. contento/a (행복한/만족한)	____________________
9. mareado/a (어지러운)	____________________
10. miedo de los perros (개에 대한 두려움)	____________________
11. sed (갈증)	____________________
12. dolor de cabeza (두통)	____________________
13. alergia al polen (꽃가루 알레르기)	____________________
14. frío (추위)	____________________
15. nervioso/a (긴장한)	____________________
16. tranquilo/a (마음이 편안한)	____________________

¿Cómo está tu compañero/a?

Mi compañero/a tiene __________________ y __________________

y está ____

B 스페인어 수업에서 하고 싶은 것들에 대해 서로 묻고 대답해 봅시다.

> 보기
>
> ¿Quieres cantar en clase? (수업 시간에 노래하고 싶어?)
> – Sí, quiero cantar. (그래, 노래하고 싶어.)
> – No, no quiero cantar. (아니, 노래하고 싶지 않아.)

☐ Leer en español (스페인어로 읽기)
☐ Escuchar canciones en español (스페인어로 노래 듣기)
☐ Escuchar grabaciones (스페인어 녹음 듣기)
☐ Ver películas en español (스페인어로 영화보기)
☐ Escribir en español (스페인어로 쓰기)
☐ Hacer juegos (게임하기)
☐ Traducir (번역하기)
☐ Hablar mucho en clase (말 많이 하기)
☐ Hacer fiestas en clase (파티하기)
☐ Hacer el examen (시험치기)
☐ Cantar en español (스페인어로 노래하기)
☐ Practicar la pronunciación (발음 연습하기)
☐ Hacer ejercicios de gramática (문법 연습하기)
☐ Ir de excursión (소풍가기)
☐ Comer en un restaurante español (스페인 레스토랑에서 식사하기)
☐ ____

Mi comparñero/a _______________ quiere _______________
y ____ en clase.

C querer 동사로 질문하고, preferir 동사로 대답해 봅시다.

> **보기**
> ¿Quieres ir al cine o al teatro?
> (영화관 가고 싶어 아니면 연극 보러 갈래?)
> – Yo prefiero ir al cine. (영화관에 더 가고 싶어.)

¿Quieres __________ o ____________?	Mi compañero/a prefiere
1. Ir a Londres o ir a París (런던 가기/파리 가기)	__________________
2. Tomar un café o tomar un té (커피 마시기/ 차 마시기)	__________________
3. Ir a la montaña o ir a la playa (산에 가기/ 해변 가기)	__________________
4. Leer una novela o leer poesía (소설 읽기/ 시 읽기)	__________________
5. Hacer yoga o pasear en el parque (요가하기/ 공원 산책하기)	__________________
6. Vivir en la ciudad o vivir en el campo (도시에서 살기/시골에서 살기)	__________________
7. Leer el periódico o ver la televisión (신문 읽기/ 텔레비전 보기)	__________________
8. Vivir solo/a o vivir en pareja (혼자 살기/ 커플로 같이 살기)	__________________
9. Cantar en el karaoke o bailar en la discoteca (노래방에서 노래하기/ 클럽에서 춤추기)	__________________
10. Comer carne o comer pescado (고기 먹기/ 생선 먹기)	__________________

> **보기**
> Sara quiere leer una novela pero yo prefiero leer poesía.
> (사라는 소설을 읽기를 원하지만 나는 시를 읽고 싶어해.)

Mi compañero/a__________________ quiere __________________

pero yo prefiero ____

D 다음과 같이 스페인어로 질문한 후, 서로 공통되는 부분에 대해 말해 봅시다.

보기
> E1: ¿Quieres viajar por Latinoamérica?
> (넌 라틴 아메리카로 여행가고 싶니?)
> E2: Sí, quiero, ¿y tú? (응, 넌?)
> E1: Yo también. (나도.)

Preguntas	Yo	Mi compañero/a
1. ¿Quieres viajar por Latinoamérica? (라틴 아메리카에 여행하고 싶니?)	Sí	Sí
2. ¿Quieres vivir en España? (스페인에 살고 싶니?)		
3. ¿Quieres tener hijos? (자녀를 가지고 싶니?)		
4. ¿Quieres encontrar novio/a? (남자친구/여자친구를 만나고 싶니?)		
5. ¿Quieres ser millonario/a? (백만장자가 되고 싶니?)		
6. ¿Quieres tener una casa muy grande? (아주 큰 집을 갖고 싶니?)		
7. ¿Quieres ser famoso/a? (유명지고 싶니?)		
8. ¿Quieres vivir 100(cien) años? (100살까지 살고 싶니?)		

보기
> Ana y yo queremos viajar por Latinoamérica y vivir en España.
> (아나와 나는 라틴아메리카로 여행하고 싶어하고 스페인에 살고 싶어해.)
> Pero no queremos ser famosos. (그러나 유명해지고 싶지는 않아.)

_______________________ y yo queremos _______________________

Pero no queremos _______________________

듣 기

A José와 Carmen의 대화를 듣고 큰소리로 따라 읽어 봅시다. **20**

José: ¿Qué quieres hacer este fin de semana?

Carmen: Quiero ver una película.

José: ¿Qué película quieres ver? ¿Una película de acción, una de amor o una de ciencia ficción?

Carmen: Prefiero una película de amor. No quiero mucha violencia.

José: En el Cine Estrella ponen "Volver", la película de Pedro Almodóvar. ¿Quieres verla?

Carmen: Muy buena idea.

José: ¿Qué quieres hacer después de la película?

Carmen: Quiero comer en un restaurante español.

José: ¿Qué prefieres, pescado, ternera o pollo?

Carmen: Prefiero pollo.

José: Bueno, llamo al cine para reservar las entradas.

Carmen: Vale, yo llamo al restaurante.

주요 어휘

hacer 하다   este 이, 이번   (el) fin 끝, 말   (la) película 영화   (la) acción 행동, 액션   (el) amor 사랑   (la) ciencia 과학   (la) ficción 공상   poner (영화들을) 상영하다   (la) violencia 폭력   (el) cine 영화관   bueno/a 좋은   (la) idea 아이디어, 생각   después 후에, 나중에   (el) restaurante 레스토랑   (el) pescado 생선   (la) ternera 송아지 고기   (el) pollo 치킨   llamar 전화하다   para ～하기 위해   reservar 예약하다   (la) entrada 입장권

주요 표현

1. 〈En el Cine Estrella ponen la película de Pedro Almodóvar〉는 '에스뜨레야 극장에서 빼드로 알모도바르 영화를 상영해'라는 의미로 poner 동사의 3인칭 복수형인 ponen을 써서 주어가 없는 무인칭 형태가 된다.
2. 〈después de + 명사 또는 동사원형〉은 '~한 후에'의 의미로, 반대말은 antes de(~하기 전에)이다.
3. 〈Muy buena idea〉는 '아주 좋은 생각이야'의 의미로 ¡Qué buena idea!(참 좋은 생각이야!)로 많이 표현한다.
4. 〈¿Quieres verla?〉에서 la는 la película를 받는 목적격 대명사로 동사원형 뒤에 위치한다.

쓰 기

A 다음 단어들을 정렬하여 문장을 만들어 봅시다.

1. ¿este Qué de semana quieres fin hacer?

  – _____________________________

2. español un Quiero restaurante comer en

  – _____________________________

3. y queremos Latinoamérica Ana por viajar yo

  – _____________________________

4. ¿de Quieres compras ir?

  – _____________________________

5. ¿muy casa tener Quieres grande una?

  – _____________________________

6. entradas Yo al reservar para cine las llamo

  – _____________________________

7. la sueño mucho duerme Tiene y siesta

    – ____

8. asado prefiero pollo comer Yo un

    – ____

B 다음 문장을 스페인어로 작문해 봅시다.

1. Ana는 아프고 열이 난다.

    – ____

2. 나는 목이 말라서 물을 마신다.

    – ____

3. 넌 배가 고프니?

    – ____

4. 알레한드로는 시험이 있어서 긴장하고 있다.

    – ____

5. Nora는 텔레비전을 보고 싶어하는데, Nuria는 쇼핑 가기를 선호한다.

    – ____

6. 넌 공원 산책하기를 원하니?

    – ____

7. Alberto는 급해서 택시를 탄다.

    – ____

8. 난 개를 무서워한다.

    – ____

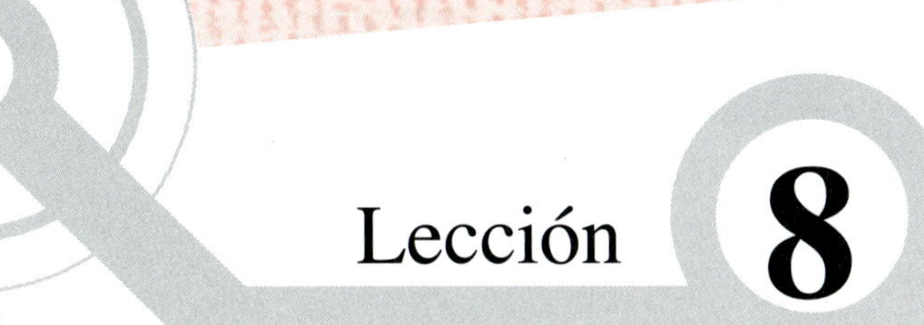

¿Qué tiempo hace hoy?
(오늘 날씨는 어때?)

Me gusta estudiar español.
(나는 스페인어 공부하는 게 좋아.)

- 날씨
- GUSTAR 동사

문법

1 날씨

Ⓐ Hacer 동사 변화형

인칭대명사	동사
Yo	hago
Tú	haces
Él/ella/Ud.	hace
Nosotros/as	hacemos
Vosotros/as	hacéis
Ellos/ellas/Uds.	hacen

날씨 표현은 주로 hacer 동사를 사용하는데, 무인칭 표현이므로 항상 3인칭 단수 동사 hace만 쓰며, (el) tiempo는 남성 명사로 날씨 또는 시간을 의미한다.

¿Que tiempo hace hoy? (오늘 날씨가 어때요?)		
Hace	mucho	frío. (매우) 춥다.
	mucho	calor. (매우) 덥다.
	mucho	viento. 바람이 (많이) 분다.
	mucho	sol. (아주) 화창하다, 햇볕이 쨍쨍하다.
	muy	fresco. (매우) 쌀쌀하다.
	muy	buen tiempo. 날씨가 (아주) 좋다.
	muy	mal tiempo. 날씨가 (아주) 나쁘다.
		※ bueno, malo는 남성 단수 명사 앞에서 　　buen, mal로 바뀐다. ('O' 탈락 현상)

Llover (비가 오다) → Llueve (mucho/ un poco). 비가 (많이, 조금) 오다.

Nevar (눈이 오다) → Nieva (mucho/ un poco). 눈이 (많이, 조금) 오다.

Estar → Está (muy) nublado. 구름이 꼈다. 날씨가 흐리다.

Está despejado. 날씨가 개였다. 날씨가 맑다.

Hay → Hay (mucha) niebla. 안개가 많다.

Hay (mucha) tormenta. 폭풍이 있다.

Hay (muchos) relámpagos. 번개가 친다.

Hay (mucha) humedad. 습기가 많다.

Ⓑ Las 4 estaciones(계절)

¿En qué estación estamos? (지금은 무슨 계절이야?)

– Estamos en primavera/verano/otoño/invierno. (봄/여름/가을/겨울이야.)

primavera (봄)	verano (여름)
marzo (3월) abril (4월) mayo (5월) 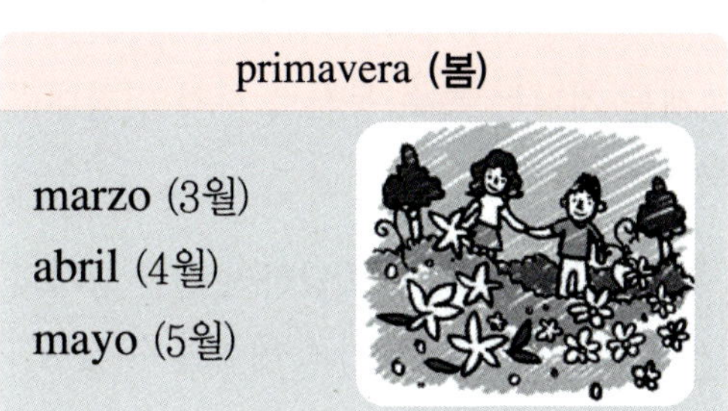	junio (6월) julio (7월) agosto (8월) 

otoño (가을)	invierno (겨울)
septiembre (9월) octubre (10월) noviembre (11월) 	diciembre (12월) enero (1월) febrero (2월) 

Ⓒ La temperatura (기온/온도)

¿A cuántos grados estamos? (지금 기온이 몇 도야?)

¿Cuál es la temperatura de hoy? (오늘 기온이 몇 도야?)

– Estamos a 4 grados (bajo cero). (지금 영하 4도야.)

– La temperatura es de 15 grados. (기온이 15도야.)

2 GUSTAR 동사

Ⓐ Gustar 동사의 용법 (gusto/gustas/gusta/gustamos/gustáis/gustan)

전치격 인칭대명사 (중복형)	간접목적격 대명사	Gustar	좋아하는 정도(강도) 표현	
A mí A ti A él/ella/usted A nosotros/as A vosotros/as A ellos/ellas/ustedes	me te le nos os les	gusta la música cocinar gustan los coches los juegos	Me encanta. Me gusta mucho. Me gusta bastante. Me gusta. No me gusta mucho. No me gusta. No me gusta nada.	+ −

- gustar 동사는 일반 동사와는 다른 문법 체계를 지니는 특수 동사로 주격 인칭대명사가 절대 오지 못하고 항상 간접목적격 대명사를 동반한다.

- gustar 동사는 '~을 좋아한다' 라는 의미로 영어의 like 동사에 해당하며 일반 동사와는 다른 용법으로 쓰인다. gustar 동사는 '~에게 즐거움을 주다' 의미로 해석될 수 있다.

- 간접목적격 대명사 + gusta + 단수 명사

  간접목적격 대명사 + gustan + 복수 명사

  간접목적격 대명사 + gusta + 동사 원형

  이와 같이 항상 3인칭 단수동사(gusta)와 3인칭 복수동사(gustan)가 주로 사용되며, gusto/gustas...등은 특수한 경우에만 쓸 수 있다. 예를 들어, Me gustas는 '난 네가 좋아' 라는 의미이고, ¿Te gusto?는 '넌 나를 좋아하니?' 의 표현이다.

- 간접목적격 대명사 me(나에게)/ te(너에게)/ le(그, 그녀, 당신에게)/nos(우리에게)/os(너희에게)/les(그들, 그녀들, 당신들에게)의 위치는 항상 동사 앞에 위치하며 생략할 수 없다.

- 인칭대명사의 전치격
  - 전치사 다음에 나오는 인칭대명사를 전치격 인칭대명사라고 한다.
  - 1.2인칭 단수형을 제외하고 주격 인칭대명사와 동일하다. (a mí/ a ti)

– <u>구체화하거나 강조할</u> 때 쓰이며 중복형이므로 <u>생략 가능</u>하다.

인칭	단수	복수
1	mí	nosotros/as
2	ti	vosotros/as
3	él/ella/usted	ellos/ellas/ustedes

Ⓑ 서로의 취향 말하기

같은 취향		다른 취향	
Me gusta el deporte. (난 스포츠가 좋아.)	A mí también. (나도 좋아.) (긍정 → 긍정)	Me gusta el deporte. (난 스포츠가 좋아.)	A mí no. (난 싫어.) (긍정 → 부정)
No me gusta el deporte. (난 스포츠가 싫어.)	A mí tampoco. (나도 싫어.) (부정 → 부정)	No me gusta el deporte. (난 스포츠가 싫어.)	A mí sí. (난 좋아.) (부정 → 긍정)

Ⓒ 좋아하는 정도 및 강도 표현하기

1. ¡Me encanta! (완전 좋아해. encantar 동사)
2. Me gusta muchísimo. (정말 많이 좋아해.)
3. Me gusta mucho. (많이 좋아해.)
4. Me gusta bastante. (충분히 좋아해.)
5. Me gusta. (좋아해.)
6. No me gusta. (좋아하지 않아.)
7. No me gusta nada. (완전 정말 싫어해.)
8. Odio (odiar 증오하다, 일반 동사로 odio/odias/odia/odiamos/odiáis/odian으로 동사 변화한다.)

• encantar 동사는 '좋아하다, 마음을 사로잡다' 등의 의미로 좋아함의 최상급의 표현이
며 gustar 동사와 동일한 문법 구조로 변화한다.

Ⓓ 감정과 흥미 표현 동사

• 다음 감정 동사들은 gustar 동사군으로, 항상 간접목적격 대명사를 동반하며, 동사원
형 또는 3인칭 단수 및 복수 명사가 올 수 있다.

Interesar (흥미롭게 하다)	Apetecer (원하다, ~싶어하다)	Encantar (아주 좋아하다)	Apasionar (열광하게 하다)
me te le nos os les interesa/n	apetece/n	encanta/n	apasiona/n
Fascinar (매혹하다)	Emocionar (감동시키다)	Molestar (귀찮게 하다)	Preocupar (걱정시키다)
me te le nos os les fascina/n	emociona/n	molesta/n	preocupa/n

• 이와 같이 대부분의 감정을 표현히는 동사들은 gustar 동사와 같은 문법 유형을 띄게
된다.

importar(중요하게 하다), horrorizar(무섭게 하다), irritar(짜증나게 하다), poner
nervioso/triste(긴장하게/슬프게 하다), hacer ilusión(환상에 젖게 하다), hacer
gracia(재미있게 하다), dar miedo(두렵게 하다), dar pereza(게으르게 하다), dar
rabia(화나게 하다)

Me fascina	la gente original. (난 독창적인 사람이 너무 좋아.)
Me fascinan	las comidas exóticas. (이국적인 음식을 너무 좋아해.)
Me fascina	conocer gente nueva. (새로운 사람들을 알아가는게 너무 좋아.)

연습문제

A 적절한 동사를 사용하여 날씨를 스페인어로 말해 봅시다.

1. sol – _______________________
2. buen tiempo – _______________________
3. fresco – _______________________
4. nublado – _______________________
5. llover – _______________________
6. nevar – _______________________
7. calor – _______________________
8. frío – _______________________
9. niebla – _______________________
10. viento – _______________________
11. humedad – _______________________
12. nubes – _______________________
13. mal tiempo – _______________________

B ¿Qué tiempo hace hoy? (오늘 날씨가 어때요?)

a. Hace calor. b. Hace frío. c. Hace sol.

d. Hace viento. e. Llueve. f. Hace buen tiempo.

g. Hace mal tiempo. h. Nieva. i. Está nublado.

C 다음 문장을 읽고 각각 어떤 계절에 해당하는지 스페인어로 말해 봅시다.

1. Hace mucho frío y nieva a menudo. Las temperaturas son muy bajas. Mucha gente esquía en la nieve.

   – _______________________________

2. Hace muy buen tiempo y hace sol. Hay muchas flores y plantas nuevas. Hace un tiempo muy agradable y la gente va de excursión al campo.

   – _______________________________

3. Hace mucho viento y hace fresco. Hay árboles de hojas amarillas, anaranjadas y marrones. Mucha gente va a la montaña.

   – _______________________________

4. Es la estación de las vacaciones. Hace mucho calor y hay mucha humedad. Mucha gente va a la playa o a la piscina.

   – _______________________________

D Me gusta 혹은 Me gustan을 선택하여 써 봅시다.

보기		
La música	– Me gusta la música. (나는 음악을 좋아해.)
Los libros	– Me gustan los libros. (나는 책을 좋아해.)

1. El tenis – _______________________________
2. Los chocolates – _______________________________
3. Los niños – _______________________________
4. Los ordenadores – _______________________________
5. El cine – _______________________________
6. Las hamburguesas – _______________________________
7. Las matemáticas – _______________________________
8. La política – _______________________________
9. La historia – _______________________________
10. Los libros – _______________________________

E 인칭대명사의 전치격과 간접목적격 대명사를 연결해 봅시다.

<table>
<tr><td>1. A mí</td><td>•</td><td>•</td><td>a. Le gusta la música</td></tr>
<tr><td>2. A ti</td><td>•</td><td>•</td><td>b. Os gusta la música</td></tr>
<tr><td>3. A él/ella/usted</td><td>•</td><td>•</td><td>c. Me gusta la música</td></tr>
<tr><td>4. A nosotros/as</td><td>•</td><td>•</td><td>d. Les gusta la música</td></tr>
<tr><td>5. A vosotros/as</td><td>•</td><td>•</td><td>e. Nos gusta la música</td></tr>
<tr><td>6. A ellos/ellas/ustedes</td><td>•</td><td>•</td><td>f. Te gusta la música</td></tr>
</table>

F gustar 동사의 알맞은 형태를 써 봅시다.

1. A Luis le (gustar) _______________ los caramelos.
2. A mí me (gustar) _______________ las películas de ciencia ficción.
3. A mis hijos les (gustar) _______________ los chocolates.
4. A ustedes les (gustar) _______________ las novelas de aventura.
5. A Maribel no le (gustar) _______________ bañarse en el mar.
6. A nosotros nos (gustar) _______________ la carne.
7. A ti no te (gustar) _______________ las matemáticas.
8. A usted le (gustar) _______________ ir a la playa.
9. A vosotros no os (gustar) _______________ la comida china.
10. A ellos les (gustar) _______________ el queso.

G 인칭대명사의 전치격에 해당하는 간접목적격 대명사를 빈칸에 넣어 봅시다.

1. A ti ( ) gustan las novelas.
2. A mí ( ) gusta caminar.
3. A María ( ) gusta nadar.
4. A Pedro y a mí ( ) gusta bailar.
5. A ellos ( ) gustan los deportes de invierno.
6. A usted ( ) gusta la pintura de Dali.
7. A Gabriela y a Nuria no ( ) gusta salir.

8. A Juan y a ti no (　　　) gusta discutir.

9. A ustedes no (　　　) gustan las películas de terror.

10. A mí (　　　) gusta la arquitectura moderna.

H 다음 질문에 긍정으로 대답해 봅시다.

> **보기**
> • ¿Te gusta aprender español? (넌 스페인어 배우는 거 좋아해?)
> • Sí, me gusta. (응, 좋아해.)

1. ¿Te gusta cocinar? — __________________

2. ¿Te gusta esquiar? — __________________

3. ¿Le gusta a usted jugar al fútbol?

— __________________

4. ¿Le gusta a usted cocinar? — __________________

5. ¿Le gusta a Pedro jugar al ajedrez?

— __________________

6. ¿Le gusta a Julio correr? — __________________

7. ¿Os gusta fumar? — __________________

8. ¿Os gusta jugar al baloncesto? — __________________

9. ¿Les gusta a Fernando y a Isabel salir de noche?

— __________________

10. ¿Les gusta a tus padres jugar a las cartas?

— __________________

I A mí sí, A mí no, A mí también, A mí tampoco 등으로 말해 봅시다.

> **보기**
> Me gusta el pescado. (난 생선이 좋아.)
> – A mí no. (난 싫어.)
> – A mí también. (나도 좋아.)

1. Me gusta el pollo.   – _______________________
2. Me gustan los animales.   – _______________________
3. No me gustan las faldas cortas. – _______________________
4. No me gusta cenar mucho.   – _______________________
5. No me gusta fumar   – _______________________
6. Me gusta hacer yoga.   – _______________________
7. Me gusta llevar vaqueros.   – _______________________
8. No me gusta caminar.   – _______________________
9. Me gustan los niños.   – _______________________
10. No me gusta el color marrón.   – _______________________

J 다음 문장을 읽고 문법적인 오류를 찾아 봅시다.

1. Te gustan bastante hacer natación.
2. A Daniel le gusta mucho los deportes.
3. A María y a Marta le gusta bastante nadar en la playa.
4. Me encanta las ensaladas.
5. No les gustan nada la comida picante.
6. Nos encantan el queso.
7. A nosotros os gusta muchísimo hablar con la gente.
8. Yo me gusta mucho leer.
9. Me gusta nada el café con leche.
10. A ti gusta mucho tocar la guitarra.

K 다음 보기와 같이 문장을 만들어 봅시다.

> **보기**
>
> Encantar Gabriel García Márquez (yo)
>
> – A mí me encanta Gabriel García Márquez.
>
> (나는 가브리엘 가르시아 마르케스가 정말 좋아.)

1. Encantar la pintura de Picasso (tú) – ______________________
2. Interesar la arquitectura de Gaudí (él)
   – ______________________
3. Interesar las obras de teatro (ellos) – ______________________
4. Apetecer picar algo (vosotros)　　–　______________________
5. Apetecer tomar algo (usted)　　–　______________________
6. No importar tu opinión (yo)　　–　______________________
7. Importar las críticas (ella)　　–　______________________
8. Apetecer ir a la India (yo)　　–　______________________
9. Molestar los ruidos (nosotros)　　–　______________________
10. Preocupar el examen (tú)　　–　______________________

L 다음 질문에 보기와 같이 부정으로 대답해 봅시다.

> **보기**　¿Te apetece ver una película? (넌 영화 보러 가고 싶어?)
> – No, no me apetece ver una película.
> (아니, 영화 보러 가고 싶지 않아.)

1. ¿Te apetece jugar a las cartas?　　–　______________________
2. ¿Le apetece a Juan salir de noche? – ______________________
3. ¿Le apetece a usted jugar al tenis? – ______________________
4. ¿Te interesa la arquitectura moderna?
   – ______________________
5. ¿Os interesa la escultura?　　–　______________________
6. ¿Les interesa a ustedes la fotografía?
   – ______________________
7. ¿Te molesta su actitud?　　–　______________________
8. ¿Le molesta el humo?　　–　______________________
9. ¿Le importa abrir la ventana?　　–　______________________
10. ¿Te importa apagar la luz?　　–　______________________

말 하 기

A 다음 표를 보고 서로 날씨와 기온을 묻고 대답한 후 빈칸을 채워 봅시다.

> **보기**
> E1: ¿Qué tiempo hace en Ámsterdam? (암스테르담의 날씨는 어때?)
> E2: Hace viento. (바람 불어.)
> E2: ¿Cuál es la temperatura de Ámsterdam? (암스테르담의 기온은?)
> E1: Es de 10 grados. (10도야.)

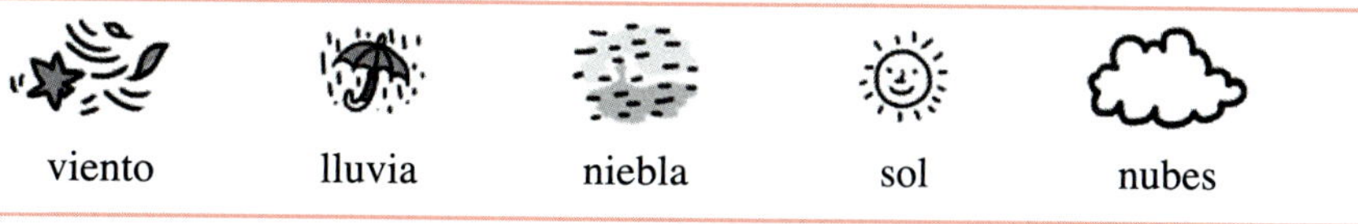

| viento | lluvia | niebla | sol | nubes |

표 A)

	Tiempo	Temperatura
Ámsterdam		
Berlín		−5
Lisboa		
Moscú		−6
París		
Viena		3

표 B)

	Tiempo	Temperatura
Ámsterdam		10
Berlín		
Lisboa		18
Moscú		
París		15
Viena		

B 다음 질문에 스페인어로 서로 대답해 봅시다.

¿Cómo es el clima de Corea? (한국의 기후은 어때?)	

1. ¿En primavera, qué tiempo hace?
(봄에 한국의 날씨는 어때?)
¿Hace buen tiempo o mal tiempo?
(날씨가 좋아 아니면 나빠?)
¿Llueve mucho? (비가 많이 와?)

2. ¿En verano, qué tiempo hace?
(여름에 날씨는 어때?)
¿Hace mucho calor o hace mucho frío?
(많이 더워 아니면 추워?)
¿Hace mucho sol? (햇볕이 쨍쨍해?)
¿Llueve mucho o poco?
(비가 많이 와 아니면 거의 안 와?)
¿Hay mucha humedad? (습도가 많아?)
¿Las temperaturas son altas o bajas?
(기온이 높아 아니면 낮아?)

3. ¿En otoño, qué tiempo hace?
(가을의 한국 날씨는 어때?)
¿Hace fresco? (선선해?)
¿Hace viento? (바람이 불어?)
¿Llueve mucho o llueve poco?
(비가 많이 와 아니면 거의 안 와?)

4. ¿En invierno, qué tiempo hace?
(겨울의 한국 날씨는 어때?)
¿Hace calor o frío? (더워 아니면 추워?)
¿Nieva o no nieva? (눈이 와?)
¿Las temperaturas son altas o bajas?
(기온이 높아 아니면 낮아?)

5. ¿Qué tiempo hace hoy?
(오늘의 날씨는 어때?)
¿Cuál es la temperatura de hoy?
(오늘의 기온은 몇 도야?)

 다음 보기와 같이 gustar 동사로 묻고 대답해 봅시다.

> **보기**
>
> ¿Te gusta el fútbol? (축구 좋아해?)
> – Sí, me gusta. (응, 좋아해.)
> – No, no me gusta. (아니, 안 좋아해.)

Estudiante 1	Estudiante 2
1. Los pasteles (케이크, 파이)	(No) le gusta(n).
2. El buen vino (좋은 와인)	
3. Desayunar (아침 먹기)	
4. Conducir (운전하기)	
5. Ir al cine (영화관 가기)	
6. Los pescados crudos (생선회)	
7. Las comidas grasas (기름진 음식)	
8. Beber cerveza (맥주 마시기)	
9. Las verduras (야채)	
10. Ir a conciertos de música (음악 콘서트 가기)	
11. Las fiestas (파티)	
12. Hacer deporte (운동하기)	
13. Las comidas picantes (매운 음식)	
14. Estudiar español (스페인어 공부하기)	
15. Cocinar (요리하기)	
16. El trabajo de casa (집안일)	
17. Ir a la discoteca (클럽가기)	
18. Tomar el sol (햇볕 쬐기)	
19. Fumar (담배 피우기)	
20. Sacar fotos (사진 찍기)	

A ______________ le gusta/n ________________________________

Pero no le gusta/n ____

D a mí también / a mí tampoco / a mí sí / a mí no를 사용하여 서로의 취향을 묻고 대답해 봅시다.

> **보기**
>
> A mí me gusta (mucho) la cerveza. (난 맥주가 좋아.)
> – A mí también. (나도.)
> A mí no me gustan (nada) los dulces. (난 사탕이 싫어.)
> – A mí sí. (난 좋아.)

la política (정치)
la historia (역사)
el arte (예술)
la arquitectura (건축)

las películas de ciencia ficción (공상 과학 영화)
las películas de terror (공포 영화)
las películas policíacas (범죄 영화)
las películas históricas (역사 영화)
las películas de acción (액션 영화)
las películas de amor (멜로 영화)
las películas de risa (코미디 영화)

las matemáticas (수학)
el español (스페인어)
la informática (컴퓨터 과학)

Shakira (샤키라)
la ópera (오페라)
Alejandro Sanz (알레한드로 산츠)
el jazz (째즈)
la música clásica (클래식 음악)

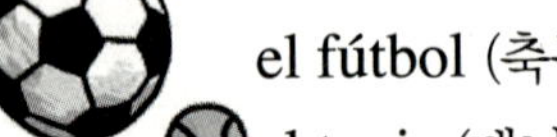

el fútbol (축구)
el tenis (테니스)
el baloncesto (농구)
el esquí (스키)

el café (커피)
las verduras (채소)
la pasta (파스타)
los dulces (캔디)
la cerveza (맥주)
el pollo (치킨)
el helado (아이스크림)
la fruta (과일)

A mí me gusta/n (mucho) ____

A mí no me gusta/n (nada) _______________________________________

E 두 사람씩 다음 보기와 같이 대화해 봅시다.

¿A ti te gusta pintar? (너는 그림 그리는 것을 좋아하니?)

– No me gusta, (난 싫어해,) ¿y a ti? (넌?)

– A mí tampoco. (나도 싫어.)

¿A tí te gusta/n _________?	A mí (no) me ___	A Julio (no) le ___
1. Los idiomas (언어)	_____________	_____________
2. Los animales (동물)	_____________	_____________
3. Montar a caballo (말타기)	_____________	_____________
4. Escuchar música (음악 듣기)	_____________	_____________
5. Viajar al extranjero (외국여행)	_____________	_____________
6. Cantar en Karaoke (노래방에서 노래하기)	_____________	_____________
7. El café (커피)	_____________	_____________
8. Los chocolates (초콜릿)	_____________	_____________
9. Los juegos de ordenador (컴퓨터 게임)	_____________	_____________
10. Subir a la montaña (등산하기)	_____________	_____________

A mí me gusta/n mucho _______________ pero a _______________
no le gusta.

A mí no me gusta/n (nada) _______________ pero a _______________
le gusta mucho.

A _______________ y a mí nos gusta/n mucho _______________

A _______________ y a mí no nos gusta/n (nada) _______________

F 다음 보기와 같이 서로 더 좋아하는 활동에 대해 대화해 봅시다.

보기

E1: ¿A ti qué te gusta más, nadar en la piscina o en el mar?

(넌 수영장에서 수영하는 것과 바다 수영 중에 뭐를 더 좋아해?)

E2: Yo prefiero nadar en la piscina.

(난 수영장에서 수영하는 것을 더 좋아해.)

A mí me gustan los dos. (난 둘 다 좋아.)

A mí no me gusta ninguno de los dos. (난 둘 다 싫어.)

A ti qué te gusta más, ___________?	Yo prefiero ___________
1. Ir a la playa o a la montaña. (해변에 가기/산에 가기)	1. ___________
2. Beber cerveza o beber vino (맥주 마시기/와인 마시기)	2. ___________
3. Cantar en el karaoke o bailar en la discoteca (노래방에서 노래하기/클럽에서 춤추기)	3. ___________
4. Jugar al baloncesto o jugar al fútbol (농구하기/축구하기)	4. ___________
5. Ir al cine o ir al teatro (영화관 가기/연극 보러 극장가기)	5. ___________
6. Comer pollo o comer bistec (치킨 먹기/스테이크 먹기)	6. ___________
7. Ir al centro comercial o al mercado (쇼핑몰 가기/재래시장가기)	7. ___________
8. Hacer fiestas en casa o fuera de casa (집에서 파티 하기/집 밖에서 파티하기)	8. ___________
9. Escuchar música pop o música clásica (팝 음악 듣기/클래식 듣기)	9. ___________
10. Leer revistas o leer poesía (잡지 읽기/시 읽기)	10. ___________
11. Cocinar o lavar los platos (요리하기/설거지하기)	11. ___________
12. Salir con los amigos o estar solo/a en casa (친구와 나가서 놀기/집에 혼자 있기)	12. ___________
13. Visitar ciudades grandes o visitar pueblos pequeños (대도시 방문하기/작은 마을 방문하기)	13. ___________

G 서로 좋아하는 활동과 취향에 대해 묻고 대답해 봅시다.

Actividades	Me encanta		Me gusta		No me gusta	
	E1	E2	E1	E2	E1	E2
El jazz (재즈)						
Hacer crucigramas (퍼즐하기)						
Ir a conciertos (콘서트 가기)						
Las películas de terror (공포 영화)						
Las peliculas de ciencia ficción (공상 과학 영화)						
Las novelas de amor (멜로 소설)						
La literatura (문학)						
Ver la televisión (텔레비전 보기)						
Salir de noche (밤에 나가 놀기)						
Los animales (동물)						
Montar en bici (자전거타기)						
Navegar por Internet (인터넷하기)						
Comer chocolate (초콜릿 먹기)						
Viajar al extranjero (외국여행하기)						
Leer (책 읽기)						
Los juegos de ordenador (컴퓨터 게임)						

보기

A José y a mí nos gusta viajar al extranjero.
(호세와 나는 외국 여행을 좋아해.)
A mí me encanta leer, y a José también.
(나는 책읽기를 아주 좋아하고 호세도 마찬가지야.)
A mí no me gusta comer chocolate, y a José tampoco.
(나는 초콜릿을 좋아하지 않는데 호세도 좋아하지 않아.)

A mí me encanta/n ________________, y a ________________ también.

A mí no me gusta/n ________________, y a ________________ tampoco.

듣 기

A Luisa와 Mario의 대화를 듣고 큰소리로 따라 읽어 봅시다.

Luisa: ¿Cómo es el clima de Corea? ¿Qué tiempo hace en primavera?

Mario: En primavera hace muy buen tiempo. Hace sol y no hace ni calor ni frío. Hace un tiempo muy agradable.

Luisa: ¿Y qué tiempo hace en verano?

Mario: En verano hace mucho calor, hace mucho sol y el clima es muy húmedo. Y en la temporada de lluvias llueve mucho.

Luisa: ¿Qué tiempo hace en otoño?

Mario: En otoño también hace buen tiempo, como en primavera. Hace fresco y hace viento.

Luisa: Por último, ¿qué tiempo hace en invierno?

Mario: En invierno hace mal tiempo. Hace mucho frío y nieva a menudo. Y el clima es muy seco.

Luisa: ¿Cuál es tu estación favorita?

Mario: Mi estación favorita es el otoño porque no hace ni calor ni frío.

주요 어휘

(el) clima 기후   (la) primavera 봄   (el) sol 태양   (el) calor 더위   (el) frío 추위 agradable 쾌적한, 유쾌한, 상쾌한   (el) verano 여름   húmedo 습도가 높은   (la) temporada 시즌, 시기   (la) lluvia 비   (el) otoño 가을   fresco 선선한   como ~와 같이, 처럼   (el) viento 바람   (el) último 마지막   seco 건조한   (la) estación 계절   favorito/a 좋아하는   cuál 무슨, 무엇   (el) invierno 겨울   porque 왜냐하면   ni ~도 ~도 아니다

주요 표현

1. 기후를 물을 때는 〈¿Cómo es el clima?〉로 ser 동사를 쓴다. 예를 들어, El clima es tropical (적도 기후)/ seco (건조한 기후)/ lluvioso (비가 많이 오는 기후)/ templado(온난한 기후)로 표현할 수 있다.

2. 의문사 〈cuál〉은 '무엇, 무슨'을 의미하며, 선택 및 옵션을 나타낼 때 쓰이는 의문사이다. 의문사 cuál과 qué에 관하여서는 13과에서 더 자세히 다루도록 한다.

3. 접속사 〈ni〉는 부정의 y에 해당하며, '~도(조차도) 아니다'로 해석된다. 예를 들어, José no es ni alto ni bajo. (호세는 키가 크지도 작지도 않다.)

B Sara와 Juan의 대화를 듣고 따라 읽어 봅시다. 🎧22

Sara: Juan, ¿a ti qué te gusta hacer en tu tiempo libre?

Juan: A mí me encanta ver películas. Me gustan mucho los deportes y me gustan bastante los idiomas.

Sara: ¿Qué tipo de películas te gustan?

Juan: A mí me gustan las películas de ciencia ficción y las de risa. Pero no me gustan nada las de terror.

Sara: ¿Qué deportes te gusta hacer?

Juan: Me gusta jugar al fútbol y montar en bici. Yo monto en bici cada fin de semana.

Sara: ¿Qué idiomas te gustan?

Juan: Me gusta estudiar español. Me encanta la cultura española y latinoamericana. Estudio español los lunes, los miércoles y los viernes. Y a ti, Sara, ¿qué te gusta?

Sara: Me gusta la música disco y me encanta bailar. Voy a la discoteca cada fin de semana. Y me gusta mucho tomar el sol, voy a la playa todos los domingos.

Juan: A mí también me gusta la playa y me baño a menudo.

주 요 어 휘

(la) película 영화　　(el) tipo 유형, 타입　　(el) tiempo 시간　　libre 자유로운　　(la) risa 웃음　　(el) terror 공포　　(el) deporte 스포츠　　bastante 충분히　　(el) idioma 언어　　montar 타다, 오르다　　(la) bici 자전거(bicicleta의 줄임말)　　(la) música 음악　　cada 각각의, ~마다　　(el) fin 끝　　(la) cultura 문화　　latinoamericano/a 라틴 아메리카의　　(el) lunes 월요일　　(el) miércoles 수요일　　(el) viernes 금요일　　(el) domingo 일요일　　(la) playa 해변　　bañarse 목욕하다, 해수욕하다. 물놀이하다

주 요 표 현

1. 〈¿Qué tipo de películas te gustar ver?〉는 '어떤 종류의 영화를 좋아하니?'의 표현으로 ¿Qué tipo de música te gusta?, ¿Qué tipo de libros te gusta leer? 등의 표현을 암기하도록 하자.

2. 〈Tomar el sol〉은 '햇볕을 쬐다'라는 의미.

3. 〈Cada fin de semana〉는 '매주말마다'의 의미로, Todos los fines de semana와 동일한 표현이다. Los lunes(월요일마다)/Los miércoles(수요일마다)/Los viernes(금요일마다)에서 처럼 요일을 복수형으로 쓰면 '~마다'의 의미가 된다. A menudo는 '자주'를 뜻하는 빈도 부사이다.

쓰　기

A 다음 단어들을 정렬하여 문장을 만들어 봅시다.

1. gente bailar casi le A gusta la toda

　－ _______________________________________

2. ¿cocinar, Cecilia gusta te?

　－ _______________________________________

3. clásica A gusta no jovenes música los la les

　－ _______________________________________

4. dormir A mucho Nuria le gusta

  – _______________________________

5. picante A nada comida gusta mí no la me

  – _______________________________

6. fuera españoles A mucho casa comer los de gusta les

  – _______________________________

7. ¿Te jugar al mucho tenis gusta?

  – _______________________________

8. los A encantan vestidos Esther todos le

  – _______________________________

B 다음 문장을 스페인어로 작문해 봅시다.

1. 봄에는 날씨가 어때?

  – _______________________________

2. 봄에는 햇볕이 쨍쨍하고 덥지도 춥지도 않아.

  – _______________________________

3. 가을에는 봄처럼 날씨가 좋아.

  – _______________________________

4. 네가 좋아하는 계절은 뭐야?

  – _______________________________

5. 아이들은 생선을 전혀 좋아하지 않는다.

  – _______________________________

6. 당신은 우표 수집을 좋아합니까?

  – _______________________________

7. 나는 오렌지를 정말 많이 좋아한다.

  – _______________________________

8. 넌 여가 시간에 뭐 하는 것을 좋아하니?

  – _______________________________

¿Hay una farmacia cerca de aquí?

(이 근처에 약국이 있어?)

La farmacia está delante de Correos.

(약국은 우체국 앞에 있어.)

¿Qué es esto?

(이것은 뭐야?)

¿De qué color es el coche?

(차는 무슨 색깔이야?)

– ESTAR 동사 / HAY 동사
– 지시형용사 / 지시대명사
– 색깔

문법

1 ESTAR 동사/HAY 동사

Ⓐ Estar 동사 변화

인칭대명사	Estar (~에 있다, 위치해 있다)	Haber (~가 있다, 존재한다)
Yo	estoy	
Tú	estás	
Él/ella/Ud.	está	hay
Nosotros/as	estamos	
Vosotros/as	estáis	
Ellos/ellas/Uds.	están	

Ⓑ 위치 부사구

delante (de) ~ 앞에	detrás (de) ~ 뒤에
encima (de) ~ 위에	debajo (de) ~ 아래에
enfrente (de) ~ 정면에	al lado (de) ~ 옆에
a la derecha de ~ 오른쪽에	a la izquierda de ~ 왼쪽에
cerca (de) ~ 가까이	lejos (de) ~ 멀리
dentro (de) ~ 안에	fuera (de) ~ 밖에
entre A y B A와 B 사이에	

Ⓒ Haber 동사 (HAY)

• Hay는 Haber 동사의 3인칭 단수 동사로 영어의 there is, there are에 해당하며, '~

가 있다, 없다’ 는 뜻으로 존재의 여부를 나타낸다.

- Hay 다음엔 3인칭 단수 또는 복수 명사가 올 수 있다.

  부정관사와 수 형용사 및 부정형용사 (muchos/muchas)도 올 수 있다.

  무관사도 가능하다. 단, 정관사는 절대로 올 수 없다.

  (정관사가 오려면 estar 동사를 쓴다)

En Asturias <u>hay muchas</u> montañas. (아스뚜리아스에는 산이 많다.)

En España <u>hay cuatro</u> lenguas oficiales. (스페인에는 네 개의 공식 언어가 있다.)

En La Rioja <u>hay unos</u> vinos muy buenos. (리오하에는 좋은 와인이 있다.)

En Barcelona <u>hay un</u> estadio de fútbol muy grande.

(바르셀로나에는 아주 큰 축구 경기장이 있다.)

En Venezuela <u>hay</u> petróleo. (베네수엘라에는 석유가 있다.)

En España <u>no hay</u> selvas. (스페인에는 밀림이 없다.)

1. 부정관사가 오는 경우

un	En Perú hay un lago muy grande; el Titicaca. (페루에는 ‘티티카카’ 라는 아주 큰 호수가 있다.)
una	En Guatemala hay una comida muy rica ; los tamales. (과테말라에는 ‘타말레스’ 라고 하는 아주 맛있는 음식이 있다.)
unos	En Francia hay unos vinos fantásticos. (프랑스에는 멋진 와인이 있다.)
unas	En Argentina hay unas playas maravillosas. (아르헨티나에는 멋있는 해변이 있다.)

2. 부정형용사가 오는 경우

mucho	En la Ciudad de México hay mucho tráfico. (멕시코 시티에는 교통이 혼잡하다.)
mucha	En Seúl hay mucha gente. (서울에는 사람이 많다.)
muchos	En Francia hay muchos tipos de queso. (프랑스에는 많은 종류의 치즈가 있다.)
muchas	En México hay muchas culturas diferentes. (멕시코에는 다른 종류의 문화가 많다.)

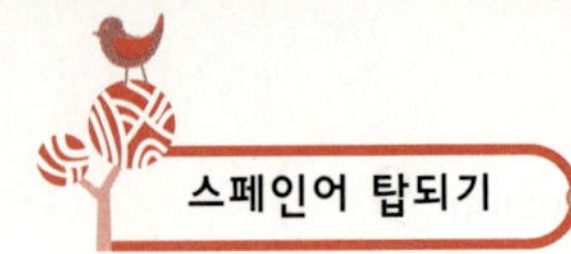

3. 의문사 Cuánto/Cuánta/Cuántos/Cuántas

'얼마나 많은'의 의미를 지니는 유일하게 성·수 변화하는 의문 형용사로 영어에서 how much/how many에 해당한다.

	남성	여성
단수	¿Cuánto + 남성 단수 명사?	¿Cuánta + 여성 단수 명사?
복수	¿Cuántos + 남성 복수 명사?	¿Cuántas + 여성 복수 명사?

¿Cuánto dinero hay? (얼마나 많은 돈이 있어?)

¿Cuánta gente hay? (얼마나 많은 사람이 있어?)

¿Cuántos libros hay? (얼마나 많은 책이 있어?)

¿Cuántas mesas hay? (얼마나 많은 테이블이 있어?)

 2 지시형용사/지시대명사 

Ⓐ 지시형용사

• 명사 앞에 위치하고, 명사의 성·수에 일치하며, '이... 그... 저...'에 해당된다.

	단 수	복 수
남성 (이)	este (libro) 이 책	estos (libros) 이 책들
여성	esta (casa) 이 집	estas (casas) 이 집들
남성 (그)	ese (chico) 그 남자	esos (chicos) 그 남자들
여성	esa (chica) 그 여자	esas (chicas) 그 여자들
남성 (저)	aquel (señor) 저 아저씨	aquellos (señores) 저 아저씨들
여성	aquella (señora) 저 아주머니	aquellas (señoras) 저 아주머니들

Ⓑ 지시대명사

• 지시대명사는 뒤에 명사가 동반되지 않으며, 사물일 경우 이것, 그것, 저것에 해당되고 가리키는 대상이 사람일 경우 이 사람, 그 사람, 저 사람에 해당한다.

• 중성 지시대명사는 '무엇'에 대해 구체적으로 모를 때, 즉 정체를 모르는 사물 또는 내용 전체를 가리킬 때 사용한다.

	단 수	복 수	부사
남성	este (이것, 이 남자)	estos (이것들, 이 남자들)	aquí (여기)
여성	esta (이것, 이 여자)	estas (이것들, 이 여자들)	
중성	esto (이것)	–	
남성	ese (그것, 그 남자)	esos (그것들, 그 남자들)	ahí (거기)
여성	esa (그것, 그 여자)	esas (그것들, 그 여자들)	
중성	eso (그것)	–	
남성	aquel (저것, 저 남자)	aquellos (저것들, 저 남자들)	allí (저기)
여성	aquella (저것, 저 여자)	aquellas (저것들, 저 여자들)	
중성	aquello (저것)	–	

3 색깔

¿De qué color es esto? (이것은 무슨 색깔이야?)

명사의 성·수에 일치	명사의 수에만 일치
negro/negra (검정) amarillo/amarilla (노랑) rojo/roja (빨강) blanco/blanca (하얀색)	verde (녹색), rosa(분홍), naranja (오렌지), azul (파랑) gris (회색), lila (보라) marrón (갈색)

	남성	여성
단수	El libro blanco (흰색 책) El libro rojo (빨간색 책) El libro azul (파랑색 책)	La casa blanca (흰색 집) La casa roja (빨간색 집) La casa azul (파랑색 집)
복수	Los libros blancos (흰색 책들) Los libros rojos (빨강색 책들) Los libros azules (파랑색 책들)	Las casas blancas (흰색 집들) Las casas rojas (빨강색 집들) Las casas azules (파랑색 집들)

연습문제

A 다음 보기와 같이 문장을 만들어 봅시다.

 보기

¿Dónde está el hospital? (병원이 어디에 있니?) delante del cine
– El hospital está delante del cine. (병원은 영화관 앞에 있어.)
¿Dónde están los servicios? (화장실은 어디에 있니?)
 detrás de la farmacia.
– Los servicios están detrás de la farmacia.
(화장실은 약국 뒤에 있어.)

1. ¿Dónde está el mercado? a la izquierda del hotel
 – ______________________________________

2. ¿______________ la librería? enfrente del cine
 – ______________________________________

3. ¿______________ la panadería? a la derecha de la escuela
 – ______________________________________

4. ¿______________ el teatro? detrás del quiosco
 – ______________________________________

5. ¿______________ la pastelería? delante de la peluquería
 – ______________________________________

6. ¿______________ las sillas? dentro de la habitación
 – ______________________________________

7. ¿______________ los alumnos? fuera de la clase
 – ______________________________________

8. ¿______________ las lámparas? entre la cama y la estantería
 – ______________________________________

B ¿Qué hay en España? (스페인에 무엇이 있나요?)

진실(verdadero)인지 거짓(falso)인지 표시하세요. (참은 V, 거짓은 F로 표기)

1. En España hay elefantes.   (   )
2. Hay un templo que se llama 'Taj Mahal'.   (   )
3. Hay un museo que se llama 'Museo Guggenheim'.   (   )
4. Hay una catedral que se llama 'Sagrada Familia'.   (   )
5. Hay palmeras.   (   )
6. Hay osos.   (   )
7. Hay una torre que se llama 'Torre de Pisa'.   (   )
8. Hay un palacio que se llama 'Alhambra'.   (   )
9. Hay petróleo.   (   )
10. Hay molino de vientos.   (   )
11. Hay pistas de esquí.   (   )
12. Hay camellos.   (   )

C 다음 보기와 같이 의문문을 만들어 봅시다.

	남성		여성	
단 수	¿cuánto	?	¿cuánta	?
복 수	¿cuántos	?	¿cuántas	?

보기

libros / en el aula

– ¿Cuántos libros hay en el aula? (교실에 책이 몇 권 있어?)

1. Camareros / en el bar   – __________________________
2. Cervezas / en la nevera   – __________________________
3. Bibliotecas / en Seúl   – __________________________
4. Museos / en Madrid   – __________________________
5. Dinero / en la cartera   – __________________________
6. Gente / en casa   – __________________________
7. Personas / en el museo   – __________________________
8. Pantalones / en el armario   – __________________________

D 지시형용사 este/esta/estos/estas를 써서 연습해 봅시다.

> **보기**
> Aquí hay un museo. (여기에 박물관이 있다.)
> – Este museo. (이 박물관.)

1. Aquí hay garajes.   – _______________
2. Aquí hay escuelas.   – _______________
3. Aquí hay cafeterías.   – _______________
4. Aquí hay un cine.   – _______________
5. Aquí hay restaurantes.   – _______________
6. Aquí hay tiendas de ropa.   – _______________
7. Aquí hay zapaterías.   – _______________
8. Aquí hay un teatro.   – _______________

E 지시형용사 ese/esa/esos/esas를 써서 연습해 봅시다.

> **보기**
> Ahí hay una farmacia. (거기에 약국이 있다.)
> – Esa farmacia. (그 약국.)

1. Ahí hay una panadería.   – _______________
2. Ahí hay un taxi.   – _______________
3. Ahí hay una parada de autobús.   – _______________
4. Ahí hay un quiosco.   – _______________
5. Ahí hay una estación de metro.   – _______________
6. Ahí hay guarderías.   – _______________
7. Ahí hay novelas policiacas.   – _______________
8. Ahí hay coches de alquiler.   – _______________

F 지시형용사 aquel/aquella/aquellos/aquellas를 써서 연습해 봅시다.

> 보기
>
> Allí hay un vino. (저기에 와인이 있다.)
> – Aquel vino. (저 포도주.)

1. Allí hay diccionarios.   – _______________________
2. Allí hay un cine.   – _______________________
3. Allí hay museos.   – _______________________
4. Allí hay una estatua.   – _______________________
5. Allí hay unos zapatos.   – _______________________
6. Allí hay revistas de deporte.   – _______________________
7. Allí hay una heladería.   – _______________________
8. Allí hay edificios nuevos.   – _______________________

G 중성 지시대명사 esto/eso/aquello를 써서 연습해 봅시다.

> 보기
>
> Este edificio es un teatro. (이 건물은 극장이다.)
> – Esto es un teatro. (이것은 극장이다.)
> Ese edificio es un teatro. (그 건물은 극장이다.)
> – Eso es un teatro. (그것은 극장이다.)
> Aquel edificio es un teatro. (저 건물은 극장이다.)
> – Aquello es un teatro. (저것은 극장이다.)

1. Ese edificio es un museo.   – _______________________
2. Este edificio es una iglesia.   – _______________________
3. Aquel edificio es el Ayuntamiento. – _______________________
4. Ese edificio es el Palacio Real.   – _______________________
5. Este edificio es un templo.   – _______________________
6. Aquel edificio es una galería de arte. – _______________________
7. Ese edificio es un colegio.   – _______________________
8. Este edificio es un hotel.   – _______________________

H ¿De qué color son estas cosas? (이 물건들의 색깔이 뭐야?)

> 보기 El mar es azul. (바다는 파랑색이야.)

1. Los árboles (나무) son _______________
2. Las nubes (구름) son _______________
3. Los tomates (토마토) son _______________
4. El chocolate (초콜릿) es _______________
5. El humo (연기) es _______________
6. Los plátanos (바나나) son _______________
7. El petróleo (석유) es _______________
8. Las berenjenas (가지) son _______________
9. Las naranjas (오렌지) son _______________
10. El cerdo (돼지) es _______________

I 색깔을 성·수 변화하여 문장을 완성해 봅시다.

> 보기 ¿De qué color es cada cosa? (각각의 물건들은 무슨 색깔이야?)

1. El jersey (스웨터) es _______________ (verde)
2. La falda (치마) es _______________ (negro)
3. Los pantalones (바지) son _______________ (rojo)
4. Las sandalias (샌들) son _______________ (amarillo)
5. La corbata (넥타이) es _______________ (azul)
6. El vestido (원피스) es _______________ (naranja)
7. Los zapatos (구두) son _______________ (marrón)
8. La camiseta (티셔츠) es _______________ (blanco)
9. Las gafas de sol (선글라스) son _______________ (lila)
10. Los vaqueros (청바지) son _______________ (azul)

말 하 기

A 다음 보기와 같이 교실안에 아래의 물건들이 있는지 묻고 대답해 봅시다.

¿Hay o no hay en el aula de español?

> **보기**
> ¿Hay lápices? – Sí, hay lápices en el aula. (교실에 연필들이 있다.)
> ¿Hay perros? – No hay perros en el aula. (교실에 개가 없다.)

¿Hay ____________?	Sí hay / No hay
1. libros (책)	
2. un reloj en la pared (벽 시계)	
3. una pizarra (칠판)	
4. un coche (자동차)	
5. un ordenador (컴퓨터)	
6. papeles (종이)	
7. un bolígrafo (볼펜)	
8. un cuaderno (공책)	
9. una bicicleta (자전거)	
10. una ventana (창문)	
11. una puerta (문)	
12. ____________	

B 다음 질문에 보기와 같이 스페인어로 대답해 봅시다.

> **보기**
> ¿Cuántos libros hay en el aula? (교실에 몇 권의 책이 있어?)
> – Hay cinco (libros) (5권 있어.)
> ¿Cuántas mesas hay en el aula? (교실에 몇 개의 테이블이 있어?)
> – Hay diez (mesas) (10개 있어.)
> ¿Cuántos bolsos hay en el aula? (교실에 몇 개의 핸드백이 있어?)
> – No hay ninguno. (한 개도 없어.)
> ¿Cuántas ventanas hay en el aula? (교실에 몇 개의 창문이 있어?)
> – No hay ninguna. (한 개도 없어.)

¿Cuántos ¿Cuántas	estudiantes (학생) profesores (선생님) guitarras (기타) relojes (시계) gafas de sol (선글라스) mesas (탁자) libros (책)　　hay? lámparas (램프) ordenadores (컴퓨터) televisores (텔레비전) coches (자동차) sillas (의자) mapas (지도) banderas (국기) bicicletas (자전거) motos (오토바이)	Hay ____________________ ___________________________ ___________________________ ___________________________ ___________________________ ___________________________ ___________________________ ___________________________ ___________________________ ___________________________ ___________________________ ___________________________ ___________________________ ___________________________ ___________________________ ___________________________

Hay uno/una/dos/tres

(한 개/두 개/세 개 있어.)

No hay ninguno/ninguna

(하나도 없어.)

※ 부정 대명사 〈ninguno/a〉는 '어떤 것, 아무 것'의 의미로, 동사 뒤에 위치할 때는 반드시 no가 동반되어야 한다. 남성 명사일 때는 ninguno, 여성 명사일 때는 ninguna가 오게 된다. 부정사 ninguno에 관하여서는 제18과에서 다시 자세히 다루도록 한다.

C 교실에 있는 물건들의 색깔을 서로 묻고 대답해 봅시다.

¿De qué color es/son ___________?	
1. la mesa (테이블)	___________________________
2. la silla (의자)	___________________________
3. la lámpara (램프)	___________________________
4. la pizarra (칠판)	___________________________
5. los marcadores (마커)	___________________________
6. los libros (책)	___________________________
7. la ventana (창문)	___________________________

¿De qué color es/son _____________?	
8. la camiseta (티셔츠) de _____________	_____________
9. la mochila (배낭) de _____________	_____________
10. los pantalones (바지) de _____________	_____________
11. el vestido (원피스) de _____________	_____________
12. los pendientes (귀걸이) de _____________	_____________
13. los zapatos (신발) de _____________	_____________
14. las deportivas (운동화) de _____________	_____________
15. el móvil (핸드폰) de _____________	_____________
16. la falda (치마) de _____________	_____________

듣 기

A Eva와 어느 낯선 남자와의 대화 내용을 듣고 따라 읽어 봅시다.  23

Eva: Perdone, ¿hay una gasolinera cerca de aquí?
Señor: Sí, hay una aquí al lado, en la calle Antonio Machado.
Eva: ¿Dónde está la gasolinera?
Señor: ¡Pues es muy fácil! Sigues por esta calle todo recto y giras en la primera calle a la izquierda. La gasolinera está a la derecha del banco.
Eva: ¿Y hay un quiosco cerca de aquí?
Señor: Al lado de la gasolinera hay uno.
Eva: ¿Hay servicios cerca de aquí?
Señor: Dentro de la gasolinera hay servicios.
Eva: Muchas gracias.
Señor: De nada.

주 요 어 휘

perdonar 용서하다   (la) gasolinera 주유소   cerca 가까이   aquí 여기   (el) lado 옆
(la) calle 거리   perfecto 완벽한   girar 회전하다, 돌다   primero/a 첫 번째의   (la)
derecha 오른쪽   fácil 쉬운   seguir 계속하다   recto 곧은, 똑바른   segundo/a 두 번
째의   (la) izquierda 왼쪽   (el) banco 은행   (el) quiosco 키오스코   (los) servicios
화장실

주 요 표 현

1. 〈Perdone, Disculpe〉는 '실례합니다', '죄송합니다' 라는 의미로 주로 낯선 사람에게 길 등을 물을
때 쓰는 정중한 표현이다.

2. 〈De nada〉는 Gracias(감사해요)에 대한 답변으로 '천만에요' 라는 의미이다. 유사한 표현으로는
Por nada, No hay de qué 등이 있다.

3. 〈Seguir todo recto〉는 '직진하다' 의 의미로 Todo recto (똑바로 가세요)는 회화체에서 길을 물
을 때 많이 쓰인다. (sigo/sigues/sigue/seguimos/seguís/siguen)

B Natalia와 옷가게 점원과의 대화를 듣고 큰소리로 따라 읽어 봅시다. 24

Natalia:	Tengo una boda este fin de semana y necesito un vestido. Me gusta ese traje de ahí.
Vendedor:	Lo siento mucho. Es que ese traje de ahí está vendido. Pero tenemos estos pantalones de aquí o aquel vestido de allí.
Natalia:	Prefiero este vestido de aquí. ¿De qué color lo tiene?
Vendedor:	Hay de color negro, azul y rojo.
Natalia:	¿Hay de talla pequeña?
Vendedor:	Sí, aquí tiene.
Natalia:	¿Me lo puedo probar?
Vendedor:	Claro, por supuesto. Allí hay un probador al fondo del pasillo.
Natalia:	El negro no está mal, pero prefiero un color más alegre, como el rojo.
Vendedor:	Estoy totalmente de acuerdo. ¿Desea algo más?

Natalia: No, gracias. ¿Cuánto cuesta?
Vendedor: Cuesta veinte euros.
Natalia: ¿No hay descuento?
Vendedor: Ya es el precio de oferta. ¿Cómo va a pagar, en efectivo o con tarjeta?
Natalia: Con tarjeta.
Vendedor: Vale, pase por caja, por favor.

주 요 어 휘

(la) boda 결혼식　necesitar 필요하다　(el) vestido 원피스　(el) traje 정장 vendido 팔린　(los) pantalones 바지　(la) talla 치수, 싸이즈　pequeño/a 작은 poder 할 수 있다　probarse 입어보다　(el) probador 피팅룸　(el) fondo 깊이, 바닥 (el) pasillo 복도　alegre 즐거운, 쾌활한　totalmente 완전히　(el) acuerdo 동의　como ～와 같이, ～처럼　desear 소망, 희망하다　costar 가격이 얼마이다　(el) descuento 할 인　(el) precio 가격　(la) oferta 세일, 특별가격　pagar 지불하다　(el) efectivo 현 금　(la) tarjeta 카드　pasar 지나가다　(la) caja 계산대　(el) favor 호의

주 요 표 현

1. ⟨Lo siento⟩는 '미안해, 죄송해요' 라는 의미로 중성 목적격 대명사 lo와 sentir(느끼다) 동사가 합쳐진 형태로 siento/sientes/siente/sentimos/sentís/sienten으로 동사 변화한다.

2. ⟨Estar de acuerdo⟩는 '동의해' 라는 표현으로 상대방의 의견에 완전히 동의할 경우에는 Estoy totalmente de acuerdo라고 표현할 수 있다.

3. ⟨¿Desea algo más?⟩는 '뭐 다른 거 필요한 거 있어요?' 라는 의미로 아무것도 필요한 게 없을 때는 Nada más라고 대답할 수 있다.

4. ¿Cuánto cuesta/n?은 가격을 묻는 표현으로 costar(값이 ～이다) 동사를 사용하며 cuesto/ cuestas/cuesta/costamos/costáis/cuestan으로 동사 변화한다.

5. ⟨poder + 동사원형⟩은 '～을 할 수 있다' 는 의미로 puedo/puedes/puede/podemos/podéis/ pueden으로 동사 변화한다.

6. ⟨probarse⟩는 '입어보다' 는 의미로 재귀동사이다. me pruebo/te pruebas/se prueba/nos probamos/os probáis/se prueban으로 동사 변화한다. 재귀동사는 제10과에서 자세히 다루도 록 한다.

7. ⟨Por favor⟩는 영어의 please에 해당하는 '제발, 좀 부탁합니다' 라는 아주 정중한 표현으로 회화 체에서 많이 쓰이는 유용한 표현이다.

쓰 기

A 다음 단어들을 정렬하여 문장을 만들어 봅시다.

1. ¿banco aquí Hay de un cerca?
   – ____________________

2. un casa nuevo de lado quiosco mi hay Al
   – ____________________

3. ¿José el está coches Dónde de de taller?
   – ____________________

4. ¿limón color De es el qué?
   – ____________________

5. En grande hay lago Perú un muy
   – ____________________

6. unos buenos Francia vinos En muy hay
   – ____________________

7. librería la cine del izquierda La a está
   – ____________________

8. ¿personas hay museo en Cuántas el ?
   – ____________________

B 다음 문장을 스페인어로 작문해 봅시다.

1. 이 근처에 영화관 있어요?
   – ____________________

2. 약국이 어디에 있나요?
   – ____________________

3. 첫 번째 거리에서 오른쪽으로 돌아요.
   – ____________________

4. 직진하세요.

    – ____

5. 교실에 책이 몇 권 있나요?

    – ____

6. 복도 끝에 피팅 룸이 있어요.

    – ____

7. 이 탁자는 무슨 색이야?

    – ____

8. 수영장은 병원 왼쪽에 있다.

    – ____

¿A qué hora te levantas?
(넌 몇 시에 일어나니?)

¿Qué le pongo?
(무엇을 드릴까요?)

- 재귀대명사 SE
- 목적격 대명사

문법

1 재귀대명사 SE

Ⓐ 재귀대명사

- 재귀대명사는 재귀 동사와 함께 쓰여 행위의 결과가 주어에게 다시 돌아가도록 한다.
- 재귀대명사는 항상 일반 동사 앞에 위치한다.

인칭	단수	복수
1	me 나 자신을	nos 우리 자신을
2	te 너 자신을	os 너희 자신을
3	se 그(그녀, 당신) 자신을	se 그들(그녀들, 당신들) 자신을

Ⓑ 재귀동사

- 타동사 + se → 자동사화

  예를들어, Levantar (~를 일으키다) + se → 일어나다

  Acostar (~를 눕히다) + se → 잠자리에 들다

- 일상 생활과 관련된 동사들, 특히 신체의 일부분 또는 신체 부착물(의상 및 악세서리)이 직접 목적어가 되는 경우에는 재귀대명사가 쓰인다. 다음 동사들은 재귀동사로 훨씬 많이 쓰이는 주요 동사로 꼭 암기하도록 한다.

Levantarse (일어나다)		Acostarse (눕다, 잠자리에 들다)	
me levanto		me acuesto	
te levantas		te acuestas	
se levanta	a las 6:00	se acuesta	a las 12:00
nos levantamos		nos acostamos	
os levantáis		os acostáis	
se levantan		se acuestan	

Despertarse (잠에서 깨다)	Dormirse (잠들다)
me despierto	me duermo
te despiertas	te duermes
se despierta	se duerme
nos despertamos	nos dormimos
os despertáis	os dormís
se despiertan	se duermen

Ducharse (샤워하다)	Ponerse (입다, 착용하다. 신다, 메다)
me ducho	me pongo
te duchas	te pones
se ducha	se pone
nos duchamos	nos ponemos
os ducháis	os ponéis
se duchan	se ponen

Lavarse (씻다)	Maquillarse (화장하다)	Pintarse (칠하다)	Afeitarse (면도하다)	Vestirse (옷을 입다)
me lavo	me maquillo	me pinto	me afeito	me visto
te lavas	te maquillas	te pintas	te afeitas	te vistes
se lava	se maquilla	se pinta	se afeita	se viste
nos lavamos	nos maquillamos	nos pintamos	nos afeitamos	nos vestimos
os laváis	os maquilláis	os pintáis	os afeitáis	os vestís
se lavan	se maquillan	se pintan	se afeitan	se visten

Mirarse (자신의 모습을 보다)	Bañarse (목욕하다)	Quitarse (벗다)	Peinarse (빗질하다)	Secarse (말리다)
me miro	me baño	me quito	me peino	me seco
te miras	te bañas	te quitas	te peinas	te secas
se mira	se baña	se quita	se peina	se seca
nos miramos	nos bañamos	nos quitamos	nos peinamos	nos secamos
os miráis	os bañáis	os quitáis	os peináis	os secáis
se miran	se bañan	se quitan	se peinan	se secan

- Yo <u>levanto</u> a mi abuela de la cama. (침대에서 할머니를 일으킨다.)

  Yo <u>me levanto</u> a las siete de la mañana. (나는 아침 7시에 일어난다.)

- Rosa <u>acuesta</u> a su hijo y después <u>se acuesta</u>. (로사는 그녀의 아들을 재우고 난 후에 잠자리에 든다.)

- Todos los días <u>despierto</u> a mi hijo. (나는 매일 나의 아들을 깨운다.)

  <u>Me despierto</u> a menudo por las noches. (나는 밤에 자주 깬다.)

- <u>Pongo</u> el sombrero a mi hijo. (내 아들에게 모자를 씌운다.)

  <u>Me pongo</u> el abrigo. (나는 코트를 입는다.)

- <u>Lavo</u> las manos a mi hijo. (내 아들의 손을 씻긴다.)

  <u>Me lavo</u> las manos. (내 손을 씻는다.)

- <u>Maquillo</u> a Rosa. (로사를 화장시킨다.)

  Nunca <u>me maquillo</u>. (나는 절대로 화장하지 않는다.)

- <u>Pinto</u> las uñas a Ana. (아나에게 손톱을 칠한다.)

  <u>Me pinto</u> las uñas. (내가 내 손톱을 칠한다.)

- <u>Me afeito</u> todos los días. (나는 매일 면도한다.)

  <u>Me visto</u> elegante. (나는 우아하게 옷을 입는다.)

  <u>Me miro</u> en el espejo. (나는 거울을 본다.)

  <u>Me baño</u> cada fin de semana. (매주말마다 목욕을 한다.)

  <u>Me quito</u> la chaqueta. (재킷을 벗는다.)

  <u>Me peino</u> todos los días. (매일 머리를 빗는다.)

  <u>Me seco</u> el pelo. (머리를 말린다.)

- 단, dormir는 '자다' (sleep)의 의미를 지니고, dormirse는 '잠들다' (fall asleep)의 의미로 서로 다른 의미를 지닌다.

  예를 들어, Yo todos los días <u>duermo</u> ocho horas. (나는 매일 8시간을 잔다.)

  Yo <u>me duermo</u> a menudo con la música. (난 음악을 들으면서 잠이 든다.)

ⓒ 재귀대명사의 위치

재귀대명사는 일반 동사 앞에 그리고 동사원형 뒤에 위치 한다.

Se + 일반동사	동사원형 + Se
Me levanto temprano.	Quiero levantarme temprano.
Te levantas temprano.	Quieres levantarte temprano.
Se levanta temprano.	Quiere levantarse temprano.
Nos levantamos temprano.	Queremos levantarnos temprano.
Os levantáis temprano.	Queréis levantaros temprano.
Se levantan temprano.	Quieren levantarse temprano.
Me maquillo a menudo.	Me gusta maquillarme.
Te maquillas a menudo.	Te gusta maquillarte.
Se maquilla a menudo.	Le gusta maquillarse.
Nos maquillamos a menudo.	Nos gusta maquillarnos.
Os maquilláis a menudo.	Os gusta maquillaros.
Se maquillan a menudo.	Les gusta maquillarse.

2 목적격 대명사

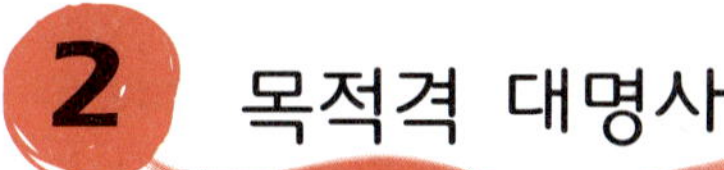

A 직접목적격 대명사

목적격 대명사는 앞에 나온 명사의 반복을 피하고 좀 더 간단히 대답하고자 할 때 쓰이며 반드시 문맥이 필요하다.

1. 직접목적격 대명사 (목적어가 사물일 경우)

	단수	복수
남성	lo (그것을)	los (그것들을)
여성	la (그것을)	las (그것들을)

Yo leo el libro.   →   Yo también lo leo.
(나는 책을 읽는다.)   (나도 그것을 읽는다.)

Yo veo la flor.   →   Yo también la veo.
(나는 꽃을 본다.)   (나도 그것을 본다.)

Yo compro los libros.   →   Yo también <u>los</u> compro.
(나는 책들을 산다.)   (나도 그것들을 산다.)
Yo compro las gafas.   →   Yo también <u>las</u> compro.
(나는 안경들을 산다.)   (나도 그것들을 산다.)

2. 직접목적격 대명사 (목적어가 사람일 경우)

인칭	단수		복수	
1	me	나를	nos	우리를
2	te	너를	os	너희를
3	lo	그를	los	그들을
	la	그녀를	las	그녀들을
	lo/la	당신을	los/las	당신들을

- 직접목적격 전치사 (누구를) a는 직접 목적어가 사람일 경우 반드시 동반된다.
- 목적격 대명사는 동사 앞에 위치한다.
  Yo te quiero. (나는 널 사랑해.)
  Te invito a la cena. (너를 저녁 식사에 초대할 거야.)

ⓑ 간접목적격 대명사

인칭	단수		복수	
1	me	나에게	nos	우리에게
2	te	너에게	os	너희에게
3	le (se)	그/그녀/당신에게	les (se)	그들/그녀들/당신들에게

- 간접목적격 전치사 a는 '~에게'의 의미로 사람 앞에는 반드시 동반된다.
- 간접목적격 대명사는 동사 앞에 위치하며 사람인 경우 중복형을 사용할 수 있다.
  Yo le escribo una carta (a María). (나는 마리아에게 편지를 쓴다.)
  Yo se la escribo (a María). (나는 그녀에게 그것을 쓴다.)
- 간접목적격 대명사와 직접목적격 대명사가 동시에 사용되면 간접목적격 대명사가 앞에
  위치한다. 두 대명사가 모두 3인칭인 경우 간접목적격 대명사 le, les는 se로 바뀐다.
  Él me da unos libros.   →   Él <u>me los</u> da.
  (그는 나에게 책들을 준다.)   (그가 나에게 그것들을 준다.)

Juan le da unos libros.   →   Juan se los da.

(후안은 그에게 몇 권의 책들을 준다.)   (후안은 그에게 그것들을 준다.)

ⓒ 직접목적격 대명사와 간접목적격 대명사가 같이 올 경우

직접목적격 대명사와 간접목적격 대명사가 같이 나올 수 있는데 그런 경우 형태는 다음 표와 같다.

dar el libro	dar la flor	dar los libros	dar las flores
me lo	me la	me los	me las
te lo	te la	te los	te las
se lo	se la	se los	se las
nos lo	nos la	nos los	nos las
os lo	os la	os los	os las
se lo	se la	se los	se las

ⓓ 수혜, 혜택 동사들

간접목적격 대명사를 주로 취하는 동사는, 수혜, 혜택을 입는 동사로 decir, dar, llevar, traer, escribir, enviar, mandar, comprar 등의 동사들이 있다.

Dar (주다)	Enviar (보내다)	Traer (가지고 오다)	Pedir (요구하다)	Servir (서빙하다)
doy	envío	traigo	pido	sirvo
das	envías	traes	pides	sirves
da	envía	trae	pide	sirve
damos	enviamos	traemos	pedimos	servimos
dais	enviáis	traéis	pedís	servís
dan	envían	traen	piden	sirven

Decir (말하다)	Hacer (만들다)	Poner (음식을 주다)	Explicar (설명하다)	Vender (팔다)
digo	hago	pongo	explico	vendo
dices	haces	pones	explicas	vendes
dice	hace	pone	explica	vende
decimos	hacemos	ponemos	explicamos	vendemos
decís	hacéis	ponéis	explicáis	vendéis
dicen	hacen	ponen	explican	venden

Preparar (준비하다)	Cuidar (돌보다)	Cortar (자르다)	Arreglar (고치다)	Sacar (사진 찍다)
preparo	cuido	corto	arreglo	saco
preparas	cuidas	cortas	arreglas	sacas
prepara	cuida	corta	arregla	saca
preparamos	cuidamos	cortamos	arreglamos	sacamos
preparáis	cuidáis	cortáis	arregláis	sacáis
preparan	cuidan	cortan	arreglan	sacan

Mandar (보내다)	Regalar (선물하다)	Enseñar (가르치다)	Prestar (빌려주다)	Devolver (되돌려주다)
mando	regalo	enseño	presto	devuelvo
mandas	regalas	enseñas	prestas	devuelves
manda	regala	enseña	presta	devuelve
mandamos	regalamos	enseñamos	prestamos	devolvemos
mandáis	regaláis	enseñáis	prestáis	devolvéis
mandan	regalan	enseñan	prestan	devuelven

연습문제

A 재귀대명사와 인칭대명사를 연결해 봅시다.

1. me   •   • a. vosotros/as
2. te   •   • b. ellos/ellas/ustedes
3. se   •   • c. yo
4. nos   •   • d. tú
5. os   •   • e. nosotros/as
6. se   •   • f. él/ella/usted

B levantarse 동사를 동사 변화하여 문장을 만들어 봅시다.

> **보기**
> ¿A qué hora se levanta Juan? a las 7 (후안은 몇 시에 일어나?)
> – Se levanta a las siete. (7시에 일어나.)

1. ¿A qué hora te levantas? a las 7.30
   – ______________________________________

2. ¿A qué hora se levanta Ernesto? a las 6
   – ______________________________________

3. ¿A qué hora se levanta usted? a las 8.15
   – ______________________________________

4. ¿A qué hora se levantan ellos? a las 10.30
   – ______________________________________

5. ¿A qué hora os levantáis? a las 9
   – ______________________________________

6. ¿A qué hora te levantas? a las 9.30
   – ______________________________________

7. ¿A qué hora se levanta Alberto? a las 11
   – ______________________________________

8. ¿A qué hora se levantan los niños? a las 7.45

\- ____

C acostarse 동사를 동사 변화하여 문장을 만들어 봅시다.

> 보기
>
> ¿A qué hora se acuesta Juan? a las 10 (후안은 몇 시에 자?)
> – Se acuesta a las diez. (10시에 자.)

1. ¿A qué hora se acuestan ellas? a las 12.20

\- ____

2. ¿A qué hora te acuestas? a las 10

\- ____

3. ¿A qué hora se acuesta usted? a las 9.30

\- ____

4. ¿A qué hora se acuesta María? a la 1

\- ____

5. ¿ A qué hora se acuesta José? a las 2.15

\- ____

6. ¿A qué hora se acuestan Juan y Carlos? a las 11.45

\- ____

7. ¿A qué hora te acuestas? a las 12

\- ____

8. ¿A qué hora os acostáis? a las 11.30

\- ____

D 다음 빈칸에 알맞은 재귀대명사를 넣어 봅시다.

> 보기
>
> Yo <u>me</u> baño todos los días. (나는 매일 목욕한다.)

1. Él no _____________ peina nunca.

2. Yo _____________ ducho por la mañana.

3. Ellas _____________ maquillan todos los días.

4. Él _____________ lava las manos a menudo.

5. Nosotros _____________ bañamos por la noche.

6. Yo _____________ lavo los dientes tres veces al día.

7. Ellos _____________ afeitan por la mañana.

8. Ella _____________ pinta las uñas cada fin de semana.

9. Tú _____________ duchas en diez minutos.

10. Vosotros _____________ vestís en cinco minutos.

E 다음 보기와 같이 문장을 만들어 봅시다.

> **보기**　Paula / ducharse / vestirse
>
> – <u>Después de</u> ducharse, Paula se viste.
>
> (빠울라는 샤워한 후에 옷을 입는다.)
>
> – <u>Antes de</u> vestirse, Paula se ducha.
>
> (빠울라는 옷을 입기 전에 샤워한다.)

1. Guillermo / jugar al fútbol / ducharse.

　– Después de _____________________________

2. Pedro / vestirse / ponerse los zapatos.

　– Antes de _____________________________

3. Lola / pasear / acostarse

　– Después de _____________________________

4. Aurora / maquillarse / ponerse los calcetines

　– Antes de _____________________________

5. Ernesto / afeitarse / ducharse

　– Antes de _____________________________

6. Amanda / lavarse el pelo / secarse el pelo

  – Después de ___________________________________

7. Raúl / quitarse el pijama / bañarse

  – Antes de ___________________________________

8. Ana / ponerse el pijama / acostarse

  – Después de ___________________________________

F Yo también / Yo no / Yo tampoco / Yo sí / A mí también / A mí no / A mí tampoco / A mí sí 중 하나를 선택하여 말해 봅시다.

  1. A mí me gusta levantarme temprano.

   – ___________________________________

  2. A mí no me gusta acostarme tarde.

   – ___________________________________

  3. No me gusta ponerme los vaqueros.

   – ___________________________________

  4. Me maquillo todos los días.

   – ___________________________________

  5. Nunca me pongo perfume.

   – ___________________________________

  6. Después de levantarme, primero me ducho.

   – ___________________________________

  7. Antes de acostarme, siempre veo la tele.

   – ___________________________________

  8. Me gusta ponerme traje.

   – ___________________________________

  9. Antes de salir de casa, siempre me pongo protector solar.

   – ___________________________________

  10. Los fines de semana nunca me levanto temprano.

   – ___________________________________

G 목적격 대명사를 사용하여 다음과 같이 문장을 만들어 봅시다.

> **보기**
>
> Yo compro el sombrero y él también lo compra.
> (나는 모자를 사고 그 역시 모자를 산다.)

1. Yo escribo la carta y ella también ___________________________

2. Yo escucho la radio y él también ___________________________

3. Yo leo el periódico y tú también ___________________________

4. Yo abro la ventana y ellos también

   ____

5. Yo hago los deberes y vosotros también

   ____

6. Yo compro las gafas y él también

   ____

7. Yo vendo los pasteles y ellas también

   ____

8. Yo escribo las postales y usted también

   ____

H 다음 보기와 같이 목적격 대명사를 써서 말해 봅시다.

> **보기**
>
> ¿Quieres una radio? (라디오를 원하니?)
> – Sí, la quiero. (응, 원해.)
> – No, no la quiero. (아니, 원하지 않아.)

1. ¿Quieres una cafetera?　　　　– Sí, ___________________________

2. ¿Quieres una pelota?　　　　　– No, ___________________________

3. ¿Quieres unas gafas de sol?　　– Sí, ___________________________

4. ¿Quieres un reloj?　　　　　　– No, ___________________________

5. ¿Quieres unos zapatos?　　　　– Sí, ___________________________

6. ¿Quieres un sombrero?   –No, _______________________

7. ¿Quieres una lámpara?   – Sí, _______________________

8. ¿Quieres un coche?   – No, _______________________

9. ¿Quieres una casa?   – Sí, _______________________

10. ¿Quieres una televisión?   – No, _______________________

I 다음 보기와 같이 연습해 봅시다.

단수		복수	
남성	여성	남성	여성
blanco (흰색)	blanca	blancos	blancas
rojo (빨강)	roja	rojos	rojas
amarillo (노랑)	amarillo	amarillos	amarillas
negro (검정)	negra	negros	negras
verde (녹색)		verdes	
azul (파랑)		azules	
gris (회색)		grises	
marrón (갈색)		marrones	

보기

¿Cómo quiere Ud. <u>las camisas</u>?   blanco
(당신은 셔츠를 어떻게 원하세요?)
– <u>Las</u> quiero blancas. (전 흰색으로 주세요.)

1. ¿Cómo quiere las faldas?   azul

   – _______________________

2. ¿Cómo quiere los pantalones?   negro

   – _______________________

3. ¿Cómo quiere las gafas?   marrón

   – _______________________

4. ¿Cómo quiere las flores?   amarillo

   – _______________________

5. ¿Cómo quiere los zapatos?   gris

　– ____

6. ¿Cómo quiere las maletas?   rojo

　– ____

7. ¿Cómo quiere los libros?   blanco

　– ____

J 간접목적격 대명사를 사용하여 문장을 완성해 봅시다.

> **보기**
>
> María _me_ da el dinero (a mí).
>
> (마리아가 나에게 돈을 준다.)

1. La peluquera ______________ corta el pelo a mí.

2. La dependienta ______________ vende un vestido a ti.

3. La camarera ______________ sirve la comida a nosotros.

4. La profesora ______________ hace las preguntas a los alumnos.

5. El cartero ______________ trae el correo a vosotros.

6. El pintor ______________ pinta la casa a los señores López.

7. Gonzalo ______________ trae la cerveza a nosotros.

8. El cocinero ______________ prepara la comida a usted.

9. El veterinario ______________ cuida el gato a mí.

10. La cajera ______________ da el dinero a ellos.

11. El técnico ______________ arregla el televisor a vosotros.

12. La fotógrafa ______________ saca la foto a María y a José.

K 직접목적격 대명사와 간접목적격 대명사를 사용하여 문장을 만들어 봅시다.

> **보기**
> Marta / traer / las bebidas / a nosotros
> → Marta <u>nos</u> <u>las</u> trae. (마르타는 우리에게 음료수를 가져다 준다.)

1. Yo / escribir / la carta / a Juan.
   – ____

2. Usted / dar / el dinero / a su hijo.
   – ____

3. Tú / servir / las bebidas / a tus amigos.
   – ____

4. Nosotros / enviar / el e-mail / a José
   – ____

5. Pepe / regalar / las flores / a su novia.
   – ____

6. El profesor / explicar / los verbos / a nosotros
   – ____

7. Ellos / pedir / el helado / al camarero.
   – ____

8. Paco / vender / los libros / a ellos
   – ____

9. Mi esposo / traer / las camisas / a mí
   – ____

10. Yo / hacer / la paella / a mis padres.
    – ____

L 다음 보기와 같이 묻고 대답해 봅시다.

<table>
<tr><td>보기</td><td>¿Me das el libro? (나에게 책을 줄래?)
– Sí, te lo doy. (그래, 줄게.)</td></tr>
</table>

1. ¿Me das el bolígrafo?   – Sí, _______________________

2. ¿Me das un libro?   – Sí, _______________________

3. ¿Me traes una revista?   – Sí, _______________________

4. ¿Me sirves un café?   – Sí, _______________________

5. ¿Me explicas la lección?   – Sí, _______________________

6. ¿Me haces la paella?   – Sí, _______________________

7. ¿Me dices la verdad?   – Sí, _______________________

8. ¿Me vendes un tabaco?   – Sí, _______________________

9. ¿Me das tu número de teléfono?   – Sí, _______________________

10. ¿Me das tu dirección?   – Sí, _______________________

11. ¿Me das tu pasaporte?   – Sí, _______________________

12. ¿Te pongo un café?   – Sí, _______________________

13. ¿Te explico los verbos?   – Sí, _______________________

14. ¿Te digo la verdad?   – Sí, _______________________

15. ¿Le das los pantalones a Álvaro?   – Sí, _______________________

16. ¿Le pides una cerveza al camarero?   – Sí, _______________________

17. ¿Le pides la cuenta a la camarera?   – Sí, _______________________

18. ¿Le envías un e–mail a Yuri?   – Sí, _______________________

말 하 기

A 다음 보기와 같이 각자 몇 시에 아래의 활동을 하는지 서로 대화해 봅시다.

 보기

> ¿A qué hora te levantas? (몇 시에 일어나니?)
> – Me levanto a las siete de la mañana. (오전 7시에 일어나.)
> ¿A qué hora te lavas? (몇 시에 씻니?)
> – Me lavo a las siete y media. (7시 30분에 씻어.)

¿A qué hora _______?	Yo	Mi compañero/a
1. Levantarse (일어나기)	Me levanto a __________	Se levanta a __________
2. Lavarse (씻기)	Me lavo a __________	Se lava a __________
3. Vestirse (옷입기)	Me visto a __________	Se viste a __________
4. Desayunar (아침 먹기)	Desayuno a __________	Desayuna a __________
5. Salir de casa (집에서 나가기)	Salgo de casa a ________	Sale de casa a ________
6. Llegar al trabajo (직장에 도착하기)	Llego al trabajo a _______	Llega al trabajo a ______
7. Comer (점심 먹기)	Como a __________	Come a __________
8. Volver a casa (집에 돌아오기)	Vuelvo a casa a ________	Vuelve a casa a ________
9. Ducharse (샤워하기)	Me ducho a __________	Se ducha a __________
10. Acostarse (잠자리에 들기)	Me acuesto a __________	Se acuesta a __________

B 다음 부사구들을 이용하여 스페인어로 말해 봅시다.

빈도 표현하기

Una vez al día / a la semana / al mes / al año
하루에 / 일주일에 / 한 달에 / 일 년에 한 번
Dos / tres / cuatro veces   두 번 / 세 번 / 네 번

Todos los días / los lunes / los martes	매일 / 월요일마다 / 화요일마다
Todos los fines de semana	주말마다
Todos los meses / los veranos / otoños	매달 / 여름마다 / 가을마다
Todas las semanas	매주
Todos los años	매년

※ 반복의 의미를 전달하기 위해서는 todos / todas는 항상 복수형으로 쓰고 관사를 반드시 동반한다.

Cada día / lunes, martes, miércoles	매일 / 매주 월요일, 화요일, 수요일
Cada fin de semana / semana	매주말마다 / 매주
Cada mes / verano, otoño / año	매달 / 매해 여름, 가을 / 매년

※ cada는 영어의 each로 '각각의'의 의미로 해석되며 변화형이 없다.

¿Con qué frecuencia ___________? (얼마나 자주 ___________?)	Yo ___________
1. ¿________ te duchas? (ducharse 샤워하기)	Me ducho ___________
2. ¿________ te bañas? (bañarse 목욕하기)	Me baño ___________
3. ¿________ te maquillas? (maquillarse 화장하기)	(Nunca) Me maquillo ___________
4. ¿________ te pones falda? (ponerse falda 치마 입기)	(Nunca) Me pongo falda ___________
5. ¿________ te cortas el pelo? (cortarse el pelo 머리 자르기)	Me corto el pelo ___________
6. ¿________ te afeitas? (afeitarse 면도하기)	(Nunca) me afeito ___________
7. ¿________ te pones sombrero? (ponerse sombrero 모자 쓰기)	(Nunca) me pongo sombrero ___________
8. ¿________ te pones pijama? (ponerse pijama 잠옷 입기)	Me pongo pijama ___________

¿Con qué frecuencia ____________? (얼마나 자주 ___________?)	Yo ______________
9. ¿__________ te lavas el pelo? (lavarse el pelo 머리 감기)	Me lavo el pelo ______________________
10. ¿__________ te peinas? (peinarse 머리 빗질하기)	Me peino ______________________
11. ¿__________ te lavas los dientes? (lavarse los dientes 이 닦기)	Me lavo los dientes ______________
12. ¿__________ te despiertas en la noche? (despertarse en la noche 밤에 잠 깨기)	Me despierto en la noche __________

C 다음 질문에 스페인어로 대답해 봅시다.

Estudiante 1	Estudiante 2
1. ¿A qué hora te levantas normalmente? (평소에 몇 시에 일어나니?)	1. _______________________
2. ¿Te levantas temprano o tarde? (일찍 일어나 아니면 늦게 일어나?)	2. _______________________
3. ¿A qué hora te acuestas normalmente? (평소에 몇 시에 자?)	3. _______________________
4. ¿Te acuestas temprano o tarde? (일찍 자 아니면 늦게 자?)	4. _______________________
5. ¿Y los fines de semana te levantas temprano o tarde? (주말엔 일찍 일어나니 아니면 늦게 일어나니?)	5. _______________________
6. ¿Qué haces después de levantarte? (일어나서 뭐하니?)	6. _______________________
7. ¿Qué haces antes de acostarte? (자기 전에 뭐하니?)	7. _______________________
8. ¿Desayunas en casa o en el bar? (아침은 집에서 먹어 아니면 바에서?)	8. _______________________
9. ¿Te maquillas todos los días? (매일 화장하니?)	9. _______________________

Estudiante 1	Estudiante 2
10. ¿Te afeitas todos los días? (매일 면도해?)	10. _____________________
11. ¿Te duchas por la mañana o por la noche? (아침에 샤워해 아니면 밤에?)	11. _____________________
12. ¿Qué ropa te pones para ir al trabajo (para ir a clase)? (직장 갈 때/수업에 갈 때 어떤 옷을 입어?)	12. _____________________

D 직접목적격 대명사(lo/la/los/las)를 사용하여 말해 봅시다.

> **보기**
>
> ¿Cómo tomas el café, frío o caliente?
>
> (커피를 어떻게 마셔? 차갑게 아니면 따뜻하게?)
>
> – Yo lo tomo caliente. (따뜻하게 마셔.)

¿Cómo tomas el café normalmente _____?	Lo/la/los/las tomo _____
1. ¿Cómo tomas el café, frío (차가운) o caliente (뜨거운)?	_____________________
2. ¿Cómo tomas el café, con leche (우유와 함께) o sin leche (우유 없이)?	_____________________
3. ¿Cómo tomas el café, con hielo (얼음과 함께) o sin hielo (얼음 없이)?	_____________________
4. ¿Cómo tomas la carne (고기), bien cocida (잘 익힌) o medio cocida (미디움)?	_____________________
5. ¿Cómo tomas el pescado (생선), asado (구운) o frito (튀긴)?	_____________________
6. ¿Cómo tomas la cerveza (맥주), con sal (소금과 함께) o sin sal (소금 없이)?	_____________________
7. ¿Cómo tomas los huevos (달걀), cocidos (삶은) o fritos (튀긴)?	_____________________
8. ¿Cómo tomas las patatas (감자), cocidas o fritas?	_____________________

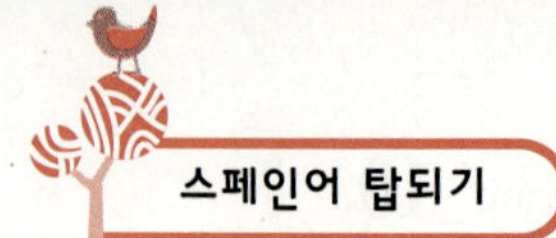

E Ponerse 동사와 빈도 부사를 사용하여 다음 보기와 같이 말해 봅시다.

> **보기**
>
> ¿Te pones la falda? (너 치마 입어?)
> – Todos los días <u>me la</u> pongo. (매일 입어.)
> – A menudo <u>me la</u> pongo. (자주 입어.)
> – A veces <u>me la</u> pongo. (가끔 입어.)
> – Nunca <u>me la</u> pongo. (절대로 안 입어.)

Estudiante 1	Estudiante 2
1. ¿Te pones la falda? (너 치마 입어?)	
2. ¿Te pones el sombrero? (모자는 쓰니?)	
3. ¿Te pones los pantalones vaqueros? (청바지는 입어?)	
4. ¿Te pones la minifalda? (미니 스커트는 입니?)	
5. ¿Te pones los pantalones cortos? (짧은 바지 입어?)	
6. ¿Te pones el pijama? (잠옷 입어?)	
7. ¿Te pones las gafas? (안경은 쓰니?)	
8. ¿Te pones los pendientes? (귀걸이는 하니?)	
9. ¿Te pones el perfume? (향수는 뿌리니?)	
10. ¿Te pones los zapatos de tacón? (하이힐 신어?)	

F 직접목적격 대명사와 간접목적격 대명사를 함께 사용하여 말해 봅시다.

> 보기
>
> ¿Me trae la carta? (메뉴판 갖다 줄래요?)
> – Ahora <u>se la</u> traigo. (지금 갖다 드릴게요.)
> ¿Me pone un café? (커피 한 잔 줄래요?)
> – Ahora <u>se lo</u> pongo. (지금 드릴게요.)

Cliente (고객)	Camarero (웨이터)
1. ¿Me trae un agua(물), por favor?	Ahora se la traigo.
2. ¿Me trae la carta(메뉴판), por favor?	
3. ¿Me trae una cerveza(맥주), por favor?	
4. ¿Me trae una botella de vino(와인 한 병), por favor?	
5. ¿Me trae un tenedor(포크), por favor?	
6. ¿Me trae un cuchillo(나이프), por favor?	
7. ¿Me trae una cuchara(숟가락), por favor?	
8. ¿Me trae unas servilletas(냅킨), por favor?	
9. ¿Me trae un plato(접시), por favor?	
10. ¿Me trae un vaso(컵), por favor?	
11. ¿Me trae la cuenta(계산서), por favor?	
12. ¿Me pone un café(커피), por favor?	
13. ¿Me pone un pisto(스튜), por favor?	
14. ¿Me pone una ensalada(샐러드), por favor?	
15. ¿Me pone un pollo asado(구운 치킨), por favor?	
16. ¿Me pone una tapa de tortilla(감자 또르띠야 1인분), por favor?	
17. ¿Me pone unas patatas(감자), por favor?	
18. ¿Me pone unas croquetas(크로켓), por favor?	
19. ¿Me pone una paella(빠에야), por favor?	
20. ¿Me pone unos calamares(오징어), por favor?	
21. ¿Me pone una tapa de queso(치즈 1인분), por favor?	

G 목적격 대명사를 사용하여 서로 질문하고 대답해 봅시다.

보기
> ¿Me das el móvil? (핸드폰 줄래?)
> – Sí te lo doy. (응, 줄게.)
> ¿Te doy las fotos? (사진 줄까?)
> – No me las das. (아니 주지 마.)

| ¿ | Me
Te
Le | DAR | el libro
las gafas
los pantalones
la cerveza | ? |

| Sí
No | TE
ME
SE | LO
LA
LOS
LAS | DAR |

듣 기

A Miguel이 Rosa에게 자신의 하루 일과를 이야기하고 있다. 대화를 듣고 큰소리로 따라 읽어 봅시다. **25**

Rosa:　¿A qué hora te levantas normalmente?

Miguel:　A las nueve.

Rosa:　¿Qué haces después de levantarte?

Miguel:　Me lavo la cara y me afeito. Y después desayuno y me lavo los dientes. Luego me visto y salgo de casa.

Rosa:　¿Te duchas por la mañana o por la noche?

Miguel:　Me ducho por la noche porque por la mañana no tengo tiempo.

Rosa:　¿Desayunas en casa o fuera?

Miguel:　Yo siempre desayuno en el bar.

Rosa:　¿Qué te pones para ir a la universidad?

Miguel:　Me pongo pantalones vaqueros y camiseta. Me gusta vestirme muy cómodo.

Rosa:　¿A qué hora vuelves a casa?

Miguel:　Yo vuelvo más o menos a las siete y media.

Rosa:　¿Qué haces antes de acostarte?

Miguel:　Navego por Internet, leo un poco y veo la tele.

Rosa:　¿A qué hora te acuestas?

Miguel:　Me acuesto a las diez. Me gusta acostarme temprano.

주요 어휘

normalmente 평소에　　después de ~ 한 후에　　levantarse 일어나다　　lavarse 씻다
afeitarse 면도하다　　desayunar 아침 먹다　　(el) diente 이빨　　luego 나중에, 후에
vestirse 옷을 입다　　ducharse 샤워하다　　porque 왜냐하면 ~ 때문에　　para ~하기 위해
fuera 밖에서　　siempre 항상　　(el) bar 바, 식당　　maquillarse 화장하다　　ponerse 입다, 신다, 쓰다　　(el) pantalón 바지　　vaquero 청의　　(la) camiseta 셔츠　　cómodo/a 편안한　　navegar 항해하다　　(la) televisión 텔레비전　　acostarse 잠자리에 들다　　temprano 일찍

주요 표현

1. 〈después de + 동사원형〉'～ 한 후에' 〈antes de + 동사원형〉'～하기 전에'의 의미로 재귀대명사는 동사원형 뒤에 위치한다. 예를 들어, Me ducho después de levantarme. (나는 일어난 후에 샤워를 한다) Se viste antes de maquillarse. (화장하기 전에 옷을 입는다)

2. 〈Me gusta vestirme cómodo〉, 〈Me gusta acostarme temprano〉 앞의 Me는 간접목적격 대명사이며 vestirme/acostarme의 me는 재귀대명사임을 구별해야 한다. 이와 같이 재귀대명사는 동사원형 뒤에 위치함을 기억하자!

3. 〈más o menos〉는 '대략, 약'의 의미로 유사한 표현으로는 como, aproximadamente, sobre 등이 있다.

B 레스토랑에서의 Sandra와 웨이터의 대화이다. 듣고 큰소리로 따라 읽어 봅시다. 26

Sandra:	¡Camarero! ¡Por favor!
Camarero:	Sí, señorita, un momento.
Sandra:	¿Me trae la carta, por favor?
Camarero:	Ahora se la traigo. Aquí tiene la carta.
Sandra:	Gracias.
Camarero:	A ver... ¿Qué le pongo?
Sandra:	De primero, me pone una ensalada de verduras. Y de segundo, una tapa de tortilla de patatas, por favor.
Camarero:	Muy bien. ¿Algo más?
Sandra:	También me pone unos calamares, por favor.
Camarero:	Bueno, una ensalada de verduras, una tapa de tortilla y unos calamares. ¿Y de postre, qué le pongo?
Sandra:	Me pone una tarta de chocolate.
Camarero:	¿Y para beber?
Sandra:	Me pone un vino tinto, por favor.
Camarero:	Ahora mismo se lo traigo.

- Una hora más tarde -

Sandra:	Camarero, ¿me trae la cuenta, por favor?
Camarero:	En seguida se la traigo.

주요 어휘

(el) favor 호의　　(la) señorita 아가씨　　(el) momento 순간, 잠깐　　traer 가지고 오다　　(la) carta 메뉴판　　ahora 지금　　(el) primero 첫 번째(의)　　(la) ensalada 샐러드　　(el) marísco 해산물　　(el) segundo 두 번째(의)　　(la) tapa 1인분의 소량의 음식　　(la) tortilla 또르띠야(스페인식 오믈렛)　　(la) patata 감자　　algo 어떤 것, 무엇인가　　(el) calamar 오징어　　(el) postre 후식　　(la) tarta 케이크　　(el) chocolate 초콜릿　　para ～하기 위하여　　beber 마시다　　(el) vino 와인　　(el) tinto 레드와인　　mismo 바로, 당장, 곧　　(la) cuenta 계산서　　en seguida 즉시, 곧

주요 표현

1. 〈Aquí tiene la carta〉는 '여기 메뉴판 있습니다.'의 의미로 구어체로 많이 쓰이는 표현이다.
2. 〈De primero~, De segundo~, De postre~〉는 '전채 요리로~, 메인 요리는~, 후식은~'의 의미로 레스토랑에서 음식을 주문할 때 쓰이는 유용한 표현이다.
3. 〈una tapa de tortilla de patatas〉는 '감자 또르띠야 1인분'으로 tapa는 '1인분의 소량의 음식 및 안주'를 의미하며, 스페인에서만 유일하게 존재하는 스페인의 음식문화를 나타낸다.

▶ Menú del día (오늘의 메뉴)

Primeros (전채요리)	Segundos (메인요리)	Postres (후식)	Bebidas (음료수)
Sopa de marisco (해물 수프)	Pollo asado (치킨구이)	Fruta del tiempo (제철 과일)	Zumo de naranja (오렌지 주스)
Gazpacho (야채 수프)	Ternera con patatas (소고기 감자 스테이크)	Tarta de chocolate (초콜릿 케이크)	Cerveza (맥주)
Ensalada de verduras (야채 샐러드)	Huevos con chorizo (달걀 프라이와 쵸리쏘)	Helado de fresa (딸기 아이스크림)	Vino tinto (레드와인)
Paella valenciana (발렌시아 빠에야)	Calamares (오징어 튀김)	Flan (푸딩)	Coca-Cola (코카콜라)
	Tortilla de patatas (감자 또르띠야)	Arroz con leche (우유 밥 요구르트)	Agua (물)

쓰 기

A 다음 단어들을 정렬하여 문장을 만들어 봅시다.

1. de comer manos, me las lavo Antes

   – ____

2. mi electrónico Le a mensaje envío hermana el

   – ____

3. ¿favor, Me carta la por trae?

   – ____

4. mismo traigo lo Ahora se

   – ____

5. ¿normalmente A levantas hora te qué?

   – ____

6. cómodo Me vestirme gusta muy

   – ____

7. corta nunca la pongo Casi me falda

   – ____

8. mañana ocho de Me a levanto las la

   – ____

B 다음 문장을 스페인어로 작문해 봅시다.

1. 나는 아침에는 시간이 없어서 밤에 샤워해.
   – ____

2. 나는 머리를 빗고 화장을 한다.
   – ____

3. 전채 요리로는 야채 샐러드 주세요.
   – ____

4. 후식으로 뭐 드릴까요?
   – ____

5. 넌 자기 전에 뭐하니?
   – ____

6. 난 평소에 청바지와 셔츠를 입어.
   – ____

7. 난 일찍 일어나는게 좋아.
   – ____

8. 나한테 안경 줄래?
   – ____

Yo soy más inteligente que María.

(내가 마리아보다 더 똑똑해.)

¿Sabes que va a casarse María?

(마리아가 결혼할 거라는 사실 알아?)

- 비교급 / 최상급
- SABER / CONOCER 동사

문법

1 비교급 / 최상급

A 비교급 규칙형

- 우등 비교: más que (~ 보다 더 ~한, ~보다 더 많은, ~보다 더 많이)
- 열등 비교: menos que (~ 보다 덜~ 한, ~보다 더 적은, ~보다 더 적게)

비교급 규칙				
형용사 비교	José es (María es)	más guapo/a (더 잘생긴) más gordo/a (더 뚱뚱한) más delgado/a (더 날씬한) más grande (더 큰) más inteligente (더 똑똑한)	que (~보다)	Felipe Ana yo tú él ella
명사 비교	José tiene	más tiempo (시간이 더 많다) más ropa (옷이 더 많다) más hermanos (형제가 더 많다) más casas (집이 더 많다)		
동사 비교	José	trabaja más (일을 더 많이 한다) come más (더 많이 먹는다) estudia más (공부를 더 많이 한다) duerme más (잠을 더 많이 잔다)		

- 형용사는 반드시 주어와 성·수 일치 해야하며, más와 menos는 변화형이 없다.

Ⓑ 비교급 불규칙

원급	비교급
bueno/a (좋은/착한)	mejor (더 좋은, 더 잘)
malo/a (나쁜/못된)	peor (더 나쁜, 더 못하게)
joven (나이가 젊은)	menor (나이가 더 어린)
viejo (늙은)	mayor (나이가 더 많은)

Mi hermano mayor se llama Jaime. (나의 오빠는 하이메라고 한다.)

y mi hermana menor se llama Leticia. (나의 여동생은 레티시아라고 한다.)

- mejor/peor/menor/mayor는 수변화를 하여, 복수형인
  mejores/peores/menores/mayores로 변화한다.

Ⓒ 상대 최상급

- 상대 최상급은 비교의 대상이 존재하며, 반드시 정관사가 동반된다. (정관사 + 비교급)
- mejor/peor/menor/mayor + 명사

정관사	(명사)	비교급	(de + 그룹)
el	(chico)	más (menos) guapo (가장 잘생긴/못생긴 남자)	de mi familia
la	(chica)	más (menos) guapa (가장 예쁜/못생긴 여자)	de mi trabajo
los	(chicos)	más (menos) guapos (가장 잘생긴/못생긴 남자들)	de mis amigos
las	(chicas)	más (menos) guapas (가장 예쁜/못생긴 여자들)	de la clase

상대 최상급 불규칙

단수	복수
el(la) mejor (가장 좋은)	los(las) mejores
el(la) peor (가장 나쁜)	los(las) peores
el(la) mayor (가장 나이가 많은)	los(las) mayores
el(la) menor (가장 나이가 어린)	los(las) menores

El Nilo es el río más largo del mundo.

(나일강은 세상에서 가장 긴 강이다.)

Julia es la mayor de sus hermanos.

(훌리아는 그녀의 형제들 중에서 가장 나이가 많다.)

Carlos y Juan son los mejores alumnos del colegio.

(까를로스와 후안은 학교에서 가장 좋은 학생들이다.)

Alberto es el peor jugador de su equipo.

(알베르토는 그의 팀에서 가장 나쁜 선수이다.)

Paquita es la más pequeña de la clase.

(빠키따는 수업에서 가장 작다.)

D 절대 최상급

비교의 대상이 존재하지 않으며 '정말 ~ 한'의 의미로 해석된다.

1. 형용사 + ísimo (–a, –os, –as)

	남성	여성
단수	guapísimo	guapísima
복수	guapísimos	guapísimas

2. 규칙형

원급	절대 최상급
muy guapo (아주 잘생긴)	guapísimo
muy inteligente (아주 똑똑한)	inteligentísimo
muy alto (아주 키가 큰)	altísimo
muy delgado (아주 날씬한)	delgadísimo
muy caro (아주 비싼)	carísimo
muy divertido (아주 재미있는)	divertidísimo
muy fácil (아주 쉬운)	facilísimo
muy aburrido (아주 지겨운)	aburridísimo

3. 불규칙형

원급	절대 최상급
muy bueno (아주 좋은)	bonísimo(buenísimo)
muy caliente (아주 뜨거운)	calentísimo

원급	절대 최상급
muy rico (아주 맛있는)	riquísimo
muy simpático (아주 친절한)	simpatiquísimo
muy blanco (아주 하얀)	blanquísimo
muy largo (아주 긴)	larguísimo
muy joven (아주 젊은)	jovencísimo
muy feliz (아주 행복한)	felicísimo

¿Un poco más de arroz, Carlos? (까를로스, 밥 좀 더 먹을래?)

– No, gracias, pero está buenísimo. (bueno > buenísimo)

　(아니야, 괜찮아, 그러나 정말 맛있다.)

¿Qué tal está la sopa? (수프는 어때?)

– No lo sé. Está calentísima. (caliente > calentísima)

　(모르겠어. 정말 뜨겁다)

¿Conoces ya al nuevo novio de Carmen? (까르멘의 새 남자 친구 알아?)

– Sí, es jovencísimo. (joven > jovencísimo)

　(응, 정말 젊어.)

¿Cómo está la camisa? (셔츠는 어때?)

– Ahora está blanquísima. (blanco > blanquísima)

　(지금 정말 하얗다.)

• 단, 일부 형용사들은 그 의미 자체에서 강조 혹은 최상급의 의미를 지니고 있기 때문에, 최상급의 형태를 사용할 수 없는 형용사들이 있다. 이런 경우에는 verdaderamente(정말로, 진짜로), realmente(진짜로, 진실로) 등의 형태를 사용할 수 있다.

	horrible (끔찍한)
realmente	fantástico (환상적인)
verdaderamente	enorme (거대한)
	bonito (아름다운)

Ⓔ 동등 비교

1. 형용사 비교

> tan + 형용사 + como　~ 만큼 ~ 한

Marisa es <u>tan</u> inteligente <u>como</u> Clarisa. (마리사는 클라리사만큼 똑똑하다.)
Ramón no es <u>tan</u> alto <u>como</u> Guillermo. (라몬은 기예르모만큼 키가 크지 않다.)

2. 명사 비교

> tanto/a/os/as　+ 명사 + como　~ 만큼 많은

Andrea no tiene <u>tanto</u> dinero <u>como</u> Paula.
(안드레아는 빠울라만큼 돈이 많지 않다.)
Ustedes tienen <u>tantas</u> clases <u>como</u> nosotros.
(당신들은 우리들만큼 수업이 많다.)

3. 동사 비교

> 동사 + tanto como　~ 만큼 많이

José trabaja <u>tanto como</u> Andrea. (호세는 안드레아만큼 일을 많이 한다.)
Marisa no duerme <u>tanto como</u> yo. (마리사는 나만큼 잠을 많이 자지 않는다.)

• igual de + 형용사 (+ que)는 '~와 똑같은' 의 의미
Los dos son igual de simpáticos. (둘 다 똑같이 친절하다.)
Antonio es igual de guapo que su padre.
(안토니오는 그의 아버지와 똑같이 잘생겼다.)

2 SABER / CONOCER 동사

Ⓐ Saber / Poder / Conocer 동사 변화

인칭대명사	Saber (알다)	Poder (할 수 있다)	Conocer (알다)
Yo	sé	puedo	conozco
Tú	sabes	puedes	conoces
Él/ella/usted	sabe	puede	conoce
Nosotros/nosotras	sabemos	podemos	conocemos
Vosotros/vosotras	sabéis	podéis	conocéis
Ellos/ellas/ustedes	saben	pueden	conocen

- Poder와 Saber동사는 둘 다 동사원형을 취할 수 있는 동사이다. 〈Poder + 동사원형〉은 '~할 수 있다'의 의미이고, 〈Saber + 동사원형〉은 '~을 할 줄 안다'의 의미로 해석된다. 예를 들어, Yo *no puedo* nadar는 '지금 상황상 수영을 할 수 없다'고 해석해야 하고, Yo *no sé* nadar는 '원래 수영을 할 줄 모른다'라는 의미이다.

- 스페인어에서 Saber 동사와 Conocer 동사의 용법은 영어와는 달리 특수한 의미를 지니고 있으므로 구분해서 잘 기억해야 한다.

Ⓑ Saber 동사와 Conocer 동사 비교

1. Saber 동사
   - 배워서 알게된 것이나 <u>사실 및 정보</u>를 알다

   ¿Sabes dónde está el restaurante? (레스토랑이 어디에 있는지 아니?)

   – No, no sé. (아니, 몰라.)

   ¿Sabes si hay una biblioteca? (도서관이 있는지 혹시 아니?)

   – No, no sé. (아니, 몰라.)

- Saber + 동사원형 → ~ 할 줄 안다

  ¿Sabes nadar? (수영할 줄 아니?)

  – No, no sé nadar. (아니, 수영할 줄 몰라.)

2. Conocer 동사

- 도시, 국가 등의 <u>장소를 알다</u> → <u>가본 적이 있다</u>

  No conozco Madrid pero sé dónde está.

  (난 마드리드에 가본 적이 없어 하지만 어디에 있는지는 알아.)

- Conocer + a + 사람 → ~를 알다, <u>본 적이 있다</u>

  ¿Conoces a Carla Espinosa? (까를라 에스피노싸라는 사람 알아?)

  – Sí, y conozoco también a su hermano. (응, 알아, 그리고 그의 동생도 알아.)

  ¿Y conoces también a su amigo Rogelio? (그리고 그의 친구 로헬리오도 알아?)

  – No, a él no lo conozco. (아니, 그 사람은 몰라.)

- Conocer + <u>음식</u> → ~를 먹어본 적이 있다

  ¿Conoces la paella? (빠에야 먹어본 적 있어?)

  – Sí, la conozco. (응, 먹어봤어.)

연습문제

A 우등 비교의 문장을 열등 비교로 바꿔 연습해 봅시다.

> **보기**
> Francia es más grande que Portugal.
> (프랑스는 포르투갈보다 더 크다.)
> – Portugal es menos grande que Francia.
> (포르투갈은 프랑스보다 덜 크다.)

1. El Everest es más alto que el Aconcagua.
   – _______________________________________

2. El Amazonas es más largo que el Nilo.
   – _______________________________________

3. Lima es más antigua que Brasilia.
   – _______________________________________

4. El Empire State es más alto que la Torre Eiffel.
   – _______________________________________

5. Italia está más poblada que España.
   – _______________________________________

6. Nueva York es más moderna que Venecia.
   – _______________________________________

7. El Kilimanjaro es más alto que el Teide.
   – _______________________________________

8. El chino es más difícil que el español.
   – _______________________________________

B 우등 비교와 열등 비교를 사용하여 문장을 만들어 봅시다.

> 보기
>
> el avión/ el tren (rápido)
> – El avión es más rápido que el tren.
> (비행기가 기차보다 더 빠르다.)
> – El tren es menos rápido que el avión.
> (기차가 비행기보다 덜 빠르다.)

1. el café expreso / el café americano (fuerte)

   – ____

2. el esquí / la natación (peligroso)

   – ____

3. el autobús / el metro (puntual)

   – ____

4. el algodón / la seda (suave)

   – ____

5. el hotel / el hostal (caro)

   – ____

6. el sillón / la silla (cómodo)

   – ____

7. los gatos / los perros (independiente)

   – ____

8. las hamburguesas / las ensaladas (sano)

   – ____

C 상대 최상급을 사용하여 보기와 같이 문장을 만들어 봅시다.

> 보기
>
> Ciudad de México / la ciudad / grande / el mundo
> – Ciudad de México es la ciudad más grande del mundo.
> (멕시코 시티는 세계에서 가장 큰 도시이다)

1. El Pico Bolívar / la montaña / alta / Venezuela

   – _______________________________________

2. Cuba / la isla / grande / el Caribe

   – _______________________________________

3. El Amazonas / el río / largo / América del Sur

   – _______________________________________

4. El Vaticano / el país / pequeño / Europa

   – _______________________________________

5. El Hierro / la isla / pequeña / las Canarias

   – _______________________________________

6. México / el país / poblado / el mundo hispano

   – _______________________________________

7. El Aconcagua / la montaña / alta / el mundo hispano

   – _______________________________________

8. Atacama / el desierto / seco / el planeta

   – _______________________________________

D 다음 형용사의 절대 최상급(–ísimo/–ísima/–ísimos/–ísimas)의 형태로 연습해 봅시다.

원급	절대 최상급
1. pequeño	
2. inteligentes	
3. amables	
4. importante	
5. feo	
6. grande	
7. ricas	
8. tranquilos	
9. enamorados	
10. rápido	

E 형용사를 동등 비교하여(tan ~como) 문장을 만들어 봅시다.

> 보기 Sevilla / Madrid (bonito)
>
> – Sevilla es tan bonita como Madrid.
>
> (세비야는 마드리드만큼 아름답다.)

1. la miel / el azúcar (dulce)   – _______________________
2. las proteínas / las vitaminas (necesario)   – _______________________
3. el deporte / la cultura (importante)   – _______________________
4. José / su novia (antipático)   – _______________________
5. la pizza / la hamburguesa (rico)   – _______________________
6. los tigres / los leones (salvaje)   – _______________________
7. el Prado / el Louvre (interesante)   – _______________________
8. Goya / Picasso (genial)   – _______________________

F 명사를 동등 비교하여(tanto/tanta/tantos/tantas) 문장을 만들어 봅시다.

> 보기 Hay <u>tanto</u> tráfico como antes. (예전만큼 교통이 혼잡하다.)
>
> Hay <u>tanta</u> gente como ayer. (어제만큼 사람이 많다.)
>
> Hay <u>tantos</u> problemas como antes. (예전만큼 문제가 많다.)
>
> Hay <u>tantas</u> reclamaciones como antes. (예전만큼 항의가 많다.)

1. No hay _______________ libertad como antes.
2. Yo no hago _______________ deporte como antes.
3. Tengo _______________ clases como antes.
4. No hay _______________ agua como antes.
5. Tenemos _______________ trabajo como antes.
6. Hacen _______________ ruido como antes.
7. Tiene _______________ humor como paciencia.
8. Hace _______________ frío como ayer.

9. No hace _______________ calor como antes.

10. No hay _______________ estudiantes como antes.

G saber 동사와 conocer 동사를 구분지어 써 봅시다.

> **보기**
> ¿Conoces _______________?
> ¿Sabes _______________?

(   )   1. al dueño de la casa de la esquina?

(   )   2. a señora Rosita?

(   )   3. si hay una farmacia?

(   )   4. al director del colegio?

(   )   5. un buen restaurante italiano?

(   )   6. dónde está el Parque de Colón?

(   )   7. si hay una lavandería en el centro?

(   )   8. si hay una piscina cerca?

(   )   9. cuánto cuesta el alquiler?

(   )   10. a la vecina de la casa azul?

H saber와 conocer 동사를 동사 변화하고, 목적격 대명사를 써서 연습해 봅시다.

▶ 직접목적격 대명사

사람이 직접목적격 대명사		사물이 직접목적격 대명사			구나 절이 목적격 대명사 (중성)
			남성	여성	
나를	me				
너를	te				
그를/그녀를/당신을	lo/la	단수	lo	la	lo
우리를	nos				
너희를	os	복수	los	las	(그것을)
그들을/그녀들을/당신들을	los/las				

보기

¿Conoces a María? (마리아 아니?)

  – No <u>la</u> conozco. (몰라.)

¿Sabes el número de teléfono de José? (호세 전화번호 알아?)

  – No <u>lo</u> sé. (몰라.)

1. ¿Conoces a estas chicas?　　– _______________________________

2. ¿Sabes su nombre?　　– _______________________________

3. ¿Conoces este volcán?　　– _______________________________

4. ¿Conoces este café?　　– _______________________________

5. ¿Sabes dónde está Maribel?　– _______________________________

6. ¿Sabes tocar la guitarra?　　– _______________________________

7. ¿Conoces a ese señor?　　– _______________________________.

8. ¿Conoces a aquellos chicos morenos?

　　– _______________________________

9. ¿Sabes que no hay clase este viernes?

　　– _______________________________

10. ¿Conoces a esas señoras mayores?

　　– _______________________________

I 목적격 대명사 lo / la / los / las를 사용하여 의문문을 만들어 봅시다.

보기

Yo no conozco a esos chicos, ¿tú los conoces?

(나는 그 남자들을 몰라, 넌 아니?)

1. Yo no conozco a aquel hombre,

　¿tú _______________________________ ?

2. Yo no conozco a aquellas señoras,

　¿tú _______________________________ ?

3. Yo no conozco al chico de la moto,

   ¿tú ________________________________?

4. Yo no conozco a la mujer de Alejandro,

   ¿tú ________________________________?

5. Yo no conozco al director de la escuela,

   ¿tú ________________________________?

6. Yo no conozco al nuevo profesor,

   ¿tú ________________________________?

7. Yo no conozco a esos cantantes,

   ¿tú ________________________________?

말 하 기

A 다음 표를 보고 보기와 같이 묻고 대답해 봅시다.

> 보기
>
> E1: ¿Quién es más alta, Susana o Luna?
>
>   (수사나와 루나 중에 누가 더 키가 커?)
>
> E2: Susana. (수사나야.)

	Susana	Anita	Margarita	Luna
Edad (나이)	21 años	72 años	45 años	17 años
Altura (신장)	1,70 m	1,64 m	1,58 m	1,67 m
Peso (몸무게)	57 kg	68 kg	48 kg	50 kg

B 다음과 같은 질문을 해 보고 비교급 문장을 만들어 봅시다.

Preguntas	Estudiante 1	Estudiante 2
1. ¿Cuántos años tienes? (mayor/menor)		
2. ¿Cuántas horas estudias al día?(estudiar más/menos)		
3. ¿Cuántas horas duermes? (dormir más/menos)		
4. ¿Cuántos hermanos tienes? (tener más/menos hermanos)		
5. ¿Cuántos idiomas hablas? (hablar más/menos idomas)		

보기

Alicia es mayor que yo. (알리시아가 나보다 나이가 더 많아.)

Yo estudio más que Alicia. (내가 알리시아보다 공부를 더 많이 해.)

Alicia duerme más que yo. (알리시아가 나보다 잠을 더 많이 자.)

Yo hablo más idiomas que Alicia.

(내가 알리시아보다 더 많은 언어를 말해.)

C 다음 보기와 같이 각자의 의견을 말해 봅시다.

> **보기**
> el español / el inglés (difícil)
> – El inglés es más difícil. (영어가 더 어렵다.)
> – El español es más difícil. (스페인어가 더 어렵다.)

1. el cine / el teatro (divertido) (영화 / 연극)
 – _______________

2. los coches / las bicicletas (peligroso) (자동차 / 자전거)
 – _______________

3. los gatos / los perros (cariñoso) (고양이 / 개)
 – _______________

4. ir a la playa / ir a la montaña (divertido) (해변가기 / 등산하기)
 – _______________

5. hacer deporte / ver la televisión (interesante) (운동하기 / 텔레비전 보기)
 – _______________

6. las matemáticas / los idiomas (difícil) (수학 / 언어)
 – _______________

7. viajar en tren / viajar en autobús (divertido)
 (기차 여행하기 / 자동차 여행하기)
 – _______________

8. vivir solo / vivir en pareja (mejor) (혼자 살기 / 커플로 같이 살기)
 – _______________

9. trabajar de día / trabajar de noche (eficaz) (낮에 일하기 / 밤에 일하기)
 – _______________

10. vivir en el campo / vivir en la ciudad (mejor) (시골에 살기 / 도시에 살기)
 – _______________

D 다음 보기와 같이 최상급을 이용하여 각자의 의견을 말해 봅시다.

보기

E1: En tu opinión. ¿Cuál es la ciudad más interesante del mundo?
(네 의견으로는 세상에서 가장 흥미로운 도시가 뭐야?)
E2: En mi opinión, es Madrid. (내 의견으로는 마드리드야.)

Estudiante 1		Estudiante 2
	ciudad/interesante (가장 흥미로운 도시)	
	equipo de fútbol/bueno (가장 좋은 축구팀)	
	película/divertida (가장 재미있는 영화)	
	grupo de música/malo (가장 나쁜 뮤지션 그룹)	
	actor(actriz)/guapo(a) (가장 잘생긴/예쁜 배우)	
	libro/aburrido (가장 지겨운 책)	
	monumento/impresionante (가장 인상적인 기념물)	
	cantante/bueno (가장 좋은 가수)	

En su opinión ___________________________

____

E 수업 시간에 다음 문장에 해당하는 인물을 한 명씩 찾아 봅시다.

보기

¿Quién es el/la más juerguista de la clase?
(교실에서 가장 파티광은 누구야?)
– Es José. (호세야.)

¿Quién es el/la más _______________ de la clase?	
1. ¿Quién es el/la más trabajador(a)? (가장 부지런한 사람)	___________
2. ¿Quién es el/la más alto/a? (가장 키가 큰 사람)	___________
3. ¿Quién es el/la más juerguista? (가장 파티광)	___________
4. ¿Quién es el/la más empollón/a? (가장 공부벌레)	___________
5. ¿Quién es el/la más dormilón/a? (가장 잠꾸러기)	___________
6. ¿Quién es el/la más comilón/a? (가장 먹보)	___________
7. ¿Quién es el/la más artista? (가장 예술적인 사람)	___________
8. ¿Quién es el/la más deportista? (가장 운동을 좋아하는 사람)	___________
9. ¿Quién es el/la más intelectual? (가장 지적인 사람)	___________
10. ¿Quién es el/la menor? (가장 나이가 어린 사람)	___________
11. ¿Quién es el/la mayor? (가장 나이가 많은 사람)	___________
12. ¿Quién es el/la más sano/a? (가장 건강한, 건전한 사람)	___________
13. ¿Quién es el/la más bromista? (가장 농담을 잘하는 사람)	___________
14. ¿Quién es el/la más limpio/a? (가장 깨끗한 사람)	___________
15. ¿Quién es el/la más fuerte? (가장 힘센 사람)	___________
16. ¿Quién es el/la más organizado/a? (가장 체계적인 사람)	___________
17. ¿Quién es el/la más _______________?	

F ¿Y tú? ¿Cómo eres? (당신은 어떤 사람인가요?)

Yo soy el/la más(menos) _____________
- de mi familia.
- de mi trabajo.
- de mis amigos.
- de la clase.
- de mis hermanos.

보기

Yo soy la más guapa de mis amigas.
(내가 친구들 중에서 제일 예뻐.)
Yo soy el más inteligente de mi trabajo.
(내가 직장에서 가장 똑똑해.)
Yo soy la menos simpática de la clase.
(내가 수업에서 가장 덜 친절해.)

1. _______________________________________
2. _______________________________________
3. _______________________________________
4. _______________________________________
5. _______________________________________

G 다음 보기와 같이 서로 질문하고 대답해 봅시다.

> **보기**
>
> ¿Qué idiomas sabes hablar? (어떤 언어를 할 줄 아세요?)
>
> – Sé hablar español <u>muy bien</u>. (스페인어를 아주 잘 해.)
> – Sé hablar español <u>bastante bien</u>. (스페인어를 충분히 잘 해.)
> – Sé hablar español <u>un poco</u>. (스페인어를 조금 해.)
> – Sé hablar español <u>muy poco</u>. (스페인어를 거의 못 해.)
> – <u>No</u> sé hablar español <u>nada</u>. (스페인어를 전혀 못 해.)

Estudiante 1	Estudiante 2
1. hablar inglés (영어 말하기)	_______________________
2. jugar al fútbol (축구하기)	_______________________
3. dibujar (그림 그리기)	_______________________
4. nadar (수영 하기)	_______________________
5. tocar la guitarra (기타 치기)	_______________________
6. cocinar (요리하기)	_______________________
7. coser (바느질하기)	_______________________
8. contar chistes (농담하기)	_______________________
9. esquiar (스키 타기)	_______________________
10. bailar (춤추기)	_______________________
11. conducir (운전하기)	_______________________
12. ligar (꼬시기)	_______________________
13. _______________________	_______________________

Mi compañero/a ___________ sabe _______________________ muy bien.

sabe _______________________ bastante bien.

sabe _______________________ un poco.

H 다음 보기와 같이 서로 스페인어로 묻고 대답해 봅시다.

보기

E1: ¿Sabes hablar japonés? (일본어를 할 줄 아니?)

E2: No, no sé. (No sé hablar bien.) (아니, 할 줄 몰라.)

E1: ¿Conoces a la profesora García? (가르시아 선생님 아니?)

E2: Sí, claro, la conozco. Es la profesora de español.

(응, 물론이지, 알아. 스페인어 선생님이야.)

Estudiante 1	Sí	No
1. ¿Conoces al presidente de España? (스페인 대통령 알아?)		
2. ¿Conoces la paella? (빠에야 먹어봤어?)		
3. ¿Conoces el café colombiano? (콜롬비아 커피 먹어봤어?)		
4. ¿Sabes cuál es la capital de España? (스페인 수도가 무엇인지 알아?)		
5. ¿Sabes bailar flamenco? (플라멩코 출 줄 알아?)		
6. ¿Conoces China? (중국 가본 적 있어?)		
7. ¿Sabes dónde está la Torre Eiffel? (에펠 탑이 어디에 있는지 아니?)		
8. ¿Sabes quién es la actriz más famosa de España? (스페인에서 가장 유명한 여배우가 누구인지 아니?)		
9. ¿Sabes _____________________?		
10. ¿Conoces _____________________?		

듣 기

A Isabel과 Miguel의 대화 내용을 듣고 따라 읽어 봅시다.  **27**

> Isabel: ¡Hola, Miguel! ¿Cómo te va?
>
> Miguel: Muy bien, ¿y a ti? ¿Qué tal estás?
>
> Isabel: ¡Genial! ¿Sabes que me caso el próximo mes?
>
> Miguel: ¡No me digas! ¿Cómo es tu novio?
>
> Isabel: Es alto, delgado y moreno. Aquí tengo una foto.
>
> Miguel: Es guapísimo. ¿Cuántos años tiene? ¿Es mayor que tú?
>
> Isabel: Tiene 27 años. Es dos años menor que yo.
>
> Miguel: ¿Y qué hace?
>
> Isabel: Es profesor de inglés, trabaja en una escuela.
>
> Miguel: ¡Qué bien! ¿Es tan alegre como tú?
>
> Isabel: Sí, es muy simpático, alegre e inteligente. Pero él es más tímido que yo.
>
> Miguel: ¿Me presentas a tu novio?
>
> Isabel: Sí, te lo presento la próxima semana.

주요 어휘

casarse 결혼하다   próximo/a 다음의   (el) mes 달   alto 키가 큰   delgado/a 마른   moreno/a 가무잡잡한, 갈색 피부의   aquí 여기   (la) foto 사진   mayor 나이가 더 많은   menor 나이가 더 어린   simpático 친절한, 상냥한   alegre 쾌활한, 명랑한   inteligente 똑똑한   tímido/a 소심한   presentar 소개하다   (la) semana 주

주요 표현

1. 〈¿Cómo te va?〉는 '어떻게 지내니?'의 좀 더 informal한 표현으로, irle bien은 '~가 잘 되어 가다'라는 뜻으로 쓰인다. 예를 들어, ¿Cómo te va el negocio?(사업 잘 되가?) ¿Cómo te va el noviazgo?(연애는 잘 되가?) 등의 표현으로 쓰여질 수 있다.

2. 〈¡No me digas!〉는 의외의 소식을 들었을 때 놀라움을 나타내는 감탄문으로 '이럴 수가, 믿을 수가 없어, 그럴리 없어' 등의 뜻으로 쓰인다.

3. 〈alegre e inteligente〉에서 접속사 e는 y와 동일한 의미로, 접속사 다음의 명사가 i의 발음에 해당하는 단어가 오게 되면 발음의 중복을 피하기 위해 e로 써야만 한다. 예를 들어 hijo e hija(아들과 딸) 등이 있다.

쓰 기

A 다음 단어들을 정렬하여 문장을 만들어 봅시다.

1. trabajadores coreanos más Los son españoles que los

    – ____

2. el mundo China poblado país más del es

    – ____

3. carísimos Son zapatos unos

    – ____

4. ¿ciudad Conocés la Sevilla de?

    – ____

5. poco Sé español muy hablar

    – ____

6. simpático trabajo más de Soy el mi

    – ____

7. al moto Yo chico la conozco no de

    – ____

8. ¿piscina hay cerca si Sabes una?

    – ____

B 다음 문장을 스페인어로 작문해 봅시다.

1. 내 남자 친구는 나보다 2살이 더 많다.

    – ____

2. María는 José보다 더 똑똑하다.

    – ____

3. Ramón은 Guillermo만큼 키가 크다.

    – ____

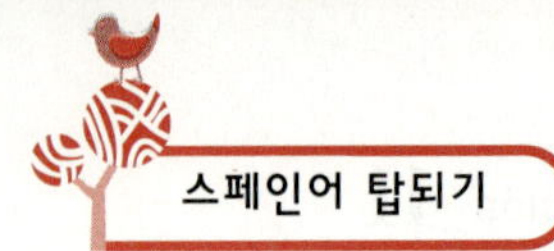

4. Carla는 Andrea만큼 형제가 많다.

   – ______________________________

5. Marta Guerrero씨를 아니? (conocer)

   – ______________________________

6. 난 운전을 아주 잘 해. (saber)

   – ______________________________

7. 콜롬비아는 세상에서 가장 큰 커피 수출국이다.

   – ______________________________

8. El Palacio Real이 어디에 있는지 아니?

   – ______________________________

¿Qué vas a hacer esta tarde?

(오늘 오후에 뭐 할 거야?)

Tengo que hacer los deberes de español.

(스페인어 숙제 해야 해.)

¿Qué estás haciendo ahora?

(지금 무엇을 하고 있니?)

- IR + A + 동사원형(~할 예정이다): 미래, 계획
- TENER QUE(~해야 한다): 의무
- 현재분사

문법

1 IR + A + 동사원형 (~할 예정이다): 미래, 계획

Ⓐ 형태

Ir a + 동사원형 (~할 예정이다)			
Yo	voy		salir (나갈 예정이다)
Tú	vas		comer (먹을 예정이다)
Él/ella/usted	va		trabajar (일할 예정이다)
Nosotros	vamos	a	estudiar (공부할 예정이다)
Vosotros	vais		pasear (산책할 예정이다)
Ellos/ellas/ustedes	van		conducir (운전할 예정이다)

Ⓑ 용법

- 'Ir 동사의 현재형 + a + 동사원형'은 '~할 예정이다'의 의미로 계획이나 프로젝트 등의 미래의 행위를 표현한다.
- 다음과 같은 미래를 나타내는 부사구와 주로 함께 쓰인다.

> esta tarde(오늘 오후) / esta noche(오늘 밤) /
> este fin de semana(이번 주말) / este año(올해) / este mes(이번 달) /
> el próximo año(내년에) / el próximo mes(다음 달) /
> la próxima semana(다음 주에) / mañana(내일) /
> pasado mañana(내일모레)

2 TENER QUE (～해야 한다): 의무

Ⓐ Tener + que + 동사원형

'～를 해야 한다' 의 의미로 의무 및 명령을 표현할 때 쓴다.

Tener que + 동사원형 (～해야 한다)		
Yo	tengo	
Tú	tienes	bailar (춤춰야 한다)
Él/ella/usted	tiene	estudiar (공부해야 한다)
Nosotros/nosotras	tenemos	+ que + terminar (끝내야 한다)
Vosotros/vosotras	tenéis	salir (나가야 한다)
Ellos/ellas/ustedes	tienen	comer (먹어야 한다)

Ⓑ 약속을 잡을 때

질문	거절
A. ¿Quedamos mañana a las diez? (내일 10시에 만날까?)	B. No puedo. Tengo que trabajar (안돼, 일해야 돼.)
A. ¿Cenamos fuera? (밖에서 저녁 먹을까?)	B. Esta tarde imposible, lo siento. (오늘 오후엔 불가능해, 미안해.)
A. ¿Por qué no quedamos a las diez? (10시에 만나지 않을래?)	B. Es que no tengo tiempo. (시간이 없어.)
A. ¿Por qué no cenamos fuera? (밖에서 저녁 먹지 않을래?)	B. Es que no quiero. (싫어.)

3 현재분사

Ⓐ Estar + 현재분사 : 현재 진행형

• Estar 동사와 현재분사와 같이 쓰여 현재 진행형을 나타낸다.

단, 재귀대명사의 위치는 현재분사 뒤에 온다.

인칭대명사	Estar 동사	현재분사	-Ar	-Er, -Ir
Yo	estoy	estudiando		
Tú	estás	hablando		
Él/ella/usted	está	comiendo	-ando	-iendo
Nosotros/as	estamos	bebiendo		
Vosotros/as	estáis	escribiendo		
Ellos/ellas/ustedes	están	saliendo		

Ⓑ 현재분사 규칙형

	-AR	-ER	-IR-	재귀동사
동사원형	Bailar (춤추다) Hablar (말하다) Estudiar (공부하다)	Comer (먹다) Beber (마시다) Ver (보다)	Escribir (쓰다) Abrir (열다) Salir (나가다)	Sentarse (앉다) Quitarse (벗다) Levantarse (일어나다)
현재분사	bailando hablando estudiando	comiendo bebiendo viendo	escribiendo abriendo saliendo	sentándose quitándose levantándose

Ⓒ 현재분사 불규칙형

E > I 형		O > U 형	
동사원형	현재분사	동사원형	현재분사
Decir (말하다)	diciendo	Dormir (자다)	durmiendo
Divertir (즐기다)	divirtiendo	Morir (죽다)	muriendo
Mentir (거짓말하다)	mintiendo	Y 형	
Pedir (요구하다)	pidiendo	동사원형	현재분사
Repetir (반복하다)	repitiendo		
Sentir (느끼다)	sintiendo	Traer (가지고 오다)	trayendo
Venir (오다)	viniendo	Oír (듣다)	oyendo
Reir (웃다)	riendo	Leer (읽다)	leyendo
Vestir (옷을 입다)	vistiendo	Ir (가다)	yendo
Seguir (계속하다)	siguiendo	Construir (건설하다)	construyendo
Servir (서빙하다)	sirviendo	Caer (넘어지다, 떨어지다)	cayendo

D 현재분사의 용법

1. 스페인어의 현재분사는 <u>진행 상태를</u> 나타낼 때 쓰인다.

   노래하는 새 (singing bird) → El pájaro que canta.

   나의 취미는 노래하는 것이다. (My hobby is singing)

   → Mi hobby es cantar.

   나는 노래하고 있다. (I'm singing) → Yo estoy cantando.

2. 현재분사는 지금 즉시 일어나고 있는 일 또는 일시적인 행동을 나타낼 때 쓰인다.

   Normalmente como mucho. (요즘이 많이 먹는다.)

   En este momento estoy comiendo. (이 순간에 먹고 있다.)

   Estos días estoy comiendo mucho. (요즘에 많이 먹고 있다.)

3. 스페인어에서는 현재 진행형으로 <u>미래의 의미를 지닐 수 없다.</u>

   대신 현재 동사가 미래의 의미를 지닐 수 있다.

   가령, I'm going. → Ya voy. (이제 갈게.)

E 대명사의 위치

	Delante (앞)	Detrás (뒤)
일반동사	○	
원형동사		○
현재분사		○

• 단, 재귀대명사가 현재분사 뒤에 올 때는 강세표기(tilde)를 반드시 해야 한다.

인칭대명사	재귀대명사 + 일반동사	현재분사 + 재귀대명사
Yo	*me* estoy peinando	estoy peinándo*me*
Tú	*te* estás peinando	estás peinándo*te*
Él/ella/usted	*se* está peinando	está peinándo*se*
Nosotros/as	*nos* estamos peinando	estamos peinándo*nos*
Vosotros/as	*os* estáis peinando	estáis peinándo*os*
Ellos/ellas/ustedes	*se* están peinando	están peinándo*se*

연습문제

A 다음 질문에 보기와 같이 대답해 봅시다.

> **보기**
> ¿Qué vas a hacer este fin de semana? descansar y ver la tele
> (이번 주말에 뭐할 예정이야?)
> - Voy a descansar y a ver la tele. (집에서 쉬고 텔레비전 볼 거야.)

1. ¿Qué vas a hacer durante las vacaciones? ir a Europa
   - ____

2. ¿Qué vas a hacer esta tarde? pintar el salón
   - ____

3. ¿Qué va a hacer usted en casa? preparar el examen
   - ____

4. ¿Qué van a hacer ustedes esta noche? ir al bar y tomar una cerveza
   - ____

5. ¿Qué vamos a hacer este fin de semana? ir al campo
   - ____

6. ¿Qué vas a hacer el próximo año? preparar oposiciones para Correos
   - ____

7. ¿Qué vais a hacer vosotros esta tarde? ir de compras al centro comercial
   - ____

8. ¿Qué va a hacer Natalia ahora? buscar un trabajo
   - ____

B 다음 보기와 같이 연습해 봅시다.

> **보기**
> ¿Quieres café o té? (커피를 원해 아니면 차를 원해?)
> - Voy a tomar café. (커피 마실 거야.)

1. ¿Quieres agua con gas o sin gas? agua sin gas

  – ___________________________________

2. ¿Quieres café solo o café con leche? café solo

  – ___________________________________

3. ¿Quieres fruta o tarta ? fruta

  – ___________________________________

4. ¿Quieres carne o pescado? pescado

  – ___________________________________

5. ¿Quieres vino blanco o vino tinto? vino tinto

  – ___________________________________

6. ¿Quieres aceite de oliva o de girasol? aceite de oliva

  – ___________________________________

7. ¿Quieres ensalada o sopa?　ensalada

  – ___________________________________

8. ¿Quieres cerveza con limón o sin limón? cerveza con limón

  – ___________________________________

C 다음 보기와 같이 목적격 대명사를 사용하여 연습해 봅시다.

– 목적격 대명사의 위치 –

A él　→　lo (그를)		A ella　→　la (그녀를)
A ellos　→　los (그들을)		A ellas　→　las (그녀들을)

보기　Voy a esperar a Adriana. (아드리아나를 기다릴 거야.)

  – Voy a esperarla. (그녀를 기다릴 거야.)

1. Voy a visitar a Carmen y a Rosa.　– _____________________

2. Voy a ver a José.　– _____________________

3. Antonio va a esperar a su esposa.　– _____________________

4. Voy a escuchar a la profesora. – _______________________

5. Vamos a ver a las niñas. – _______________________

6. Felipe va a recibir a sus amigos. – _______________________

7. Voy a saludar a mi profesor. – _______________________

8. Voy a llamar a mi hermano. – _______________________

D tener que + 동사원형의 구문으로 문장을 만들어 봅시다.

> **보기**
> Mañana <u>tengo que levantarme</u> temprano.
> (내일 일찍 일어나야 해.)

1. Paco (preparar) _______________________ el desayuno.

2. Luego nosotros (lavar) _______________________ los platos.

3. Yo (hablar) _______________________ por teléfono.

4. Nosotras (caminar) _______________________ al centro.

5. Por la mañana Paco (limpiar) _______________________ la casa.

6. Por la tarde yo (trabajar) _______________________ en el jardín.

7. Vosotros (practicar) _______________________ el béisbol.

8. Por la noche yo (hacer) _______________________ la tarea.

9. Tú (corregir) _______________________ el acento.

10. Vosotros (cepillarse) _______________________ los dientes.

E tener que + 동사원형의 구문을 사용하여 연습해 봅시다.

> **보기**
> ¿A qué hora vas a casa? a las cinco (몇 시에 집에 가니?)
>   – <u>Tengo que ir</u> a casa a las cinco. (5시에 가야 해.)
> ¿Dónde pongo el libro? en la mesa (책을 어디에 놓을까?)
>   – <u>Tienes que poner</u> el libro en la mesa. (탁자에 놓아야 해.)

1. ¿Cuándo envías el e-mail?   esta noche

   – _______________________________________

2. ¿Adónde vas?   a Madrid

   – _______________________________________

3. ¿Cuándo ves a tu novio?   después de la clase

   – _______________________________________

4. ¿A qué hora dejas la habitación?   antes de las doce

   – _______________________________________

5. ¿Cuándo te cortas el pelo?   hoy

   – _______________________________________

6. ¿Qué compro en el mercado?   el pan

   – _______________________________________

7. ¿Dónde pongo la leche?   en la nevera

   – _______________________________________

8. ¿Cuándo pido el postre?   ahora mismo

   – _______________________________________

F 다음 동사들의 현재분사형을 만들어 봅시다.

> **보기**
>
> Hablar – hablando
> Comer – comiendo
> Vivir – viviendo

1. Esperar   – _______________________________

2. Salir   – _______________________________

3. Pensar   – _______________________________

4. Hacer   – _______________________________

5. Abrir   – _______________________________

6. Pedir   – _______________________________

7. Oír   – _______________________________

8. Dormir   – _______________________

9. Traer   – _______________________

10. Servir   – _______________________

11. Sentir   – _______________________

12. Reír   – _______________________

G estar + 현재분사를 사용하여 문장을 만들어 봅시다.

> 보기
>
> Rogelio (navegar por Internet)
>
> – Rogelio está navegando por Internet.
>
> (로헬리오는 인터넷을 하고 있어.)

1. Felipe _______________________. (jugar al tenis)

2. Maribel y Rosa _______________________. (pasear a los niños)

3. Paco _______________________. (cocinar)

4. La camarera _______________________. (servir la comida)

5. Nosotros _______________________. (comer en un restaurante)

6. Yo _______________________ (leer el periódico) y _______________________.
   (escuchar música)

7. Ellas _______________________. (nadar en la piscina)

8. María _______________________. (escribir la carta)

9. Los estudiantes _______________________. (leer los libros)

10. Pedro _______________________ (hablar por teléfono) en este momento.

H 재귀대명사를 사용하여 현재 진행형 문장을 만들어 봅시다.

> 보기
>
> Ana/lavarse/las manos
>
> – Ana está lavándose las manos. (아나는 손을 씻고 있다.)

1. Los niños/bañarse   – _______________________
2. Nosotras/vestirse   – _______________________
3. Ella/pintarse/los labios   – _______________________
4. ¿Vosotros/lavarse las manos? – _______________________
5. ¿Tú/ponerse/el vestido?   – _______________________
6. ¿Usted/bañarse?   – _______________________
7. Juan/ducharse   – _______________________
8. Yo/afeitarse   – _______________________
9. Ellas/maquillarse   – _______________________
10. Diego/secarse el pelo   – _______________________

I 다음 문장을 목적격 대명사와 현재분사를 같이 사용하여 연습해 봅시다.

> **보기**
>
> Está leyendo una revista. (잡지를 읽고 있다.)
> → <u>La</u> está leyendo/está leyé<u>ndola</u>. (그것을 읽고 있다.)

1. Ella está cantando una canción.
   – _______________________ / _______________________

2. Yo estoy comprando las entradas.
   – _______________________ / _______________________

3. Él está mirando la televisión.
   – _______________________ / _______________________

4. Nosotros estamos tomando vino.
   – _______________________ / _______________________

5. Ellos están tocando el piano.
   – _______________________ / _______________________

6. Yo estoy haciendo los pasteles.
   – _______________________ / _______________________

7. Vosotros estáis buscando un chalé.
   – _______________________ / _______________________

8. Los niños están comiendo los tacos.
   – _______________________ / _______________________

J 다음 문장을 보기와 같이 연습해 봅시다.

> • ¿Cuánto tiempo hace que 주어 + 동사?
>   ¿Cuánto tiempo llevas + 현재분사?
>
> • ~ 한지 ~ 가 되다.
>   Hace + 시간 + que + 주어 + 동사
>   Llevo + 시간 + 현재분사

보기
> – ¿Cuánto tiempo hace que estudias español?
>   (스페인어 공부한지 얼마나 되었니?)
>   Hace dos años que estudio español.
>   (스페인어 공부한지 2년 되었어.)
> – ¿Cuánto tiempo llevas estudiando español?
>   (스페인어 공부한지 얼마나 되었니?)
>   Llevo dos años estudiando español. (2년째 공부하고 있어.)

1. Nosotros/vivir en Madrid/3 meses

   – ______________________________

2. Sandra/conocer a Pablo/10 años

   – ______________________________

3. Tú/salir con Silvia/2 semanas

   – ______________________________

4. Mi vecino/trabajar en una empresa extranjera/2 años

   – ______________________________

5. Yo/escribir un e-mail/1 hora

   – ______________________________

6. Ellos/esperar el autobús/10 minutos

   – ______________________________

7. Enrique/jugar al baloncesto profesional/5 años

   – ______________________________

8. Usted/tocar la guitarra/media hora

   – ______________________________

말 하 기

A 다음 보기와 같이 서로 querer 동사로 묻고 ir + a + 동사원형의 구문을 사용하여 대답해 봅시다.

> **보기**
> ¿Quieres café o té? (넌 커피를 원해 아니면 차 마실래?)
> – Voy a tomar café. (난 커피 마실래.)

Estudiante 1	Estudiante 2
1. ¿Quieres leche o zumo? (우유를 원해 아니면 주스를 원해?)	__________
2. ¿Quieres cerveza o vino tinto? (맥주 마실래 아니면 레드 와인?)	__________
3. ¿Quieres pollo o pescado? (치킨 먹을래 아니면 생선 먹을래?)	__________
4. ¿Quieres ternera o carne de cerdo? (소고기 먹을래 아니면 돼지고기?)	__________
5. ¿Quieres agua con gas o sin gas? (탄산수를 원해 아니면 탄산가스 없는 물을 원해?)	__________
6. ¿Quieres fruta del tiempo o pastel? (제철 과일 먹을래 아니면 케이크 먹을래?)	__________
7. ¿Quieres bocadillo de jamón o de chorizo? (햄 샌드위치 먹을래 아니면 쵸리쏘 샌드위치?)	__________
8. ¿Quieres café solo o café con leche? (아메리카노 마실래 아니면 밀크커피 마실래?)	__________
9. ¿Quieres sopa de marisco o de verduras? (해물 수프 먹을래 아니면 야채 수프 먹을래?)	__________
10. ¿Quieres gazpacho o macarrones gratinados? (가쓰파쵸 먹을래 아니면 그라탕 마카로니 먹을래?)	__________
11. ¿Quieres flan o yogur? (푸팅 먹을래 요구르트 먹을래?)	__________
12. ¿Quieres helado de vainilla o de chocolate? (바닐라 아이스크림 아니면 쵸코 아이스크림 먹을래?)	__________
13. ¿Quieres calamares a la romana o sardina a la plancha? (오징어 튀김 먹을래 아니면 정어리 그릴구이 먹을래?)	__________

Mi compañero/a __________ va a tomar __________ pero yo voy a tomar __________

Nosotros/nosotras vamos a tomar __________________________

B ¿Qué vas a hacer este fin de semana? (이번 주말에 뭐 할 예정이니?)

상대방에게 이번 주말 계획에 대해 ir + a + 동사원형 구문을 사용하여 묻고 대답해 봅시다.

> **보기**
> ¿Vas a viajar? (여행할 거니?)
> – Sí, voy a viajar. (그래, 여행가.)
> – No, no voy a viajar. (아니, 여행 안 가.)

Preguntas (질문)	Yo	Mi compañero/a
1. Viajar (여행하기)		
2. Cenar en un restaurante (레스토랑에서 저녁 먹기)		
3. Hacer la compra (장보기)		
4. Ir al cine (영화관 가기)		
5. Ir a una fiesta (파티에 가기)		
6. Navegar por Internet (인터넷 하기)		
7. Escribir unos correos electrónicos (이메일 쓰기)		
8. Quedar con unos amigos (친구 만나기)		
9. Estudiar español (스페인어 공부하기)		
10. Estar todo el día en casa (집에 하루 종일 있기)		

> **보기**
> Mi compañera Sara va a cenar en un restaurante y a hacer la compra.
> (나의 동료 사라는 레스토랑에서 저녁을 먹고 장을 볼 예정이다.)

____

____

____

C ¿Por qué no...? 구문을 사용하여 제안을 하고, 서로 거절 또는 허락해 봅시다.

> **보기**
>
> ¿Por qué no vienes conmigo al cine esta tarde?
>
> (오늘 밤에 나와 함께 영화관 가지 않을래?)
>
> – ¡Genial! ¿A qué hora quedamos?
>
> (완전 좋아, 몇 시에 만날까?)
>
> – Lo siento, es que no puedo. Tengo que ir a clase.
>
> (미안한데 그럴 수 없어. 수업에 가야 해.)

Estudiante 1	Estudiante 2
1. ¿Por qué no vienes al cine conmigo esta noche?	1. ¿Por qué no cenas conmigo este fin de semana?
2. ¿Por qué no vamos de viaje este verano?	2. ¿Por qué no pasas por mi casa esta tarde?
3. ¿Por qué no tomamos un café?	3. ¿Por qué no trabajamos en mi casa este domingo?
4. ¿Por qué no vienes a la discoteca?	4. ¿Por qué no vamos al teatro esta noche?
5. ¿Por qué no vamos a bailar?	5. Por qué no vienes a mi casa esta tarde?

D 다음 보기와 같이 현재 진행형을 사용하여 묻고 대답해 봅시다.

> **보기**
>
> ¿Estás estudiando español <u>estos días</u>?
>
> (요즘에 스페인어 공부하고 있어?)
>
> – Sí, estoy estudiando español. (응, 스페인어 공부하고 있어.)

Estudiante 1	Estudiante 2
1. ¿Estás estudiando español estos días? (요즘 스페인어 공부하니?)	
2. ¿Estás saliendo mucho con tus amigos? (친구들과 많이 나가니?)	
3. ¿Estás saliendo con un chico(una chica)? (데이트하고 있니?)	
4. ¿Estás haciendo deporte? (운동하니?)	
5. ¿Estás leyendo una novela? (소설 읽고 있니?)	
6. ¿Estás viendo una telenovela interesante? (재미있는 드라마 보고 있니?)	
7. ¿Estás aprendiendo otros idiomas? (다른 언어 배우고 있니?)	
8. ¿Estás haciendo dieta? (다이어트하고 있니?)	
9. ¿Estás trabajando mucho? (일을 많이 하고 있니?)	
10. ¿Estás preparando el examen? (시험 준비하고 있니?)	
11. ¿Estás planeando un viaje romántico? (로맨틱한 여행을 계획하고 있니?)	
12. ¿Estás viviendo solo/a? (혼자 살고 있니?)	
13. ¿Estás comiendo mucho? (요즘 많이 먹고 있니?)	
14. ¿Estás durmiendo muchas horas? (요즘 잠을 많이 자니?)	
15. ¿Estás divirtiéndote en clase de español? (수업 시간에 즐기고 있니?)	
16. ¿Estás visitando a tu familia? (가족을 방문하고 있니?)	

Estos días mi compañero/a ________________ está ________________

________________ y ________________

E 다음 보기와 같이 서로 묻고 대답해 봅시다.

> **보기**
>
> E1: ¿Cuánto tiempo hace que juegas al fútbol?
>
> (축구 한지 얼마나 되었니?)
>
> E2: Hace seis años que juego al fútbol. (6년째 축구를 하고 있어.)
>
> E1: ¿Cuánto tiempo llevas jugando al fútbol?
>
> (축구 한지 얼마나 되었니?)
>
> E2: Llevo seis años jugando al fútbol. (6년째 축구를 하고 있어.)

Estudiante 1	Estudiante 2
1. Estudiar español (스페인어 공부하기)	___________________
2. Vivir en tu casa o piso (지금의 주택/아파트에서 살기)	___________________
3. Estar despierto/a (잠에서 깨있기)	___________________
4. Conocer a tu profesor/a de español (스페인어 선생님 알기)	___________________
5. Conocer a tu novio/a (남자친구/여자친구 알기)	___________________
6. Vivir en Seúl (서울에 살기)	___________________
7. (no)Trabajar (일하기/일 안 하기)	___________________

Hace _______________ que mi compañero/a _______________________

Mi compañero/a lleva _______________________________________

듣 기

A Natalia와 Daniel의 대화 내용을 듣고 큰소리로 따라 읽어 봅시다. 28

Natalia: ¡Hola! ¿Qué vas a hacer este fin de semana?
Daniel: Voy a ir a la playa con mis amigos, ¿y tú?
Natalia: Nada en especial. Todavía no tengo planes.
Daniel: ¿Por qué no vienes con nosotros?
Natalia: ¡Genial! ¿A qué hora vais a ir?
Daniel: De aquí vamos a salir a las 7:00 de la mañana este sábado.
Natalia: ¿Cuántas personas van a ir?
Daniel: Vamos a ser 5 personas.
Natalia: ¿Qué vamos a hacer en la playa?
Daniel: Vamos a hacer surf y a tomar el sol. Y también vamos a comer marisco.
Natalia: ¿Cuándo vamos a regresar?
Daniel: Vamos a quedarnos en un albergue y vamos a regresar el domingo.
Natalia: ¿Tengo que llevar algo?
Daniel: Solo tienes que traer tu bañador.
Natalia: Perfecto. ¡Estoy impaciente!

주요 어휘

(la) playa 해변   nada 아무것도   especial 특별한   todavía 아직   (el) plan 계획
(la) persona 사람   (el) surf 서핑   (el) marisco 해산물   regresar 돌아오다
quedarse 머물다   (el) albergue 유스호스텔   (el) domingo 일요일   llevar 가지고 가다
algo 어떤 것, 무엇인가   traer 가지고 오다   (el) bañador 수영복   solo 단지, 오직
perfecto 완벽한   impaciente 인내심이 없는, 안절부절 못하는

주요 표현

1. 〈Nada en especial〉은 '특별한 게 없어' 라는 의미.
2. 〈¡Estoy impaciente!〉는 지금 현재 인내심이 없을 정도로 조바심이 난다는 구어체이다.
3. 〈¡Genial!〉은 상대방의 의견에 완전 동의의 표시를 할 때 쓰는 표현으로 '완전 좋아' 라는 의미이다. 유사한 표현으로는 ¡Estupendo! ¡Fantástico! ¡Fenomenal! 등이 있다.

B Miriam과 Daniel의 대화 내용을 듣고 큰소리로 따라 읽어 봅시다. 🎧 29

Miriam:	¿Sí? ¿Diga?
Daniel:	¿Miriam? Soy Daniel.
Miriam:	¡Hola! ¿Qué tal, Daniel?
Daniel:	Bien, ¿y tú?
Miriam:	Muy bien. Genial.
Daniel:	¿Qué estás haciendo?
Miriam:	Estoy haciendo los ejercicios de francés.
Daniel:	Ah, muy bien. ¿Qué están haciendo Armando y Pablo? ¿Están allí contigo?
Miriam:	Sí, todavía están aquí. Armando está escribiendo a una amiga y Pablo está escuchando música. ¿Y tú qué estás haciendo?
Daniel:	Estoy haciendo los deberes de matemáticas.
Miriam:	¿Por qué no vienes a mi casa un rato? Vamos a tomar algo y a charlar.
Daniel:	De acuerdo, voy a estar en tu casa en quince minutos.

주요 어휘

genial 훌륭한　　(el) ejercicio 연습 문제　　contigo 너와 함께　　allí 거기에, 저기에
(los) deberes 숙제　　(las) matemáticas 수학　　aquí 여기에　　algo 무엇인가, 어떤 것　　charlar 수다 떨다　　(el) minuto 분　　rato 잠시, 순간　　venir 오다　　tomar 먹다, 마시다　　(el) acuerdo 동의, 합의

주요 표현

1. 〈¿Diga?〉는 전화 통화시 사용하는 '여보세요' 라는 의미이다. 나라마다 조금씩 다른데, 멕시코에서는 ¿Bueno?, 아르헨티나에서는 ¿Aló?라고 말한다.
2. 〈De acuerdo〉는 '동의해' 라는 의미로 Vale, Sí 등과 동일한 의미이다.
3. 〈¿Por qué no vienes a mi casa un rato?〉는 '우리 집에 잠시 오지 않을래?' 라는 의미로 venir 동사는 vengo/vienes/viene/venimos/venís/vienen로 동사 변화한다.

쓰 기

A 다음 단어들을 정렬하여 문장을 만들어 봅시다.

1. ¿vas semana de Qué a fin hacer este?
   – ______________________________
2. típico el Vamos comer marisco a
   – ______________________________
3. temprano que levantarte tienes Mañana
   – ______________________________
4. de haciendo deberes matemáticas Estoy los
   – ______________________________
5. tu minutos en Voy veinte estar casa a en
   – ______________________________
6. ¿ir vamos qué A hora a?
   – ______________________________
7. ¿tiempo llevas español Cuánto estudiando?
   – ______________________________
8. mi conociendo Llevo meses cinco a profesor
   – ______________________________

B 다음 문장을 스페인어로 작문해 봅시다.

1. 너는 신문을 읽을 예정이고, 나는 요리를 할 예정이야.
   – ______________________________
2. 너는 친구들을 만날 예정이니?
   – ______________________________
3. 내일 날씨가 좋을까?
   – ______________________________

4. 우리는 라디오를 듣고 있다.

  – _______________________________________

5. 내 남편은 집에서 많이 도와주고 있다.

  – _______________________________________

6. 넌 학교에서 **Juanito**를 픽업할 예정이니?

  – _______________________________________

7. 버스 기다린지 얼마나 되었어?

  – _______________________________________

8. 난 40분째 인터넷을 하고 있어.

  – _______________________________________

¿Cuál es tu deporte favorito?

(네가 좋아하는 스포츠는 뭐야?)

¿Por qué estudias español?

(스페인어를 왜 공부하니?)

- 의문사 QUÉ와 CUÁL
- 전치사 POR와 PARA
- 직설법 현재 불규칙동사

문법

1 의문사 QUÉ와 CUÁL

Ⓐ Qué와 Cuál의 용법

Qué	Cuál
1. 정의 내릴 때 2. 같은 범주 및 카테고리에 없다. 3. qué + 명사 (명사가 동반될 수 있다) 예) ¿Qué (cosa) compro? 　(무엇을 사야하는지 범주가 없다.) 　¿Qué quieres, té o café? 　(커피와 차 중에서 무엇을 원하니?)	1. 여러 개 중 택일하거나 옵션이 있을 때 2. 같은 범주 및 카테고리에 있다. (구체적인 명사가 내포) 3. 명사가 절대로 동반될 수 없다. 예) ¿Cuál compro? 　(무엇을 사야하는지 물건의 종류를 알고 있다.) 　¿Cuál quieres, café cortado o café con leche? 　(엑스프레소와 라떼 중 무엇을 원하니?)

¿Cuál es la bebida más conocida de Cuba? (쿠바에서 가장 유명한 음료는 뭐야?)

– El mojito. (모히또야.)

¿Qué es la tequila? (테킬라가 뭐지?)

– Una bebida mexicana. (멕시코 음료야.)

¿Cuáles son las lenguas oficiales de Perú? (페루의 공식 언어가 뭐야?)

– El español y el quechua. (스페인어와 케추아어야.)

¿Qué son las rancheras? (란체라가 뭐야?)

– Un tipo de música tradicional mexicana. (멕시코 전통음악의 한 종류야.)

Ⓑ 기타 의문사

1. ¿Dónde + 동사? (어디에)

¿De dónde es Camila? (카밀라는 어디 출신이야?)

2. **¿Cuándo + 동사?** (언제)

   ¿Cuándo es tu cumpleaños? (너의 생일은 언제야?)

3. **¿Cómo + 동사?** (어떻게)

   ¿Cómo estás? (어떻게 지내?)

4. **¿Quién(es) + 동사?** (누구?)

   ¿Con quién vives? (누구와 함께 살아?)

   ¿Quiénes son ellos? (그들은 누구야?)

5. **¿Cuánto + 동사?** (얼마나 많이)

   ¿Cuánto cuesta este coche? (이 차는 얼마야?)

6. **¿Cuánto(s)/Cuánta(s) + 명사 + 동사?** (얼마나 많은)

   ¿Cuánto dinero tienes? (돈이 얼마 있어?)

   ¿Cuánta agua hay? (물이 얼마나 많이 있어?)

   ¿Cuántos hermanos tienes? (얼마나 많은 형제가 있어?)

   ¿Cuántas casas tienes? (집이 몇 채 있어?)

7. **¿Por qué + 동사?** (왜?)

   ¿Por qué me haces preguntas? (나한테 왜 질문하니?)

2 전치사 POR와 PARA

🅐 Por

1. 이유, 원인 : 때문에

   Lo hago <u>por</u> amor. (사랑 때문에 그것을 한다.)

2. 장소의 근접성 : 약, 근처에

   Pasamos <u>por</u> varios pueblos antes de llegar a Salamanca.

   (살라망카에 도착하기 전에 여러 마을을 지난다.)

Por las noches paseo <u>por</u> la orilla del lago.

(밤마다 강가를 산책한다.)

3. ~를 통하여 (통신 수단 등)

¿A quién llamas <u>por</u> teléfono?

(누구한테 전화하는 거야?)

Te lo mando <u>por</u> fax.

(팩스로 보내줄게.)

4. ~동안 : 주로 다음과 같이 숙어의 형태로 사용하고 일부는 생략 가능하다.

> (por) una semana (1주일 동안)
>
> (por) tres meses (3개월 동안)
>
> (por) un año (1년 동안)
>
> (por) mucho tiempo (오랫동안)
>
> por la mañana (아침에)
>
> por la tarde (오후에)
>
> por la noche (밤에)

Hoy tengo que trabajar en el taller (<u>por</u>) diez horas.

(오늘 작업실에서 10시간 동안 일해야 해.)

Aquí <u>por</u> la noche todo el mundo sale a pasear.

(여기서는 밤에 모든 사람들이 산책하러 나간다.)

5. ~를 대신하여

Hoy estoy enfermo y José va a la oficina <u>por</u> mí.

(오늘은 내가 아파서 호세가 나 대신에 사무실로 가.)

🅑 Para

1. 목적 : 위하여 (+ 동사원형 또는 명사가 올 수 있다)

Lo hago <u>para</u> ti. (너를 위해 그것을 한다.)

Estudio español <u>para</u> irme a España. (스페인에 가기 위해 스페인어를 공부한다.)

2. ~ 향하여

Todos los días salgo <u>para</u> la escuela a las 7:30.
(매일 7시 30분에 학교를 향하여 떠난다.)

Perdón, señor, ¿cuál es el tren que sale <u>para</u> Madrid?
(실례합니다만, 마드리드행 열차가 뭐예요?)

3. 시간의 제한성 : 늦어도 ~ 까지

Tengo que entregar el informe <u>para</u> las 10:00.
(10시까지 보고서를 제출해야 해.)

La tarea es <u>para</u> el viernes.
(그 과제는 금요일까지야.)

4. ~ 치고는

<u>Para</u> ser un niño de seis años, es muy alto.
(6살 아이치고는 키가 아주 크다.)

⊙ 기타 전치사

1. de ~의(원인), ~로부터

Yo soy estudiante <u>de</u> español. (나는 스페인어를 공부하는 학생이야.)
Tú eres <u>de</u> Inglaterra. (너는 영국에서 왔어.)

2. a ~로 (+ 장소), ~을/를, ~에게 (+ 사람), ~ 몇 시에 (+ 시간)

Voy <u>a</u> la escuela. (학교로 가.)
Esta tarde veo <u>a</u> Rosa. (오늘 오후에 로사를 만나.)
Empiezo la clase <u>a</u> las diez. (10시에 수업을 시작해.)

3. en ~에서 (+ 장소)

Estoy <u>en</u> casa todo el día. (하루 종일 집에 있어.)

4. entre ~ 사이에

El libro está <u>entre</u> la lámpara y el ordenador.
(책이 램프와 컴퓨터 사이에 있어.)

5. desde ~ 부터 (+시간/장소), hasta ~ 까지 (+시간/장소)

Tengo clases <u>desde</u> las 6 <u>hasta</u> las 8. (6시부터 8시까지 수업이 있어.)

Camino <u>desde</u> la Gran vía <u>hasta</u> la Plaza de Sol.

(그랑비아에서 솔 광장까지 걸어.)

6. hacia ~ 향하여

El tren va <u>hacia</u> el norte. (기차가 북쪽을 향하여 가.)

7. durante ~동안

Yo viajo en avión <u>durante</u> 8 horas. (8시간 동안 비행기로 여행해.)

8. sobre ~약 몇 시에, ~에 관해/대해

Me levanto <u>sobre</u> las 8. (8시경에 일어나.)

Voy a escribir una novela <u>sobre</u> el amor. (사랑에 관한 소설을 쓸 거야.)

3 직설법 현재 불규칙동사

Ⓐ 〈UE〉형 동사

Jugar (놀다), Poder (할 수 있다), Encontrar (찾다), Volver (돌아오다), Sonar (소리가 나다), Recordar (기억하다), Costar (값이 나가다), Dormir (자다), Almorzar (점심 먹다), Contar (계산하다, 이야기하다)

Jugar:	juego juegas juega jugamos jugáis juegan
Poder :	puedo puedes puede podemos podéis pueden
Encontrar:	encuentro encuentras encuentra encontramos encontráis encuentran
Volver:	vuelvo vuelves vuelve volvemos volvéis vuelven
Sonar:	sueno suenas suena sonamos sonáis suenan
Recordar:	recuerdo recuerdas recuerda recordamos recordáis recuerdan
Costar:	cuesto cuestas cuesta costamos costáis cuestan
Dormir:	duermo duermes duerme dormimos dormís duermen

Almorzar: almuerzo almuerzas almuerza almorzamos almorzáis almuerzan

Contar:　　cuento cuentas cuenta contamos contáis cuentan

ⓑ 〈I〉형 동사

Pedir (요구/주문하다), Servir (서빙하다), Decir (말하다), Repetir (반복하다), Competir (경쟁하다), Seguir (계속하다)

Pedir:　　pido pides pide pedimos pedís piden

Servir:　　sirvo sirves sirve servimos servís sirven

Decir:　　digo dices dice decimos decís dicen

Repetir:　　repito repites repite repetimos repetís repiten

Competir: compito compites compite competimos competís compiten

Seguir:　　sigo sigues sigue seguimos seguís siguen

ⓒ 〈IE〉형 동사

Querer (원하다), Preferir (선호하다), Cerrar (닫다), Empezar (시작하다), Entender (이해하다), Pensar (생각하다), Perder (잃다), Merendar (간식먹다), Mentir (거짓말하다), Sentir (느끼다)

Querer:　　quiero quieres quiere queremos queréis quieren

Preferir:　　prefiero prefieres prefiere preferimos preferís prefieren

Cerrar:　　cierro cierras cierra cerramos cerráis cierran

Empezar:　empiezo empiezas empieza empezamos empezáis empiezan

Pensar:　　pienso piensas piensa pensamos pensáis piensan

Merendar: meriendo meriendas merienda merendamos merendáis meriendan

Mentir:　　miento mientes miente mentimos mentís mienten

Sentir:　　siento sientes siente sentimos sentís sienten

Entender: entiendo entiendes entiende entendemos entendéis entienden

Perder:　　pierdo pierdes pierde perdemos perdéis pierden

ⓓ 〈GO〉형 동사

Hacer (하다), Poner (놓다/켜다), Traer (가지고 오다), Decir (말하다), Tener (가지다),

Oír (듣다), Salir (나가다), Venir (오다)

Hacer:	hago haces hace hacemos hacéis hacen
Poner:	pongo pones pone ponemos ponéis ponen
Traer:	traigo traes trae traemos traéis traen
Decir:	digo dices dice decimos decís dicen
Oír:	oigo oyes oye oímos oís oyen
Tener:	tengo tienes tiene tenemos tenéis tienen
Salir:	salgo sales sale salimos salís salen
Venir:	vengo vienes viene venimos venís vienen

Ⓔ 〈ZCO〉형 동사

Conocer (알다), Conducir (운전하다), Traducir (번역하다, 통역하다), Nacer (태어나다), Ofrecer (제공하다)

Conocer:	conozco conoces conoce conocemos conocéis conocen
Conducir:	conduzco conduces conduce conducimos conducís conducen
Traducir:	traduzco traduces traduce traducimos traducís traducen
Nacer:	nazco naces nace nacemos nacéis nacen
Ofrecer:	ofrezco ofreces ofrece ofrecemos ofrecéis ofrecen

Ⓕ 기타

Dar (주다), Ir (가다), Saber (알다), Coger (잡다/타다), Ver (보다), Ser (~이다), Estar (상태가 ~이다)

Dar:	doy das da damos dais dan
Ir:	voy vas va vamos vais van
Saber:	sé sabes sabe sabemos sabéis saben
Coger:	cojo coges coge cogemos cogéis cogen
Ver:	veo ves ve vemos veis ven
Ser:	soy eres es somos sois son
Estar:	estoy estás está estamos estáis están

연습문제

A Qué와 Cuál 중 알맞은 의문사를 넣어 문장을 넣어 봅시다.

1. ¿______________ es la capital de Venezuela?
   – Caracas.

2. ¿______________ son las tapas?
   – Pequeñas raciones de comida.

3. ¿______________ es el mate?
   – Es una infusión que se bebe en Uruguay y en Paraguay.

4. ¿______________ son las playas más bonitas de España?
   – Las playas de las Islas Canarias.

5. ¿______________ es la moneda de México?
   – El peso.

6. ¿______________ es el Aconcagua?
   – La montaña más alta de América Latina.

7. Marcos, ¿______________ zapatos te gustan más?
   – Prefiero los rojos.

8. ¿______________ perfume llevas? Es nuevo, ¿no?
   – Sí, se llama Finfonía. Es un regalo de Pedro.

9. ¿______________ ropa me pongo?
   – Informal. Es una cena de amigos.

10. ¿______________ es tu coche? ¿Este?
    – No, el negro.

B Qué와 Cuál를 선택해 봅시다.

1. ¿Qué/Cuál es tu país favorito?

2. ¿Qué/Cuál habitación te parece más bonita?

3. ¿Qué/Cuál comemos, helado o pasteles?

4. ¿Qué/Cuál coche va a comprar tu marido?

5. ¿Qué/Cuál te gusta más, el azul o el verde?

6. ¿Qué/Cuál es el número de teléfono de tu oficina?

7. ¿Qué/Cuál es el país más pequeño de América?

8. ¿Qué/Cuál película de Almodóvar te gusta más?

9. ¿Qué/Cuál prefieres, ventana o pasillo?

10. ¿Qué/Cuál piso te gusta más?

11. ¿Qué/Cuál aficiones tienes?

12. ¿Qué/Cuál es tu domicilio?

13. ¿Qué/Cuál color te gusta más?

14. ¿Qué/Cuál es tu fecha de nacimiento?

C 의문사 Cuál/es를 사용하여 의문문을 만들어 봅시다.

> comida favorita　　color favorito　　deporte favorito　　canciones
> lugar de vacaciones　　aficiones　　fecha de nacimiento
> número de teléfono　　domicilio　　actor favorito

1. ¿Cuál es tu comida favorita?

2. ____

3. ____

4. ____

5. ____

6. ____

7. ____

8. ____

9. ____

10. ____

D 다음 문장에 알맞은 의문사를 넣어 봅시다.

> quién/cuándo/cuál/qué/dónde/cómo/cuánto/por qué

1. ¿_______________ te llamas?
2. ¿_______________ vas a Madrid?
3. ¿_______________ es tu dirección?
4. ¿_______________ está la plaza Sol?
5. ¿_______________ cuesta el alquiler?
6. ¿_______________ es el profesor de español?
7. ¿_______________ no coges un taxi?
8. ¿_______________ hora es?
9. ¿_______________ está tu familia?
10. ¿_______________ es la boda?

E por와 para 중 알맞은 전치사를 넣어 문장을 완성해 봅시다.

1. Todos los días _______ la mañana nadamos ___________ una hora.
2. El ensayo que estoy preparando es ___________ mañana.
3. Yo quiero comprar un regalo ___________ mi madre.
4. Tengo la gripe hoy. _______ eso, Antonio trabaja ___________ mí.
5. ___________ Maribel el examen es fácil _______ que estudia mucho.
6. Esperamos hacer una excursión en bicicleta ___________ el campo.
7. ___________ ser una niña de sólo 12 años, Ana es muy alta.
8. David siempre sale ___________ la puerta de la cocina para ir a la escuela.
9. No puedo salir _______ la tarea que tengo que hacer _________ mis clases.
10. Voy al mercado en coche ___________ comprar la comida.
11. ___________ ir a la universidad yo paso ___________ la ciudad.
12. Esta redacción es ___________ mi curso de español.

F 다음 불규칙 동사를 1인칭과 3인칭 단수형으로 동사 변화시켜 봅시다.

| 보기 | Poner | pongo | pone |

	Yo	Él/ella/usted
1. Dormir		
2. Salir		
3. Ir		
4. Venir		
5. Cerrar		
6. Perder		
7. Jugar		
8. Decir		

G 다음 보기와 같이 질문해 봅시다.

| 보기 | Hacer yoga | ¿Haces yoga? (요가를 하니?) |

1. Tener un lápiz _______________

2. Poder abrir la ventana _______________

3. Entender el japonés _______________

4. Conducir el coche _______________

5. Dormir bien _______________

6. Salir de noche _______________

7. Merendar _______________

8. Cerrar la puerta _______________

9. Pedir el dinero a tus padres _______________

10. Decir la verdad a tu novia _______________

말 하 기

A 다음 질문에 스페인어로 대답해 봅시다.

Estudiante 1	Estudiante 2
1. ¿Cómo te llamas? (이름)	Me llamo _______________
2. ¿Cuántos hermanos tienes? (형제)	Tengo _______________ hermanos.
3. ¿Dónde vives? (사는 곳)	Vivo en la calle _______________
4. ¿Con quién vives? (같이 사는 사람)	Vivo solo/a (con la familia)
5. ¿En qué curso estás? (수업 과정)	Estoy en el curso del nivel básico.
6. ¿Cuándo es tu cumpleaños? (생일)	Yo cumplo el _______ de _______
7. ¿Cuál es tu número de teléfono? (전화번호)	Es el _______________
8. ¿Cuál es tu color favorito? (좋아하는 색깔)	Es el blanco/negro/azul/rosa/ _______________
9. ¿Cuál es tu deporte favorito? (좋아하는 운동)	Es el fútbol/ béisbol/yoga _______________
10. ¿Cuál es tu actor/actriz favorito/a? (좋아하는 배우)	Es _______________
11. ¿Cuáles son tus aficiones? (취미)	Son _______________ y _______________
12. ¿Cuál es tu comida favorita? (좋아하는 음식)	Mi comida favorita es _______________
13. ¿Por qué estudias español? (스페인어를 공부하는 이유)	Estudio porque quiero _______________

듣 기

A Silvia와 그녀의 남자친구 Nacho의 대화 내용이다. 듣고 따라 읽어 봅시다. 

Silvia:	¿Qué vas a hacer este fin de semana?
Nacho:	Tengo que irme a Barcelona.
Silvia:	¿Cuándo sales para Barcelona?
Nacho:	Este sábado. Salgo por la mañana y voy a viajar durante tres horas.
Silvia:	¿No vas en avión?
Nacho:	¡Claro que no! Voy en tren. Es mucho más barato.
Silvia:	¿Cuánto tiempo piensas quedarte allí?
Nacho:	¡Una semana! Necesito recoger unos documentos importantes. Van a estar listos para el próximo viernes.
Silvia:	Te voy a echar mucho de menos, cariño.

주요 어휘

(el) fin 끝   tener que ~해야 한다   (el) avión 비행기   pensar 생각하다   quedarse 남다, 머물다   (la) semana 주   necesitar 필요하다   recoger 줍다, 찾으러 가다   (el) documento 서류   importante 중요한   listo/a 준비된   próximo/a 다음의   (el) cariño 애정, 사랑, 자기, 여보의 호칭

주요 표현

1. 〈¡Claro que no!〉 '물론 아니지' 라는 완전 부정의 표현으로 완전 긍정할 때는 ¡Claro que sí! (물론이지, 당연하지)로 표현할 수 있다.

2. 〈echar de menos〉는 '보고싶다', '그립다' 라는 의미이며, Te echo mucho de menos(네가 많이 보고 싶어)로 표현할 수 있다.

B 다음 대화는 고객과 식당 점원과의 전화 통화 내용이다. 듣고 따라 읽어 봅시다. **31**

Cliente:	Hola, buenas tardes. Quiero reservar una mesa para esta noche.
Camarero:	¿Para cuántas personas?
Cliente:	Para dos personas.
Camarero:	¿A qué hora?
Cliente:	A las ocho.
Camarero:	¿Y cómo se llama?
Cliente:	Silvia González.
Camarero:	¿Dónde prefiere cenar, dentro o fuera?
Cliente:	Prefiero la terraza.
Camarero:	De acuerdo.
Cliente:	¿Cuál es la especialidad del restaurante?
Camarero:	La carne.
Cliente:	¿Qué tipo de carne, de ternera o de cerdo?
Camarero:	De ternera, especialmente.
Cliente:	¿Cómo preparan la carne, asada o frita?
Camarero:	Como usted guste.
Cliente:	¿Cuál es la dirección del restaurante?
Camarero:	Es calle Alcalá número 35.
Cliente:	Es usted muy amable, muchas gracias.
Camarero:	Gracias a usted. Adiós.

주요 어휘

reservar 예약하다　　(la) mesa 탁자, 테이블　　cuánto/a/os/as 얼마나 많은　　(la) persona 사람　　(la) hora 시간　　preferir 선호하다　　cenar 저녁 먹다　　dentro 안에, 안으로　　fuera 밖에, 밖으로　　(la) terraza 테라스　　(el) acuerdo 합의, 동의　　cuál/cuáles 무엇　　(la) especialidad 전문, 전공　　(el) restaurante 식당, 레스토랑　　(la) carne 고기　　(el) tipo 종류　　(la) ternera 송아지 고기, 소고기　　(el) cerdo 돼지　　especialmente 특히, 특별히　　preparar 준비하다　　asado/a 구운　　frito/a 기름에 튀긴　　(la) dirección 주소　　(la) calle 거리　　(el) número 숫자, 번호　　amable 친절한

주요 표현

1. 〈Quiero reservar una mesa〉는 '테이블 예약하고 싶다'는 표현으로 레스토랑 예약시 사용되는 표현이다.
2. 〈De acuerdo〉는 '네, 알겠습니다' 혹은 '동의합니다'의 의미로 Sí, Vale, Muy bien과 유사한 표현이다.
3. 〈Como usted guste〉는 '당신이 원하시는 대로'를 의미한다.

쓰 기

A 다음 단어들을 정렬하여 문장을 만들어 봅시다.

1. ¿número es de Cuál teléfono tu?

   – _______________________________________

2. ¿pantalones más te Qué gustan?

   – _______________________________________

3. ¿más Europa pequeño país Cuál el de es?

   – _______________________________________

4. no alumnos francés Los entienden el

   – _______________________________________

5. ¿esa Sabe canción usted cantar?

   – _______________________________________

6. ¿acondicionado poner Tú el puedes aire?

   – _______________________________________

7. coche va María trabajo en al

   – _______________________________________

8. documentos importantes Necesito unos recoger

   – _______________________________________

B 다음 문장을 스페인어로 작문해 봅시다.

1. 오늘 밤 테이블 하나를 예약하고 싶어요.

   – ____

2. 식당의 전문 요리가 뭐예요?

   – ____

3. 식당의 주소가 뭐예요?

   – ____

4. 네 취미가 뭐야?

   – ____

5. 결혼식이 어디야?

   – ____

6. 초대객이 몇 명 있어?

   – ____

7. 에콰도르의 수도가 뭐야?

   – ____

8. 7살 여자 아이 치고는 키가 크다.

   – ____

¿Qué has hecho esta mañana?

(오늘 아침에 뭐 했어?)

¿Has estado alguna vez en España?

(스페인에 있어본 적 있어?)

– 현재완료

문법

1 현재완료

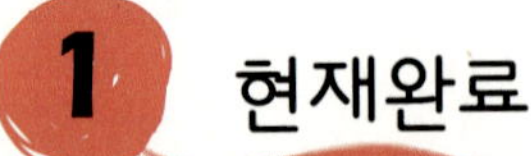

A 형태 : Haber 동사의 현재형 + 과거분사 (–ado, –ido)

인칭대명사	Haber 동사	–Ar 동사	–Er 동사	–Ir 동사
		–ado	–ido	–ido
Yo	he			
Tú	has			
Él/ella/usted	ha	comprado	comido	vivido
Nosotros/as	hemos	estudiado	bebido	salido
Vosotros/as	habéis	trabajado	cosido	dormido
Ellos/ellas/ustedes	han			

1. 과거분사 규칙형

– Ar 동사 규칙형 –		–Er, Ir 동사 규칙형 –	
–ado		–ido	
Viajar (여행하다)	viajado	Vivir (살다)	vivido
Cantar (노래하다)	cantado	Mentir (거짓말하다)	mentido
Enamorar (사랑에 빠지다)	enamorado	Tener (가지다)	tenido
Hablar (말하다)	hablado	Leer (읽다)	leído
Estar (~에 있다)	estado	Reír (웃다)	reído
Escuchar (듣다)	escuchado	Ser (~이다)	sido
Gustar (좋아하다)	gustado	Comer (먹다)	comido
Preparar (준비하다)	preparado	Salir (나가다)	salido

– Ar 동사 규칙형 –		–Er, Ir 동사 규칙형 –	
–ado		–ido	
Pasar (보내다)	pasado	Ir (가다)	ido
Estudiar (공부하다)	estudiado	Traer (가지고 오다)	traído
Invitar (초대하다)	invitado		
Regalar (선물하다)	regalado		

2. 과거분사 불규칙형

동사원형	과거분사	동사원형	과거분사
Abrir (열다)	abierto	Componer (작곡하다)	compuesto
Poner (놓다)	puesto	Describir (서술하다)	descrito
Decir (말하다)	dicho	Deshacer (해체하다)	deshecho
Escribir (쓰다)	escrito	Devolver (반환하다)	devuelto
Hacer (하다)	hecho	Envolver (포장하다)	envuelto
Volver (돌아오다)	vuelto	Imponer (부과하다)	impuesto
Morir (죽다)	muerto		
Ver (보다)	visto		
Romper (깨다)	roto		

B 용법

1. 현재와 가까운 과거를 표현할 때

> **Ya / Todavía no + 현재완료**

¿<u>Ya</u> has preparado la cena? (벌써 저녁 식사를 준비했어?)

– Sí, <u>ya</u> la he preparado. (응, 이미 준비했어.)

¿<u>Ya</u> has terminado el trabajo? (이미 일 마쳤어?)

– No, <u>todavía no</u>. (아니, 아직 안 마쳤어.)

¿<u>Ya</u> has conocido al novio de Laura? (벌써 라우라의 남자친구를 알았어?)

– Sí, <u>ya</u> he conocido. Es feísimo. (응, 이미 알았지. 아주 못생겼지.)

2. 현재와 연관된 과거 사실을 표현할 때

현재완료 시제는 다음 상자의 부사구와 함께 쓰인다.

Hoy (오늘)	
Esta mañana (오늘 아침)	
Esta tarde (오늘 오후)	he escrito dos correos
Esta noche (오늘 밤)	두 통의 메일을 썼다.
Esta semana (이번 주)	
Este mes (이번 달)	
Este año (올해)	he estado en Chile
Estos días (요즘에)	칠레에 있었다.
Estas vacaciones (이번 휴가에)	

3. 경험한 사실을 표현

정확한 시점이 아닌 <u>경험한 사실의 행위 여부에 더 관심이 더 많을 때</u> 현재완료 시제를 쓰며, 주로 다음 상자의 부사구와 함께 쓰인다.

> muchas veces (많이)
>
> varias veces (여러 번)
>
> tres veces (세 번)
>
> dos o tres veces (두세 번)
>
> una vez (한 번)
>
> nunca (절대로~ 하지 않는다)

¿Has ido a América Latina <u>alguna vez</u>? (라틴 아메리카에 간 적 있니?)

– No, <u>nunca</u> he ido. (<u>no</u> he ido <u>nunca</u>) (아니, 한 번도 간 적 없어.)

¿Has estado <u>alguna vez</u> en la Torre Eiffel? (에펠 탑에 가본 적 있니?)

– Sí, he estado <u>varias veces</u>. (응, 여러 번 갔었지.)

4. 과거 행동의 <u>구체적인 시점을 언급하지 않고 행위에만 관심이 있을 때</u>

Gabriel García Márquez <u>ha escrito</u> muchas novelas y <u>ha recibido</u> el Premio Nobel de Literatura.

(가브리엘 가르시아 마르케스는 많은 소설을 집필했고 노벨 문학상을 수상하였다.)

Camarón de la Isla <u>ha sido</u> uno de los mejores cantaores de todos los tiempos.

(까마론은 모든 시대를 통틀어 가장 훌륭한 플라멩코 가수 중의 한 사람이었다.)

5. 형용사적 용법의 과거분사

현재완료의 과거분사는 성·수에 관계없이 변하지 않으나, estar 동사와 함께 쓰이는 과거분사는 <u>형용사</u>의 역할을 하기 때문에 <u>주어의 성·수에 반드시 일치</u>해야 한다.

• 현재완료형에서의 과거분사;

<u>Ha escrito</u> una carta a Juan. (후안에게 편지를 한 통 썼다.)
<u>Ha escrito</u> un libro. (책을 한 권 썼다.)
<u>Ha escrito</u> unas poesías. (몇 개의 시를 썼다.)
<u>Ha escrito</u> unos artículos. (기사를 몇 개 썼다.)

• estar 동사와 함께 쓰여 형용사적인 역할을 하는 과거분사;

<u>La carta</u> está bien <u>escrita</u>. (편지가 잘 쓰여져 있다.)
<u>El libro</u> está bien <u>escrito</u>. (책이 잘 쓰여졌다.)
<u>Las poesías</u> están bien <u>escritas</u>. (시들이 잘 쓰여졌다.)
<u>Los artículos</u> están bien <u>escritos</u>. (기사들이 잘 쓰여졌다.)

연습문제

A 다음 동사원형의 과거분사형을 써 봅시다.

| 보기 | Hablar – hablado |

1. Pensar – __________________
2. Bailar – __________________
3. Recibir – __________________
4. Tener – __________________
5. Salir – __________________
6. Ir – __________________
7. Preferir – __________________
8. Ser – __________________
9. Estar – __________________
10. Conocer – __________________

B 동사원형과 과거분사형을 서로 연결해 봅시다.

1. Ver •	• a. dicho
2. Poner •	• b. puesto
3. Volver •	• c. roto
4. Romper •	• d. abierto
5. Morir •	• e. vuelto
6. Escribir •	• f. visto
7. Hacer •	• g. muerto
8. Decir •	• h. escrito
9. Abrir •	• i. hecho

C 현재완료 형태로 동사 변화시켜 봅시다.

> **보기** Hablar (vosotros) – habéis hablado

1. Estudiar (yo) – _______________
2. Salir (vosotros) – _______________
3. Poner (usted) – _______________
4. Dar (usted) – _______________
5. Abrir (ella) – _______________
6. Ver (él) – _______________
7. Volver (ella) – _______________
8. Escribir (nosotros) – _______________
9. Hacer (yo) – _______________
10. Decir (ellas) – _______________
11. Levantarse (yo) – _______________
12. Romper (usted) – _______________

D ya와 todavía no를 사용하여 연습해 봅시다.

> **보기** Yo / desayunar / ya
> – Yo ya he desayunado. (나는 이미 아침을 먹었어.)
> Ella / levantarse / todavía no
> – Ella todavía no se ha levantado. (그녀는 아직 일어나지 않았어.)

1. Yo / hacer los deberes / todavía no
   – _______________
2. Marisa / leer el artículo / ya – _______________
3. Lucas / reservar la mesa / todavía no
   – _______________
4. Paula / ponerse la falda / ya – _______________

5. Yo / cenar / todavía no   – ________________________________

6. Lola / volver a casa / ya   – ________________________________

7. Tú / escribir la carta / todavía no

           – ________________________________

8. María / poner la tele / ya   – ________________________________

E 인칭대명사 tú를 사용하여 현재완료형으로 질문해 봅시다.

> **보기**   Ver la película
>
>   – ¿Has visto <u>ya</u> la película? (이미 영화를 보았니?)

1. Escribir las postales   – ¿________________________?
2. Ir al museo   – ¿________________________?
3. Poner la tele   – ¿________________________?
4. Comer   – ¿________________________?
5. Hacer los deberes   – ¿________________________?
6. Estar en Madrid   – ¿________________________?
7. Tomar el café   – ¿________________________?
8. Cenar   – ¿________________________?
9. Decir la verdad   – ¿________________________?
10. Abrir la ventana   – ¿________________________?

F 인칭대명사 tú를 사용하여 현재완료형으로 질문해 봅시다.

> **보기**   Estar en Francia
>
>   – ¿Has estado <u>alguna vez</u> en Francia? (프랑스에 가 봤어?)

1. Cantar en público   – ¿_______________________?
2. Escribir las cartas de amor   – ¿_______________________?
3. Enamorarse a primera vista   – ¿_______________________?
4. Dormir en la hamaca   – ¿_______________________?
5. Trabajar en un bar   – ¿_______________________?
6. Estar en Madrid   – ¿_______________________?
7. Probar los tacos   – ¿_______________________?
8. Ver a un actor famoso   – ¿_______________________?
9. Fumar   – ¿_______________________?
10. Hacer boxeo   – ¿_______________________?

G 목적격 대명사를 사용하여 현재완료형으로 대답해 봅시다.

인칭대명사	간접목적격 대명사		남성	여성
Yo	me			
Tú	te	단수	lo	la
Él/ella/usted	le (se)			
Nosotros	nos			
Vosotros	os	복수	los	las
Ellos/ellas/ustedes	les (se)			

보기
- ¿Le has dado el móvil a Mónica? (모니카에게 핸드폰을 줬어?)
- Sí, ya se lo he dado. (응, 이미 줬어.)

1. ¿Le has dado los zapatos a Julio?

– _______________________

2. ¿Le has dado las flores a Juana?

– _______________________

3. ¿Le has dado los pantalones a José?

– _______________________

4. ¿Le has dado la cerveza a María?

– _______________________

5. ¿Le has dado las gafas a Pedro?

   – ____

6. ¿Les has dado la cena a los niños?

   – ____

7. ¿Les has comprado el pan a los vecinos?

   – ____

8. ¿Me has traído el libro?

   – ____

9. ¿Me has traído el paraguas?

   – ____

10. ¿Me has traído los CD?

   – ____

말 하 기

A Ya/Todavía no로 묻고 대답해 봅시다.

¿Ya has _________________?	Respuesta (Ya/ todavía no)
1. Comer (점심먹기)	________________________
2. Desayunar (아침먹기)	________________________
3. Ducharse (샤워하기)	________________________
4. Tomar café (커피 마시기)	________________________
5. Probar los tacos (타코스 먹어보기)	________________________
6. Hacer los deberes de español (숙제하기)	________________________
7. Terminar los estudios (학업 마치기)	________________________
8. Ir a Europa (유럽에 가기)	________________________
9. Viajar por Latinoamérica (라틴 아메리카 여행하기)	________________________
10. Estar en España (스페인에 있기)	________________________

B 다음 보기와 같이 서로 묻고 대답해 봅시다.

¿Qué has hecho este mes? (이번 달에 뭐 했어?)

> **보기**
> E1: ¿Has ido al cine este mes? (이번 달에 영화관에 갔어?)
> E2: Sí, he ido al cine dos veces. (두 번 갔어.)

Estudiante 1	Estudiante 2
1. Visitar a tu familia (가족 방문하기)	
2. Ir de compras (쇼핑가기)	
3. Comprar algún regalo (선물사기)	
4. Leer una novela (소설읽기)	
5. Romper algo (물건 깨기)	
6. Escribir e-mails (이메일 쓰기)	
7. Ver una buena película en el cine (영화관에서 좋은 영화보기)	
8. Hacer la comida para un amigo (친구를 위해 요리하기)	
9. Enfadarse con alguien (누군가에게 화내기)	
10. Cortarse el pelo en la peluquería (헤어샵에서 머리자르기)	
11. _____________	

Mi compañero/a ha _______________________________

____

C 다음 보기와 같이 서로 묻고 대답해 봅시다.

> **보기**
> E1: ¿Has hecho windsurf alguna vez?
> (윈드서핑을 해본 적 있나요?)
> E2: Sí, muchas veces. (네, 많이 했었죠.)
> No, nunca he hecho. (아니요, 한 번도 해본 적 없어요.)

¿Has hecho alguna vez windsurf?	Nombre (이름)
1. Hacer windsurf (윈드서핑하기)	
2. Ir al cine más de tres veces la misma semana (같은 주에 영화관 세 번 이상 가기)	
3. Ver el espectáculo de flamenco (플라멩코쇼 보기)	
4. Enamorarse a primera vista (첫눈에 반하기)	
5. Pasar las vacaciones en España (스페인에서 휴가 보내기)	
6. Mentir a un buen amigo (좋은 친구에게 거짓말하기)	
7. Hacer una cita a ciegas (소개팅하기)	
8. Encontrar algo de valor en la calle (거리에서 가치있는 물건 발견하기)	
9. Conocer a un chico/una chica especial en el extranjero. (외국에서 특별한 남자/여자 만나기)	
10. Comer pulpo (문어 먹기)	
11. Fumar (담배 피우기)	
12. Estar en un país asiático (아시아 국가에 가보기)	
13. Comer en un restaurante mexicano (멕시코 레스토랑에서 먹기)	
14. Escribir una carta de amor (러브레터 쓰기)	
15. Vivir solo/a (혼자 살기)	
16. Salir en la tele (텔레비전에 나오기)	
17. Declarar tu amor (사랑고백하기)	
18. _______________________	

듣 기

A Pedro와 Lola 선생님의 대화를 듣고 큰소리로 따라 읽어 봅시다. 

Pedro: Hola, Lola. ¿Qué tal te ha ido hoy el día?

Lola: Muy bien. Ha sido un día muy agradable. He quedado con Julia. Hemos ido a un restaurante japonés y hemos comido sushi.

Pedro: ¿Te ha gustado la comida?

Lola: Sí, ha sido la primera vez que he probado la comida japonesa y me ha gustado mucho.

Pedro: Pero, ¿has tenido clase antes de la comida?

Lola: Claro, he llegado a la escuela y he dado clase. He cambiado todos los papeles de un lado a otro. Hemos ido a comer. Y después he hecho muchas cosas más. ¿Y tú?

Pedro: Yo hoy no he tenido clase, así que he estado todo el día en casa y he descansado.

Lola: Entonces, ¿no has hecho nada especial?

Pedro: Bueno, he limpiado mi habitación, he cocinado y he comido solo. Y también he leído un poco y he visto la tele. Ha sido un día muy tranquilo.

Lola: ¡Qué bien!

주요 어휘

agradable 유쾌한, 즐거운   (la) comida 음식   (la) vez 번   cambiar 바꾸다, 변경하다   (el) papel 종이, 서류   (el) lado 면, 장소   otro 다른, 다른 것   (la) cosa 물건 descansar 쉬다   entonces 그래서, 그렇다면   nada 아무것   especial 특별한 limpiar 청소하다   (la) habitación 방   cocinar 요리하다   solo/a 혼자   tranquilo/a 조용한, 편안한

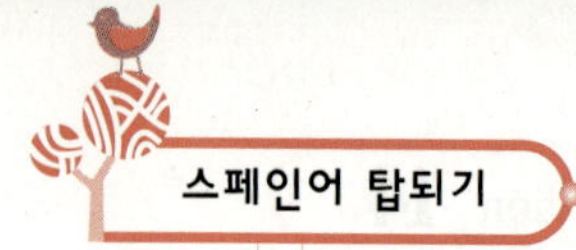

주요 표현

1. 〈Ha sido la primera vez que 주어 + 동사〉는 '처음으로 ~을 했다'는 의미.
   (Ha sido la primera vez que he visitado el museo 처음으로 박물관에 갔다)
2. 〈¡Qué bien!〉은 '잘됐다, 좋겠다'라는 의미의 감탄문이다.
3. 〈¿Qué tal te ha ido hoy el día?〉는 '오늘 하루는 어땠어?'라는 표현으로 irle bien/mal은 '잘 돼가다/잘 안돼가다'의 의미이다. 예를 들어, ¿Cómo te va?는 '어떻게 잘 지내니?'의 구어적 표현이다.

B Rogelio와 Verónica의 대화를 듣고 큰소리로 따라 읽어 봅시다. 🎧 **33**

Rogelio: Verónica, ¿cuánto tiempo hace que vives en España?

Verónica: Hace seis meses que vivo aquí en Madrid.

Rogelio: ¿Te gusta la vida de España?

Verónica: ¡Por supuesto! Me encanta vivir en España.

Rogelio: ¿Qué es lo que más te gusta de España?

Verónica: Me gusta mucho la gente. También me encanta la comida de España.

Rogelio: ¿Ya has hecho muchos amigos españoles?

Verónica: Sí, ya he conocido a unos españoles. Son muy simpáticos.

Rogelio: ¿Y has probado la comida española?

Verónica: Sí, he probado la paella muchas veces. También he probado la tortilla española.

Rogelio: ¿Te ha gustado la comida?

Verónica: ¡Me ha encantado!

Rogelio: ¿Has conocido muchos lugares de España?

Verónica: He ido a Barcelona y he visitado la Sagrada Familia y el Parque Güell. Y también he conocido Sevilla y Granada.

Rogelio: ¿Has visto algún espectáculo de flamenco?

Verónica: ¡Claro! He visto uno en un tablao de Sevilla. Me ha gustado muchísimo.

주 요 어 휘

(la) vida 삶   (la) gente 사람들   (la) comida 음식   (la) paella 스페인 전통요리로 해물 볶은밥의 일종   simpático/a 친절한, 상냥한   probar 먹어보다   (la) tortilla española 스페인 전통 감자 오믈렛   (el) lugar 장소   algún 어떤   (el) espectáculo 쇼   (el) tablao 목재로 된 플라멩코 무대

주 요 표 현

1. ⟨¿Cuánto tiempo hace que 주어 + 동사⟩는 '~한지 얼마나 되었니?' 라는 중요한 표현이다. ¿Cuánto tiempo hace que estudias español?와 같은 표현으로는 ¿Cuánto tiempo llevas estudiando español?이 있다.

2. ⟨¡Claro!⟩, ⟨¡Por supuesto!⟩는 '물론, 그렇고 말고' 라는 표현이다.

3. ⟨¿Qué es lo que más te gusta de España?⟩는 '스페인에 대해 제일 좋아하는 게 뭐야?' 라는 의미로 반대 표현으로는 ¿Qué es lo que menos te gusta?(제일 싫어하는 게 뭐야?)가 있다.

C 주말에 한 4가지 일을 생각해 보고 2개의 참(verdaderos)과 2개의 거짓(falsos)을 말해 봅시다.

> **보기**
> Esta semana he visto a Enrique Iglesias.
> Esta tarde he comido en un restaurante tailandés.

쓰 기

A 다음 단어들을 정렬하여 문장을 완성해 봅시다.

1. ya han se Los niños acostado

   – ____

2. los han todavía Juan no hecho Felipe deberes y

   – ____

3. hemos semana no trabajado mucho Esta

   – ____

4. ha Este enamorado año se veces dos

   – ____

5. ¿estado alguna en Has Francia vez?

   – ____

6. traído vecinos pan el Los han me

   – ____

7. cocinado ti para hemos Hoy paella la

   – ____

8. ¿japonesa la probado vez comida alguna Has?

   – ____

B 다음 문장을 스페인어로 작문해 봅시다.

1. 커피숍에서 웨이터로 일해본 적 있어?

   – ____

2. 첫 눈에 반해본 적 있어?

   – ____

3. 벌써 스페인어 숙제 다 했어?

   – ____

4. 스페인에 산지 얼마 되었어?

   –

5. 이번 달에 영화관에 두 번 갔었어.

   –

6. 네 여자친구에게 시계를 사줬니?

   –

7. 스페인에 대해 제일 좋아하는 게 뭐야?

   –

8. 플라멩코 공연을 본 적 있어?

   –

Ayer me levanté temprano.
(어제 일찍 일어났다.)

¿Dónde estuviste anoche?
(어젯밤에 어디에 있었니?)

¿Cuánto tiempo hace que leyó una novela?
(소설을 읽은 지 얼마나 됐어요?)

- 단순과거 규칙동사
- 단순과거 완전 불규칙동사
- 단순과거 약간 불규칙동사
- ¿Cuánto tiempo hace que 주어 + 단순과거?

문법

1 단순과거 규칙동사

Ⓐ 용법

- 일련의 일어난 <u>행위</u>를 진술할 때 ·· 일기
- <u>사건</u>, <u>사고</u> 등을 <u>동작</u> 및 행위 위주로 진술할 때 ··················· 신문 기사
- 구체적인 <u>시점</u> 표현 ··· 전기, 일대기

Ⓑ 정확한 시점을 나타내는 부사구와 함께 쓰인다.

> Ayer (어제)/anoche (어젯밤)
>
> El lunes (월요일에), martes (화요일에) ······ (pasado)
>
> El año pasado (작년에)/el curso pasado (지난 학기에)/
>
> el verano pasado (지난 여름에)
>
> El mes pasado (지난달에)/la semana pasada (지난주에)
>
> El 13 de marzo (3월 13일에)
>
> En enero (1월에)/en febrero (2월에)/en marzo (3월에) ······

Ⓒ 단순과거 규칙형

-AR		-ER,	-IR	
Estudiar (공부하다)		Beber (마시다)	Escribir (쓰다)	
estudi-é	-É	beb-í	escrib-í	-Í
estudi-aste	-ASTE	beb-iste	escrib-iste	-ISTE

–AR		–ER,	–IR	
estudi–ó	–Ó	beb–ió	escrib–ió	–IÓ
estudi–amos	–AMOS	beb–imos	escrib–imos	–IMOS
estudi–asteis	–ASTEIS	beb–isteis	escrib–isteis	–ISTEIS
estudi–aron	–ARON	beb–ieron	escrib–ieron	–IERON

Llamar (전화하다)	Bailar (춤추다)	Volver (돌아오다)	Salir (나가다)	Levantarse (일어나다)
llamé	bailé	volví	salí	me levanté
llamaste	bailaste	volviste	saliste	te levantaste
llamó	bailó	volvió	salió	se levantó
llamamos	bailamos	volvimos	salimos	nos levantamos
llamasteis	bailasteis	volvisteis	salisteis	os levantasteis
llamaron	bailaron	volvieron	salieron	se levantaron

D 발음상 철자의 불규칙형

Jugar (놀다) (G > GUE 형)	Tocar (연주하다) (C > QUE 형)	Empezar (시작하다) (Z > C 형)
ju-gué	to-qué	empe-cé
jugaste	tocaste	empezaste
jugó	tocó	empezó
jugamos	tocamos	empezamos
jugasteis	tocasteis	empezasteis
jugaron	tocaron	empezaron

Llegar (도착하다)	Pagar (지불하다)	Sacar (꺼내다)	Buscar (찾다)	Almorzar (점심 먹다)	Cruzar (건너다)
llegué	pagué	saqué	busqué	almorcé	crucé
llegaste	pagaste	sacaste	buscaste	almorzaste	cruzaste
llegó	pagó	sacó	buscó	almorzó	cruzó
llegamos	pagamos	sacamos	buscamos	almorzamos	cruzamos
llegasteis	pagasteis	sacasteis	buscasteis	almorzasteis	cruzasteis
llegaron	pagaron	sacaron	buscaron	almorzaron	cruzaron

 **2** 단순과거 완전 불규칙동사

〈e〉와 〈o〉에 악센트가 없다.

Estar (~에 있다)	Hacer (하다)	Poder (~할 수 있다)	Poner (놓다)	Querer (원하다)	Saber (알다)
estuve	hice	pude	puse	quise	supe
estuviste	hiciste	pudiste	pusiste	quisiste	supiste
estuvo	hizo	pudo	puso	quiso	supo
estuvimos	hicimos	pudimos	pusimos	quisimos	supimos
estuvisteis	hicisteis	pudisteis	pusisteis	quisisteis	supisteis
estuvieron	hicieron	pudieron	pusieron	quisieron	supieron

Tener (가지다)	Venir (오다)	Andar (걷다)	Decir (말하다)	Traer (가지고 오다)	Conducir (운전하다)
tuve	vine	anduve	dije	traje	conduje
tuviste	viniste	anduviste	dijiste	trajiste	condujiste
tuvo	vino	anduvo	dijo	trajo	condujo
tuvimos	vinimos	anduvimos	dijimos	trajimos	condujimos
tuvisteis	vinisteis	anduvisteis	dijisteis	trajisteis	condujisteis
tuvieron	vinieron	anduvieron	dijeron	trajeron	condujeron

Producir (생산하다)	Ser (~이다)	Ir (가다)	Dar (주다)	Ver (보다)	
produje	fui	fui	di	vi	
produjiste	fuiste	fuiste	diste	viste	
produjo	fue	fue	dio	vio	
produjimos	fuimos	fuimos	dimos	vimos	
produjisteis	fuisteis	fuisteis	disteis	visteis	
produjeron	fueron	fueron	dieron	vieron	

Haber (~가 존재하다)	hay → hubo

3 단순과거 약간 불규칙동사

다음 약간 불규칙 **IR**형 동사의 단순과거 형태는 현재 동사에 근거해서 변화하며, 3인칭 단수형과 복수에서만 불규칙이다.

- O > U형 : Morir (죽다)
- E > I형 : Seguir (계속하다), Conseguir (얻다), Preferir (선호하다), Sentir (느끼다), Mentir (거짓말하다), Vestirse (옷을 입다)
- Y형 : Leer (읽다), Oír (듣다), Huir (도망가다), Creer (믿다, 생각하다)

현재 동사		단순과거
Dormir (O > U형) (자다)	duermo	dormí
	duermes	dormiste
	duerme	durmió
	dormimos	dormimos
	dormís	dormisteis
	duermen	durmieron
Pedir (E > I형) (요구하다)	pido	pedí
	pides	pediste
	pide	pidió
	pedimos	pedimos
	pedís	pedisteis
	piden	pidieron
Construir (Y형) (건설하다)	construyo	construí
	construyes	construiste
	constuye	construyó
	constuimos	construimos
	construís	construisteis
	construyen	construyeron

Ⓐ O > U형

Dormir (자다)	Morir (죽다)
dormí	morí
dormiste	moriste
durmió	murió
dormimos	morimos
dormisteis	moristeis
durmieron	murieron

Ⓑ E > I형

Sentirse (느끼다)	Vestirse (옷을 입다)	Divertirse (즐기다)	Servir (서빙하다)	Seguir (계속하다)	Preferir (선호하다)
me sentí	me vestí	me divertí	serví	seguí	preferí
te sentiste	te vestiste	te divertiste	serviste	seguiste	preferiste
se sintió	se vistió	se divirtió	sirvió	siguió	prefirió
nos sentimos	nos vestimos	nos divertimos	servimos	seguimos	preferimos
os sentisteis	os vestisteis	os divertisteis	servisteis	seguisteis	preferisteis
se sintieron	se vistieron	se divirtieron	sirvieron	siguieron	prefirieron

Ⓒ Y형

Leer (읽다)	Oír (듣다)	Huir (도망가다)	Caer (넘어지다)	Creer (믿다, 생각하다)
leí	oí	hui	caí	creí
leíste	oíste	huiste	caíste	creíste
leyó	oyó	huyó	cayó	creyó
leímos	oímos	huimos	caímos	creímos
leísteis	oísteis	huisteis	caísteis	creísteis
leyeron	oyeron	huyeron	cayeron	creyeron

4 ¿Cuánto tiempo hace que 주어 + 단순과거?

A ~ 한지 얼마나 되었습니까?

- Hace + 시간 + que + 단순과거
- 단순과거 + hace + 시간

¿Cuánto tiempo hace que él se marchó? (그가 떠난 지 얼마나 되었니?)
- Hace 3 horas que él se marchó. (떠난 지 3시간 되었어.)
- Se marchó él hace 3 horas. (3시간 전에 떠났어.)

¿Cuánto tiempo hace que fuiste a España? (스페인에 간지 얼마나 되었니?)
- Hace 1 año que fui a España. (스페인에 간지 1년 되었지.)
- Fui a España hace 1 año. (1년 전에 스페인에 갔어.)

연습문제

A 다음 동사를 단순과거의 형태로 동사 변화해 봅시다.

| 보기 | Hablar (yo) – hablé |

1. Terminar (yo) – _______________
2. Cantar (tú) – _______________
3. Dejar (nosotros) – _______________
4. Cambiar (ellos) – _______________
5. Bailar (usted) – _______________
6. Comer (ella) – _______________
7. Beber (vosotros) – _______________
8. Salir (yo) – _______________
9. Correr (ella) – _______________
10. Llevar (tú) – _______________

B 1인칭 단수 단순과거 동사로 변화해 봅시다.

| 보기 | Entregar – entregué |

1. Empezar – _______________
2. Comenzar – _______________
3. Tocar – _______________
4. Jugar – _______________
5. Pagar – _______________
6. Cruzar – _______________
7. Sacar – _______________
8. Llegar – _______________

9. Rezar   – _______________________

10. Aparcar   – _______________________

C 다음 현재 동사를 단순과거 동사로 변화해 봅시다.

> **보기** trabajo → trabajé

1. cantan   – _______________________
2. corre   – _______________________
3. tomáis   – _______________________
4. salgo   – _______________________
5. me levanto   – _______________________
6. llevas   – _______________________
7. abre   – _______________________
8. bailan   – _______________________
9. pagas   – _______________________
10. juega   – _______________________

D 다음 보기와 같이 긍정 혹은 부정으로 대답해 봅시다.

¿Qué hiciste tú el domingo pasado? (지난 일요일에 뭐 했니?)

> **보기** Levantarme temprano
> → Me levanté temprano. (일찍 일어났어.)
> No me levanté temprano. (일찍 일어나지 않았어.)

1. Tomar el desayuno   – _______________________
2. Salir a pasear   – _______________________
3. Ver la televisión   – _______________________
4. Estudiar español   – _______________________

5. Comer fruta　　　　　　–　________________

6. Beber cerveza　　　　　–　________________

7. Bailar en la discoteca　–　________________

8. Limpiar la casa　　　　–　________________

9. Llamar por teléfono a mis padres

　　　　　　　　　　　–　________________

10. Comprar el pan　　　　–　________________

E　다음 동사의 동사원형을 써 봅시다.

> **보기**　　　　　　supe → saber

1. dije　　　–　________________
2. vine　　　–　________________
3. pude　　　–　________________
4. estuve　　–　________________
5. hice　　　–　________________
6. traje　　　–　________________
7. tuve　　　–　________________
8. di　　　　–　________________
9. vi　　　　–　________________
10. puse　　–　________________
11. conduje　–　________________
12. anduve　–　________________
13. fui　　　–　________________
14. quise　　–　________________

F　단순과거 불규칙동사로 동사 변화해 봅시다.

> **보기**　　　　　Traer / él　　　trajo

1. Poner / él   – _______________________
2. Traer / usted   – _______________________
3. Decir / ustedes   – _______________________
4. Traducir / yo   – _______________________
5. Saber / vosotros   – _______________________
6. Venir / él   – _______________________
7. Querer / ella   – _______________________
8. Producir / ellos   – _______________________
9. Poder / tú   – _______________________
10. Hacer / ellos   – _______________________
11. Estar / tú   – _______________________
12. Tener / él   – _______________________
13. Ir / yo   – _______________________
14. Ser / ellas   – _______________________

G 2인칭 단수형으로 질문해 봅시다.

> **보기**   Ir a clase → ¿Fuiste a clase? (수업에 갔니?)

1. Poner la lavadora   – _______________________
2. Tener hambre   – _______________________
3. Traer el libro   – _______________________
4. Poder ver a Charo   – _______________________
5. Hacer la compra en el mercado   – _______________________
6. Dar un paseo   – _______________________
7. Ver la tele   – _______________________
8. Venir a clase   – _______________________
9. Conducir el coche   – _______________________
10. Decir la verdad a tu novia   – _______________________
11. Ir a la peluquería   – _______________________
12. Andar mucho   – _______________________

H 단순과거형을 사용하여 문장을 만들어 봅시다.

> **보기** Decir / irse a casa
> – Dijo que se fue a casa. (집에 갔다고 말했다.)

1. Decir / asistir a la reunión   – ______________________
2. Decir / ponerse muy nervioso ayer – ______________________
3. Decir / conducir muy rápido   – ______________________
4. Decir / ver la tele todo el día   – ______________________
5. Decir / hacer la cena para su esposo

       – ______________________
6. Decir / pagar la cuenta anoche   – ______________________
7. Decir / andar toda la tarde   – ______________________
8. Decir / ser un día muy feliz   – ______________________
9. Decir / dormirse durante la clase – ______________________
10. Decir / traer la medicina   – ______________________

I 단순과거 불규칙동사를 동사 변화해 봅시다.

> **보기** Pedir   (pidió, ella)   (pidieron, ellos)

	Él/ella/usted	Ellos/ellas/ustedes
1. Dormir	______________	durmieron
2. Sentirse	se sintió	______________
3. Construir	______________	construyeron
4. Vestirse	se vistió	______________
5. Seguir	______________	siguieron
6. Morir	______________	murieron
7. Preferir	prefirió	______________
8. Leer	______________	leyeron

9. Servir   sirvió   ______________

10. Oír   ______________   oyeron

J 다음 질문을 읽고 보기와 같이 대답해 봅시다.

> **보기**
>
> E1: ¿Cuánto (tiempo) hace que terminó la Segunda Guerra Mundial? (1945)
>
> (제 2차 세계대전이 끝났지 얼마나 되었어?)
>
> E2: Terminó hace más de sesenta años. (60년 이상 전에 끝났어.)
>
> Hace más de sesenta años que terminó.
>
> (전쟁이 끝난지 60년 이상 되었어.)

1. ¿Cuánto tiempo hace que Alejandro G. Bell inventó el teléfono? (1876)

   – ____

2. ¿Cuánto tiempo hace que Gustavo Eiffel construyó la Torre Eiffel? (1889)

   – ____

3. ¿Cuánto hace que murió Pancho Villa? (1923)

   – ____

4. ¿Cuánto tiempo hace que Colón llegó a América? (1492)

   – ____

5. ¿Cuánto hace que murió Francisco Franco, el dictador de España? (1975)

   – ____

6. ¿Cuánto hace que Alemania se unificó? (1990)

   – ____

말 하 기

A 다음 보기와 같이 단순과거로 서로 묻고 대답해 봅시다.

¿Qué hiciste ayer? (어제 뭐 했어?)

> E1: ¿Estudiaste español? (스페인어 공부했어?)
> E2: Sí, estudié. (응, 공부했어.)
> No, no estudié. (아니, 공부 안 했어.)

Estudiante 1	Estudiante 2
1. Estudiar español (스페인어 공부하기)	__________
2. Comprar la comida (장보기)	__________
3. Hablar por teléfono con amigos (친구와 전화통화하기)	__________
4. Escribir un e-mail (이메일 쓰기)	__________
5. Comer en un restaurante (레스토랑에서 밥 먹기)	__________
6. Visitar a un amigo/una amiga (친구 방문하기)	__________
7. Pasear en el parque (공원에서 산책하기)	__________
8. Tomar un café en la cafetería (커피숍에서 커피 마시기)	__________
9. Cocinar (요리하기)	__________
10. Lavar los platos (설거지하기)	__________
11. Salir con amigos (친구와 나가 놀기)	__________
12. Limpiar la casa (집 청소하기)	__________
13. Ver la televisión (텔레비전 보기)	__________
14. Asistir a una clase (수업에 참석하기)	__________
15. Bailar en una fiesta (파티에서 춤추기)	__________
16. Acostarse tarde (늦게 자기)	__________
17. Levantarse temprano (일찍 일어나기)	__________

Ayer mi compañero/a ______________________________________

____

____

B 단순과거를 사용하여 서로 묻고 대답해 봅시다.

¿Qué hiciste anoche(esta mañana)? (어젯밤에/오늘 아침에 뭐 했어?)

Anoche (어젯밤)	Tu compañero/a
1. ¿Trabajaste? (일했어?)	
2. ¿A qué hora volviste a casa? (집에 몇 시에 돌아왔어?)	
3. ¿Estudiaste español? (스페인어 공부했어?)	
4. ¿Hablaste por teléfono con tus amigos? (친구들과 전화통화했어?)	
5. ¿Escuchaste música? (음악 들었어?)	
6. ¿Viste la televisión? (텔레비전 봤어?)	
7. ¿Navegaste por Internet? (인터넷 했어?)	
8. ¿A qué hora te acostaste? (몇 시에 잤어?)	
Esta mañana (오늘 아침)	
1. ¿A qué hora te levantaste? (몇 시에 일어났어?)	
2. ¿Te duchaste? (샤워했어?)	
3. ¿A qué hora saliste de casa? (몇 시에 집에서 나갔어?)	
4. ¿A qué hora llegaste a la escuela? (몇 시에 학원에 도착했어?)	
5. ¿A qué clase asististe primero? (무슨 수업에 참석했어?)	
6. ¿Desayunaste? (아침 먹었어?)	

Anoche mi compañero/a ___________________________________

y esta mañana ___________________________________

____

C 단순과거를 사용하여 서로 묻고 대답해 봅시다.

¿Qué hiciste el fin de semana pasado? (지난 주말에 뭐 했어?)

Estudiante 1	Estudiante 2
1. ¿Saliste a almorzar? (점심 먹으러 나갔어?) ¿Dónde almorzaste? (어디서 점심 먹었어?) ¿Con quién almorzaste? (누구랑 점심 먹었어?)	
2. ¿Hiciste ejercicio? (운동했어?) ¿Qué deporte practicaste? (어떤 스포츠를 했어?) ¿Diste un paseo? (산책했어?)	
3. ¿Viste la televisión? (텔레비전 봤어?) ¿Qué programa viste? (어떤 프로그램을 봤어?) ¿Te gustó? (그 프로그램 맘에 들었어?)	
4. ¿A qué hora te acostaste el sábado? (토요일에 몇 시에 잤어?) ¿A qué hora te levantaste el domingo por la mañana? (일요일 아침에 몇 시에 일어났어?)	
5. ¿Estudiaste español? (스페인어 공부했어?) ¿Hiciste los deberes de español? (스페인어 숙제했어?) ¿Practicaste español? (스페인어 연습했어?)	
6. ¿Limpiaste tu cuarto? (방 청소했어?) ¿Cocinaste? (요리했어?) ¿Qué comida cocinaste? (어떤 요리했어?) ¿Lavaste los platos? (설거지 했어?) ¿Pusiste la lavadora? (빨래했어?) ¿Pasaste la aspiradora? (진공청소기로 청소했어?)	
7. ¿Fuiste al cine? (영화관에 갔어?) ¿Qué película viste? (어떤 영화를 봤어?) ¿Qué tipo de película fue? (어떤 종류의 영화였어?) ¿Qué actor/actriz salió en la película? (그 영화에 어떤 배우가 나왔어?) ¿Te gustó la película? (영화는 좋았어?)	

306

El fin de semana pasado mi compañero/a ___________________________

____

D 다음 질문에 스페인어로 대답해 봅시다.

¿Qué hizo usted el sábado pasado?

(당신은 지난 토요일에 무엇을 했나요?)

Estudiante 1	Estudiante 2
1. ¿Se levantó tarde? (늦게 일어났나요?) ¿A qué hora se levantó? (몇 시에 일어났어요?)	
2. ¿Leyó el periódico? (신문 읽었어요?)	
3. ¿Tomó el café? (커피를 마셨나요?)	
4. ¿Hizo ejercicio? (운동했어요?)	
5. ¿Almorzó en casa o fuera de casa? (집에서 점심을 먹었어요 아니면 외식했어요?)	
6. ¿Salió con un amigo/una amiga? (친구와 나갔나요?) ¿A dónde fueron? (어디에 갔어요?) ¿Se divirtieron mucho? (재미있게 보냈어요?)	
7. ¿Dio una fiesta en casa? (집에서 파티를 했어요?)	
8. ¿Vio la televisión? (텔레비전을 봤나요?)	
9. ¿Leyó una novela? (소설을 읽었나요?)	
10. ¿A qué hora se acostó? (몇 시에 잤나요?) ¿Durmió muchas horas? (많은 시간을 잤나요?)	

El sábado pasado mi compañero/a ___________________________

____

____

E 다음 보기와 같이 주말에 한 일을 말해 봅시다.

> 보기
>
> Mi amigo Jorge y yo fuimos al cine el sábado.
> (토요일에 나의 친구 호르헤와 나는 영화관에 갔다.)

Mis amigos y yo	mi novio/a y yo	Mi familia y yo
	Mi esposo/a y yo	Mi hijo/a y yo

El fin de semana pasado ________________________________

y ________________________________

____

F 다음 보기와 같이 서로 묻고 대답해 봅시다.

> 보기
>
> E1: ¿Cuánto tiempo hace que empezaste a estudiar español?
> (스페인어 공부 시작한지 얼마나 되었어?)
> E2: Hace 5 meses que empecé a estudiar. (5개월 되었어.)
> Empecé a estudiar hace 5 meses. (5개월 전에 시작했어.)

Estudiante 1	Estudiante 2
1. ¿Cuánto tiempo hace que empezaste a estudiar español? (스페인어 공부 시작한지 얼마나 되었니?)	
2. ¿Cuánto tiempo hace que fuiste al extranjero? (외국에 나간지 얼마나 되었니?)	
3. ¿Cuánto tiempo hace que conociste a tu novio/novia? (남자친구/여자친구 만난지 얼마나 되었니?)	
4. ¿Cuánto tiempo hace que viste a tu mejor amigo? (가장 친한 친구 만난지 얼마나 되었니?)	

Estudiante 1	Estudiante 2
5. ¿Cuánto tiempo hace que fuiste a la peluquería? (헤어샵에 간지 얼마나 되었니?)	
6. ¿Cuánto tiempo hace que te compraste un libro? (책을 산지 얼마나 되었니?)	
7. ¿Cuánto tiempo hace que te dieron tu primer beso? (첫키스한지 얼마나 되었니?)	
8. ¿Cuánto tiempo hace que saliste con un amigo/una amiga? (친구랑 놀러 나간지 얼마나 되었니?)	
9. ¿Cuánto tiempo hace que te graduaste en la escuela secundaria? (중학교 졸업한지 얼마나 되었니?)	
10. ¿Cuánto tiempo hace que cumpliste años? (생일을 맞은지 얼마나 되었니?)	
11. ¿Cuánto tiempo hace que te matriculaste en la universidad? (대학 입학한지 얼마나 되었니?)	
12. ¿Cuánto tiempo hace que te enamoraste por última vez? (마지막으로 사랑에 빠진지 얼마나 되었니?)	
13. _______________________	

Mi compañero/a _______________________ hace _______________________

y _______________________ hace _______________________

____

G 동료들에게 다음 일들을 마지막으로 한 게 언제인지 아래의 부사구를 사용하여 서로 묻고 대답해 봅시다.

보기

> E1: ¿Cuándo fuiste a una discoteca por última vez?
>   (언제 마지막으로 디스코텍을 갔어?)
> E2: Hace mucho tiempo. (오래전에.)
> E3: Yo fui el viernes pasado. (지난 금요일에 갔어.)

ayer (어제) / anteayer (그저께) / anoche (어젯밤)

el año pasado (작년에) / el mes pasado (지난달에) / la semana pasada (지난주에)

en 1998/2001 (1998/2001년에)

en noviembre (11월에) / diciembre (12월에) / julio (7월에) / enero (1월에)

hace 2 meses (2달 전에) / una semana (1주일 전에) / un año (1년 전에) / diez años (10년 전에) / unos días (며칠 전에)

Estudiante 1	Estudiante 2
1. Comer pescado (생선 먹기)	
2. Ir a una discoteca (클럽에 가기)	
3. Ver una película en el cine (영화관에서 영화 보기)	
4. Estar unos días en el campo o en la playa (시골/해변에서 며칠 지내기)	
5. Venir a clase con pocas ganas de estudiar (공부하기 싫은데 수업에 오기)	
6. Comprar algo en Internet (인터넷으로 물건 사기)	
7. Tener dolor de cabeza (두통)	
8. Pedir dinero prestado (돈 빌리기)	
9. Dormirse en una clase (수업 시간에 자기)	
10. Estar en un atasco (교통체증에 시달리기)	

Mi compañero/a _______________________

____

듣 기

A Miguel과 Carmen이 지난 주말에 한 일에 대해 나누는 대화를 듣고 큰 소리로 따라 읽어 봅시다.

Miguel: ¿Qué hiciste el fin de semana pasado?

Carmen: El sábado salí a almorzar con unas amigas en un restaurante.

Miguel: ¿Qué comisteis?

Carmen: Comimos pescado. Nos gustó mucho.

Miguel: Después, ¿qué hicisteis?

Carmen: Dimos un paseo. Fuimos a una cafetería y charlamos mucho.

Miguel: ¿A qué hora volviste a casa?

Carmen: Volví a las nueve. Me cansé de caminar mucho y me dormí. Y tú, ¿qué hiciste?

Miguel: Yo no salí de casa. Estuve todo el fin de semana en casa. Pero hice muchas cosas. El sábado hice las tareas de casa. Hice la limpieza, puse la lavadora y cociné.

Carmen: ¿Qué hiciste el domingo?

Miguel: El domingo vino un amigo a mi casa. Hicimos los deberes de español y practicamos un poco. Después vimos una película por la tele.

Carmen: ¿Te gustó la película?

Miguel: Sí, me encantó. Fue una película de risa y nos reímos mucho.

주요 어휘

(el) fin 끝　　(la) semana 주　　pasado/a 지난　　(el) sábado 토요일　　almorzar 점심 먹다　　(el) restaurante 식당, 레스토랑　　comer 먹다　　gustar 좋아하다　　después 후에, 나중에　　dar 주다　　(el) paseo 산책　　(la) cafetería 커피숍　　charlar 수다 떨다　　cansarse 피곤(피로)하다, 지치다　　caminar 걷다　　dormirse 잠들다　　(la) cosa 것, 일　　(la) tarea 일, 업무　　(la) limpieza 청소　　poner 켜다　　(la) lavadora 세탁기

cocinar 요리하다   venir 오다   (los) deberes 숙제   practicar 연습하다   ver 보다   (la) película 영화   (la) risa 웃음   reírse 웃다

주요 표현

1. ⟨dar un paeo⟩는 '산책하다' 라는 의미의 숙어적 표현으로 동의어는 pasear가 있다.
2. ⟨Nos reímos mucho⟩는 '우리는 많이 웃었다'로 직역할 수 있는데, 그만큼 '재미있게 즐겁게 보냈다'는 의미로 스페인에서 자주 사용되는 구어적 표현이다.
3. ⟨¿Te gustó la película?⟩는 '영화가 좋았니?' 라는 의미로 la película가 단수 명사이므로 gustar의 단순과거 3인칭 단수 동사형인 gustó가 오게 된다.

B Natalia와 Pedro가 지난 휴가에 대해 나누는 대화를 듣고 큰소리로 따라 읽어 봅시다. **35**

Natalia: ¿Qué hiciste las vacaciones pasadas?

Pedro: Fui de excursión con unos amigos a la montaña.

Natalia: ¿Dónde fuisteis?

Pedro: Fuimos a los Pirineos y acampamos. Hicimos senderismo y caminamos mucho.

Natalia: ¿Cómo fue el tiempo? ¿Hizo mucho calor?

Pedro: ¡Qué va! Fue un día estupendo. Hizo un día muy claro y pudimos respirar aire limpio. ¿Y tú qué hiciste?

Natalia: Pues yo estuve en la playa. Fui con mi esposo a las Islas Canarias. Conocimos sitios preciosos e hicimos muchas excursiones. Fue muy divertido.

Pedro: ¿Dónde dormisteis?

Natalia: Dormimos en un hotel cerca de la playa. La vista fue fantástica.

Pedro: ¿Comisteis platos típicos?

Natalia: Sí, comimos un marisco riquísimo que nos gustó mucho.

Pedro: ¿Hicisteis submarinismo en el mar?

Natalia: Sí, hicimos submarinismo, hicimos windsurf y tomamos el sol.

Pedro: ¿Sacaste muchas fotos?

Natalia: Claro, saqué unas fotos muy bonitas.

Pedro: La próxima vez me las enseñas, ¿vale?

Natalia: Sí, de acuerdo.

주 요 어 휘

(las) vacaciones 휴가　pasado/a/os/as 지난　(la) excursión 소풍　(la) montaña 산　acampar 캠핑하다　(el) senderismo 하이킹　caminar 걷다　estupendo 멋진, 훌륭한　claro 맑은　respirar 숨쉬다, 호흡하다　(el) aire 공기　limpio/a 깨끗한　(la) playa 해변　(el) esposo 남편　(la) isla 섬　conocer 알다　(el) sitio 장소, 곳　precioso/a 아름다운　divertido/a 재미있는　cerca 가까이　(el) mar 바다　(la) vista 전망　fantástico/a 환상적인　(el) plato 음식　riquísimo/a 정말 맛있는(rico의 최상급)　(el) marisco 해산물　gustar 좋아하다　(el) submarinismo 스쿠버다이빙　(el) windsurf 윈드서핑　(el) acuerdo 동의, 합의　(la) foto 사진　enseñar 보여주다

주 요 표 현

1. 〈¡Qué va!〉는 '절대 아니야' 라는 완전 부정의 구어적 표현으로 유사한 표현으로는 ¡Claro que no!, ¡Por supuesto que no! 등이 있다.

2. 〈Nos gustó mucho〉는 '정말 좋았어' 라는 gustar 동사 구문으로 gustar 동사 다음에는 주로 3인칭 단수 및 복수 동사가 오므로 Me gustó(encantó) la comida 혹은 Me gustaron (encantaron) los platos 등으로 표현할 수 있다.

3. 〈¿vale?〉는 '오케이?, 알았지?' 라는 의미로 스페인 반도 현지에서 주로 쓰는 구어체이며, 유사한 표현으로는 Sí, De acuerdo 등이 있다.

쓰   기

A 다음 단어들을 정렬하여 문장을 완성해 봅시다. (단순과거 규칙동사)

1. pasado El amigos salí mis sábado de noche con.

   – _______________________________________

2. a amigos Yo cenar invité mis a ayer

   – _______________________________________

3. afeité me cara me Primero lavé la y

   – _______________________________________

4. ¿hora anoche qué acostaste A te?

   – _______________________________________

5. restaurante Ayer un de almorcé en casa cerca chino mi

   – _______________________________________

6. la noticias tele vi las Anoche en

   – _______________________________________

7. esposa España Conocí a en mi

   – _______________________________________

8. ¿español la Estudiaste de clase para?

   – _______________________________________

B 다음 단어들을 정렬하여 문장을 완성해 봅시다. (단순과거 불규칙동사)

1. Por mar al tarde anduve junto la

   – _______________________________________

2. una vi Por de noche puesta sol la

   – _______________________________________

3. novela/bañé/leí/y/me/Anoche/la

   – _______________________________________

4. Ayer cine fui Rosa al con

  – _______________________________________

5. viernes bici excursión de El fui en

  – _______________________________________

6. pasada vi calle la semana La a amiga una en

  – _______________________________________

7. ¿novio verdad a Tú la dijiste tu?

  – _______________________________________

8. Londres estuvieron pasado ellos en mes El

  – _______________________________________

Antes sabía hablar español, pero ahora sé muy poco.
(예전에는 스페인어를 할 줄 알았는데,
지금은 거의 못해.)

Cuando llegué a la estación, el tren ya había salido.
(역에 도착했을 때, 기차는 이미 떠났다.)

- 계속과거
- 대과거

문법

1 계속과거

스페인어에서 계속과거는 행위와 액션, 결과 등을 나타내는 단순과거와는 달리 반복, 습관, 묘사, 진행 등의 의미를 전달할 때 쓰이는 과거시제이다.

Ⓐ 형태

1. 규칙형

인칭대명사	Hablar (말하다)	Comer (먹다)	Escribir (쓰다)
Yo	habl-aba	com-ía	escrib-ía
Tú	habl-abas	com-ías	escrib-ías
Él/ella/usted	habl-aba	com-ía	escrib-ía
Nosotros/as	habl-ábamos	com-íamos	escrib-íamos
Vosotros/as	habl-abais	com-íais	escrib-íais
Ellos/ellas/Uds.	habl-aban	com-ían	escrib-ían

2. 불규칙형

인칭대명사	Ir (가다)	Ser (~이다)	Ver (보다)
Yo	iba	era	veía
Tú	ibas	eras	veías
Él/ella/usted	iba	era	veía
Nosotros/as	íbamos	éramos	veíamos
Vosotros/as	ibais	erais	veíais
Ellos/ellas/Uds.	iban	eran	veían

B 용법

1. 상황을 묘사하거나 시간, 장소, 때, 위치 등을 표현할 때는 주로 계속과거를 사용한다.

   <u>Eran</u> las nueve. (9시였다.)
   <u>Hacía</u> mucho frío. (날씨가 추웠다.)
   <u>Tenía</u> 30 años. (나이가 30살이었다.)
   Mi casa <u>estaba</u> muy lejos de Madrid. (나의 집은 마드리드에서 멀리 있었다.)

2. 말하는 사람의 상태, 상황 및 사람을 묘사할 때에도 계속과거를 사용한다.

   <u>Estaba</u> muy cansado. (그는 매우 피곤했다.)
   No <u>llevaba</u> gafas. (그는 안경을 쓰고 있지 않았다.)
   <u>Tenía</u> mucha hambre. (배가 많이 고팠다.)
   <u>Había</u> mucho tráfico. (교통이 혼잡했다.)

3. 과거의 습관, 반복의 의미를 전달하며, '~하곤 했었지'로 해석될 수 있다. 따라서 계속과거는 주로 다음 상자의 부사구와 함께 사용된다.

   > siempre (항상)
   > nunca (결코, 절대로 ~ 아니다)
   > todos los veranos (매년 여름)
   > todos los días (매일)
   > todos los domingos (일요일마다)
   > cada vez (매번)
   > muchas veces (많이)
   > generalmente (평소에)
   > de costumbre (습관적으로)

   Cuando <u>era</u> joven, yo <u>iba</u> al mar todos los veranos.
   (나는 젊었을 때, 매년 여름이면 바다에 가곤 했었다.)
   Los chicos <u>iban</u> a la biblioteca a menudo.
   (그 남자 아이들은 자주 도서관에 갔었지.)

Tú siempre te acostabas temprano.
(넌 항상 일찍 잠자리에 들었어.)

4. 현재와 과거의 사실의 대조적인 사실을 표현할 때, antes와 함께 쓰여 '예전에는 ~
   했었지'의 의미로 해석될 수 있다.

> Antes + 계속과거   Ahora + 현재

Ahora hablo español. Antes solo hablaba francés.
(예전에는 프랑스어만 말할 줄 알았는데, 지금은 스페인어도 할 줄 알아.)
Antes tenía muchos amigos. Ahora solo tengo dos o tres.
(예전에는 많은 친구가 있었는데, 지금은 두세 명밖에 없어.)
Antes salía mucho. Estos días solo estoy en casa sin salir.
(예전엔 많이 나가 놀았는데, 요즘은 집에만 있어.)
Antes viajaba mucho. (= pero ahora no tanto)
(예전엔 여행을 많이 했었는데, 지금은 그렇게 많이 하지 않아.)

2 대과거

단순과거보다 한 시제 앞선 과거를 나타낸다. 즉 영어의 대과거에 해당한다.

A 형태

Haber 동사의 계속과거	과거분사
había	
habías	llegado (이미 도착했다)
había	
habíamos	cogido (이미 탔다)
habíais	
habían	escrito (이미 썼다)

Cuando llegamos a la estación, el tren ya había salido.

(우리가 역에 도착했을 때는, 이미 기차가 출발했다.)

Cuando salí de casa, había parado de llover.

(내가 집에서 나갔을 때, 비가 이미 그쳤다.)

연습문제

A ar형 동사를 계속과거 형태로 변화시켜 봅시다.

보기	Hablar (yo) – hablaba

1. Comprar (yo) – ______________________
2. Cantar (ella) – ______________________
3. Empezar (tú) – ______________________
4. Pensar (ustedes) – ______________________
5. Recordar (nosotros) – ______________________
6. Estar (él) – ______________________
7. Trabajar (tú) – ______________________
8. Gritar (yo) – ______________________
9. Cenar (vosotros) – ______________________
10. Estudiar (ellos) – ______________________

B er/ir형 동사를 계속과거 형태로 변화시켜 봅시다.

보기	Tener (yo) – tenía

1. Poder (yo) – ______________________
2. Tener (ella) – ______________________
3. Salir (tú) – ______________________
4. Preferir (ella) – ______________________
5. Vivir (nosotros) – ______________________
6. Hacer (usted) – ______________________
7. Oír (ustedes) – ______________________

8. Decir (tú)   – _______________________

9. Querer (yo)   – _______________________

10. Seguir (vosotros)   – _______________________

C 다음 동사를 계속과거 형태로 변화시켜 봅시다.

> 보기
>
> Ser (yo) – era   Ir (ella) – iba

1. Ser (tú) – _______________________
2. Ser (ella) – _______________________
3. Ser (nosotros) – _______________________
4. Ir (tú) – _______________________
5. Ir (vosotros) – _______________________
6. Ir (él) – _______________________
7. Ir (yo) – _______________________
8. Ver (yo) – _______________________
9. Ver (tú) – _______________________
10. Ver (ellos) – _______________________

D 다음 보기와 같이 Sí 혹은 No로 대답해 봅시다.

> 보기
>
> ¿Había mucha gente en el centro? (시내에 사람들이 많았어?)
>
> – No, no había mucha gente en el centro.
>
> (아니, 사람들이 많지 않았어.)

1. ¿Tenías problemas con el ordenador ayer?

         – Sí, _______________________

2. ¿Hacía mucho frío?   – No, __________________________

3. ¿Estabas en casa ayer?   – Sí, __________________________

4. ¿Conocías Sevilla?   – No, __________________________

5. ¿Viajabas mucho?   – Sí, __________________________

6. ¿Llovía mucho en verano?   – Sí, __________________________

7. ¿Comías a menudo con tus padres?

                             – No, __________________________

8. ¿Ibas al cine a menudo?   – Sí, __________________________

9. ¿Había mucho tráfico?   – No, __________________________

10. ¿Dabas propina a los camareros?

                             – Sí, __________________________

E antes + 계속과거 형태로 연습해 봅시다.

> **보기**
> Ahora trabajo en una empresa italiana.
> (지금은 이탈리아 회사에서 일해.)
> – Antes no trabajaba en una empresa italiana.
> (예전에는 이탈리아 회사에서 일하지 않았어.)

1. Ahora duermo la siesta.   – __________________________

2. Ahora quiero salir a cenar.   – __________________________

3. Ahora nado en el mar.   – __________________________

4. Ahora empiezo a trabajar a las siete.

                            – __________________________

5. Ahora compro por Internet.   – __________________________

6. Ahora juego al fútbol.   – __________________________

7. Ahora hay un teatro.   – __________________________

8. Ahora hay un bar al lado de la farmacia.

                            – __________________________

F antes + 계속과거 형태로 연습해 봅시다.

> **보기**
>
> Ya no <u>estudio</u> tanto pero antes <u>estudiaba</u> mucho.
> (이제 더 이상 공부를 그렇게 많이 하지 않아, 하지만 예전엔 공부를 많이 했었어.)

1. Ya no salgo tanto de noche, pero antes ______________ mucho.
2. Ya no vengo tanto por aquí, pero antes ______________ mucho.
3. Ya no leo tanto, pero antes ______________ mucho.
4. Ya no sé hablar francés, pero antes ______________ mucho.
5. Ya no tengo coche, pero antes ______________ dos.
6. Ya no escribo tantas cartas, pero antes ______________ muchas.
7. Ya no compro tantos libros, pero antes ______________ muchos.
8. Ya no tengo tanto dinero, pero antes ______________ mucho.

G 18살 때의 경험 유무를 계속과거로 동사 변화하여 봅시다.

> **보기**
>
> ¿Qué hacías cuando tenías 18 años? (18살 때 무엇을 했어?)
> Aprender idiomas.
> – Sí, aprendía idiomas. (언어를 배웠었어.)
> – Nunca aprendía idiomas. (언어를 한 번도 배우지 않았었어.)

1. Hacer fiestas con amigos – ______________________________
2. Jugar al fútbol – ______________________________
3. Ir a la iglesia – ______________________________
4. Fumar – ______________________________
5. Tener portátil – ______________________________
6. Llevar gafas – ______________________________
7. Tener novio/a – ______________________________
8. Trabajar – ______________________________
9. Estudiar mucho – ______________________________
10. Ser deportista – ______________________________

H 대과거 형태로 동사 변화해 봅시다.

> **보기**　Hablar / yo　　　　　　　– había hablado

1. Ser / yo　　　　　　　　–
2. Abrir / ella　　　　　　–
3. Hacer / nosotros　　　　–
4. Poner / Ud.　　　　　　–
5. Decir / tú　　　　　　　–
6. Volver / yo　　　　　　–
7. Romper / él　　　　　　–
8. Levantarse / ella　　　　–
9. Escribir / vosotros　　　–
10. Dar / ellos　　　　　　–

I 단순과거와 대과거를 사용하여 문장을 만들어 봅시다.

> **보기**　Yo / llegar a la ciudad. José / marcharse
> – Cuando llegué a la ciudad, José se había marchado.
> (도시에 도착했을 때, 호세는 이미 떠났다.)

1. Yo / entrar en el cine. La película / empezar

　–

2. Yo / ver a María. Ella / cortarse el pelo

　–

3. Yo / conocer a Rosa. Ella / casarse

　–

4. El médico / llegar. El enfermo / morirse

　–

5. Yo / conocer a Luis. Él / comprar el piso

　–

6. Nosotros / ir a comprar. Los grandes almacenes / cerrar

   – ______________________________

7. Nosotros / llegar a la estación. El autobús / salir

   – ______________________________

8. Yo / ir a casa de mis amigos. Ellos / cenar

   – ______________________________

J   Virginia가 Rubén에게 말한 내용을 간접화법으로 전달해 봅시다.

> **보기**   Me lo pasé muy bien
> – Dijo que se lo había pasado muy bien.
> (아주 재미있게 잘 보냈다고 말했어.)

1. Conocí a un chico muy simpático

   – Dijo que ______________________

2. Estuve en muchas fiestas de mis nuevos amigos.

   – Dijo que ______________________

3. Me gusta mucho la experiencia.

   – Dijo que ______________________

4. Trabajé mucho para ganar dinero.

   – Dijo que ______________________

5. Visité muchos museos y ciudades.

   – Dijo que ______________________

6. Aprendí mucho y pude practicar la lengua.

   – Dijo que ______________________

7. Fui al cine y vi la película con Yolanda.

   – Dijo que ______________________

8. Di un paseo en la playa y monté a caballo.

   – Dijo que ______________________

말 하 기

 **A** 어린 시절을 회상하며 동료에게 계속과거 시제로 질문하고 대답해 봅시다.

¿Qué hacías cuando eras niño/a (pequeño/a)?

(어렸을 때 무엇을 했었니?)

Estudiante 1		Estudiante 2
Físico (신체적 특성)	Cuando eras niño/a Cuando eras pequeño/a (어렸을 때)	
1. ¿Ser alto/a o bajo/a? (키가 컸니 아니면 작았어?)		
2. ¿Ser gordo/a o delgado/a? (뚱뚱했어 아니면 날씬했어?)		
3. ¿Llevar el pelo largo o corto? (머리가 길었어 아니면 짧았어?)		
4. ¿Llevar el pelo rizado o liso? (곱슬머리였어 아니면 직모였어?)		
5. ¿Llevar gafas? (안경을 썼었니?)		
Carácter (성격)		
1. ¿Ser tímido/a o atrevido/a? (소심했어 아니면 적극적이었어?)		
2. ¿Ser gracioso/a o aburrido/a? (재미있는 아이였어 아니면 지루한 아이였어?)		
3. ¿Ser hablador/a o callado/a? (수다쟁이였어 아니면 과묵했어?)		
4. ¿Ser estudioso/a o juerguista? (공부벌레였어 아니면 놀기를 좋아했어?)		
5. ¿Ser tranquilo/a o nervioso/a? (침착했어 아니면 예민했어?)		
6. ¿Ser quieto/a o inquieto/a? (정적이었어 아니면 동적이었어?)		

Estudiante 1		Estudiante 2
Actividades (활동)		
1. ¿Ir al cine? (영화관에 갔었어?)	Cuando eras niño/a Cuando eras pequeño/a (어렸을 때)	
2. ¿Jugar con muñecas? (인형놀이 했었어?)		
3. ¿Comer muchos dulces? (사탕을 많이 먹었어?)		
4. ¿Ir a las fiestas? (파티에 갔었어?)		
5. ¿Acampar? (캠핑 갔었어?)		
6. ¿Visitar a los abuelos? (조부모님 댁에 자주 방문했었어?)		
7. ¿Sacar buenas notas? (성적이 좋았어?)		
8. ¿Ver dibujos animados en la tele? (텔레비전으로 만화를 봤어?)		
9. ¿Vivir en otra ciudad? (다른 도시에 살았어?)		
10. ¿Estudiar inglés? (영어를 공부했었어?)		
11. ¿Llorar? (울었었어?)		
12. ¿Pelear con hermano/a? (형제/자매와 싸웠어?)		
13. ¿Pedir dinero a tus padres? (부모님께 용돈을 요구했어?)		

보기

Rosa antes era muy delgada pero ahora es un poco gorda.

(로사는 예전에는 말랐으나 지금은 조금 뚱뚱하다.)

Rosa antes comía muchos dulces y ahora también come muchos dulces.

(로사는 예전에 사탕을 많이 먹었고 지금도 많이 먹는다.)

Mi compañero/a antes era ________________ pero ahora ____________

Antes ____________________ y ahora también ____________________

B 지금보다 더 어린 시절에는 무엇을 했는지 과거를 회상하며 동료들과 대화해 봅시다.

¿Qué hacías cuando eras un poco más joven?

(지금보다 좀 더 어렸을 때는 무엇을 했나요?)

¿Qué hacías?	Cuando __________________
1. ¿Dónde vivías __________?	
2. ¿Vivías con tu familia?	
3. ¿Eras buen/a estudiante?	
4. ¿Sacabas buenas notas?	
5. ¿Salías mucho de noche con amigos?	
6. ¿Tenías novio/a? ¿Era guapo/a?	
7. ¿Tenías muchos amigos/as?	
8. ¿Tenías mascotas?	Cuando eras niño/a
9. ¿Bebías mucho alcohol?	Cuando ibas al colegio
10. ¿Fumabas?	Cuando estudiabas Bachillerato
11. ¿Viajabas mucho?	Cuando estudiabas ESO
12. ¿Ganabas mucho dinero?	Cuando tenías veinte/treinta años
13. ¿Gastabas mucho dinero en la ropa?	Cuando ibas a la Universidad
14. ¿Estudiabas idiomas(español/inglés)?	Cuando vivías en México/España/China
15. ¿Ibas a menudo a las fiestas?	Cuando trabajabas en Japón/Estados Unidos
16. ¿Escribías cartas?	
17. ¿Sabías hablar español?	
18. ¿Comías mucha carne?	
19. ¿Hacías deporte?	
20. ¿Trabajabas mucho?	
21. ¿Dormías muchas horas?	
22. ¿Te gustaba leer/tocar los instrumentos musicales?	

Mi compañero/a ________________________________

y ________________________________ cuando ________________

____

듣　기

 Pedro가 친구 Clara에게 자신의 어린 시절에 대해 이야기해주고 있다.
대화를 듣고 큰소리로 따라 읽어 봅시다. 

Pedro:	Mira esta foto de cuando yo era pequeño.
Clara:	¡Qué guapo! ¿Cuántos años tenías aquí?
Pedro:	Tenía ocho años.
Clara:	¿Dónde vivías cuando eras niño?
Pedro:	Cuando era pequeño, vivía en un pueblo del sur.
Clara:	¿Cómo era el pueblo? ¿Era bonito?
Pedro:	Sí, era un pueblo muy bonito. Estaba rodeado de montañas y cerca había un lago.
Clara:	¿Cómo era tu vida en el pueblo? ¿Qué hacías?
Pedro:	Era una vida muy tranquila. Todos los días salía con mis amigos a pasear. Subíamos a los árboles a menudo. En verano, nos bañábamos en el lago.
Clara:	¿Cómo eras cuando eras niño?
Pedro:	Era muy activo y deportista. Y jugaba en el equipo del colegio. ¡Me gustaba mucho el deporte!
Clara:	¡Tenías un perro aquí! ¿Cómo se llamaba?
Pedro:	Se llamaba Maratón. Es que le encantaba correr.
Clara:	¿Echas de menos tu pueblo?
Pedro:	Sí, mucho. Quiero disfrutar de la tranquilidad del campo y del paisaje.
Clara:	¿Vas a menudo a tu pueblo?
Pedro:	Antes iba muy a menudo, pero ahora no puedo porque no tengo tiempo.

주요 어휘

mirar 보다 (la) foto 사진 pequeño/a 작은, 어린 guapo/a 잘생긴, 예쁜 (el) niño 남자 아이 (el) pueblo 마을 (el) sur 남쪽 bonito/a 아름다운 rodeado/a 둘러싸인, 에워싸인 (la) montaña 산 cerca 가까이 haber ~가 있다 (el) lago 호수 (la) vida 삶 tranquilo/a 조용한 pasear 산책하다 subir 오르다 (el) árbol 나무 (el) verano 여름 bañarse 목욕하다, 물놀이하다 activo/a 적극적인 deportista 스포츠를 잘하는 (el) equipo 팀 (el) colegio 초등학교 (el) deporte 스포츠 (el) perro 개 (el/la) maratón 마라톤 correr 달리다 disfrutar 즐기다 (la) tranquilidad 평온함, 고요함 (el) campo 시골 (el) paisaje 풍경 antes 예전에는 ahora 지금 (el) tiempo 시간

주요 표현

1. 〈echar de menos〉는 '그립다, 보고 싶다'는 표현으로, 'Te echo mucho de menos'(네가 많이 보고 싶다'는 의미이다.
2. 〈Quiero disfrutar de la tranquilidad del campo y del paisaje〉는 '시골의 평온함과 풍경을 즐기고 싶다.'라는 의미로 disfrutar de는 '~을 즐기다, 누리다'의 숙어적 표현이다.

쓰 기

A 다음 단어들을 정렬하여 문장을 만들어 봅시다.

1. a bicicleta Felipe en montaba menudo
   – ______________________________
2. en Mallorca las Estela en vacaciones pasaba verano
   – ______________________________
3. jardín abuelo El Alejandro el cuidaba de
   – ______________________________

4. ¿hacías cuando dieciocho Qué años tenías?

  – _______________________________________

5. en Antes una brasileña trabajaba empresa

  – _______________________________________

6. ¿los musicales gustaba instrumentos Te tocar?

  – _______________________________________

B 다음 문장을 스페인어로 작문해 봅시다.

1. 네가 어렸을 때는 어디에 살았었니?

  – _______________________________________

2. 매일 친구들과 산책하러 나갔었지.

  – _______________________________________

3. 내가 대학교 다닐 때 언어를 공부했었어.

  – _______________________________________

4. 예전엔 안경을 썼었는데, 지금은 쓰지 않아.

  – _______________________________________

5. 예전엔 책을 많이 읽었는데, 이제 더 이상 그렇게 많이 읽지 않아.

  – _______________________________________

6. 내가 역에 도착했을 때, 이미 기차가 떠났다.

  – _______________________________________

7. 호세가 영화를 봤는데, 아주 마음에 들었다고 말했다.

  – _______________________________________

8. 나는 어렸을 때, 운동을 많이 좋아했어.

  – _______________________________________

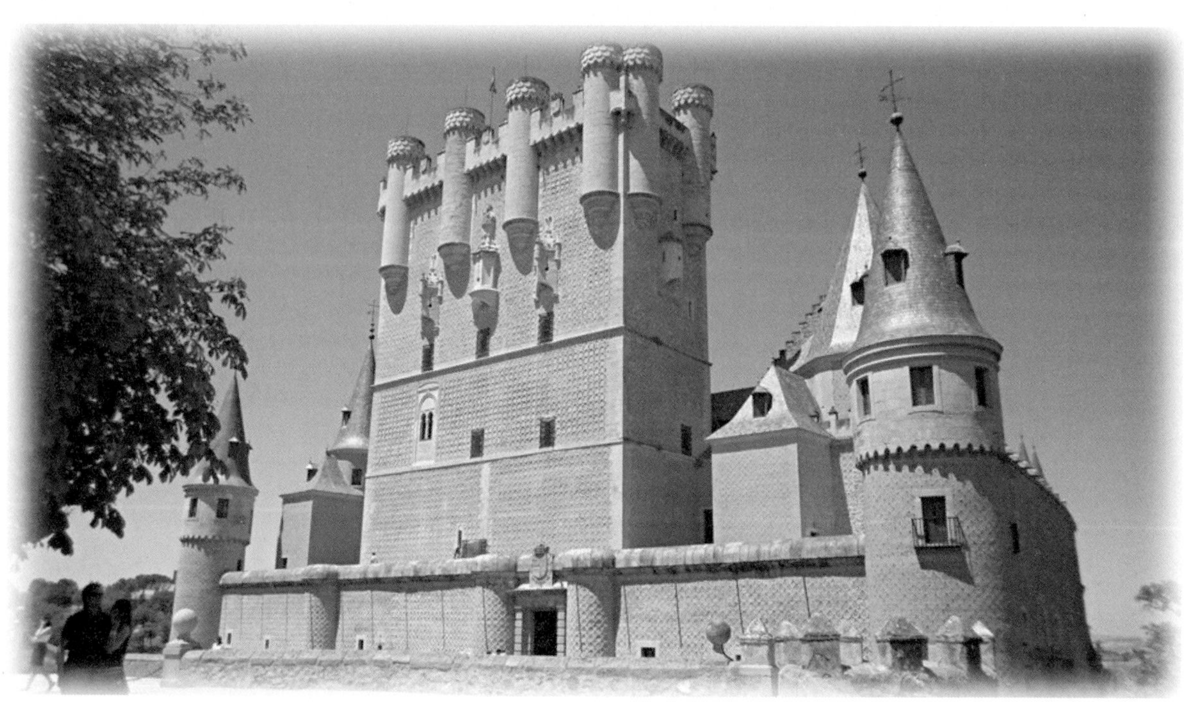

Este año no he estado en España, pero el año pasado estuve allí dos veces.

(올해에는 스페인에 간 적 없지만
작년에는 두 번 스페인에 있었다.)

Como tenía hambre, salí a comer en un restaurante.

(배가 고파서 식당에 밥 먹으러 나갔다.)

- 단순과거와 현재완료
- 단순과거와 계속과거
- 상태 동사의 단순과거와 계속과거

1 단순과거와 현재완료

A 현재완료

Haber 동사 + 과거분사		과거분사 불규칙형
he has ha hemos habéis han	llegado (llegar) comido (comer) salido (salir)	abrir → abierto decir → dicho describir → descrito escribir → escrito hacer → hecho poner → puesto romper → roto ver → visto volver → vuelto

• 단, 재귀대명사 및 목적격 대명시는 haber 동사 앞에 위치한다.

Esta mañana me he levatado a las siete. (오늘 아침에 7시에 일어났다.)

B 현재완료와 단순과거

현재완료는 현재와 가까운 과거를 나타낼 때, 단순과거는 과거의 어느 한 시점에서 일어난 과거사실을 표현할 때 쓰이며, 다음 상자에서와 같이 각각 다른 부사구와 함께 구분되어 사용된다.

현재에 가까운 과거를 나타낼 때 – 현재완료–	과거의 완료된 시점을 나타낼 때 – 단순과거 –
Hoy (오늘)	Ayer (어제)
Este verano (올 여름에)	Anoche (어젯밤에)
Este mes (이번 달에)	El verano pasado (지난 여름에)
Este año (올해)	El mes pasado (지난 달에)
Esta semana (이번 주에)	El año pasado (작년에)
Esta tarde (오늘 오후에)	La semana pasada (지난 주에)
Esta mañana (오늘 아침에)	El lunes pasado (지난 월요일에)
Esta noche (오늘 밤에)	En 2012 (2012년에)
Estas vacaciones (이번 휴가에)	Hace dos años (2년 전에)

2 단순과거와 계속과거

A Cuando 절에서

때를 나타내는 **Cuando** 절에서는 단순과거 및 계속과거 둘 다 올 수 있다.

> Cuando <u>era</u> joven,
> 내가 젊었을 때,(상황)
> <u>vivía</u> en el campo.
> 시골에 살았었어.(습관/계속)
>
> Cuando <u>entré</u> en casa,
> 내가 집에 들어갔을 때,(동작)
> <u>sonó</u> el teléfono.
> 전화벨이 울렸어.(동작/사건)
>
> Cuando <u>iba</u> a la oficina,
> 사무실에 가고 있는 중에,(계속/진행)
> <u>tuvo</u> un accidente.
> 사고가 났어.(동작/사건)

B Como와 Porque 절에서

'~ 때문에' 라고 해석되는 이유를 나타내는 절에서는 계속과거가 주로 쓰인다. 단, como 절은 문두에 오고, **porque** 절은 주로 문미에 오게 된다.

COMO와 PORQUE

• Como + 계속과거 (상황), + 단순과거 (행위)

<u>Como</u> tenía ganas de salir, Ignacio llamó a su amigo Paco.

(이그나시오는 밖에 나가고 싶어서, 친구 빠꼬에게 전화했다.)

• 단순과거 (행위) + porque + 계속과거 (상황)

Ignacio llamó a su amigo Paco <u>porque</u> tenía ganas de salir.

(이그나시오는 밖에 나가고 싶어서, 친구 빠꼬에게 전화했다.)

3 상태 동사의 단순과거와 계속과거

다음 동사들은 상태 동사로 단순과거와 계속과거 둘 다 쓰일 수 있으며, 의미가 서로 다르게 해석될 수 있다.

A 상태 동사

Conocer (알다/만나다)		Saber (알다)		Tener (가지다)	
단순과거	계속과거	단순과거	계속과거	단순과거	계속과거
conocí	conocía	supe	sabía	tuve	tenía
conociste	conocías	supiste	sabías	tuviste	tenías
conoció	conocía	supo	sabía	tuvo	tenía
conocimos	conocíamos	supimos	sabíamos	tuvimos	teníamos
conocisteis	conocíais	supisteis	sabíais	tuvisteis	teníais
conocieron	conocían	supieron	sabían	tuvieron	tenían

Poder (할 수 있다)		Querer (원하다)		Estar (~에 있다)	
단순과거	계속과거	단순과거	계속과거	단순과거	계속과거
pude	podía	quise	quería	estuve	estaba
pudiste	podías	quisiste	querías	estuviste	estabas
pudo	podía	quiso	quería	estuvo	estaba
pudimos	podíamos	quisimos	queríamos	estuvimos	estábamos
pudisteis	podíais	quisisteis	queríais	estuvisteis	estabais
pudieron	podían	quisieron	querían	estuvieron	estaban

Pensar (생각하다)		Creer (믿다/생각하다)		Ser (~ 이다)	
단순과거	계속과거	단순과거	계속과거	단순과거	계속과거
pensé	pensaba	creí	creía	fui	era
pensaste	pensabas	creíste	creías	fuiste	eras
pensó	pensaba	creyó	creía	fue	era
pensamos	pensábamos	creímos	creíamos	fuimos	éramos
pensasteis	pensabais	creísteis	creíais	fuisteis	erais
pensaron	pensaban	creyeron	creían	fueron	eran

B 단순과거와 계속과거의 의미상의 차이

1. Ella <u>tenía</u> muchas ideas. (그녀는 많은 생각을 가지고 있었다.: 상황/계속)
   Ella <u>tuvo</u> una idea. (그녀에게 어떤 생각이 떠올랐다.: 시점)

2. <u>Sabía</u> su nombre. (나는 그의 이름을 알고 있었다.: 계속)
   <u>Supe</u> su nombre. (그 때 그의 이름을 알았다.: 시점)

3. <u>Conocía</u> a Raquel. (라켈을 알고 지냈다.: 계속)
   <u>Conocí</u> a Raquel. (라켈을 처음으로 만났다.: 시점/결과)

4. No <u>podía</u> salir por la nieve. (눈 때문에 나갈 수가 없었다……: 상황/이유)
   No <u>pude</u> salir por la nieve.
   (눈 때문에 나갈 수 없었다, 그래서 결국 못 나갔다.: 시점/결과)

5. Jaime no <u>quería</u> ir en taxi. (하이메는 택시로 가길 원하지 않았다……: 상황/이유)
   Jaime no <u>quiso</u> ir en taxi. (하이메는 택시로 가길 거절했다.: 시점/결과)

6. <u>Pensé</u> que él era colombiano.
   (난 그가 콜롬비아 사람이라고 그때 생각했다.: 시점/결과)
   <u>Pensaba</u> que él era colombiano.
   (그가 콜롬비아 사람이라고 생각하고 지냈다.: 계속)

7. Aquí <u>había</u> una fiesta. (여기서 파티가 있었다.: 묘사/상황)
   Aquí <u>hubo</u> una fiesta. (여기서 파티가 열렸다.: 시점/결과)

8. ¿Dónde <u>estabas</u> cuando llamé? (내가 전화했을 때 넌 어디에 있었니?: 계속)
   <u>Estuve</u> diez horas en la oficina. (사무실에 10시간 있었다.: 시간의 제한점)

9. De niño <u>era</u> muy tímido. (어렸을 때 나는 소심했었어.: 습관/계속)
   Yo <u>fui</u> presidente seis años. (난 6년 동안 회장이었어.: 시간의 제한점)

연습문제

A 현재완료 시제로 묻고 단순과거 시제로 대답해 봅시다.

> 보기
> ¿Has visto a Juan? ayer (후안 봤어?)
> – Sí, lo vi ayer. (응, 어제 봤어.)

1. ¿Has hecho la cama? anoche
   – Sí, ____

2. ¿Has recibido el regalo? a las ocho
   – Sí, ____

3. ¿Has comprado el periódico? hace una hora
   – Sí, ____

4. ¿Has visitado el museo? hace dos horas
   – Sí, ____

5. ¿Has puesto la radio? ayer
   – Sí, ____

6. ¿Has leído el anuncio? anteayer
   – Sí, ____

7. ¿Has encontrado el paraguas? el sábado
   – Sí, ____

8. ¿Has dicho la verdad? ayer
   – Sí, ____

9. ¿Has roto el jarrón? anoche
   – Sí, ____

10. ¿Has tenido la reunión? hace una semana
    – Sí, ____

B 현재완료 또는 단순과거 중 선택해 봅시다.

> **보기** Ayer me he cortado/<u>corté</u> el pelo. (어제 머리를 잘랐다.)

1. Este año ha habido/hubo muchos participantes en la maratón.

2. Ayer nosotros hemos jugado/jugamos un partido de béisbol.

3. Esta semana han empezado/empezaron los Juegos Olímpicos.

4. Este año el Real Madrid ha perdido/perdió la liga.

5. Hoy mis amigos han salido/salieron a cenar.

6. El verano pasado yo he hecho/hice senderismo en los Alpes.

7. El año pasado he subido/subí al Annapurna.

8. Aquel año Nadal ha ganado/ganó la liga.

9. Esta mañana me he puesto/puse las botas nuevas.

10. Estas vacaciones hemos ido/fuimos a la playa.

C 현재완료와 단순과거 시제로 동사 변화하여 봅시다.

> **보기** Esta vez (venir/yo) <u>he venido</u> en tren, pero la vez pasada (venir/yo) <u>vine</u> en avión.
> (이번에는 기차로 왔으나 지난 번에는 비행기로 왔다.)

1. (Salir/yo) ___________ ayer a las nueve y (llegar/yo) ___________ esta mañana a las cinco.

2. (Marcharse/Susana) _____________ anoche muy enfadada y aún no (volver/ella) _____________

3. Ayer (elegir/yo) ___________ el hotel pero todavía no lo (reservar/yo) _____________

4. El verano pasado (estar/yo) ___________ en el extranjero pero este verano (quedarse/yo) ___________ en Corea.

5. Ayer (olvidarse/yo) ____________ de llamarte y (darse cuenta/yo) ____________ esta mañana.

6. Anoche mi novio me (dar/él) ____________ un regalo y lo (abrir/yo) ____________ hoy.

7. Cristina me (mandar/ella) ____________ el paquete el mes pasado y lo (recibir/yo) ____________ esta semana.

D 현재완료의 문장을 단순과거 형태로 만들어 봅시다.

> **보기**
> Él ha pedido la cuenta.
> – Él pidió la cuenta.

1. Ella ha puesto la lavadora.   – ____________________________

2. Los niños han jugado en el patio.
   – ____________________________

3. Jaime ha propuesto ir al cine.
   – ____________________________

4. ¿Qué has hecho?   – ____________________________

5. ¿Quién ha ganado?   – ____________________________

6. ¿Qué ha leído usted?   – ____________________________

7. Nosotros hemos traído las flores.
   – ____________________________

8. Me han dado el regalo.   – ____________________________

9. Yo he conducido el coche hasta Barcelona.
   – ____________________________

E 단순과거와 계속과거를 사용하여 연습해 봅시다.

> 보기 Empezó la película / Se durmió.
>
> – Cuando empezó la película, se durmió.
>
> (영화가 시작되었을 때, 그는 잠이 들어버렸다.)

1. Viajaba en tren/Perdió el bolso.

   – Cuando ___________________________________

2. Me desperté/Eran las diez.

   – Cuando ___________________________________

3. Estaba de vacaciones/Se murió.

   – Cuando ___________________________________

4. Estaba en la montaña/Se rompió una pierna.

   – Cuando ___________________________________

5. Salió el sol/Nos metimos en el agua.

   – Cuando ___________________________________

6. Iba a la fábrica/Se encontró con Miguel.

   – Cuando ___________________________________

7. Empecé a jugar al ajedrez/No me gustaba.

   – Cuando ___________________________________

8. Salí a dar una vuelta/Hacía mucho calor.

   – Cuando ___________________________________

9. Se fue de casa de sus padres/Era muy joven.

   – Cuando ___________________________________

10. Alberto y yo nos conocimos/Estábamos en la universidad.

    – Cuando ___________________________________

F 단순과거 혹은 계속과거 시제로 동사 변화해 봅시다.

> **보기**
> Yo conducía (conducir) en la autopista cuando dos coches chocaron. (chocar)
> (고속도로를 운전하고 있었을 때 두 대의 차가 충돌했다.)

1. Yo ___________ (ver) mi programa favorito cuando ___________ (sonar) el teléfono.
2. Yo ___________ (caminar) por la calle cuando ___________ (ver) un accidente.
3. Mi profesor ___________ (hablar) cuando yo ___________ (llegar) tarde a clase.
4. Yo ___________ (bañarse) cuando ___________ (entrar) un amigo.
5. ___________ (llover) cuando ___________ (salir) de casa sin paraguas.
6. Yo me ___________ (caer) cuando ___________ (bajar) por la escalera.
7. Pedro y Andrea ___________ (dormir) cuando ___________ (sonar) el teléfono.
8. Ellos ___________ (tomar) un refresco en un café cuando ellos ___________ (ver) a un viejo amigo.
9. Mis padres ___________ (comer) cuando yo ___________ (llegar) a casa.

G 접속사 como와 porque를 구분하여 문장을 만들어 봅시다.

> **보기**
> No salir a pasear / hacer frío
> – No salí a pasear porque hacía mucho frío.
> – Como hacía mucho frío, no salí a pasear.
> (날씨가 많이 추워서 산책하러 나가지 않았다.)

1. Dar un paseo / no poder dormir   – _______________________________
       – _______________________________

2. Acostarse temprano / estar muy cansado
       – _______________________________
       – _______________________________

3. No poder dormir bien / haber mucho ruido
       – _______________________________
       – _______________________________

4. Venir a casa / querer ver a mi familia
       – _______________________________
       – _______________________________

5. Poner el aire / hacer muchísimo calor
       – _______________________________
       – _______________________________

6. No salir / estar lloviendo   – _______________________________
       – _______________________________

7. Ir en tren / no haber autobuses   – _______________________________
       – _______________________________

8. Coger el taxi / tener prisa   – _______________________________
       – _______________________________

9. Llegar tarde a clase / haber mucho tráfico
       – _______________________________
       – _______________________________

10. No llamarte / estar muy ocupado   – _______________________________
       – _______________________________

H 다음 문장을 서로 연결지어 봅시다.

보기1

1. ¿Por qué dejaste los estudios?
2. ¿Por qué faltaste a clase de español?
3. ¿Por qué te divorciaste?
4. ¿Por qué fuiste a Japón?
5. ¿Por qué decidiste estudiar español?
6. ¿Por qué vendiste aquel coche?

보기2

a. porque vivía muy cerca de mi trabajo y no me hacía falta.

b. porque quería aprender japonés.

c. porque quería viajar por Sudamérica.

d. porque no me gustaba estudiar y prefería trabajar.

e. porque tenía un examen y tenía que estudiar.

f. porque mi marido era aburrido y nunca quería salir.

I 단순과거 또는 계속과거 중 선택해 봅시다.

1. El sábado pasado conocí/conocía a tus padres en una fiesta.

2. Anoche supe/sabía que Nacho y Silvia van a casarse.

3. Yo supe/sabía que Nacho y Silvia eran novios.

4. De pequeño fui/era muy atrevido.

5. Yo fui/era médica 5 años en España.

6. Mis padres estuvieron/estaban en México cuando nació mi hermano.

7. Mis padres estuvieron/estaban en México de mayo a julio.

8. ¿Cuántos exámenes tuviste/tenías por mes?

9. ¿Cuántos exámenes tuviste/tenías el mes pasado?

10. ¿Cuántos aprobados hubo/había el año pasado?

11. ¿Cuántos aprobados hubo/había normalmente?

말 하 기

A 다음 보기와 같이 서로 질문하고 대답해 봅시다.

보기
> ¿Has estado en Nueva York? (뉴욕에 있었어?)
> – Sí, estuve el año pasado/en 2012. (응, 작년/2012년에 있었어.)
> – No, nunca he estado. (아니, 한 번도 가본 적 없어.)

Estudiante 1	Estudiante 2
1. ¿Has comido los tacos?	
2. ¿Has tomado la cerveza?	
3. ¿Has escrito el e-mail?	
4. ¿Has ido a la peluquería?	
5. ¿Has sacado el carné de conducir?	
6. ¿Te has graduado en la universidad?	
7. ¿Has visto a tu mejor amigo/a?	
8. ¿Has subido al avión?	
9. ¿Has hecho los deberes de español?	
10. ¿Te has teñido el pelo?	
11. ¿Te has hecho la manicura?	
12. ¿Te has comprado el libro?	
13. ¿Has tenido examen?	
14. ¿Has viajado en tren?	
15. ¿Has estado en España?	
16. ¿_____________________	

Mi compañero/a _______________________________

____

____

B 올여름 휴가 때 무엇을 했는지 서로 묻고 대답해 봅시다.

Estudiante 1	Estudiante 2
1. ¿Qué has hecho este verano?	He estado en _________________
2. ¿Cuánto tiempo estuviste?	Estuve _________________ días.
3. ¿Con quién fuiste?	Fui con mi(s) _________________
4. ¿En qué medio de transporte fuiste?	Fui en coche/en tren/en avión/en barco.
5. ¿En qué alojamiento te quedaste?	Me quedé en el hotel/el hostal/el albergue/el chalé.
6. ¿Qué has hecho?	
¿Has ido de excursión?	(No) fui de excursión a _________________
¿Has conocido muchos sitios?	Conocí _________________
¿Has comido los platos típicos?	Comí _________________
¿Has comprado algunos regalos?	(No) compré _________________
7. ¿Te lo has pasado muy bien?	Me lo pasé genial/muy bien/bastante bien/muy mal.

Mi compañero/a ____

____

C 다음 행위를 몇 살에 했는지 단순과거와 계속과거를 사용하여 묻고 대답해 봅시다.

> **보기** ¿Cuándo empezaste a estudiar español?
> (언제 스페인어를 공부하기 시작했어?)
> – Empecé a estudiar español cuando tenía 15 años.
>   (내가 15살 때 스페인어를 공부하기 시작했어.)

Estudiante 1	Estudiante 2
1. ¿Cuándo empezaste a estudiar inglés?	_________________
2. ¿Cuándo aprendiste a ir en bici?	_________________
3. ¿Cuándo aprendiste a nadar?	_________________
4. ¿Cuándo aprendiste a conducir?	_________________

Estudiante 1	Estudiante 2
5. ¿Cuándo aprendiste a tocar el piano/la guitarra?	_____________
6. ¿Cuándo fuiste al extranjero por primera vez?	_____________
7. ¿Cuándo conociste a tu mejor amigo/a?	_____________
8. ¿Cuándo conociste a tu primer/a novio/a?	_____________
9. ¿Cuándo empezaste a trabajar por primera vez?	_____________
10. ¿Cuándo empezaste a fumar?	_____________
11. ¿Cuándo dejaste de fumar?	_____________
12. ¿Cuándo te casaste?	_____________
13. ¿_____________________?	_____________

Mi compañero/a _______________________________________

____

D ¿Por qué decidiste estudiar español?
(스페인어를 왜 공부하기로 결심하게 되었는지 원인을 스페인어로 말해
봅시다.)

> **보기** Decidí estudiar español porque quería escuchar música latina
> y también quería viajar por España. (라틴 음악을 듣고 스페인으
> 로 여행하고 싶어서 스페인어를 배우기로 결심하게 되었다.)

Decidí estudiar español porque quería _______________________

1. leer en español
2. comunicarme con hablantes de español
3. ir a Cuba/Chile/España/Sudamérica
4. escuchar música latina
5. escuchar conversaciones entre hablantes de español
6. ver películas españolas/latinoamericanas
7. ver la televisión en español
8. escribir correos electrónicos a mis amigos españoles
9. trabajar en México/Sudamérica
10. viajar por España/Sudamérica

Decidí estudiar español porque quería _______________________

11. conocer a chicos/chicas españoles/as
12. hablar con mis amigos/mis compañeros de trabajo/familiares
13. conocer la arquitectura de España
14. conocer las ciudades de España
15. ir a las playas bonitas de España
16. conocer la gente y la cultura de España
17. vivir en España/en Sudamérica
18. aprender flamenco/la cocina española/a tocar la guitarra
19. dominar un idioma extranjero y después conseguir un mejor trabajo
20. presentarme al examen del Dele y conseguir el certificado
21. hacer amistad con gente nueva en clase de español

Decidí estudiar español porque quería _______________________

y también quería _______________________

____

듣 기

A Carlos와 Raquel이 이번 여름휴가에 대해 이야기하고 있다. 듣고 큰소리로 따라 읽어 봅시다.

Carlos: Oye, Raquel, ¿qué has hecho este verano?

Raquel: He estado en Japón. He ido con unos compañeros de trabajo. Y tú, ¿has estado alguna vez en Japón?

Carlos: Sí, he ido a Japón varias veces. La última vez que estuve fue en noviembre del año pasado. ¿Qué has visto?

Raquel: Hemos visitado museos y hemos caminado mucho.

Carlos: ¿Has hecho muchos amigos nuevos?

Raquel: Sí, he conocido a unos chicos muy simpáticos. Y a ti, ¿qué tal te han ido tus vacaciones? ¿Qué has hecho este verano?

Carlos: Yo he estado en España con mi novia. En julio fui dos semanas a Andalucía y en agosto estuve una semana en la playa de Málaga.

Raquel: ¿Qué tal ha sido el tiempo?

Carlos: Este verano hemos tenido mucha suerte con el tiempo, no ha llovido ni un solo día y la temperatura ha sido muy agradable.

Raquel: ¿Cuándo regresaste?

Carlos: Regresé hace una semana. Me lo he pasado muy bien.

주요 어휘

varios/as 여러, 여러 가지의　　(el) verano 여름　　pasar 보내다　　último/a 마지막의
(el) noviembre 11월　　(el) año 연, 해　　pasado 지난　　(el) compañero 동료　　(el) trabajo 일, 직장　　(el) museo 박물관　　caminar 걷다　　conocer 알다　　(el) chico (젊은) 남자　　simpático 친절한, 상냥한　　nuevo/a 새로운　　(la) playa 해변　　(el) tiempo 날씨　　(la) suerte 행운　　ni ～(조차)도～도 아니다　　solo 오직, 단지, ～뿐, ～만　　(el) día 날, 일　　llover 비오다　　(la) temperatura 기온, 온도　　agradable 쾌적한, 상쾌한　　regresar 돌아오다　　hace ～전에

주요 표현

1. 〈Oye〉는 oír(듣다) 동사의 3인칭 단수형으로 '야, 저기, 있잖아' 등의 의미로 상대방의 주의를 환기시킬 때 쓰는 표현이다. 〈Pues〉도 '자, 글쎄, 저, 음……' 등으로 해석될 수 있으며 말을 시작하기 전에 머뭇거릴 때 쓰는 표현이다.

2. 〈¿Has hecho muchos amigos nuevos?〉는 '새로운 친구들을 많이 사겼니?' 라는 의미로, hacer amigos는 '친구를 만들다, 사귀다' 의 숙어적 표현이다.

3. 〈No ha llovido ni un solo día〉는 '하루도 비가 오지 않았다' 라는 뜻으로 부정사 ni를 사용하여 강조 표현하였다. 예를 들어, No he tenido ni un duro(한 푼도 없었다)라고 표현할 수 있다.

4. 〈pasarselo bien〉는 '잘 보내다, 좋은 시간을 보내다' 의 의미로 pasar 동사와 재귀 대명사 se 그리고 중성 목적격 대명사 lo가 합쳐진 표현이다. 반대 표현으로는 Me lo he pasado muy mal 이 있다.

B Sara와 그녀의 남자친구 Daniel의 대화 내용이다. 듣고 큰소리로 따라 읽어 봅시다. **38**

Sara:	¿Dónde estuviste anoche? Te llamé varias veces pero no me contestaste.
Daniel:	Lo siento, no pude contestar porque me dejé el móvil en casa.
Sara:	¿Dónde estabas cuando te llamé?
Daniel:	Estaba en la oficina porque tenía mucho trabajo.
Sara:	¿Y por qué no me llamaste desde la oficina?
Daniel:	No pude llamarte porque no tenía tiempo.
Sara:	¿A qué hora saliste de la oficina?
Daniel:	Salí a las diez. Pero cuando iba a casa, me encontré a Miguel y fuimos a tomar algo. Estuvimos en el bar hasta las once.
Sara:	¿A qué hora volviste a casa?
Daniel:	Volví a las doce.
Sara:	¿Por qué no me llamaste cuando llegaste a casa?
Daniel:	Cuando llegué a casa me dormí, porque estaba muy cansado. Lo siento.
Sara:	Bueno, es que yo estaba muy preocupada porque no me llamabas.

주요 어휘

anoche 어젯밤   varios/as 여러 가지의   llamar 전화하다   contestar 대답하다, 전화를 받다   porque ~때문에   sentir 느끼다   poder 할 수 있다   dejarse 가지고 오는 것을 잊다, (물건을) 놓고 오다   (el) móvil 핸드폰   (la) oficina 사무실   (el) trabajo 일   por qué 왜?   (el) tiempo 시간   encontrar (우연히) 만나다, 찾다   tomar 먹다, 마시다   (el) bar 바, 식당   volver 돌아가다   llegar 도착하다   dormirse 잠들다   cansado/a 피곤한   preocupado/a 걱정하는

쓰 기

A 다음 단어들을 정렬하여 문장을 만들어 봅시다.

1. ¿a empezaste español Cuándo estudiar?

   – ____

2. solo ni día llovido un ha No

   – ____

3. he bien me Estas pasado lo muy vacaciones

   – ____

4. a conocido simpáticos unos He chicos

   – ____

5. once el las Estuve bar hasta en

   – ____

6. ¿cuando estabas te Dónde llamé?

   – ____

7. ¿otro Quién el cámara usó mi día?

   – ____

8. divertida del fiesta fue sábado muy La

  – ____

B 다음 문장을 스페인어로 작문해 봅시다.

1. 내가 18살 때, 자전거 타는 것을 배웠다.

  – ____

2. 내가 집에 가는 중에, 미겔을 만났다.

  – ____

3. 유럽 여행 중에 나의 여자친구를 만났다.

  – ____

4. 나는 스페인의 문화를 알고 싶어서 스페인어를 공부하기로 결심했다.

  – ____

5. 작년에는 일본에 갔었는데, 올해에는 안 갔다.

  – ____

6. 나는 영화를 보다가 잠들어 버렸다.

  – ____

7. 날씨가 좋아서 산책했다.

  – ____

8. 배가 고파서 레스토랑에 밥 먹으러 나갔다.

  – ____

Cuando estaba leyendo, me llamaron al móvil.

(책을 읽고 있었을 때, 핸드폰으로 전화가 걸려왔다.)

Anoche estuve en casa estudiando.

(어젯밤에 집에서 공부하고 있었어.)

No he visto ninguna película española.

(스페인 영화는 그 어떤 영화도 보지 못했어.)

- 과거 진행형
- 부정사

문법

1 과거 진행형

과거 진행형은 현재 진행형과 마찬가지로 항상 estar 동사와 함께 쓰여 과거의 진행 상태를 나타내며 estar 동사는 단순과거 또는 계속과거 두 가지의 형태로 쓰일 수 있다. 단, 현재분사는 변화형이 존재하지 않는다.

Ⓐ 형태

인칭대명사	Estar 동사의 단순과거/계속과거		현재분사
Yo	estuve	/ estaba	
Tú	estuviste	/ estabas	saliendo (나가고 있었다)
Él/ella/usted	estuvo	/ estaba	trabajando (일하고 있었다)
Nosotros/as	estuvimos	/ estábamos	llamando (전화하고 있었다)
Vosotros/as	estuvisteis	/ estabais	lloviendo (비오고 있었다)
Ellos/ellas/Uds.	estuvieron	/ estaban	

Ⓑ 현재분사 불규칙 동사

	동사	현재분사
I형	Decir (말하다)	diciendo
	Divertirse (즐기다)	divirtiéndose
	Mentir (거짓말하다)	mintiendo
	Pedir (요구하다)	pidiendo
	Repetir (반복하다)	repitiendo
	Sentirse (느끼다)	sintiéndose
	Venir (오다)	viniendo

	동사	현재분사
I형	Reirse (웃다)	riéndose
	Vestirse (옷을 입다)	vistiéndose
	Seguir (계속하다)	siguiendo
	Servir (서빙하다)	sirviendo
U형	Dormir (자다)	durmiendo
	Morir (죽다)	muriendo
Y형	Traer (가지고 오다)	trayendo
	Ir (가다)	yendo
	Oír (듣다)	oyendo
	Leer (읽다)	leyendo
	Construir (건설하다)	construyendo
	Caer (넘어지다, 떨어지다)	cayendo
	Creer (믿다)	creyendo

ⓒ 단순과거 과거 진행형 (Estuve + 현재분사)

정확한 시점을 제시해 줄 때 쓰이며, 뒤에 절이 나오지 않고 마침표로 문장을 마감하는 경우가 대부분이다. 그리고 구체적인 시점을 나타내는 부사구가 반드시 동반되어야 한다.

Ayer estuve caminando mucho. (어제 많이 걷고 있었다.)

Anoche estuve en casa descansando. (어젯밤에 집에서 쉬고 있었다.)

La semana pasada estuve estudiando mucho español.

(지난 주에 스페인어를 많이 공부하고 있었다.)

En 2005 estuve en México trabajando. (2005년에 멕시코에서 일하고 있었다.)

En la Navidad pasada estuve en España haciendo una fiesta.

(지난 크리스마스에는 스페인에서 파티를 하고 있었다.)

El año pasado estuve viajando por Europa.

(작년에는 유럽을 여행하고 있었다.)

ⓓ 계속과거 과거 진행형 (Estaba + 현재분사)

두 가지 행위가 동시에 일어날 때 쓰이며, 주로 **cuando** 절이 함께 동반된다. 이 구문에서는 구체적인 시점을 나타내는 부사구가 오지 않는다.

(계속과거)   (단순과거)

• Cuando estaba hablando, (통화 중에)

     estaba leyendo, (독서 중에)

     estaba paseando, (산책 중에)   me llamaron al móvil.

     iba a casa de María,   나에게 전화가 걸려왔다.

     (마리아 집으로 가는 길에)

     estaba en casa, (집에 있었을 때)

(단순과거)   (계속과거)

• Cuando empezó la película,   estaba aparcando

   영화가 시작되었을 때,   나는 주차 중이었다.

2 부정사

Ⓐ 부정형용사 / 부정대명사

정해지지 않거나 존재하지 않는 양을 표현할 때 쓰이며, 이미 알고 있는 명사를 언급할 경우 혹은 반복을 피하기 위하여, 부정대명사 혹은 부정형용사를 쓴다.

부정대명사		부정형용사	
남성	여성	남성	여성
alguno algunos (어떤, 어느)	alguna algunas	algún algunos	alguna algunas
ninguno – (어떤 ~ 도)	ninguna –	ningún –	ninguna –
algo (무엇인가) / nada (아무것도) alguien (누군가) / nadie (아무도)		• ninguno는 복수형이 존재하지 않는다.	

B 기타 부정형용사

남성		여성	
단수	복수	단수	복수
demasiado (지나친)	demasiados	demasiada	demasiadas
mucho (많은)	muchos	mucha	muchas
otro (다른)	otros	otra	otras
todo (모든)	todos	toda	todas
poco (거의 없는)	pocos	poca	pocas

연습문제

A 단순과거 시제를 단순과거 진행형으로 바꿔 봅시다.

> **보기**
> Ayer llovió todo el día. (어제 하루 종일 비가 왔다.)
> – Ayer estuvo lloviendo todo el día.
> (어제 하루 종일 비가 오고 있었다.)

1. Por la tarde hice limpieza en casa. – _______________
2. Hablé por teléfono hasta muy tarde.
   – _______________
3. Te llamé durante una hora. – _______________
4. Hiciste exámenes toda la tarde. – _______________
5. Juan dio un paseo por el Retiro. – _______________
6. Nosotros comimos en un restaurante chino.
   – _______________
7. Ellos tomaron un aperitivo en la playa.
   – _______________
8. Dormí la siesta dos horas. – _______________

B 단순과거 진행형으로 질문하고 대답해 봅시다.

> **보기**
> ¿Dónde estuviste viviendo el año pasado? París
> (작년에는 어디에서 살고 있었어?)
> – Estuve viviendo en París. (파리에 살고 있었어.)

1. ¿Dónde estuviste cenando anoche? en un restaurante japonés
   – _______________

2. ¿En qué estuvo trabajando usted? en turismo

  – _______________________________________

3. ¿Qué estuviste haciendo anoche en casa? los deberes

  – _______________________________________

4. ¿Dónde estuvo estudiando Jorge? en Frankfurt

  – _______________________________________

5. ¿Dónde estuviste haciendo wind surf? en Málaga

  – _______________________________________

6. ¿En qué año estuvo baliando flamenco en Sevilla? en 2011

  – _______________________________________

7. ¿Cuándo estuviste jugando al golf? en verano

  – _______________________________________

8. ¿Cuánta gente estuvo viendo el partido de fútbol? muchas personas

  – _______________________________________

C 다음 보기와 같이 계속과거 진행형으로 만들어 봅시다.

> **보기**　　¿Qué (comer/tú) estabas comiendo? (무엇을 먹고 있었니?)

1. ¿Qué (beber/tú) _______________________________ ?
2. ¿Quién (ducharse) _______________________________ ?
3. ¿De qué (reírse ellos) _______________________________ ?
4. ¿Quién (gritar) _______________________________ ?
5. ¿En qué (pensar/tú) _______________________________ ?
6. ¿Con quién (hablar/usted) _______________________________ ?
7. ¿Con quién (salir/tú) _______________________________ ?
8. ¿Cómo (comportarse/él) _______________________________ ?

D 계속과거 진행형으로 묻고 대답해 봅시다.

> **보기** ¿Qué estabas haciendo? (무엇을 하고 있었어?)
> – Estaba hablando por teléfono con mi hermano.
> (동생과 통화하고 있었어.)

1. ¿Qué estabas haciendo? hablar de José

   – ____

2. ¿Qué estaba haciendo Guillermo? bañarse

   – ____

3. ¿Qué estabas haciendo? afeitarse

   – ____

4. ¿Qué estaban haciendo ellos? resolver un problema

   – ____

5. ¿Qué estabais haciendo? estudiar español

   – ____

6. ¿Qué estaba haciendo usted? lavarse los dientes

   – ____

7. ¿Qué estabas haciendo? preparar un café

   – ____

8. ¿Qué estaba haciendo Jorge? pasear a su perro

   – ____

E 다음 보기와 같이 부정대명사 ninguno/a로 대답해 봅시다.

> **보기** ¿Tienes algún amigo español? (스페인 친구 있어?)
> – No tengo ninguno. (아니, 스페인 친구 아무도 없어.)

1. ¿Hay algún alumno en el aula?

   – No, ____

2. ¿Hay alguna farmacia cerca?

   – No, ____

3. ¿Hay algún cliente en la tienda?

   – No, ____________________________________

4. ¿Hay alguna fruta en la nevera?

   – No, ____________________________________

5. ¿Hay alguna panadería cerca?

   – No, ____________________________________

6. ¿Hay algún baño en el edificio?

   – No, ____________________________________

7. ¿Hay algún hotel cerca?

   – No, ____________________________________

8. ¿Hay algunas flores en el balcón?

   – No, ____________________________________

F ningún/a로 묻고 algunos/as로 대답해 봅시다.

> 보기
>
> ¿No hay ningún estudiante en el aula? (교실에 학생이 아무도 없어?)
> – Sí, hay algunos. (아니, 몇 명 있어.)

1. ¿No hay ninguna carta?   – Sí, ____________________________

2. ¿No hay ningún cigarrillo?   – Sí, ____________________________

3. ¿No hay ninguna aspirina en casa?

   – Sí, ____________________________________

4. ¿No hay ninguna ventana en el aula?

   – Sí, ____________________________________

5. ¿No hay ningún huevo en la nevera?

   – Sí, ____________________________________

6. ¿No tienes ninguna moneda?

   – Sí, ____________________________________

7. ¿No tienes ningún lápiz?

   – Sí, ____________________________________

8. ¿No tienes ningún disco de Shakira?

   – Sí, ____________________________________

G algo/alguien으로 묻고 nada/nadie로 대답해 봅시다.

> 보기
>
> ¿Hay algo nuevo? (뭐 새로운 일 있어?)
> – No hay nada nuevo. (어떤 새로운 일도 없어.)
> ¿Hay alguien en casa? (집에 누군가 있어?)
> – No hay nadie. (아무도 없어.)

1. ¿Hay algo interesante en la tele?

   – ____

2. ¿Ha llamado alguien por teléfono?

   – ____

3. ¿Necesitas algo? – ____

4. ¿Quieres tomar algo? – ____

5. ¿Ha venido alguien? – ____

6. ¿Hay alguien en los balcones?

   – ____

7. ¿Se lo has dicho a alguien? – ____

8. ¿Quieres decir algo? – ____

H 부정사 algo/nada/alguien/nadie/algún(a)/ningún(a)를 사용하여 문장을 완성해 봅시다.

1. Yo no conozco ______________ cantante.

2. He visto a ______________ actriz en la calle.

3. ¿Has pescado ______________?

4. No tengo ______________ idea.

5. ¿Estás esperando a ______________ ahora?

6. No quiero decir ______________.

7. ¿Tienes ______________ pregunta?

8. No he recibido ______________ e-mail.

9. No te oigo ______________.

10. ¿Tienes ______________ problema?

I 부정사 poco/poca/pocos/pocas를 사용하여 문장을 완성해 봅시다.

> 보기
>
> Tengo <u>poco</u> dinero. (나는 돈이 거의 없어.)
> Tengo <u>poca</u> ropa. (나는 옷이 거의 없어.)

1. Tengo ______________ tiempo.

2. Hay ______________ lluvia.

3. Tengo ______________ alumnos.

4. Salgo muy ______________ veces.

5. Trabajo ______________ horas.

6. Tengo ______________ paciencia.

7. Leo ______________ libros.

8. Hay ______________ gente.

J demasiado/demasiada/demasiados/demasiadas를 사용하여 문장을 만들어 봅시다.

> 보기
>
> Esta paella tiene demasiado aceite.
> (이 빠에야는 기름이 지나치게 많아.)

1. Gastas ______________ dinero.

2. La carrera es ______________ larga.

3. Bebes ______________ té.

4. Tengo ______________ ropa.

5. Tienes ______________ canciones en el ipod.

6. Trabajamos ______________ estos días.

7. Hay ______________ coches en el garaje.

8. Es ______________ tarde.

K demasiado/mucho/otro/poco/todo를 성·수 변화시켜 문장을 완성해 봅시다.

1. He trabajado ＿＿＿＿＿＿ el día.

2. ¿Me pones ＿＿＿＿＿＿ cerveza?

3. ¿Quieres ＿＿＿＿＿＿ cosa?

4. Hace ＿＿＿＿＿＿ calor. (아주 덥다.)

5. No quiero comprar el coche. Es ＿＿＿＿＿＿ caro.

6. Tengo ＿＿＿＿＿＿ batería. (바테리가 거의 나갔어.)

7. No me ha llamado ＿＿＿＿＿＿ la semana.

8. En este verano hay ＿＿＿＿＿＿ lluvia.

    (올 여름엔 비가 너무 많이 와.)

9. Quedan ＿＿＿＿＿＿ huevos. (달걀이 거의 남지 않았어.)

10. Yo camino ＿＿＿＿＿＿ kilómetros al día.

    (나는 하루에 많은 킬로를 걸어.)

말 하 기

A 다음과 같은 중요한 순간에 각자 어디서 무엇을 하고 있었는지 말해 봅시다.

> **보기**
>
> ¿Qué estabas haciendo cuando murió Lady Di?
>
> (레이디 디가 죽었을 때 넌 뭐하고 있었니?)
>
> – No me acuerdo, ¿y tú? (난 기억이 안 나, 넌?)
>
> – Yo estaba haciendo un examen. (난 시험을 보고 있었어.)
>
> ¿Que estuviste haciendo anoche? (어젯밤에 넌 뭐하고 있었니?)
>
> – Ayer estuve estudiando español y haciendo los deberes.
>
> (어제 스페인어 공부하고 숙제하고 있었어.)

Estudiante 1	Estudiante 2
1. ¿Qué estabas haciendo cuando hubo la Copa Mundial en 2002?	
2. ¿Qué estabas haciendo cuando hubo la caída del Muro Berlín? (1989)	
3. ¿Qué estabas haciendo cuando hubo la entrada del euro? (2002)	
4. ¿Qué estabas haciendo cuando llegó el nuevo milenio? (2000)	
5. ¿Qué estuviste haciendo anoche?	
6. ¿Qué estuviste haciendo anteayer por la tarde?	
7. ¿Qué estuviste haciendo en la Navidad del año pasado?	
8. ¿Qué estuviste haciendo el día de tu cumpleaños?	
9. ¿Qué estuviste haciendo el sábado pasado por la noche?	
10. ¿Qué estuviste haciendo el domingo pasado por la mañana?	

B 자신이 살고 있는 동네에 무슨 건물들이 있는지 부정대명사를 사용하여
서로 묻고 대답해 봅시다.

> **보기**
> ¿Hay algún cine en tu barrio? (네 동네에 영화관 있어?)
> – Sí, hay uno/dos/tres. (응, 한 개/두 개/세 개 있어.)
> – Sí, hay muchos. (응, 많이 있어.)
> – Sí, hay algunos. (응, 몇 개 있어.)
> – No, no hay ninguno. (아니, 한 개도 없어.)

Estudiante 1	Estudiante 2
1. ¿Hay algún teatro?	
2. ¿Hay algún cine?	
3. ¿Hay alguna iglesia?	
4. ¿Hay alguna biblioteca?	
5. ¿Hay alguna galería de arte?	
6. ¿Hay algún hospital?	
7. ¿Hay algún parque?	
8. ¿Hay algún centro comercial?	
9. ¿Hay algún mercado?	
10. ¿Hay algún cementerio?	
11. ¿Hay alguna estación de metro?	
12. ¿Hay alguna escuela?	
13. ¿Hay algún bar?	
14. ¿Hay algún restaurante mexicano?	
15. ¿Hay alguna piscina?	
16. ¿Hay alguna montaña?	
17. ¿Hay alguna oficina de correos?	
18. ¿Hay alguna plaza?	
19. ¿Hay algún gimnasio?	
20. ¿Hay algunos grandes almacenes?	

C 부정대명사 혹은 부정형용사를 사용하여 부정문으로 말해 봅시다.

> **보기**
>
> ¿Has escrito algún e-mail? (어떤 이메일을 썼니?)
> – No, no he escrito ningún e-mail.
> (아니, 아무 이메일도 쓰지 않았어.)
>
> ¿Ha venido alguien? (누가 왔어?)
> – No, nadie ha venido. (No ha venido nadie.)
> (아니, 아무도 오지 않았어.)

Estudiante 1	Estudiante 2
1. ¿Ha llamado alguien por teléfono?	1. ¿Quieres comprar algo?
2. ¿Hay alguien en casa?	2. ¿Hay algo nuevo estos días?
3. ¿Vas a hacer algo especial?	3. ¿Tienes algún coche?
4. ¿Te han traído algo de España?	4. ¿Te ha visto alguien?
5. ¿Tienes alguna bolsa?	5. ¿Conoces a algún chico español?
6. ¿Conoces a alguna chica española?	6. ¿Hay alguna biblioteca?
7. ¿Hay algún mercado por aquí?	7. ¿Alguien está de pie?
8. ¿Alguien se va de vacaciones?	8. ¿Has visto alguna película?
9. ¿Has leído algún libro?	9. ¿Has comido alguna fruta?
10. ¿Has tomado algún vino?	10. ¿Has visto a algún extranjero?

듣 기

A Maribel은 친구 Juan에게 어느 날 일어난 일화를 들려주고 있다. 대화 내용을 듣고 큰소리로 따라 읽어 봅시다.

Maribel: ¿Sabes lo que me ocurrió el otro día?

Juan: A ver, cuéntame.

Maribel: Cuando estaba paseando por la Plaza Mayor, vi a mi amiga italiana Ester.

Juan: ¿De verdad? ¿Y qué estaba haciendo ella?

Maribel: Ella estaba comprando el periódico. Se sorprendió mucho cuando la llamé, porque no esperaba encontrarse a nadie conocido.

Juan: ¡Qué casualidad! ¿Y qué hicisteis?

Maribel: Fuimos a un bar a tomar algo y hablamos de lo que estábamos haciendo. Me dijo que estaba viajando con una amiga, y que esa amiga estaba durmiendo en el hotel en ese momento.

Juan: ¿Su amiga no quería venir con vosotras?

Maribel: Sí, cuando estábamos hablando, llamó su amiga por el móvil. Y veinte minutos más tarde llegó y... ¡Imagina quién era!

Juan: No sé...

Maribel: ¡Era nuestra amiga Julia!

주요 어휘

saber 알다　　ocurrir ~발생하다. 일어나다　　contar 이야기하다　　(el) periódico 신문　　sorprenderse 놀라다　　esperar 기대하다, 희망하다　　encontrarse (서로)만나다　　nadie 아무도　　conocido 아는 사람(지인)　　(la) casualidad 우연　　viajar 여행하다　　dormir 자다　　(el) momento 순간　　nuestro/a 우리의　　venir 오다　　imaginar 상상하다

주요 표현

1. 〈¿Sabes lo que me occurió el otro día?〉는 '요 전날 나에게 무슨 일이 일어났는지 알아?' 의 의미로 〈lo que 주어 + 동사: ~한 것〉 구문은 구어체에서 자주 쓰이는 표현이므로 꼭 암기하도록 한다. 예를 들어, ¿Qué es lo que más te gusta de España? (네가 스페인에 대해 가장 좋아하는 것은 뭐야?)가 있다.

2. 〈¡Qué casualidad!〉는 '정말 우연의 일치구나!' 라는 감탄문으로 〈¡Qué + 명사/형용사/부사〉 의 형태로 쓰인다. 예를 들어 ¡Qué bien!(우와, 잘됐다, 좋겠다), ¡Qué hamburguesa!(대단한 햄버거야), ¡Qué gracioso!(정말 재미있다) 등이 있다.

B Camila와 David의 대화를 듣고 큰소리로 따라 읽어 봅시다. 🎧40

Camila:	¿Vienes a la fiesta esta noche?
David:	No puedo. Tengo mucho trabajo.
Camila:	Tú trabajas demasiado.
David:	Es verdad. Estos días estoy muy nervioso.
Camila:	¿Por qué?
David:	Porque viajo mucho y tengo muchas cosas que hacer en la oficina. Es que tengo poco tiempo.
Camila:	¿Adónde viajas?
David:	Voy mucho a Madrid, casi todos los meses. Es muy difícil hacerlo todo.
Camila:	¿Qué tienes que hacer en la oficina?
David:	Tengo que escribir muchos correos electrónicos, y además tengo bastantes reuniones. ¿Y tú?
Camila:	Yo no estoy muy ocupada estos días. Estoy en una época bastante tranquila.
David:	Podemos vernos algún día para cenar.
Camila:	¡Genial! Hay algunos restaurantes muy buenos cerca de la Plaza Mayor.
David:	¿Sí? Yo no conozco ninguno.
Camila:	Yo voy a hacer una reserva.
David:	De acuerdo.
Camila:	¡No tienes que trabajar tanto!

주요 어휘

(la) fiesta 파티　este/a/os/as 이, 이번　(la) noche 밤　poder 할 수 있다.　mucho 많은, 많이　(el) trabajo 일　demasiado 지나친, 지나치게　(la) verdad 사실, 진실　(el) día 날, 일　nervioso/a 긴장한　por qué 왜?　viajar 여행하다　(la) cosa 것, 물건　(la) oficina 사무실　poco 거의 없는, 극히 적게　(el) tiempo 시간　viajar 여행하다　(el) mes 달, 월　difícil 어려운　escribir 쓰다　además 더욱이, 게다가　bastante/s 충분한　(el) correo electrónico 이메일　(la) reunión 회의　ocupado/a 바쁜　(la) época 시대, 시기　tranquilo/a 조용한, 침착한　algún/a 어떤　ningún/a 아무런　(el) acuerdo 동의, 합의　(la) reserva 예약

주요 표현

1. 〈Tengo muchas cosas que hacer〉는 '할 일이 많다' 라는 의미로 예문으로는 No tengo nada que hacer(할 일이 없다), Tengo algo que decir(할 말이 있어) 등이 있으며, 스페인 구어체에서 아주 많이 쓰이는 유용한 표현이다.
2. 〈Tener que + 동사원형〉의 구문은 '~해야 한다' 의 의미로 유사한 구문으로는 〈deber +동사원형〉, 〈hay que +동사원형〉 등이 있다.

쓰　기

A 다음 단어들을 정렬하여 문장을 만들어 봅시다.

1. ¿farmacía de Hay aquí alguna cerca?

   – ______________________________

2. haciendo años máster un dos Inglaterra Hace estuve en

   – ______________________________

3. autobús Vi estaba cuando a esperando María el

   – ______________________________

4. conozco empresa a No en nadie la

  – _______________________________________

5. horas al duerme Mi día muchas hermana

  – _______________________________________

6. la huevos Quedan en pocos nevera

  – _______________________________________

7. dos estuve Anoche horas conduciendo

  – _______________________________________

8. enfadarme ningún No motivo para tengo

  – _______________________________________

B 다음 문장을 스페인어로 작문해 봅시다.

1. 작년 여름엔 뭐하고 있었니?

  – _______________________________________

2. 내가 전화했을 때 뭐하고 있었니?

  – _______________________________________

3. 내가 Ángela를 봤을 때, 과일을 사고 있었어.

  – _______________________________________

4. 교실에 학생이 한 명도 없어.

  – _______________________________________

5. 냉장고에 사과가 몇 개 있어.

  – _______________________________________

6. 뭐 좀 마실래?

  – _______________________________________

7. 집에 아무도 없어.

  – _______________________________________

8. 넌 일을 너무 많이 해.

  – _______________________________________

Iré mañana a tu casa.

(내일 너의 집에 갈게.)

La reunión ya habrá terminado.

(회의는 이미 끝났을 것이다.)

- 단순미래
- 직설법 미래완료
- 수사

문법

1 단순미래

미래 시제에서는 동사의 어미 뒤에 미래형 어미를 붙여 동사 변화한다.

동사원형 + –é, –ás, –á, –emos, –éis, –án

A 규칙동사

Hablar (말하다)	Comer (먹다)	Vivir (살다)
hablaré	comeré	viviré
hablarás	comerás	vivirás
hablará	comerá	vivirá
hablaremos	comeremos	viviremos
hablaréis	comeréis	viviréis
hablarán	comerán	vivirán
Estudiar (공부하다)	**Leer (읽다)**	**Dormir (자다)**
estudiaré	leeré	dormiré
estudiarás	leerás	dormirás
estudiará	leerá	dormirá
estudiaremos	leeremos	dormiremos
estudiaréis	leeréis	dormiréis
estudiarán	leerán	dormirán
Trabajar (일하다)	**Ser (~이다, ~가 되다)**	**Ir (가다)**
trabajaré	seré	iré
trabajarás	serás	irás
trabajará	será	irá

Trabajar (일하다)	Ser (~이다, ~가 되다)	Ir (가다)
trabajaremos	seremos	iremos
trabajaréis	seréis	iréis
trabajarán	serán	irán

B 불규칙동사

Tener (갖다)	Poner (놓다)	Salir (나가다)
tendré	pondré	saldré
tendrás	pondrás	saldrás
tendrá	pondrá	saldrá
tendremos	pondremos	saldremos
tendréis	pondréis	saldréis
tendrán	pondrán	saldrán

Venir (오다)	Valer (가치가 있다)	Haber (~가 있다)
vendré	valdré	habré
vendrás	valdrás	habrás
vendrá	valdrá	habrá
vendremos	valdremos	habremos
vendréis	valdréis	habréis
vendrán	valdrán	habrán

Poder (~할 수 있다)	Hacer (하다)	Decir (말하다)
podré	haré	diré
podrás	harás	dirás
podrá	hará	dirá
podremos	haremos	diremos
podréis	haréis	diréis
podrán	harán	dirán

Querer (원하다)	Saber (알다)	Caber (용량이 있다)
querré	sabré	cabré
querrás	sabrás	cabrás
querrá	sabrá	cabrá
querremos	sabremos	cabremos
querréis	sabréis	cabréis
querrán	sabrán	cabrán

C 용법

1. 미래 행위를 표현하며, 개인의 의지를 나타내는 영어의 will에 해당한다.

스페인어에서 미래를 전달하기 위해 여러 가지 방법이 있다.

'Ir a + 동사원형'의 구문은 앞으로 할 예정인 계획을 전달하기 위해 쓸 수 있고, 직설법 현재 동사를 쓰게 되면 좀 더 단호한 결정 및 약속을 전달하는 경향이 있다.

1. 직설법 미래	En enero iré a Roma.
2. ir a + 동사 원형 (계획, 플랜)	En enero voy a ir a Roma.
3. 직설법 현재 동사 (결정, 약속)	En enero voy a Roma.

Iré mañana a tu casa. (내일 너의 집에 갈게.)

Él volverá esta tarde a Seúl. (그는 서울에 오늘 오후에 돌아올 거야.)

Viajaremos a Buenos Aires el próximo mes.

(다음 달에 부에노스 아이레스로 여행할 것이다.)

Comprarán el televisor nuevo la próxima semana.

(그들은 다음 주에 새 텔레비전을 살 거야.)

2. 미래의 추측, 가정, 가능성 등을 표현할 때 사용한다.

A esta hora estará en casa. (이 시간에 그는 아마도 집에 있을 거야.)

Serán las diez. (10시쯤 되었을 거야.)

Estará cansado después del viaje. (여행 다녀온 후 그는 아마 피곤할 거야.)

Tendrá hambre. (그는 배가 고플 거야.)

Mañana lloverá y bajarán las temperaturas.

(내일은 비가 오고 기온이 내려갈 거야.)

3. 완곡한 명령의 의미로 스페인어 구어체에서 많이 쓰인다.

Tú vendrás a mi casa. (우리 집에 와.)

Me dirás la verdad. (나한테 진실을 얘기해.)

Saldrás de mi habitación. (내 방에서 나가.)

No fumarán aquí. (여기서 담배 피우시면 안됩니다.)

4. 미래를 나타내는 부사 또는 부사구와 함께 쓰인다.

> mañana (내일)
> pasado mañana (내일모레)
> el próximo lunes (다음 주 월요일에)
> el próximo mes = el mes que viene (다음 달에)
> la próxima semana = la semana que viene (다음 주에)
> el próximo año = el año que viene (내년에)
> en mayo que viene (오는 5월에)
> en el año 2015 (2015년에)
> dentro de dos días / tres semanas / unos meses (2일 내에/3주 안에/몇 달 내에)
> ※ que viene = próximo

2 직설법 미래완료

A 형태

Haber 동사의 단순미래 + 과거분사	

Hablar (말하다)	
habré hablado	habremos hablado
habrás hablado	habréis hablado
habrá hablado	habrán hablado

Comer (먹다)	
habré comido	habremos comido
habrás comido	habréis comido
habrá comido	habrán comido

Escribir (쓰다)	
habré escrito	habremos escrito
habrás escrito	habréis escrito
habrá escrito	habrán escrito

❷ 용법

1. 미래의 완료된 행위의 가정 및 추측

미래의 어떤 순간에, 어떤 행위가 완료된 사실을 추측할 때 쓰이는 표현으로 '~ 했을 것이다' 라고 해석된다.

> **Si + 직설법 현재, 직설법 미래완료 (~ 한다면, 이미 ~ 했을 것이다.)**

Si Uds. llegan a las diez, la reunión ya habrá empezado.
(당신들이 10시에 도착하면, 회의는 이미 시작했을 것이다.)
¿Habrá terminado Ud. el proyecto para el próximo jueves?
(다음 주 목요일이면 이미 프로젝트를 끝냈을까?)
Habré vuelto antes del quince. (15일 전에 돌아왔을 것이다.)

2. 과거의 가정 및 추측

¿Quién habrá sido? (누구였을까?)
– Habrá sido su padre. (아마도 그의 아버지였을 거야.)

Parece que el perro no tiene mucha hambre. (개가 배가 많이 고프지 않은 것 같애.)
– Le habrán dado de comer. (그들이 먹을 것을 줬겠지.)

Las calles están mojadas. (거리가 축축하다.)
– Habrá llovido. (비가 왔겠지.)

Mi ordenador está funcionando. (내 컴퓨터가 작동하고 있어.)
– Raúl lo habrá arreglado. (라울이 고쳤겠지.)

¿Por qué habrá contestado así? (왜 그렇게 대답했을까?)
– No habrá entendido bien. (아마도 잘 이해 못 했겠지.)

3 수사

Ⓐ 기수

일 단위		십 단위		십 단위	
uno	1	once	11	veintiuno	21
dos	2	doce	12	veintidós...	22
tres	3	trece	13		
cuatro	4	catorce	14	treinta	30
cinco	5	quince	15	cuarenta	40
seis	6	dieciséis	16	cincuenta	50
siete	7	diecisiete	17	sesenta	60
ocho	8	dieciocho	18	setenta	70
nueve	9	diecinueve	19	ochenta	80
diez	10	veinte	20	noventa	90

백 단위		천 단위	
cien	100	mil	1.000
doscientos/as	200	dos mil	2.000
trescientos/as	300	tres mil	3.000
cuatrocientos/as	400	cuatro mil	4.000
quinientos/as	500	cinco mil	5.000
seiscientos/as	600	seis mil	6.000
setecientos/as	700	siete mil	7.000
ochocientos/as	800	ocho mil	8.000
novecientos/as	900	nueve mil	9.000

1.000.000	un millón
1.000.000.000	mil millones
1.000.000.000.000	un billón

- 1부터 30까지는 한 개의 단어로 구성된다.

  21 = veintiuno   22 = veintidós

• 31부터 99까지는 y와 연결되어 두 개의 단어로 구성된다.

  31= treinta y uno   32 = treinta y dos

• 100은 cien으로 읽으며, 101부터는 ciento uno (101), ciento dos (102)로 to를 추가해야 한다. 단, 백자리와 십자리 혹은 일자리 사이에는 y를 쓰지 않는다.
또한, ciento(100)는 여성형이 존재하지 않지만, 200(doscientos)부터 900(novecientos)까지는 뒤에 오는 명사의 성에 따라 성변화한다. 예를 들면,

  ciento un hombres (101명의 남자들) / ciento una mujeres (101명의 여자들)
  doscientos hombres (200명의 남자들) / doscientas mujeres (200명의 여자들)

연습문제

A 단순미래 시제를 사용하여 연습해 봅시다.

> **보기**
> Escribir una carta (yo)
> – Yo escribiré una carta. (나는 편지를 쓸 거야.)

1. Escuchar música (yo)　　　　　　　–
2. Pintar la pared (tú)　　　　　　　–
3. Visitar la catedral (ella)　　　　　–
4. Dar un paseo (la señora)　　　　　–
5. Ver una película (yo)　　　　　　　–
6. Ir de compras (María)　　　　　　–
7. Comprar helados (los niños)　　　–
8. Coger el taxi (tú)　　　　　　　　–
9. Limpiar la habitación (José)　　　–
10. Dormir en el sofá (yo)　　　　　　–

B 단순미래 불규칙형 동사를 사용하여 문장을 만들어 봅시다.

> **보기**
> ¿(venir) a verme mañana?
> – ¿Vendrás a verme mañana? (내일 나 보러 올 거야?)

1. ¿(ponerse) el sombrero verde?
　　　　　　– ¿＿＿＿＿＿＿＿＿＿＿＿＿＿？
2. ¿(tener) tiempo para hablar conmigo?
　　　　　　– ¿＿＿＿＿＿＿＿＿＿＿＿＿＿？
3. ¿A qué hora (salir) de la oficina esta noche?
　　　　　　– ¿＿＿＿＿＿＿＿＿＿＿＿＿＿？

4. ¿(haber) mucha gente en la fiesta?

        – ¿___________________________________?

5. ¿(poder) cruzar el río?   – ¿___________________________________?

6. ¿(saber) conducir?   – ¿___________________________________?

7. ¿(hacer) las maletas esta noche?

        – ¿___________________________________?

8. ¿(querer) venir al zoo con nosotros?

        – ¿___________________________________?

9. ¿(decir) la verdad?   – ¿___________________________________?

C 단순미래형을 사용하여 긍정 혹은 부정문으로 대답해 봅시다.

> **보기**
>
> ¿Saldrás de noche? (밤에 나갈 거야?)
> – Sí, saldré de noche. (응, 밤에 나갈 거야.)
> – No, no saldré de noche. (아니, 밤에 안 나갈 거야.)

1. ¿Irás al cine?   – Sí, ___________________________

2. ¿Harás las maletas?   – No, ___________________________

3. ¿Vendrás a clase?   – Sí, ___________________________

4. ¿Dirás la verdad a Juan?   – No, ___________________________

5. ¿Podrás llamar al profesor? – Sí, ___________________________

6. ¿Harás los deberes de español?

        – Sí, ___________________________

7. ¿Habrá una fiesta?   – No, ___________________________

8. ¿Me llamarás esta noche?   – Sí, ___________________________

9. ¿Tendrás tiempo mañana?   – No, ___________________________

10. ¿Hará buen tiempo?   – Sí, ___________________________

D Si + 직설법 현재, 직설법 현재 혹은 직설법 단순미래 (현실성 있는 가능성)

> Si me llamas esta tarde, voy contigo al dentista.
> Si me llamas esta tarde, iré contigo al dentista.
> (오늘 오후에 나에게 전화한다면, 너와 함께 치과에 갈게.)

다음 보기와 같이 직설법 단순미래를 사용하여 연습해 봅시다.

> **보기**
> Hacer buen tiempo, Salir a pasear (yo)
> → Si hace buen tiempo, saldré a pasear.
> (날씨가 좋으면, 산책하러 나갈 거야.)

1. Comer mucha carne. Engordar. (tú)

   – _______________________________________

2. Levantarse tarde. No llegar puntual a la cita. (tú)

   – _______________________________________

3. Terminar la clase. Ir de copas. (nosotros)

   – _______________________________________

4. Ir a España. Probar la paella. (tú)

   – _______________________________________

5. Doler la cabeza. Tomar la aspirina. (tú)

   – _______________________________________

6. Ir a la playa. Comer el marisco típico. (yo)

   – _______________________________________

7. Beber el té de manzanilla. Sentirte mejor. (tú)

   – _______________________________________

8. Querer ir al cine. Llamarme esta noche. (tú)

   – _______________________________________

9. Ponerse el abrigo. No coger el frío. (tú)

   – _______________________________________

10. Terminar el trabajo. Salir conmigo. (ella)

    – _______________________________________

E 다음 보기와 같이 미래완료형으로 대답해 봅시다.

> **보기**
> ¿Por qué se ha roto la pierna? (caerse jugando al fútbol)
> (왜 다리를 다쳤어?)
> – Se habrá caído jugando al fútbol.
> (축구를 하다가 넘어진 것 같아.)

1. ¿Por qué cree que está tan contento? (terminar el examen)
2. ¿Por qué cree que está enfadada? (discutir con su marido)
3. ¿Por qué cree que no está contento? (no interesarle la clase)
4. ¿Por qué cree que tiene tantos regalos? (cumplir años)
5. ¿Por qué cree que no ha venido a la fiesta? (olvidar la hora)
6. ¿Por qué cree que ha faltado a clase? (tener gripe)

F 단순미래와 미래완료 중 알맞은 형태에 밑줄을 그어봅시다.

1. – Hoy no me encuentro bien, tengo fiebre y me duele la garganta.
   – Te resfriarás / habrás resfriado, tómate una aspirina.

2. – Mira cuánta gente hay allí, ¿qué pasará?
   – Habrá / habrá habido un accidente.

3. – Llaman a la puerta.
   – ¿Quién será / habrá sido a estas horas?

4. – Hemos ido a casa de Lourdes y no contesta.
   – Irá / habrá ido al cine, le gusta mucho.

5. – Son las tres y nuestros invitados no han llegado.
   – Seguramente estarán / habrán estado aparcando.

6. – ¿Quién será / habrá sido el hombre que va con María Elena?
   – Será / habrá sido su novio, ¿a ti qué te importa?

7. – Han robado en el piso de al lado, ¿quién será / habrá sido?

G 다음 숫자를 스페인어로 써 봅시다.

1. 119
2. 254
3. 313
4. 491
5. 822
6. 1.138
7. 3.500
8. 4.726
9. 8.285
10. 1.998
11. 15.433
12. 1.421.658

H 다음 보기와 같이 숫자를 스페인어로 써 봅시다.

보기		
357 euros	– trescientos cincuenta y siete euros	
406 libras	– cuatrocientas seis libras	

1. 413 postales –
2. 986 personas –
3. 577 árboles –
4. 304 billetes –
5. 831 sellos –
6. 212 monedas –
7. 125 rosas –
8. 728 libras –
9. 640 dólares –
10. 159 enfermeras –

I 다음 날짜를 스페인어로 써 봅시다.

| 보기 | 01 / ENERO / 2011 | – Uno de enero de dos mil once |

1. 05 / FEBRERO / 2001 – __________________________
2. 26 / MARZO / 1995 – __________________________
3. 30 / ABRIL / 1942 – __________________________
4. 02 / MAYO / 2005 – __________________________.
5. 31 / JUNIO / 1999 – __________________________
6. 17 / JULIO / 1974 – __________________________
7. 22 / AGOSTO / 1813 – __________________________
8. 15 / SEPTIEMBRE / 2015 – __________________________
9. 12 / OCTUBRE / 1492 – __________________________
10. 28 / NOVIEMBRE / 1931 – __________________________
11. 25 / DICIEMBRE / 2013 – __________________________

말 하 기

A 미래에 일어날 일에 대해 확신 정도에 따라 주어진 표현을 이용하여 말해 봅시다.

> Creo que sí. (그렇다고 생각해.)
> Creo que no. (그렇지 않다고 생각해.)
> No sé. Depende. (모르겠어, 때에 따라 다르지.)
> Seguramente sí. (확실히 그럴 거야.)
> Seguramente no. (확실히 안 그럴 거야.)

> 1. Te casarás. (casarse)
> 2. Trabajarás unos años en el extranjero. (trabajar)
> 3. Comprarás un coche. (comprar)
> 4. Tendrás por lo menos dos hijos. (tener)
> 5. Encontrarás un trabajo muy interesante. (encontrar)
> 6. Ganarás mucho dinero. (ganar)
> 7. Encontrarás a tu media naranja. (encontrar)
> 8. Seguirás estudiando español. (seguir)
> 9. Harás un viaje largo. (hacer)

보기

Mi compañera Rosa cree que se casará.
(로사는 결혼할 거라고 생각한다.)
Y no sabe si tendrá hijos o no.
(자녀를 가질지 안 가질지 아직 모른다.)
Seguramente sí ganará mucho dinero.
(돈을 많이 벌 수 있을 거라고 확신한다.)

Mi compañero ___________ cree que _______________________

Y no sabe si ____

Seguramente sí (no) ____________________________________

듣 기

A Teresa와 Manuel이 이번 주말의 계획에 대해 말하고 있다. 듣고 큰소리로 따라 읽어 봅시다.

Manuel: Teresa, ¿qué harás este fin de semana?

Teresa: Haré una fiesta. Este sábado será mi cumpleaños. Cumpliré dieciocho años. ¡Seré mayor de edad!

Manuel: ¡Qué bien! ¡Felicidades!

Teresa: Invitaré a todos mis amigos y daré una fiesta. ¿Tú también vendrás a la fiesta?

Manuel: Sí, claro. Celebraremos tu cumpleaños.

Teresa: ¿Me ayudarás a preparar la fiesta?

Manuel: Claro, ¿qué haremos?

Teresa: Prepararemos comidas y bebidas.

Manuel: ¿Cuántos vendrán?

Teresa: Podrán venir Luis, Paco, Cecilia y Ana.

Manuel: ¿No vendrá Daniel?

Teresa: Creo que no vendrá porque se irá a su pueblo.

Manuel: Entonces, vendrán cuatro, más tú y yo... en total, seremos seis.

Teresa: Así es. Yo haré una paella. Y compraré bebidas, queso, un poco de jamón y pan.

Manuel: Yo te traeré una tarta y un buen vino.

Teresa: Muy bien. ¡Será una gran fiesta!

주요 어휘

este 이, 이번　(el) fin 말, 끝　(la) semana 주　(la) fiesta 파티　(el) sábado 토요일　(el) cumpleaños 생일　cumplir 만 ~ 살이다　(el) año 연, 해　mayor 나이가 더 많은, 연상의, 성인의　(la) edad 나이　(la) felicidad 행복, 축하　invitar 초대하다　todos/as 모든　venir 오다　celebrar 축하하다, 기념하다　ayudar 돕다　preparar 준비하다　(la) comida 음식　(la) bebida 음료수　cuántos/cuántas 얼마나

많은　creer 생각하다, 믿다　irse 가다, 떠나다　(el) pueblo 작은 도시, 마을, 고향　entonces 그렇다면, 그래서　total 전체의, 전부의　así 그렇게, 이렇게　(el) queso 치즈　(el) jamón 훈제 햄　(el) pan 빵　traer 가지고 오다　(la) tarta 케이크　bueno/buen 좋은　grande 큰　(el) vino 와인

주요 표현

1. 〈Cumpliré dieciocho años〉는 '만으로 18살이 된다'라는 의미로 cumplir 동사는 '~ 살이 된다'라는 의미를 지닌다.
2. 〈¡Seré mayor de edad!〉은 '어른, 성인이 된다'는 의미이다.
3. 〈Así es〉는 '그렇지, 맞아'라는 의미의 구어적 표현으로, 유사 표현으로는 Exacto, Eso es, Cierto 등이 있다.
4. 〈Buen vino〉, 〈Gran fiesta〉에서 형용사 bueno와 grande는 명사 앞에 위치할 때는 o와 de가 탈락된다.

쓰　기

A 다음 단어들을 정렬하여 문장을 만들어 봅시다.

1. tiempo hará de No semana este buen fin

   – ______________________________

2. abuelos Ellos los irán pueblo de al

   – ______________________________

3. madre Este a ayudar tendré domingo que mi

   – ______________________________

4. corres taxi Si perderás , no el

   – ______________________________

5. te descansas , enfermo Si pondrás no

   – ______________________________

6. resuelto antes problema reunión Habrás el de la

B 다음 문장을 스페인어로 작문해 봅시다.

1. 날씨가 좋으면, 산책하러 나갈 거야.

2. 네가 늦잠 자면, 수업에 지각할 거야.

3. 이번 주 일요일이 내 생일이야.

4. 나는 Daniel이 파티에 오지 않을 거라고 생각해.

5. 네가 공부 열심히 하지 않으면, 시험에 합격할 수 없을 거야.

6. 7시쯤엔 Pedro가 집에 도착했겠지.

Levántate temprano.
(일찍 일어나.)

No llegues tarde a clase.
(수업에 지각하지 마.)

- 접속법 현재 동사
- 긍정명령
- 부정명령

1 접속법 현재 동사

A 용법

- 종속절에 쓰이는 법으로 주절의 주어와 종속절의 주어가 달라야 한다.
- 직설법은 확실하고 객관적인 정보나 구체적인 경험 및 사실을 전달할 때 쓰이고, 접속법은 불확실하고 주관적인 정보 혹은 경험하지 않은 사실을 전달할 때 쓰이는 법이다. 즉 감정, 부정, 희망, 가치 및 판단, 명령형, 의심 등의 주관적이며 불확실한 정보를 전달할 때 주로 쓰인다.

B 접속법 현재 동사 변화표

1. 접속법 현재 규칙동사

Ar 동사는 –e로, Er/Ir 동사는 –a로 변화한다.

Hablar (말하다)	Comer (먹다)	Escribir (쓰다)
habl–e	com–a	escrib–a
habl–es	com–as	escrib–as
habl–e	com–a	escrib–a
habl–emos	com–amos	escrib–amos
habl–éis	com–áis	escrib–áis
habl–en	com–an	escrib–an
Trabajar (일하다)	**Beber (마시다)**	**Vivir (살다)**
trabaje	beba	viva
trabajes	bebas	vivas
trabaje	beba	viva
trabajemos	bebamos	vivamos

Trabajar (일하다)	Beber (마시다)	Vivir (살다)
trabajéis	bebáis	viváis
trabajen	beban	vivan
Cantar (노래하다)	**Vender (팔다)**	**Abrir (열다)**
cante	venda	abra
cantes	vendas	abras
cante	venda	abra
cantemos	vendamos	abramos
cantéis	vendáis	abráis
canten	vendan	abran

2. 접속법 현재 불규칙동사 : 1, 2인칭 복수에서 e ≫ i로 변화

Invertir (투자하다)

직설법		접속법	
invierto	invertimos	invierta	invirtamos
inviertes	invertís	inviertas	invirtáis
invierte	invierten	invierta	inviertan

Sentir (느끼다)

직설법		접속법	
siento	sentimos	sienta	sintamos
sientes	sentís	sientas	sintáis
siente	sienten	sienta	sientan

Mentir (거짓말하다)

직설법		접속법	
miento	mentimos	mienta	mintamos
mientes	mentís	mientas	mintáis
miente	mienten	mienta	mientan

3. 접속법 현재 불규칙동사 : e ≫ i로 변화

Pedir (요구하다)			
직설법		**접속법**	
pido	pedimos	pida	pidamos
pides	pedís	pidas	pidáis
pide	piden	pida	pidan

Servir (서빙하다)			
직설법		**접속법**	
sirvo	servimos	sirva	sirvamos
sirves	servís	sirvas	sirváis
sirve	sirven	sirva	sirvan

4. 접속법 현재 불규칙동사 : 1, 2인칭 복수에서 o ≫ u로 변화

Dormir (자다)			
직설법		**접속법**	
duermo	dormimos	duerma	durmamos
duermes	dormís	duermas	durmáis
duerme	duermen	duerma	duerman

Morir (죽다)			
직설법		**접속법**	
muero	morimos	muera	muramos
mueres	morís	mueras	muráis
muere	mueren	muera	mueran

5. 접속법 현재 불규칙동사 : – go형 불규칙

Yo	Tú	Él/ella/usted	Nosotros	Vosotros	Ellos/ellas/Uds.
Caer (caigo)					
caiga	caigas	caiga	caigamos	caigáis	caigan

Yo	Tú	Él/ella/ usted	Nosotros	Vosotros	Ellos/ellas/ Uds.
Decir (digo) diga	digas	diga	digamos	digáis	digan
Hacer (hago) haga	hagas	haga	hagamos	hagáis	hagan
Poner (pongo) ponga	pongas	ponga	pongamos	pongáis	pongan
Salir (salgo) salga	salgas	salga	salgamos	salgáis	salgan
Tener (tengo) tenga	tengas	tenga	tengamos	tengáis	tengan
Traer (traigo) traiga	traigas	traiga	traigamos	traigáis	traigan
Venir (vengo) venga	vengas	venga	vengamos	vengáis	vengan
Seguir (sigo) siga	sigas	siga	sigamos	sigáis	sigan

6. 접속법 현재 불규칙동사 : –zco형

Yo	Tú	Él/ella/ usted	Nosotros	Vosotros	Ellos/ellas/ Uds.
Conocer (conozco) conozca	conozcas	conozca	conozcamos	conozcáis	conozcan
Nacer (nazco) nazca	nazcas	nazca	nazcamos	nazcáis	nazcan
Ofrecer (ofrezco) ofrezca	ofrezcas	ofrezca	ofrezcamos	ofrezcáis	ofrezcan
Parecer (parezco) parezca	parezcas	parezca	parezcamos	parezcáis	parezcan
Traducir (traduzco) traduzca	traduzcas	traduzca	traduzcamos	traduzcáis	traduzcan

7. 접속법 현재 불규칙동사 : -yo형

Yo	Tú	Él/ella/ usted	Nosotros	Vosotros	Ellos/ellas/ Uds.
Construir (construyo) construya	construyas	construya	construyamos	constuyáis	construyan
Destruir (destruyo) destruya	destruyas	destruya	destruyamos	destruyáis	destruyan

8. 접속법 현재 불규칙동사 : c ≫ que 변화형
g ≫ gue
z ≫ c

Yo	Tú	Él/ella/ usted	Nosotros	Vosotros	Ellos/ellas/ Uds.
Buscar (busco) busque	busques	busque	busquemos	busquéis	busquen
Sacar (saco) saque	saques	saque	saquemos	saquéis	saquen
Tocar (toco) toque	toques	toque	toquemos	toquéis	toquen
Pagar (pago) pague	pagues	pague	paguemos	paguéis	paquen
Llegar (llego) llegue	llegues	llegue	lleguemos	lleguéis	lleguen
Jugar (juego) juegue	juegues	juegue	juguemos	juguéis	jueguen
Cruzar (cruzo) cruce	cruces	cruce	crucemos	crucéis	crucen
Empezar (empiezo) empiece	empieces	empiece	empecemos	empecéis	empiecen
Almorzar (almuerzo) almuerce	almuerces	almuerce	almorcemos	almorcéis	almuercen

9. 접속법 현재 불규칙동사 : g ≫ j 변화형

Yo	Tú	Él/ella/ usted	Nosotros	Vosotros	Ellos/ellas/ Uds.
Escoger (escojo) escoja	escojas	escoja	escojamos	escojáis	escojan
Coger (cojo) coja	cojas	coja	cojamos	cojáis	cojan
Corregir (corrijo) corrija	corrijas	corrija	corrijamos	corrijáis	corrijan

10. 접속법 현재 불규칙동사 : 악센트의 변화

Yo	Tú	Él/ella/ usted	Nosotros	Vosotros	Ellos/ellas/ Uds.
Dar (doy) dé	des	dé	demos	deis	den
Estar (estoy) esté	estés	esté	estemos	estéis	estén

11. 접속법 현재 완전 불규칙동사

Yo	Tú	Él/ella/ usted	Nosotros	Vosotros	Ellos/ellas/ Uds.
Ir (voy) vaya	vayas	vaya	vayamos	vayáis	vayan
Ver (veo) vea	veas	vea	veamos	veáis	vean
Ser (soy) sea	seas	sea	seamos	seáis	sean
Haber (he) haya	hayas	haya	hayamos	hayáis	hayan
Saber (sé) sepa	sepas	sepa	sepamos	sepáis	sepan

2 긍정명령

A 규칙동사

	Tomar (먹다/마시다)	Comer (먹다)	Escribir (쓰다)	긍정명령
Tú	toma	come	escribe	직설법 3인칭 단수
Usted	tome	coma	escriba	접속법
Nosotros	tomemos	comamos	escribamos	접속법
Vosotros	tomad	comed	escribid	r을 빼고 d를 추가
Ustedes	tomen	coman	escriban	접속법

- 1인칭 단수는 명령형이 존재하지 않는다.
- 2인칭 단수(tú)의 긍정명령은 직설법 3인칭 단수 동사를 쓴다.
- 2인칭 복수(vosotros)의 명령형은 r를 빼고 d를 추가한다.
- 그 외의 모든 명령형(usted/ustedes/nosotros)은 접속법을 쓴다.

B 불규칙동사

다음 표의 동사들은 Tú에 대한 명령이 불규칙하게 변하는 동사들이다.

	Hacer (하다)	Poner (놓다/켜다)	Ir (가다)	Venir (오다)
Tú	haz	pon	ve	ven
Usted	haga	ponga	vaya	venga
Nosotros	hagamos	pongamos	vayamos	vengamos
Vosotros	haced	poned	id	venid
Ustedes	hagan	pongan	vayan	vengan

	Tener (가지다)	Salir (나가다)	Decir (말하다)	Ser (~이다)
Tú	ten	sal	di	sé
Usted	tenga	salga	diga	sea
Nosotros	tengamos	salgamos	digamos	seamos
Vosotros	tened	salid	decid	sed
Ustedes	tengan	salgan	digan	sean

ⓒ 명령형 용법

1. 지시, 충고, 조언, 명령을 할 때 쓴다.

Niños, apagad la televisión y haced los deberes.

(애들아, 텔레비전 끄고 숙제 해.)

Primero corte los tomates y los pepinos, luego eche sal y aceite de oliva.

(먼저 토마토와 오이를 썰고 소금과 올리브유 기름을 뿌리세요.)

Si busca seguridad, compre este coche. (안전함을 찾으신다면 이 차를 사세요.)

2. Por favor를 쓰면 좀 더 완곡한 명령문이 된다.

Roberto, pon la mesa, por favor. (로베르토, 식탁 좀 차려.)

Abre la puerta, por favor. (문 좀 열어줘.)

3. 주로 이름을 호칭으로 부를때는 tú에 대한 명령형을 쓰고, señor, señora, doctor, doctora, profesor, profesora 등의 존칭을 호격으로 쓸 때는 usted에 대한 명령형을 쓰는 게 일반적이다.

Rosa, abre la puerta, por favor. (로사, 문 좀 열어.)

Señora. García, abra la puerta, por favor.

(가르시아 아주머니, 문 좀 열어 주세요.)

Niños, abrid el libro. (애들아, 책 펴.)

4. 대명사의 위치

- 긍정명령문에서는 모든 대명사는 반드시 동사 뒤에 위치하고 동사에 강세표시 (tilde)를 해야한다.
- 2인칭 복수인 vosotros에 관한 명령형에서는 재귀대명사가 오는 경우 d를 탈락시키고 재귀대명사를 추가해야 한다.

대명사	긍정명령
재귀대명사	* 동사 뒤에 위치 Juanito, levántate. (후아니또, 일어나.) Señor, levántese. (선생님, 일어나세요.)
직접목적격 대명사	Sandra, cógelo. (산드라, 그것을 집어.) Señor, cójalo. (선생님, 집으세요.)
재귀대명사 + 직접목적격 대명사	Póntelo. (입어.) Póngaselo. (입으세요.) Niños, duchaos. (애들아, 샤워해.)

3 부정명령

부정명령형은 모두 접속법을 써야 한다.

Ⓐ 규칙동사

	Trabajar (일하다)	Comer (먹다)	Subir (올라가다)	부정명령
Tú	No trabajes	No comas	No subas	
Usted	No trabaje	No coma	No suba	
Nosotros	No trabajemos	No comamos	No subamos	접속법
Vosotros	No trabajéis	No comáis	No subáis	
Ustedes	No trabajen	No coman	No suban	

Ⓑ 불규칙동사

	Hacer (하다)	Poner (놓다)	Ir (가다)	Venir (오다)
Tú	No hagas	No pongas	No vayas	No vengas
Usted	No haga	No ponga	No vaya	No venga
Nosotros	No hagamos	No pongamos	No vayamos	No vengamos
Vosotros	No hagáis	No pongáis	No vayáis	No vengáis
Ustedes	No hagan	No pongan	No vayan	No vengan

	Tener (가지다)	Salir (나가다)	Decir (말하다)	Ser (〜이다)
Tú	No tengas	No salgas	No digas	No seas
Usted	No tenga	No salga	No diga	No sea
Nosotros	No tengamos	No salgamos	No digamos	No seamos
Vosotros	No tengáis	No salgáis	No digáis	No seáis
Ustedes	No tengan	No salgan	No digan	No sean

C 목적격 대명사의 위치

부정명령에서는 모든 대명사는 명령형 동사 앞에 위치한다.

직접목적격 대명사 + 부정명령	No cojas el bolígrafo. → No <u>lo</u> cojas. (볼펜을 집지 마.)
간접목적격 대명사 + 직접 목적격 대명사 + 부정명령	No me des la carta. → No <u>me la</u> des. (나에게 편지를 주지 마.)
재귀대명사 + 직접목적격 대명사 + 부정명령	No te laves los dientes. → No <u>te los</u> laves. (이빨을 닦지 마.)

연습문제 

A 접속법 규칙동사를 동사 변화해 봅시다.

| 보기 | Trabajar | trabaje (yo/él/ella/usted) | trabajemos /nosotros |

	Yo/él/ella/usted	Nosotros
1. Limpiar	_____________	_____________
2. Correr	_____________	_____________
3. Escribir	_____________	_____________
4. Bailar	_____________	_____________
5. Llegar	_____________	_____________
6. Vender	_____________	_____________
7. Vivir	_____________	_____________
8. Leer	_____________	_____________
9. Comprar	_____________	_____________
10. Responder	_____________	_____________

B 직설법 1인칭과 접속법 1인칭 동사를 써 봅시다.

| 보기 | Empezar | empiezo | empiece |

1. Sentir	_____________	_____________
2. Dormir	_____________	_____________
3. Pedir	_____________	_____________
4. Servir	_____________	_____________
5. Tener	_____________	_____________
6. Conocer	_____________	_____________
7. Construir	_____________	_____________

8. Jugar   ________________   ________________

9. Buscar   ________________   ________________

10. Coger   ________________   ________________

C 접속법 불규칙동사를 동사 변화해 봅시다.

| 보기 | Venir | venga (yo/él/ella/usted) | vengáis (vosotros) |

	Yo/él/ella/usted	Vosotros
1. Mentir		
2. Pedir		
3. Morir		
4. Decir		
5. Traducir		
6. Pagar		
7. Ver		
8. Ir		
9. Saber		
10. Dar		

D 접속법 불규칙동사의 1인칭 동사이다. 동사원형를 써 봅시다.

1. haga ________________   2. sea ________________

3. quiera ________________   4. juegue ________________

5. pueda ________________   6. esté ________________

7. pida ________________   8. sepa ________________

9. vaya ________________   10. conozca ________________

11. tenga ________________   12. ponga ________________

E 2인칭 단수(tú)에 대한 명령형으로 연습해 봅시다.

> 보기
>
> Trabajar con alegría
> – Trabaja con alegría. (기쁘게 일해.)

1. Cantar una canción –
2. Limpiar tu habitación –
3. Practicar la pronunciación –
4. Escuchar a la profesora –
5. Contestar al móvil –
6. Beber cerveza –
7. Correr en el parque –
8. Escribir en el cuaderno –
9. Vivir tranquilo –
10. Bailar conmigo –

F tú에 대한 불규칙명령형으로 연습해 봅시다.

> 보기
>
> Poner la radio
> – Pon la radio. (라디오 켜.)

1. Ir al dentista –
2. Salir a bailar –
3. Poner el aire acondicionado –
4. Ser honesto –
5. Venir a la fiesta –
6. Hacer los deberes –
7. Decir que sí –
8. Tener cuidado –

G usted에 대한 명령형으로 연습해 봅시다.

> 보기
>
> Empezar la clase
> – Empiece la clase. (수업 시작하세요.)

1. Pedir la cuenta   – ______________________
2. Hacer cola   – ______________________
3. Salir a pasear   – ______________________
4. Traer el postre   – ______________________
5. Ser feliz   – ______________________
6. Ir al médico   – ______________________
7. Poner la tele   – ______________________
8. Encender la luz   – ______________________
9. Tener paciencia   – ______________________
10. Dormir más horas   – ______________________

H tú에 대한 명령 혹은 usted에 대한 명령 중 알맞은 표현을 선택해 봅시다.

> 보기
>
> Pablo, <u>compra</u> / compre el vino, por favor. (빠블로, 와인 사.)
> Sr. Hernández, compra / <u>compre</u> el vino, por favor.
> (에르난데스 선생님, 와인을 사세요.)

1. Sr. García, cierra / cierre la ventana, por favor.

2. Rosa, pon / ponga la tele.

3. Señorita, pasa / pase por aquí.

4. Felipe, llama / llame al señor López, por favor.

5. Niño, sal / salga de aquí.

6. Anita, enciende / encienda la luz, por favor.

7. Señora, limpia / limpie la cocina, por favor.

8. Pedro, haz / haga la cama ahora.

9. Mamá, dame / deme dinero, por favor.

10. Profesora, repite / repita, por favor.

I 다음 재귀동사들을 tú와 usted에 대한 명령문으로 만들어 봅시다.

보기	Ducharse	Dúchate (tú) (샤워해.)	Dúchese (usted) (샤워하세요.)

	Tú	Usted
1. Levantarse		
2. Lavarse		
3. Acostarse		
4. Callarse		
5. Sentarse		
6. Ponerse		
7. Relajarse		
8. Bañarse		
9. Divertirse		
10. Afeitarse		

J vosotros와 ustedes의 명령문으로 만들어 봅시다.

보기	Levantarse	Levantaos (vosotros) (일어나.)	Levántense (ustedes) (일어나세요.)

	Vosotros	Ustedes
1. Acostarse		

2. Escuchar   ________________   ________________

3. Apagar   ________________   ________________

4. Ir   ________________   ________________

5. Leer   ________________   ________________

6. Sentarse   ________________   ________________

7. Salir   ________________   ________________

8. Colgar   ________________   ________________

9. Estudiar   ________________   ________________

10. Venir   ________________   ________________

K 직접목적격 대명사를 사용하여 tú 혹은 usted에 대한 명령문으로 대답해 봅시다.

> **보기** ¿Puedo cerrar la ventana? (창문 닫아도 돼요?)
> - Sí, ciérrala. (tú) (그래, 닫아.)
>   Sí, ciérrela. (usted) (네, 닫아요.)

1. ¿Puedo traer los pasteles?   – ______________________

2. ¿Puedo abrir la puerta?   – ______________________

3. ¿Puedo probar el postre?   – ______________________

4. ¿Puedo apagar el aire acondicionado?

    – ______________________

5. ¿Puedo comprar los helados?

    – ______________________

6. ¿Puedo hacer el bocadillo? – ______________________

7. ¿Puedo traer la cerveza? – ______________________

8. ¿Puedo usar tu coche? – ______________________

9. ¿Puedo pagar la cuenta? – ______________________

10. ¿Puedo comer la manzana? – ______________________

L 재귀대명사/간접목적격 대명사/직접목적격 대명사를 사용하여 tú 혹은 usted에 대한 명령문을 만들어 봅시다.

> 보기
>
> ¿Me pongo los vaqueros? (청바지를 입을까?)
> → Sí, póntelos. (그래, 입어.)
> 　 Sí, póngaselos. (네, 입어요.)

1. ¿Me pongo los pantalones?　 – ______________________________

2. ¿Me pongo el traje negro?　 – ______________________________

3. ¿Me pongo la falda?　 – ______________________________

4. ¿Me pongo el vestido?　 – ______________________________

5. ¿Me pongo los pendientes?　 – ______________________________

6. ¿Le pongo las botas al niño?　 – ______________________________

7. ¿Le pongo la chaqueta a Miguelito?

　　 – ______________________________

8. ¿Le pongo el pijama a la niña? – ______________________________

9. ¿Le pongo el sombrero a mi hijo?

　　 – ______________________________

10. ¿Le pongo los calcetines a Juanito?

　　 – ______________________________

M tú에 대한 명령문을 만들어 봅시다.

> 보기
>
> ¿Te hago un café? (커피 한 잔 타 줄까?)
> – Sí, házmelo. (그래, 타 줘.)

1. ¿Les doy a los niños los dulces?　 – ______________________________

2. ¿Te traigo una cerveza?　 – ______________________________

3. ¿Le presto a Pablo 25 euros?　 – ______________________________

4. ¿Le compro ese vestido a Ana?　 – ______________________________

5. ¿Te hago la cama?　 – ______________________________

6. ¿Le digo al médico la verdad?　 – ______________________________

7. ¿Te traigo la toalla? – _______________________

8. ¿Le compro esa cámara a Pablo? – _______________________

9. ¿Te mando las fotos por correo? – _______________________

10. ¿Te compro estos pantalones? – _______________________

N 부정명령형으로 만들어 봅시다.

> **보기** Mirar : No mires (tú)   No miréis (vosotros)

1. Estudiar _______________ / _______________
2. Comer _______________ / _______________
3. Cantar _______________ / _______________
4. Venir _______________ / _______________
5. Trabajar _______________ / _______________
6. Escribir _______________ / _______________
7. Salir _______________ / _______________
8. Pagar _______________ / _______________
9. Empezar _______________ / _______________
10. Encender _______________ / _______________

O 긍정명령을 부정명령으로 만들어 봅시다.

> **보기** Ve a tu casa.   – No vayas a tu casa. (너의 집에 가지 마.)

1. Ve la tele. – _______________________
2. Conduce rápido. – _______________________
3. Saca la basura. – _______________________
4. Sal a pasear. – _______________________
5. Di la verdad. – _______________________
6. Haz los deberes. – _______________________
7. Ven al cibercafé. – _______________________

8. Ve a caballo. – _______________

9. Pon la música. – _______________

10. Sé agresivo. – _______________

P 목적격 대명사를 사용하여 부정명령형으로 만들어 봅시다.

> 보기
> No (escribir, usted) la postal.
> → No la escriba. (그것을 쓰지 마세요.)

1. No (apagar, usted) la televisión. – _______________

2. No (comprar, tú) los pasteles. – _______________

3. No (poner, usted) los vasos ahí. – _______________

4. No (lavarse, tú) el pelo. – _______________

5. No (traer, usted) las frutas. – _______________

6. No (traer, tú) el postre. – _______________

7. No (ponerse, tú) las gafas. – _______________

8. No (cerrar, usted) la puerta. – _______________

9. No (hacer, tú) los deberes. – _______________

10. No (abrir, tú) la nevera. – _______________

Q 긍정명령형을 대명사를 사용하여 부정명령형으로 만들어 봅시다.

> 보기
> Dúchate ahora.   – No te duches. (샤워하지 마.)

1. Levántate temprano. – _______________

2. Vete. – _______________

3. Lávatelas – _______________

4. Póntelo. – _______________

5. Hazlo ahora. – _______________

6. Díselo. – _______________

7. Dámelo.   – _______________________________

8. Házmelo.   – _______________________________

9. Tráemela.   – _______________________________

10. Préstaselo.   – _______________________________

R   Si 구문을 이용하여 긍정명령 또는 부정명령형으로 연습해 봅시다.

Si + 직설법 현재, 긍정명령 / 부정명령

> **보기**   Si vienes a la clase, no llegues tarde.
> (수업에 오게되면, 지각하지 마.)
> Si vas a la tienda, cómprame las patatas.
> (가게에 가면 감자 사줘.)

1. Si (salir, tú) _______________ a pasear, (sacar) _______________ la basura

2. Si (tener, tú) _______________ calor, (poner) _______________ el aire acondicionado.

3. Si (llover) _____________, (coger, tú) _____________ el paraguas.

4. Si (ir, usted) ___________ a Barcelona, (visitar) _______________ la Sagrada Familia.

5. Si (estar, tú) _____________ enfermo, (ir) ___________ al médico.

6. Si (viajar, usted) ___________ por Europa, (alquilar) ___________ un coche.

7. Si (tener, tú) _____________ fiebre, (quedarse) _____________ en la cama.

8. Si (querer, usted) ___________ adelgazar, (no comer) __________ tanto.

9. Si (ir, tú) _____________ al quiosco, (comprar) _____________ el periódico.

10. Si (estar, usted) _____________ nervioso, (tomar) __________ un baño caliente.

말 하 기

 긍정 명령문을 부정 명령문으로 서로 바꿔서 말해 봅시다.

Estudiante 1	Estudiante 2
1. Haz los deberes.	1. Pídeles permiso a tus padres.
2. Cierra la ventana.	2. Escríbeme el correo electrónico.
3. Sigue todo recto.	3. Sal a las seis de la mañana.
4. Díselo a Natalia.	4. Coma una hamburguesa.
5. Venga más tarde, por favor.	5. Pon la mesa.
6. Vuelve pronto.	6. Gira la primera a la izquierda.
7. Pide una cerveza.	7. Quédate en mi casa.
8. Ve al médico esta tarde.	8. Tráigale un vino.
9. _______________	9. _______________
10. _______________	10. _______________

듣 기

A Pedro와 그의 엄마와의 대화 내용이다. 듣고 큰소리로 따라 읽어 봅시다.

Pedro:	¿Puedo ir a casa de Eva esta tarde? Es su fiesta de cumpleaños.
La madre:	Pero todavía no has hecho los deberes, hijo. Primero, hazlos.
Pedro:	¡Pero mamá! No me hagas esto, por favor... Mis amigos me estarán esperando.
La madre:	Vale... ¿A qué hora es la fiesta?
Pedro:	A las seis.
La madre:	Pero no vayas solo, llama a tus amigos y ve con ellos.
Pedro:	Bueno, está bien.
La madre:	Pasa por la pastelería, compra una tarta y llévala a su casa.
Pedro:	¡Bieeen! Dame dinero, mamá, es que no tengo ni un duro.
La madre:	Vale, ten, pero no vuelvas muy tarde.
Pedro:	¡Que no! No te preocupes.
La madre:	Si sales muy tarde de su casa, llámame, ¿vale?
Pedro:	Que sí, mamá...
La madre:	No te olvides del paraguas. Está lloviendo.

주요 어휘

(la) fiesta 파티   (el) cumpleaños 생일   (los) deberes 숙제   hacer 하다   todavía 아직   esperar 기다리다   pasar (어디에) 들르다   (la) pastelería 케이크 가게, 제과점
(la) tarta 케이크   preocuparse 걱정하다   (el) dinero 돈   (el) duro 5페세타 동전
(el) paraguas 우산   olvidarse 잊다   llover 비오다

> **주요 표현**
>
> 1. ⟨No tengo ni un duro⟩에서 duro는 예전에 스페인에서 5페세타 동전의 화폐를 의미하며, 즉 '한 푼도 없다'는 의미로 쓰이는 스페인 구어체이다.
> 2. ⟨olvidarse de ~⟩는 '~를 잊다, 까먹다'를 의미하며, 예문으로는 Me olvidé de su cumpleaños(그의 생일을 까먹었어) 등이 있다.
> 3. ⟨que sí/que no⟩는 '그렇다니깐, 진짜 그래요/ 진짜 아니예요'의 의미로 강조 또는 주장할 때 쓰는 구어체 표현이다.

B 의사와 환자와의 대화 내용이다. 듣고 큰소리로 따라 읽어 봅시다. 〔43〕

Paciente: Hola, buenos días.

Doctor: Buenos días. Pase y siéntese.

Paciente: Gracias.

Doctor: Dígame, ¿qué le pasa?

Paciente: Tengo una tos muy fuerte, especialmente por las noches, y además casi no puedo respirar.

Doctor: ¿Le duele la garganta?

Paciente: Sí.

Doctor: Abra la boca… Respire… y tosa un poco. Bien. ¿Y también le duele la cabeza?

Paciente: También.

Doctor: ¿Tiene fiebre?

Paciente: Sí, y también me duelen los brazos y las piernas. Bueno… todo el cuerpo.

Doctor: ¿Cuánto tiempo lleva así?

Paciente: Unos cuatro días.

Doctor: Usted tiene gripe. Tómese este jarabe para la tos y póngase estas inyecciones.

Paciente: Muy bien.

Doctor:	Y por supuesto, no fume. Acuéstese y descanse. No vaya al trabajo, quédese en casa tres días como mínimo. No coja frío. Si le duele mucho la garganta, beba zumo de limón con miel. Si después de tres días no mejora, vuelva a mi consulta.
Paciente:	Gracias, doctor.
Doctor:	De nada. Y cuídese.

주요 어휘

sentarse 앉다　　(la) tos 기침　　fuerte 강한, 심한　　pasar 일어나다, 발생하다　especialmente 특별히　　además 게다가, 더욱이　　casi 거의　　respirar 호흡하다, 숨 쉬다　doler 아프다　　(la) garganta 목구멍　　(la) boca 입　　toser 기침하다　　(la) cabeza 머리　　(la) fiebre 열　　(el) brazo 팔　　(la) pierna 다리　　todo/a 모든, 온　　(el) cuerpo 몸, 신체　　así 그렇게, 이렇게　　(la) gripe 독감　　(el) jarabe 시럽, 감기약　　(la) inyección 주사　　acostarse 눕다　　descansar 쉬다　　mínimo/a 최소의, 최저의　　(el) zumo 주스　　(el) limón 레몬　　(la) miel 꿀　　mejorar 개선되다, 회복하다　　(el) trabajo 일, 작업　　volver 돌아오다　　(la) consulta 상담, 진찰　　cuidarse 자신의 몸을 돌보다

주요 표현

1. ⟨¿qué le pasa?⟩는 '무슨 일이야?'라는 안부를 물을 때 쓰는 표현으로 유사 표현으로는 ¿Qué tal?, ¿Cómo te encuentras? 등이 있다.

2. ⟨¿Le duele la garganta?⟩는 doler 동사에 간접목적격 대명사가 동반되어 '～가 아프다'라는 의미로 gustar 동사와 같은 문법 구조를 가진다

3. ⟨¿Cuánto tiempo lleva así?⟩는 '이렇게 지낸지 얼마나 되었어?'라는 표현으로 llevar 동사에 시간이 동반되면 '～한지 얼마가 되었다'라는 의미를 가지는 중요한 구어적 표현이다.

4. ⟨como mínimo⟩는 '최소한, 적어도'의 의미로, 반대말은 como máximo(최대한)

쓰 기

A 다음 단어들을 정렬하여 문장을 만들어 봅시다.

1. amigos a y con ellos Llama tus ve
   – ______________________________
2. paraguas No olvides del te
   – ______________________________
3. y duelen piernas los Me brazos las
   – ______________________________
4. días en mínimo Quédese casa tres como
   – ______________________________
5. la dormitorio , favor del No luz por apague
   – ______________________________
6. a verdad No novio la digas le tu
   – ______________________________

B 다음 문장을 스페인어로 작문해 봅시다.

1. 집에 늦게 돌아오지 마.
   – ______________________________
2. Raúl에게 25유로를 빌려줘.
   – ______________________________
3. Pablo에게 바지를 입혀.
   – ______________________________
4. 직장에 나가지 마시고 집에서 쉬세요.
   – ______________________________
5. 목이 많이 아프면, 레몬주스를 많이 마셔요.
   – ______________________________

6. 살을 빼고 싶으면, 많이 먹지 마세요.

  - ____________________________________

Espero que seas feliz.

(네가 행복하길 바래.)

No creo que Rosa pague la cuenta.

(로사가 계산서를 지불할 거라고 생각하지 않아.)

No estoy seguro de que José vaya a España.

(호세가 스페인에 갈 거라고 확신하지 않아.)

- 접속법 현재 : 희망, 소망
- 부정의 의견
- 의심, 불확실

문법

1 접속법 현재: 희망, 소망

A 소망 동사

주절에 희망을 나타내는 동사들(desear, esperar, querer, preferir)이 오고, 주절의 주어와 종속절의 주어가 달라야 하며, 접속사 que는 생략할 수 없다.

1. Quiero/Espero + 동사원형

주절의 주어와 종속절의 주어가 같을 때 : 동사원형

Espero llegar a tiempo para coger el avión de las tres.

(3시 비행기를 타기 위해 정시에 도착하길 기대한다.)

Espero terminar el trabajo a tiempo. (정시에 일을 끝내길 바란다.)

2. Quiero/Espero que + 접속법

주절의 주어와 종속절의 주어가 다를 때: 접속법

Espero que la foto salga bien. (사진이 잘 나오길 바래.)

Espero que mis alumnos estudien mucho. (학생들이 공부를 열심히 하길 바래.)

Jorge espera que sus hijos acaben la universidad.

(호르헤는 그의 자녀들이 대학을 끝내길 바란다.)

Abrir (열다) : 그는 ……가 창문을 열기를 원한다.

Quiere que abra la ventana.	He wants me to open the window.
Quiere que abras la ventana.	He wants you to open the window.
Quiere que abra la ventana.	He wants her to open the window.

Abrir (열다) : 그는 ……가 창문을 열기를 원한다.	
Quiere <u>que abramos</u> la ventana.	He wants us to open the window.
Quiere <u>que abráis</u> la ventana.	He wants you to open the window.
Quiere <u>que abran</u> la ventana.	He wants them to open the window.

Vender (팔다) : 그녀는 ……가 집을 팔기를 원한다.	
Espera <u>que venda</u> la casa.	She hopes I'll sell the house.
Espera <u>que vendas</u> la casa.	She hopes you'll sell the house.
Espera <u>que venda</u> la casa.	She hopes he'll sell the house.
Espera <u>que vendamos</u> la casa.	She hopes we'll sell the house.
Espera <u>que vendáis</u> la casa.	She hopes you'll sell the house.
Espera <u>que vendan</u> la casa	She hopes they'll sell the house.

3. • 상대의 의사를 물을 때 (주어가 동일)

   ¿Quieres + 동사원형?

   ¿Quieres ir al médico? (병원에 갈래?)

   • 도움을 제공할 때 (주어가 다를 때)

   ¿Quieres + que + 주어 + 접속법 현재?

   ¿Quieres que yo vaya contigo al médico?

   (넌 내가 너와 함께 병원에 가기를 원하니?)

Ⓑ Que + 접속법 현재 동사

현재의 소망, 희망, 간접적인 완곡한 명령을 나타낼 수 있다.

1. 헤어질 때

   Adiós, que te vaya bien/le vaya bien/os vaya bien/les vaya bien.

   (안녕, 잘 가.)

   Hasta luego, y que tengas/tenga/tengáis/tengan suerte en el examen.

   (나중에 보자, 시험 잘 봐.)

2. 파티 또는 여행가는 사람에게

   Que te diviertas/se divierta/os divirtáis/se diviertan. (즐겨, 재미있게 보내.)

Que lo pases/pase/paséis/pasen bien. (좋은 시간 가져, 잘 지내.)
Que tengas buen viaje. (여행 잘 해.)

3. 잠자기 전 인사말

Buenas noches, que descanses/descanse/descanséis/descansen. (안녕, 쉬어.)
Que duermas bien. (잘 자.)

4. 환자를 방문시

Que te mejores/se mejore. (빨리 나아.)

5. 불행한 일을 당한 친구에게

Que no sea nada. (별일 아니었으면 좋겠다.)
Que te sea leve. (경미한 것이길 바래.)

ⓒ Ojalá (que) + 접속법 현재 동사 (제발 그랬으면 좋겠다)

현재 또는 미래의 가능한 간절한 희망, 소망을 표현할 때 쓰인다.

Ojalá (que) no llueva. (제발 비가 오지 않기를.)
Ojalá (que) apruebe el examen. (시험에 꼭 합격했으면 좋겠다.)

2 부정의 의견

Ⓐ 생각 동사 (Creer, Pensar, Suponer, Imaginar, Parecer)

Creer (믿다, 생각하다)	Pensar (생각하다)	Parecer (~ 생각에 같아 보인다)	
creo	pienso	me	
crees	piensas	te	
cree	piensa	le	parece/n
creemos	pensamos	nos	
creéis	pensáis	os	
creen	piensan	les	

ⓑ 사고(생각)의 동사와 함께 쓰여, 주절에 부정문이 올 때는, 종속절에 접속법이 온다.

- 긍정 → 직설법
- 부정 → 접속법

- Yo creo que + 직설법

  Yo creo que Rafael es muy inteligente.

  (나는 라파엘이 똑똑하다고 생각한다.)

- Yo no creo que + 접속법

  Yo no creo que Rafael sea tan inteligente.

  (나는 라파엘이 그렇게 똑똑하다고 생각하지 않는다.)

- Me parece que + 직설법

  Me parece que José va a España.

  (나는 호세가 스페인에 갈 거라고 생각한다.)

- No me parece que + 접속법

  No me parece que José vaya a España.

  (나는 호세가 스페인에 간다고 생각하지 않는다.)

3 의심, 불확실

- 사실, 진실성, 확실 → 직설법
- 진실의 부정 및 불확실성 → 접속법

no estoy seguro de que (확신하지 않는다)

dudo que (의심한다)

es probable que (아마도~이다)　　　+　접속법

es posible que (~이 가능하다)

> es dudoso que (의심스럽다)
>
> no es evidente que (명백하지 않다)
>
> quizás (아마도)
>
> tal vez (아마도)

Estoy seguro de que llueve. (비가 올 거라 확신한다.)

→ No estoy seguro de que llueva. (비가 올 거라 확신하지 않는다.)

Estoy segura de que él no va a venir. (그가 오지 않는다고 확신한다.)

→ Es probable que él no vaya a venir. (아마도 그가 오지 않을 것 같다.)

Maribel está segura de que mañana nieva. (마리벨은 내일 눈이 올 거라고 확신한다.)

→ Maribel no está segura de que mañana nieve.

　(마리벨은 내일 눈이 올 거라고 확신하지 않는다.)

Está muy claro que existe una solución. (분명히 해결책이 존재할 거야.)

→ Dudo que exista una solución. (해결책이 존재할지 의심된다.)

¿Lloverá mañana? (내일 비가 올까?)

→ Quizás llueva. (아마도 비가 올 거야.)

연습문제

A que + 접속법 현재 형태로 연습해 봅시다.

> **보기**
> Preparar las enchiladas/Berta
> – Quiero que prepare las enchiladas Berta.
> (베르타가 엔칠라다를 준비하길 원해.)

1. Bañar al perro/ Ernestito   – ___________
2. Barrer el patio/ Guillermo   – ___________
3. Pagar las cuentas/ Ernesto   – ___________
4. Cuidar a los niños/ Tomás   – ___________
5. Sacudir los muebles/ Berta   – ___________
6. Arreglar el coche/ Pepe   – ___________
7. Enviar el paquete/ Amanda   – ___________
8. Jugar con la gata/ los niños   – ___________
9. Recoger la ropa/ Daniel   – ___________
10. Poner flores allí/ Carmen   – ___________

B 동사원형 혹은 que + 접속법 형태로 연습해 봅시다.

> **보기**
> Espero <u>aprobar</u> el examen. (apobar, yo)
> (내가 시험에 합격하길 고대한다.)
> Espero que <u>pases</u> un buen día de cumpleaños. (pasar, tú)
> (나는 네가 행복한 생일을 보내길 바래.)

1. Pepe espera ___________ antes de las 12. (llegar, él)
2. Prefiero que les ___________ la comida. (llevar, tú)
3. Deseo que ___________ felices. (ser, vosotros)

4. Espero que nunca me ________________ . (olvidar, tú)

5. Quiero que ________________ un feliz viaje. (tener, Uds.)

6. Espera ________________ le perdón a su novia. (pedir, él)

7. Prefiero ________________ un taxi. (coger, yo)

8. Quiero que me ________________ al aeropuerto. (llevar, tú)

9. Yo prefiero ________________ en el departamento comercial.
   (trabajar)

10. Quiero que mis hijos ________________ en un colegio público.
    (estudiar, ellos)

C 접속법을 사용하여 의문문을 만들어 봅시다.

> **보기** Tú / yo / estudiar / español
>   – ¿Quieres que yo estudie español?
>   (너는 내가 스페인어를 공부하기를 원해?)

1. Tú / yo / llevar al colegio a los niños

   – ________________

2. Tú / yo / traer / el postre   – ________________

3. Tú / yo / cuidar / a tus hijos   – ________________

4. Tú / yo / prestar / el paraguas   – ________________

5. Tú / yo / hablar / con él   – ________________

6. Vosotros / yo / llamar al profesor   – ________________

7. Vosotros / yo / esperar en la sala   – ________________

8. Vosotros / yo / poner el aire acondicionado

   – ________________

9. Vosotros / yo / ir al cine con vosotros

   – ________________

10. Vosotros / yo / terminar la clase   – ________________

D 다음 보기와 같이 상황에 맞게 인사해 봅시다.

> 보기
> E1: ¡Adiós! Nos vemos el próximo mes. (안녕! 다음 달에 봐).
> E2: ¡Que tengas un buen viaje! (좋은 여행하길 바래!)

pasarlo bien	disfrutar del viaje	tener suerte	divertirse
ponerse bueno pronto		aprovechar	dormir bien
descansar	tener buen viaje	mejorarse	irle bien	cuidarse

1. Me voy a la cama. Hasta mañana. – ______________________
2. Tengo prisa. Ya me voy al trabajo. – ______________________
3. El lunes tengo un examen. – ______________________
4. Mi esposo está en el hospital y está muy enfermo.

   – ______________________
5. Mañana salgo para Sevilla. – ______________________
6. Me voy a comer. – ______________________
7. Mañana voy a una fiesta. – ______________________
8. Estoy resfriado... ¡Aaaaaaachís! – ______________________

E ojalá (que) / ojalá (que) no 구문을 이용하여 문장을 만들어 봅시다.

> 보기
> Llover hoy → ¡Ojalá (que) no llueva hoy!
> (오늘 비가 안 오길 바래!)

1. Recibir muchos regalos – ______________________
2. Hacer buen tiempo – ______________________
3. No tener que trabajar – ______________________
4. No estar enfermo – ______________________
5. Venir a visitarme mis amigos – ______________________
6. Poner una nueva película – ______________________
7. Tener vacaciones – ______________________
8. Ser feliz – ______________________

F 직설법 혹은 접속법을 사용하여 문장을 만들어 봅시다.

> 보기
>
> Él / ser / campeón
> - Yo creo que él es / será campeón.
>   (나는 그가 챔피언이 될 거라 생각한다.)
> - Yo no creo que él sea campeón.
>   (나는 그가 챔피언이 될 거라 생각하지 않는다.)

1. Su marido / tener / algún problema – _______________
2. Rosa / estar / deprimida – _______________
3. Yolanda / acabar / el Bachillerato – _______________
4. Marisa / poder / hablar español – _______________
5. Patricia / pagar / la cuenta – _______________
6. José / venir / a la fiesta – _______________
7. Ellos / salir / de copas – _______________
8. Pedro / vender / su coche – _______________
9. Javier / aprobar / el examen – _______________
10. haber / rebajas en los grandes almacenes

   – _______________

G 접속법을 사용하여 부정문으로 대답해 봅시다.

> 보기
>
> ¿Crees que lloverá esta tarde? (오늘 오후에 비 올 거라고 생각해?)
> - No creo que llueva esta tarde. (비 올 거라고 생각하지 않아.)

1. ¿Crees que perderán el tren?
   - No creo que _______________
2. ¿Crees que llegaremos tarde?
   - No creo que _______________

3. ¿Crees que hará frío mañana?

– No creo que ___________________________

4. ¿Crees que nevará este invierno?

– No creo que ___________________________

5. ¿Crees que tendrá suerte?

– No creo que ___________________________

6. ¿Crees que ganará la carrera?

– No creo que ___________________________

7. ¿Crees que vendrá Marta?

– No creo que ___________________________

8. ¿Crees que irá a trabajar?

– No creo que ___________________________

H 직설법 혹은 접속법 동사 중 적절한 형태의 동사를 선택해 봅시다.

1. Seguro que Valentino gana / gane este año en el partido.

2. Puede que ahora es / sea más fácil acceder a una vivienda en alquiler.

3. Quizás la construcción no necesita / necesite tanta gente en el futuro.

4. Supongo que me llamará / llame esta noche.

5. No estoy seguro de que los SMS ayudan / ayuden a mejorar la comunicación.

6. Imagino que estará / esté enferma, no me ha llamado.

7. Es cierto que los jóvenes tienen / tengan cada vez más y mejores oportunidades.

8. Es evidente que hablar por teléfono es / sea más humano que enviar un mensaje.

9. Es probable que el precio de la vivienda seguirá / siga subiendo el próximo año.

10. Dudo que los libros electrónicos sustituyen / sustituyan a los libros de papel.

I 다음 표에 직설법 혹은 접속법에 사용되는 구문을 구분하여 분류해 봅시다.

Estoy seguro de que	No creo que	Es posible que
Es probable que	Dudo que	Probablemente
Seguro que	No estoy seguro de que	
Está claro	Es indudable	No hay ninguna duda
Es evidente	Es cierto	Posiblemente

직설법	접속법
Estoy seguro de que	No creo que

말 하 기

A 다음 보기와 같이 서로에게 질문하고 대답해 봅시다.

¿Quieres que la profesora ___________________________?

> **보기**
>
> ¿Quieres que la profesora te corrija más?
>
> (선생님이 더 수정해 주길 원해?)
>
> – Sí, quiero que me corrija más. (응, 더 수정해 주셨으면 좋겠어.)
>
> – No, no quiero que me corrija más.
>
>   (아니, 더 수정 안 해 주셨으면 좋겠어.)

¿Quieres que la profesora ___________________________	
Estudiante 1	Estudiante 2
1. te corrija más? (corregir)	_____________
2. explique más gramática? (explicar)	_____________
3. sea más exigente? (ser)	_____________
4. ponga más deberes? (poner)	_____________
5. escriba más cosas en la pizarra? (escribir)	_____________
6. hable más despacio? (hablar)	_____________
7. pregunte más cosas? (preguntar)	_____________
8. ponga más canciones en clase? (poner)	_____________
9. hable más alto? (hablar)	_____________

Mi compañero/a quiere que la profesora ___________________________

____

B 다음 질문에 보기와 같이 대답해 봅시다.

보기

¿Quieres que tu novio sea guapo y alto?
(너의 남자친구가 잘생기고 키가 컸으면 좋겠니?)
– Sí, quiero que sea muy guapo. ¿Y tú?
(네, 아주 잘생겼으면 좋겠어, 넌?)
– No, no quiero que sea tan guapo. No me importa mucho el aspecto físico.
(아니, 너무 잘생기지 않았으면 좋겠어, 외모는 많이 중요하지 않아.)

Estudiante 1	Estudiante 2
1. ¿Quieres que tu novio <u>sea</u> guapo y alto?	__________
2. ¿Quieres que tu novio <u>sea</u> rico?	__________
3. ¿Quieres que tu novio siempre te <u>diga</u> la verdad?	__________
4. ¿Quieres que tu novio te <u>presente</u> a sus padres?	__________
5. ¿Quieres que tu novio te <u>regale</u> algo en tu cumpleaños?	__________
6. ¿Quieres que tu novio <u>pase</u> las vacaciones contigo?	__________
7. ¿Quieres que tu novio te <u>llame</u> más de 3 veces al día?	__________
8. ¿Quieres que tu novio se <u>acuerde</u> de las fechas especiales?	__________
9. ¿Quieres vivir con tu novio durante un tiempo antes de casarte?	__________
10. ¿Quieres que tu novio <u>tenga</u> muchas cosas comunes contigo?	__________

Mi compañero/a _____________ quiere que su novio/a _____________
Y ____

C 다음 질문에 보기와 같이 대답해 봅시다.

> 보기
>
> ¿Te casarás? (결혼할 거야?)
> – Creo que me casaré. (결혼할 거라고 생각해.)
> – No creo que me case. (결혼할 거라고 생각하지 않아.)

Estudiante 1	Estudiante 2
1. ¿Te casarás? (casarse)	
2. ¿Vivirás en países diferentes? (vivir)	____________
3. ¿Comprarás un coche? (comprar)	____________
4. ¿Tendrás por lo menos dos hijos? (tener)	____________
5. ¿Encontrarás un trabajo muy interesante? (encontrar)	____________
6. ¿Ganarás mucho dinero? (ganar)	____________
7. ¿Encontrarás el amor de tu vida? (encontrar)	____________
8. ¿Seguirás estudiando español? (seguir)	____________
9. ¿Harás un viaje largo? (hacer)	____________
10. ¿Hablarás muy bien español algún día? (hablar)	____________
11. ¿Aprenderás otro idioma? (aprender)	____________
12. ¿Vivirás en el campo? (vivir)	____________

D 2030년도에 일어날 일에 대해 예견해 봅시다.

> 보기
>
> ¿Crees que habrá otra guerra mundial?
> (또 다른 세계 대전이 일어날 거라고 생각해?)
> – Sí, creo que habrá otra guerra mundial.
>   (응, 세계 대전이 일어날 거라고 생각해.)
> – No, no creo que haya otra guerra mundial.
>   (아니, 또 다른 세계 대전이 일어날 거라고 생각하지 않아.)

Estudiante 1	Estudiante 2
1. ¿Crees que <u>podremos</u> viajar a la Luna? (poder)	_______________
2. ¿Crees que <u>tendremos</u> un robot en casa? (tener)	_______________
3. ¿Crees que los niños no <u>irán</u> al colegio? (ir)	_______________
4. ¿Crees que <u>será</u> normal vivir 100 años? (ser)	_______________
5. ¿Crees que <u>habrá</u> transporte aéreo individual? (haber)	_______________
6. ¿Crees que <u>habrá</u> más crímenes que ahora? (haber)	_______________
7. ¿Crees que el consumo de drogas <u>será</u> legal? (ser)	_______________
8. ¿Crees que los científicos <u>podrán</u> crear seres humanos? (poder)	_______________
9. ¿Crees que <u>iremos</u> de vacaciones al espacio o en otro planeta? (ir)	_______________
10. ¿Crees que <u>descubrirán</u> una vacuna contra el SIDA? (descubrir)	_______________
11. ¿Los ordenadores <u>podrán</u> pensar como los seres humanos? (poder)	_______________

듣 기

A   여행사 직원과 고객과의 대화 내용이다. 듣고 큰소리로 따라 읽어 봅시다.

Empleada: ¡Hola, buenos días! ¿En qué puedo servirle?

Cliente: Buenos días, señora. Quiero que me informe de un viaje al extranjero.

Empleada: ¿Adónde quiere viajar?

Cliente: Queremos ir a Cancún.

Empleada: Es una playa hermosa y podrán conocer las ruinas mayas también. ¿Quiere que le dé un folleto de Cancún?

Cliente: ¡Genial! Quiero que lo vea mi esposa también.

Empleada: Cada semana hay dos salidas, los lunes y los miércoles. ¿Qué día prefiere usted?

Cliente: Prefiero el primer lunes de agosto.

Empleada: Perfecto, ¿Cuántas personas van a viajar?

Cliente: Somos dos adultos y un niño.

Empleada: ¿Qué tipo de alojamiento desea usted, un hotel de lujo, un hostal o un chalé?

Cliente: Quiero un hotel que sea bastante barato y que esté cerca de la playa. Y mi esposa prefiere que la habitación dé a la playa.

Empleada: Vamos a ver... Sí, aquí hay uno. El hotel Miramar de 3 estrellas con vistas al mar. Está a cinco minutos de la playa. Además, incluye el desayuno y la comida.

Cliente: Quiero hacer la reserva de ese hotel.

Empleada: Aquí tiene el tíquet de reserva y el folleto. Espero que tenga un feliz viaje.

Cliente: Muchas gracias. ¡Que tenga un buen día!

주요 어휘

servir 서빙하다, 도움을 제공하다   informar 정보를 주다   (el) viaje 여행   (el) extranjero 외국   (la) playa 해변   hermoso/a 아름다운   poder ~할 수 있다   (las) ruinas 유적지   maya 마야족의   (el) folleto 팸플릿   (la) salida 출발   cada 각각의   primero 첫 번째(의)   (el) adulto 어른   (el) niño 어린아이   (el) tipo 유형   (el) alojamiento 숙박   desear 희망하다, 소망하다   (el) lujo 호화   (el) hostal 작은 호텔, 모텔   (el) chalé 별장   barato/a 값이 싼   cerca 가까이   (la) vista 전망   además 더욱이, 게다가   incluir 포함하다   (el) desayuno 아침 식사   (la) comida 점심 식사   (la) reserva 예약   (el) tíquet 티켓

주요 표현

1. ⟨¿En qué puedo servirle?⟩는 고객을 처음 응대시 사용되는 표현으로 '무엇을 도와 드릴까요?'라는 의미이다.
2. ⟨Quiero que me informe de un viaje al extranjero⟩에서 querer 동사 뒤에 que절이 나오고 주절과 다른 주어가 올 때는 접속법이 사용된다. 같은 구문으로는 ⟨Quiero que lo vea mi esposa también⟩, ⟨¿Quiere que le dé un folleto de Cancún?⟩ 등이 있다.

쓰 기

A 다음 단어들을 정렬하여 문장을 만들어 봅시다.

1. ¿médico tu que a hijo Quieres lleve al?

   – ______________________________________

2. alguien Quiero ayude me que

   – ______________________________________

3. importante la es un Creo invento muy que tele

   – ______________________________________

4. posible de Javi medalla Es oro gane que una

   – ______________________________________

5. ascenso que el le Dudo den

  — _______________________________________

6. Luci a de probable no viaje vaya que Es Portugal

  — _______________________________________

7. comprarse No que mundo una todo pueda el casa creo

  — _______________________________________

8. el seguro devuelva de Pedro que estoy dinero No

  — _______________________________________

B 다음 문장을 스페인어로 작문해 봅시다.

1. 나는 네가 시험에 합격하길 바래.

  — _______________________________________

2. 너는 내가 너와 함께 영화관에 가길 원하니?

  — _______________________________________

3. 좋은 여행되길 바래!

  — _______________________________________

4. 나는 Javier가 그의 집을 팔 거라고 생각하지 않아.

  — _______________________________________

5. 좋은 하루 보내!

  — _______________________________________

6. 내일 제발 비가 오지 않기를 간절히 바래!

  — _______________________________________

7. Miguel이 수업에 지각할 것 같아.

  — _______________________________________

8. 나의 아내는 방이 해변으로 향해있길 원해.

  — _______________________________________

Lección **22**

Es importante que estudies mucho.

(네가 공부를 열심히 하는 것은 중요하다.)

Me gusta que me regalen flores.

(나는 꽃을 선물 받는 것을 좋아해.)

Te recomiendo que veas esa película.

(네가 그 영화를 보는 것을 추천해.)

- 충고 및 가치 판단
- 감정 상태
- 영향력을 행사하는 동사들, 즉 요구, 요청, 의무, 강요, 금지 등의 동사가 주절에 나올 때

문법

1 충고 및 가치 판단

주절에 충고나 가치 판단을 의미하는 형용사가 오고 que 절 뒤에 구체적인 주어가 오게
되면 que 절에서는 동사는 반드시 접속법을 써야 한다.

A 어떤 구체적인 사람을 지칭하지 않을 때는 ―――― 동사원형

	형용사	동사원형
Es	importante	<u>estudiar</u> español. (스페인어를 공부하는 것은 중요하다.)
Es	necesario	<u>levantarse</u> temprano. (일찍 일어나는 것이 필요하다.)

B 구체적인 주어 및 대상을 명시할 때는 ――――― 접속법

	형용사	que + 접속법
Es	importante que (tú) <u>estudies</u> español. (네가 스페인어를 공부하는 것이 중요하다.)
Es	necesario que (tú) <u>te levantes</u> temprano. (네가 일찍 일어나는 것이 필요하다.)

가치 판단을 나타내는 형용사	
Es bueno/malo (좋은/나쁜)	Me parece bien/mal (좋은/나쁜)
necesario (필요한)	raro/a (이상한)
lógico (당연한)	lógico (당연한)
imprescindible (필수불가결한)	imprescindible
importante (중요한)	importante
mejor (더 좋은)	mejor
normal (정상의)	normal
obligatorio (의무적인)	obligatorio
	buena idea (좋은 생각)

2 감정 상태

- 주절에 감정 상태를 나타내는 동사가 오고, **que** 이하의 절이 그 감정을 일으키는 원인이 될 때, 그 종속절에는 접속법이 쓰인다. 즉, 감정을 느끼는 대상과 그 감정을 일으키는 행위를 하는 대상은 다르다.
- 대부분의 감정을 표현하는 동사들은 gustar 동사와 같은 용법을 갖고 있는 특수 동사이다.

Ⓐ Gustar 동사군에서의 접속법

Me pone/n triste (슬퍼)	
Me pone/n nervioso (긴장돼)	+ 명사
Me encanta/n (정말 좋아해)	+ 동사원형
Me gusta/n (좋아해)	+ que + 접속법
Me da/n miedo (무서워)	

Me encanta mi trabajo. (+ 단수 명사) (나는 내 직업을 많이 좋아해.)

Me encantan los gatos. (+ 복수 명사) (나는 고양이를 많이 좋아해.)

Me encanta vivir aquí. (+ 동사원형) (여기 사는 게 너무 좋아.)

Me encanta que me <u>regalen</u> flores. (+ que + 접속법)

(나는 꽃 선물 받는게 너무 좋아.)

Ⓑ 감탄문에서의 접속법

¡Qué raro que (이상해)	
¡Qué extraño que (이상해)	
¡Qué lástima que (유감이야)	+ 접속법!
¡Qué pena que (유감이야)	
¡Qué bien que (잘됐다)	

¡Qué extraño que no me llamen todavía!

(아직 나한테 전화를 안 하는 게 이상해!)

¡Qué bien que pasemos el día juntos!

(우리가 함께 하루를 보낼 수 있어서 너무 잘됐다!)

ⓒ 주절에 올 수 있는 감정 동사들

	+ (긍정)	− (부정)
Me horroriza (끔찍해, 무서워)	☐	☐
Me fascina (황홀해, 너무 좋아)	☐	☐
Me apasiona (감격스러워, 무척 좋아해)	☐	☐
Me entusiasma (무척 맘에 들어, 많이 좋아해)	☐	☐
Me irrita (짜증나)	☐	☐
Me sienta mal (기분 나빠)	☐	☐
Me molesta (귀찮아, 싫어)	☐	☐
Me pone nervioso/a (긴장돼)	☐	☐
Me pone de mal humor (기분이 안 좋아)	☐	☐
Me pone triste (슬퍼)	☐	☐
Me hace ilusión (환상을 갖게 해)	☐	☐
Me hace gracia (재미있어)	☐	☐
Me da rabia (화나)	☐	☐
Me da miedo (무서워)	☐	☐
Me da pena (유감이야)	☐	☐
Me da pereza (무기력해)	☐	☐
Me da vergüenza (부끄러워, 창피해)	☐	☐

ⓓ ¿Te molesta/importa que + 접속법?

정중한 부탁을 하거나 상대에게 정중하게 허락을 구할 때 쓰는 표현이다.

¿	Te Le Os Les	+	molesta importa	+ 동사 원형 + que + 접속법 ?

- 부탁하기 (Pedir un favor)

  ¿Le importa abrirme la puerta? (문 좀 열어 주시겠어요?)
  - ¡Claro que no! Ahora te la abro. (물론이죠, 지금 열어드릴게요.)
  - ¡Que va! Ahora te la abro. (물론이죠, 지금 열어드릴게요.)

- 허락을 요구하기 (Pedir permiso)

  ¿Le importa que yo abra la ventana? (제가 창문 좀 열어도 될까요?)
  - ¡Claro que no! Ábrala. (물론이죠, 여세요.)
  - Lo siento, es que tengo frío. (죄송한데요, 추워서요.)

¿Te molesta <u>poner</u> un poco de música? (음악 좀 켜 줄래?)

¿Te molesta <u>que ponga</u> un poco de música? (내가 음악 좀 켜도 될까?)

¿Le importa <u>apagar</u> el cigarrillo? (담배 좀 꺼 주시겠어요?)

¿Le importa <u>que fume</u> yo? (제가 담배 피워도 될까요?)

3 영향력을 행사하는 동사들, 즉 요구, 요청, 의무, 강요, 금지 등의 동사가 주절에 나올 때

간접목적격 대명사와 종속절의 주어가 항상 일치해야 한다.

주절에 나오는 동사들	
• pedir que	요구하다
exigir que	강력히 요구하다
• obligar a que	강요하다
mandar que	명령하다
ordenar que	명령하다
decir que	시키다, 명령하다

주절에 나오는 동사들	
• recomendar que	추천하다
aconsejar que	충고하다
• prohibir que	금지시키다
• permitir que	허락하다
dejar que	허락하다
• proponer que	제안하다
sugerir que	제안하다, 권유하다
• insistir en que	주장하다

Ⓐ 요구 및 요청 (pedir, exigir)

Yo te pido que <u>vayas</u> a la clase. (네가 수업에 가라고 요구한다.)
Le exijo a José que <u>haga</u> los deberes. (호세에게 숙제하라고 요구한다.)

Ⓑ 의무 및 사역 (obligar, mandar, ordenar, decir)

Yo te obligo a que <u>estudies</u> español. (네가 스페인어를 공부하라고 강요한다.)
Mi jefe me manda que <u>termine</u> el proyecto hasta el martes.
(나의 상사는 화요일까지 프로젝트를 끝내라고 명령한다.)
Mi mamá me dice que la <u>lleve</u> al aeropuerto.
(엄마가 공항에 모셔달라고 하신다.)

Ⓒ 충고 (recomendar, aconsejar)

Rosa me recomienda que <u>vea</u> esa película.
(로사가 나에게 그 영화를 보라고 추천한다.)
Le aconsejamos que <u>vaya</u> al médico.
(우리가 그에게 병원에 가라고 충고한다.)

D 금지 (prohibir)

Nos prohíben que <u>fumemos</u> en los lugares públicos.
(우리가 공공장소에서 담배피는 것을 금지한다.)
La policía les prohíbe que <u>saquen</u> fotos en el museo.
(경찰은 그들이 박물관에서 사진 찍는 것을 금지시킨다.)

E 허용 (permitir, dejar)

La profesora no nos permite que <u>lleguemos</u> tarde a clase.
(선생님은 우리가 수업에 지각하는 것을 허락하지 않는다.)
Mis padres no me dejan que <u>salga</u> de noche con mis amigos.
(나의 부모님은 내가 친구들과 밤에 나가 노는 것을 허락하지 않는다.)

F 제안 및 주장 (proponer, insistir en)

Te propongo que te <u>cases</u> conmigo.
(네가 나랑 결혼해 주길 제안한다.)
Sara me insiste en que <u>vaya</u> a la fiesta con ella.
(사라는 내가 파티에 그녀와 함께 가기를 고집한다.)

연습문제

A 다음 빈칸에 동사원형 및 접속법 형태로 동사 변화해 봅시다.

1. Es conveniente que ______________ a un gimnasio para tener buena salud. (ir, tú)

2. Es mejor ______________ mucho vocabulario y gramática. (estudiar)

3. Es necesario que ______________ estas pastillas para dormir. (tomar, usted)

4. Yo creo que no es recomendable ______________ la siesta. (dormir)

5. Es lógico que cada uno ______________ su forma particular de aprender. (tener)

6. No es bueno que los niños ______________ con el pelo mojado a la calle. (salir)

7. No es imprescindible que te ______________ el vestido largo. (poner)

8. Es imprescindible que ______________ la mesa para cenar en ese restaurante. (reservar, tú)

B 동사원형 혹은 접속법 중 알맞은 형태를 선택해 봅시다.

> **보기** Me da mucha pena no poder/que no puedas venir con nosotros.
> (네가 우리와 함께 갈 수 없어서 참 유감이야.)

1. Me encanta hacer/que yo haga regalos. Soy muy detallista.

2. No me importa olvidarse/que se olviden de mi cumpleaños.

3. Me interesa hacer/que haga nuevas amistades.

4. Le da miedo viajar/que viaje solo.

5. Me sienta fatal mentirme/que un amigo me mienta.

6. No me interesa invitar/que me inviten a una fiesta si no conozco a nadie.

7. Me fascina conocer/que conozca a personas de otras culturas.

8. A Víctor le da vergüenza hablar/que hable delante de los compañeros.

9. A Matilde le preocupa cometer/que cometa errores.

10. A Virginia le da miedo preguntar/que le pregunte el profesor.

C 동사원형 혹은 접속법 형태로 동사 변화해 봅시다.

1. Es una lástima que me ______________ la culpa. (echar, ellos)

2. A Maribel le da miedo ______________ el parapente. (hacer, ella)

3. Me molesta que mi novio me ______________. (mentir)

4. Siento mucho que no os ______________ la fiesta. (gustar)

5. Me pone nervioso ______________ en público. (cantar)

6. ¡Que triste que la gente ______________ a los animales! (abandonar)

7. ¡Que raro que no me ______________ Laura! (saludar, ella)

8. Es una pena que te ______________ tan pronto. (ir, tú)

9. Me gusta ______________ temprano. (levantarse)

10. No me gusta que mi profesor me ______________ en clase. (corregir)

D 다음 보기와 같이 질문에 적절하게 답변해 봅시다.

보기
¿Le importa hacerme una foto?(저 사진 좀 찍어 주실래요?)

– ¡Claro que no! Ahora mismo se la hago.

(물론이죠, 지금 당장 찍어드리죠.)

¿Le importa que le haga una foto a su casa?

(당신의 집 사진 한 장만 찍어도 될까요?)

– ¡Claro que no! Hágala. (물론이죠, 찍어요.)

1. ¿Le importa explicarme el subjuntivo? (explicar)

   – ¡Claro que no! Ahora _______________________________

2. ¿Te importa que yo ponga la tele? (poner)

   – ¡Claro que no! _______________________________

3. ¿Le importa pasarme la carpeta? (pasar)

   – ¡Claro que no! Ahora _______________________________

4. ¿Te importa que yo conteste al móvil? Es una llamada urgente.

   – ¡Claro que no! _______________________________

5. ¿Le importa apagar el cigarrillo? Es que me molesta el humo.

   – ¡Claro que no! Ahora _______________________________

6. ¿Te importa que me lleve tu coche? (llevar)

   – ¡Claro que no! _______________________________

7. ¿Te importa que cuelgue aquí mi chaqueta? (colgar)

   – ¡Claro que no! _______________________________

8. ¿Te importa que traiga a mi novio a la fiesta? (traer)

   – ¡Claro que no! _______________________________

9. ¿Te importa guardarte estos cuadernos? (guardarse)

   – ¡Claro que no! Ahora _______________________________

10. ¿Le importa pasarme la sal? (pasar)

    – ¡Claro que no! Ahora _______________________________

E 다음 빈칸에 접속법 현재형으로 동사 변화해 봅시다.

> **보기** Le pido a Sara que borre la pizarra. (borrar, ella)
> (사라에게 칠판을 지우라고 요구한다.)

1. Le exijo a Pablo que (llegar, él) _______________ a clase a tiempo.

2. Le sugiero a Alberto que (leer, él) _______________ en voz alta.

3. Nos recomienda que (entregar, nosotros) le _______________ la tarea a tiempo.

4. El doctor me aconseja que no (comer, yo) _______________ tantos dulces.

5. Nos aconseja que (tener, nosotros) _______________ cuidado.

6. Te recomiendo que (ver, tú) _______________ a un especialista.

7. Me recomienda que no (tomar, yo) _______________ el sol.

8. Te aconsejo que (reservar, tú) _______________ una habitación en ese hotel.

9. Mi abogado me recomienda que no (hablar) _______________ con nadie.

10. Te sugiero que (descansar) _______________.

F 접속법 현재동사를 사용하여 문장을 만들어 봅시다.

> **보기**
> Descansa un poco. (좀 쉬어.)
> → Te aconsejo que descanses un poco. (네가 조금 쉬길 충고해.)

1. Usa los transportes públicos. – _______________

2. Duerme ocho horas todos los días. – _______________

3. Diviértete en clase. – _______________

4. Lee el periódico y no salgas. – _______________

5. Sigue los consejos de tus padres. – _______________

6. Ahorra para el futuro. – _______________

7. No abandones a los animales. – _______________

8. Ayuda a tus padres. – _______________

9. Respeta los semáforos. – _______________

10. No gastes tanto dinero. – _______________

G 다음 문장을 decir que + 접속법 현재형으로 바꿔 연습해 봅시다.

> **보기**
> ¡Ven! (와!)
> – Me dice que venga. (나에게 오라고 한다.)

1. Ponte el abrigo.   – _______________________

2. No vayas al cine esta noche.   – _______________________

3. No fumes en el tren.   – _______________________

4. Vuelve pronto.   – _______________________

5. No pises el césped.   – _______________________

6. Dame un cigarrillo.   – _______________________

7. Toma una aspirina.   – _______________________

8. Levántate temprano.   – _______________________

9. Tráeme un vaso de agua.   – _______________________

10. No comas demasiado.   – _______________________

말 하 기

A 외국어를 잘하기 위한 조건을 스페인어로 말해 봅시다.

보기
> Es bueno leer en voz alta. (큰 목소리로 읽는 것이 좋다.)
> Es mejor que habléis mucho en clase.
> (수업 시간에 말을 많이 하는게 중요하다.)

Es imprescindible	tú	1. Hablar mucho en clase
Es importante	vosotros	2. Leer en voz alta
Es bueno	usted	3. Hacer ejercicios de vocabulario
Es conveniente (que)	ustedes	4. Simular situaciones
Es mejor	nosotros	5. Memorizar las conjugaciones
Es necesario		6. Hacer ejercicios de gramática
Es fundamental		7. Hablar con el compañero
		8. Escribir redacciones

9. Buscar información en internet
10. Escuchar grabaciones
11. Hacer dictados
12. Escribir todo en el cuaderno
13. Ver películas españolas
14. Escuchar canciones
15. Echarse un/a novio/a español/a

B 당신의 이상형에 대해 접속법 현재를 사용하여 말해 봅시다.

¿Tu pareja ideal?

보기

Para mí, es importante que mi pareja ideal sea guapa y alta.
(나에게는 나의 이상형이 잘생기고 키가 큰 게 중요하다.)
Y es necesario que tenga un buen trabajo.
(좋은 직업을 가지는 게 필요하다.)
Y es fundamental que entienda de cine y le guste viajar.
(영화를 이해하고 여행을 좋아하는 것이 중요하다.)

Ser una persona físicamente atractiva	☐
Ser cariñoso	☐
Ser romántico	☐
Medir más de 1,80 m	☐
Ser mayor/menor que yo	☐
Tener un buen trabajo	☐
Creer en Dios	☐
Hacer deporte	☐
Llevar una vida sana	☐
Entender de cine	☐
Hablar idiomas extranjeros	☐
Gustarle viajar	☐

Tener estudios universitarios	☐
Querer tener hijos	☐
Estar interesado en la ecología	☐
Gustarle leer libros	☐
Gustarle la música	☐
No fumar	☐
Tener coche	☐
Tener casa	☐

Para mí, es importante que mi pareja ideal _______________________

Y es necesario que _______________________

Y es fundamental que _______________________

Pero no es importante que _______________________

C 다음 문장을 읽고 A mí también / A mí no / A mí sí / A mí tampoco로 각자의 의견을 말해 봅시다.

1. Me molesta que la gente coma en el cine.

   – _______________________

2. Me molesta que la gente fume en la calle.

   – _______________________

3. Me fastidia que los profesores pregunten.

   – _______________________

4. Me molesta que no me escuchen cuando yo hablo.

   – _______________________

5. No me gusta llegar a casa a las tantas.

   – _______________________

6. Me molesta mucho que me llamen por teléfono después de las 12.

   – _______________________

7. Me fastidia que mis amigos lleguen tarde a la cita.

   – _______________________

8. Me pone nervioso/a hablar en público.

   – _______________________

9. Me molesta que mis amigos me pidan el dinero prestado.

   – ____

10. No me importa que mis amigos vengan a mi casa sin avisarme.

   – ____

D 동료들과 다음 보기와 같이 서로 질문하고 대답해 봅시다.

> **보기**
> ¿Te importa pasarme el aceite? (기름 좀 건네줄래?)
> – ¡Claro que no! Ahora te lo paso. (물론이지, 지금 건네줄게.)
> ¿Te importa que salga un rato? (잠깐 나가도 될까?)
> – ¡Claro que no! Sal ahora. (물론이지, 지금 나가.)

Estudiante 1	Estudiante 2
1. ¿Te importa pasarme el bolígrafo?	1. ¿Te importa pasarme el libro?
2. ¿Te importa que yo fume?	2. ¿Te importa que yo conteste al teléfono?
3. ¿Te importa pedir la cerveza?	3. ¿Te importa servir la cerveza?
4. ¿Te importa que yo invite a mis amigos a mi casa?	4. ¿Te importa que invite a mi familia a casa?
5. ¿Te importa que yo me duche ahora?	5. ¿Te importa que yo entre en el baño ahora?
6. ¿Te importa explicarme otra vez?	6. ¿Te importa escribirlo en la pizarra?
7. _______________________	7. _______________________

E 다음 보기와 같이 서로 묻고 대답해 봅시다.

> **보기**
> ¿Te gusta que tu pareja te envíe flores?
> (넌 너의 남자친구/여자친구가 꽃을 보내주는 게 좋아?)
> – Sí, me gusta, ¿y a ti? (그래, 좋아, 넌?)
> – A mí también/A mí no.
> (나도 좋아.) (난 싫어.)

A mí también (나도 그래)/ A mí tampoco (나도 아니야) /
A mí sí (난 그래)/ A mí no (난 안 그래)

Preguntas	Yo	Mi compañero/a
1. ¿Te gusta que tu pareja <u>te envíe</u> flores?	Sí	Sí
2. ¿Te molesta que tu pareja <u>tenga</u> buena relación con sus ex?		
3. ¿Te importa que tu pareja <u>pase</u> las vacaciones con sus amigos/as?		
4. ¿Te gusta presentar a tu pareja a tus padres?		
5. ¿Te gusta que tu pareja <u>decida</u> cosas por los dos?		
6. ¿Te molesta que tu novio/a <u>tenga</u> amigos/as del sexo contrario?		
7. ¿Te molesta que tu pareja no <u>se acuerde</u> de las fechas especiales?		
8. ¿Te gusta que tu pareja <u>te haga</u> regalos de sorpresa?		
9. ¿Te importa que tu pareja no <u>te llame</u> durante dos o tres días seguidos?		
10. ¿Te gusta vivir con tu pareja un tiempo antes de casarte?		

A mi compañero/a ______________ (no) le molesta ______________
y (no) le importa ______________________________________

F 다음 목록은 건강하게 살기 위한 좋은 습관들과 나쁜 습관들을 나열한 것이다. 동료들에게 건강하게 살기 위한 습관들을 접속법을 사용하여 충고해 봅시다.

> **보기**
>
> Te recomiendo que (tú) duermas 8 horas al día.
>
> (8시간 이상 잠을 자기를 너에게 충고해.)
>
> Os aconsejo que (vosotros) no toméis demasiado café.
>
> (너희들이 커피를 너무 많이 마시지 않기를 충고해.)

Te recomiendo Le aconsejo Os sugiero que Les propongo insisto en	tú usted (no) vosotros ustedes	1. Dormir 8 horas al día 2. Comer pescado a menudo 3. Trabajar demasiadas horas 4. Beber mucha agua 5. Comer mucha fruta 6. Andar mucho 7. Fumar 8. Tomar alcohol 9. Tomar demasiado café 10. Tomar medicamentos 11. Comer mucha fibra 12. Hacer deporte 13. Comer muchos dulces 14. Estar mucho tiempo sentado 15. Comer mucha carne 16. Tomar azúcar 17. Comer muchas verduras 18. Llevar una vida tranquila 19. Levantarse y acostarse cada día a la misma hora 20. Disfrutar del tiempo libre 21. Dar un paseo diario

G 동료들끼리 돌아가면서 다음 보기와 같이 문장을 만들어 봅시다.

¡Sigue hablando!	¡Siéntate!	¡Abre el libro!
¡Despiértate!	¡Dime tu nombre!	¡Habla más despacio!
¡Repite!	¡Habla con ella!	¡Abre los ojos!
	¡Tráeme un agua!	¡Sal de aquí!
¡Ve a tu casa!	¡Dime la verdad!	¡Baila! ¡Canta!
¡Escríbeme!	¡Ve la película!	¡Cierra la puerta!

보기

A: ¡Tráeme un café!

B: Me dice que le traiga un café. ¡Sigue hablando!

C: Me dice que siga hablando. ¡Abre el libro!

듣 기

 룸메이트인 Pedro와 Elvira와의 대화 내용이다. 듣고 큰소리로 따라 읽어
봅시다.

Pedro: Quiero que hablemos un poco de nuestra convivencia.

Elvira: Vale, dime, ¿qué quieres que haga?

Pedro: Es importante que repartamos las tareas de casa. Me molesta hacerlo todo yo solo. Yo hago la limpieza dos veces a la semana y te pido que hagas lo mismo.

Elvira: De acuerdo. Yo también te pido una cosa. Me molesta mucho que fumes en casa. Si quieres fumar, te insisto en que fumes fuera de casa.

Pedro: Vale, lo intentaré. Ya sabes que estoy preparando las oposiciones para el próximo año. Me fastidia mucho que pongas la música alta. Es que no puedo estudiar por el ruido.

Elvira: Me gusta escuchar la música muy alta. Pero si te molesta, la bajaré un poco.

Pedro: Y además te pido que me avises cuando vengan tus amigos a casa. Me molesta que hagas tantas fiestas en casa.

Elvira: Pedro, te recomiendo que te tomes unas vacaciones por un tiempo. No es bueno que estés todo el día en casa. Te aconsejo que salgas de noche con tus amigos. Me parece que estás un poco histérico.

Pedro: Estos días estoy nervioso por el examen. Necesito un descanso.

Elvira: Te recomiendo que te apuntes a clase de yoga para que te relajes un poco.

주요 어휘

nuestro/a 우리의　　(la) convivencia 동거, 공동 생활　　importante 중요한　　repartir 분배하다　　(la) tarea 업무, 일　　(la) limpieza 청소　　(la) vez 번, 회　　(la) semana 주　　mismo/a 같은, 동일한　　(la) cosa 것, 물건　　fumar 담배 피우다　　insistir (en) 집요하게 부탁하다, 주장하다　　fuera 밖에, 밖으로　　intentar 시도하다　　(las) oposiciones 공무원 채용 시험　　próximo/a 다음의　　fastidiar 불쾌하게, 짜증나게 하다　　poner 켜다　　(el) ruido 소음　　bajar 낮추다　　avisar 알리다, 통보하다　　tanto/a/os/as 그렇게 많은　　recomendar 추천하다, 충고하다　　(las) vacaciones 휴가　　aconsejar 충고, 조언하다　　histérico/a 히스테릭한　　nervioso 긴장한　　(el) examen 시험　　(el) descanso 휴식, 쉼　　apuntarse 등록하다　　relajarse 긴장이 풀리다, 휴식을 취하다, 쉬다

주요 표현

1. 〈Te pido que hagos lo mismo〉에서 lo mismo는 중성대명사 lo와 mismo가 합쳐진 표현으로 '같은 것'의 의미한다. 예를 들어, Es lo mismo(똑같아), Ella siempre dice lo mismo(그녀는 항상 똑 같은 말만 한다) 등이 있다.

2. 〈Estoy preparando las oposiciones〉는 '공무원 시험을 준비하고 있다'는 의미이며, las oposiciones는 '공무원 채용 시험'을 뜻하는 명사로 항상 복수형으로 쓴다. 예를 들어, Voy a hacer las oposiciones a diplomático(외교관 시험을 볼 거야)라고 표현할 수 있다.

3. 〈Me molesta que hagas tantas fiestas〉에서 tanto/a/os/as는 '그렇게 많은'을 뜻하는 형용사로 뒤에 오는 명사에 따라 성·수 변화한다. 예를 들어, No tengo tanto dinero(그렇게 많은 돈이 없어), No hay tanta agua(그렇게 많은 물이 없어), Tiene tantos libros(그렇게 많은 책이 있어) 등으로 표현할 수 있다.

쓰 기

A 다음 단어들을 정렬하여 문장을 만들어 봅시다.

1. vocabulario importante ejercicios hacer Es de

   – ____

2. un fundamental idioma que practiquen Es ustedes

   – ____

3. español encanta estudiando Me seguir

   – ____

4. de A nervioso conducir le noche José pone

   – ____

5. ¿importa aquí me Te sienta que?

   – ____

6. os tan Os que prohíbo jóvenes caséis

   – ____

7. un compres deportivo que Te no recomiendo coche

   – ____

8. tanto que ruego ruido no Les hagan

   – ____

B 다음 문장을 스페인어로 작문해 봅시다.

1. 한국인들이 스페인어를 배우는 것은 중요하다.

   – ____

2. 나는 책 선물 받는 게 너무 좋아.

   – ____

3. 나는 사람들이 길거리에서 담배 피우는 게 짜증나.

   – ____

4. 제가 에어컨 좀 켜도 될까요?

 – ____

5. 냅킨 좀 건네 주시겠어요?

 – ____

6. 나는 네가 집에서 파티를 하지 않기를 요구해.

 – ____

7. 의사가 나에게 채소를 많이 먹으라고 충고한다.

 – ____

8. 선생님이 나에게 큰소리로 말하라고 말씀하신다.

 – ____

Busco una secretaria que hable tres idiomas.

(3개국어를 할 줄 아는 비서를 찾고 있어.)

Cuando termine mis estudios, iré a España.

(학업을 마치면, 스페인에 갈 거야.)

Te he traído un disco para que lo escuches.

(네가 들을 수 있도록 음반을 가져왔어.)

- 형용사절(관계대명사절)에서의 접속법
- 부사절에서의 접속법

문법

① 형용사절(관계대명사절)에서의 접속법

 직설법

- 선행사가 구체적이고, 실제로 존재하는, 경험으로 익히 알고 있는 사물, 사람, 장소를 지칭할 때
- 실제 사실 또는 정보를 전달할 때

He encontrado un piso que <u>tiene</u> cuatro habitaciones.
(네 개의 방이 있는 아파트를 발견했다: 실제로 존재함.)
Conozco un hotel adonde Arturo <u>puede</u> ir en agosto.
(아르뚜로가 8월에 갈 수 있는 호텔을 알고 있다: 호텔을 알고 있다.)
Hay mucha gente que <u>ve</u> este programa.
(이 프로그램을 보는 많은 사람이 있다: 실제로 존재함.)

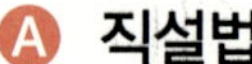 접속법

- 존재하는지 잘 모르는, 구체적이지 않은, 가정적인 것
- 주절의 동사는 buscar, querer, necesitar 등이 와야 한다.
- 부정사와 함께 선행사의 존재를 부정할 때, 즉 선행사가 nadie, algo, alguien, alguno, ninguno 등이 와야 한다.

Busco un piso que <u>tenga</u> cuatro habitaciones.
(네 개의 방이 있는 아파트를 찾고 있다: 실제로 존재하는지 알 수 없다.)
No encuentro ningún hotel adonde Ana <u>pueda</u> ir en agosto.
(아나가 8월에 갈 수 있는 호텔을 찾을 수 없다: 실제로 존재하는지 모른다.)

464

No hay ninguno que <u>vea</u> este programa.

(이 프로그램을 보는 사람이 아무도 없다: ninguno라는 부정사)

2 부사절에서의 접속법

Ⓐ 목적

1. Para + 동사원형

   Vengo para despedirme. (작별 인사하려고 왔어.)

2. Para que + 접속법

   Te doy las llaves para que <u>entres</u> en mi despacho.

   (내 사무실에 들어갈 수 있도록 열쇠를 줄게.)

3. ¿Para qué + 직설법?

   의문문에서는 항상 직설법이 온다.

   ¿Para qué has llamado a tu jefe? (무엇을 위해 너의 상사한테 전화했어?)

   – Para que me <u>den</u> el día libre mañana. (내일 휴가 허락받기 위해서.)

4. Con tal de que ~할 목적으로, ~하기 위해, ~하는 조건으로

   Voy al concierto con tal de que <u>tenga</u> en orden mi habitación.

   (내 방이 정리 정돈이 된다는 조건으로 콘서트에 갈게.)

5. A menos que ~하지 않으면

   Seguirá el problema a menos que el gobierno <u>busque</u> la solución.

   (정부가 해결책을 찾지 않으면 문제는 계속될 것이다.)

6. Sin que ~하지 않고

   José sale de su casa sin que nadie se <u>dé</u> cuenta.

   (호세는 아무도 알아채지 않게 하고 집에서 나간다.)

B 시간, 조건

- 조건의 의미를 나타내는 시간 부사절에서는 반드시 접속법!!
- 주절의 동사가 주로 미래 또는 명령형이어야 하며 종속절의 행위는 아직 일어나지 않은 미래의 행위이다.

cuando	~ 한다면, ~할 때
en cuanto/tan pronto como	~ 하자마자
hasta que	~ 할 때까지
antes de que	~ 하기 전에
después de que	~ 한 후에

1. • Cuando + 직설법: 과거 및 현재 시제가 올 때
   (이미 과거의 사실이거나, 일상적인 습관적 행동일 때)

   Cuando <u>voy</u> al cine, siempre me pongo las gafas.
   (나는 영화관에 갈 때, 항상 안경을 쓴다: 습관적인 행동)
   Cuando <u>hablé</u> con tu hermano, estaba muy contento.
   (네 동생과 이야기했을 때, 그는 아주 만족해했다: 과거 사실)

   • Cuando + 접속법: 과거나 현재에 일어나지 않은 미래의 행위, 주로 주절에 미래형 혹은 명령형이 동반된다.

   Cuando <u>vaya</u> al cine, me pondré las gafas.
   (내가 영화관에 갈 때, 안경을 써야겠다: 미래의 행위)
   Cuando <u>hable</u> con tu hermano, sabré si está contento.
   (내가 네 동생과 얘기할 때, 그가 만족해하는지 아닌지 알 수 있을 것이다: 미래의 행위)

2. En cuanto (tan pronto como) : ~하자마자 + 직설법, 접속법 현재

   Siempre me saluda José en cuanto me <u>ve</u> por la mañana.
   (호세는 아침에 나를 보자마자 항상 인사를 한다: 습관적인 행동)
   Voy al cine en cuanto <u>se levante</u> mi esposo.
   (남편이 일어나자마자 영화관에 갈 예정이다: 미래의 행위)

Tan pronto como <u>volvamos</u> a casa, nos acostaremos.

(집으로 돌아가자마자 잠자리에 들어야겠다: 미래의 행위)

3. Hasta que : ~ 할 때까지 + 직설법, 접속법 현재

La madre siempre está nerviosa hasta que su hijo <u>llega</u> de la escuela.

(엄마는 그녀의 아들이 학교에서 돌아올 때까지 항상 긴장해 있다: 습관)

La madre estará nerviosa hasta que su hijo <u>llegue</u> de la escuela.

(엄마는 그녀의 아들이 학교에서 돌아올 때까지 항상 긴장해 있을 것이다: 미래의 행위)

4. Antes de que : ~ 하기 전에 + 직설법, 접속법 현재

Después de que : ~ 한 후에 + 직설법, 접속법 현재

Voy a comprar un coche antes de que <u>suban</u> los precios.

(가격이 오르기 전에 차를 살 것이다: 미래의 행위)

Cada mañana doy un paseo antes de que los niños <u>se levantan</u>.

(매일 아침 아이들이 깨기 전에 나는 산책을 한다: 습관)

Después de que <u>cierra</u> el restaurante, siempre viene a cenar.

(레스토랑이 닫은 후에 그는 항상 저녁 식사하러 온다: 습관)

Después de que <u>abra</u> el restaurante, irá a cenar.

(레스토랑이 오픈한 후에 그는 저녁 식사하러 갈 것이다: 미래의 행위)

ⓒ 양보

1. 현재의 행위

• Aunque + 직설법

이미 알고 있는 혹은 <u>새로운 정보</u>를 단지 전달 또는 소개할 때는 항상 <u>직설법</u>이 온다.
Aunque + 직설법 구문은 pero절로 바꿔서 사용할 수 있다.

Aunque estoy cansado, voy a seguir trabajando.

(= Estoy cansado pero voy a seguir trabajando)

(나는 피곤하지만, 계속 일을 할 예정이다.)

2. 미래의 행위

• Aunque + 접속법

실제로 알고 있는 사실 또는 정보가 아니라 <u>단순한 가정</u>일 뿐일 때는 항상 <u>접속법</u>이 온다. 화자는 그 정보가 사실인지 거짓인지, 가능성이 있는지 없는지를 언급하지 않는다.

Aunque esté cansado, seguiré trabajando.
(피곤함에도 불구하고, 계속 일을 할 것이다.)

3. 과거의 행위

• Aunque + 직설법

과거의 행위는 이미 일어난 기정 사실이므로 직설법을 사용한다.

Aunque estaba cansado, seguía trabajando.
(피곤했음에도 불구하고 계속 일을 하였다.)

연습문제

A 관계대명사절에서의 접속법 구문에서 접속법 현재형으로 알맞게 채워 봅시다.

1. Busca un país que no ________________ muy lejos. (estar)

2. Quiero ir a una región que ________________ playas y música. (tener)

3. Necesitan un vuelo que ____________ el 7 de abril y ____________ el 14 de abril. (salir, volver)

4. Prefieren un hotel que ________________ cerca de la playa. (estar)

5. Buscan una guía que ____________ todos los hoteles y restaurantes. (describir)

6. Buscan un restaurante que ________________ buena comida. (servir)

7. Esperan ir a una tienda que ________________ recuerdos. (vender)

8. Quiero un libro que ________________ recetas de paella. (tener)

9. Están buscando una secretaria que ____________ español. (hablar)

10. Busco un intérprete que ____________ tres idiomas. (saber)

B 관계대명사절에서 접속법 형태를 사용하여 문장을 만들어 봅시다.

> **보기**
> Saber hablar español
> – ¿Conoces a alguien que sepa hablar español?
> (스페인어를 할 줄 아는 사람을 아니?)

1. Vivir en Jeju — ________________________________

2. Tocar el violín — ________________________________

3. Tener gatos — ________________________________

4. Arreglar ordenadores — ________________________________

5. Bailar flamenco — ___________________________

6. Saber cocinar la paella — ___________________________

7. Hablar chino — ___________________________

8. Escribir poemas — ___________________________

C B의 질문에 다음 보기와 같이 긍정 혹은 부정으로 대답해 봅시다.

> **보기**
> Sí, conozco a un chico / una chica que sabe hablar español.
> (그래, 스페인어를 할 줄 아는 사람을 알고 있어.)
> No, no conozco a nadie que sepa hablar español.
> (아니, 스페인어를 할 줄 아는 사람을 아무도 몰라.)

1. ___________________________
2. ___________________________
3. ___________________________
4. ___________________________
5. ___________________________
6. ___________________________
7. ___________________________
8. ___________________________

D para que + 접속법 현재 구문으로 연습해 봅시다.

> **보기**
> Te he traído un disco. (escuchar) (너에게 음반을 한 개 가지고 왔어.)
> – Te he traído un disco para que lo escuches.
> (네가 들을 수 있도록 음반을 한 개 가지고 왔어.)

1. Te he traído unas revistas. (leer) — ___________________________

2. Le he regalado un bañador a Paco. (ir a la playa)

    – ______________________________

3. Te he dado mi e-mail. (escribir)   – ______________________________

4. Te he traído unas fotografías. (ver) – ______________________________

5. Le he dado una corbata a mi esposo. (ponerse)

    – ______________________________

6. Le he dado un paquete de cigarrillos a Rafael. (fumar)

    – ______________________________

7. Os he traído unos bocadillos. (comer)

    – ______________________________

8. Me han comprado unos juguetes. (jugar)

    – ______________________________

E para + 동사 원형 혹은 para que + 접속법 현재의 형태로 동사 변화하여 봅시다.

1. He venido para que me (contar, tú) ______________ toda la verdad.

2. Tómate la medicina para (ponerse, tú) ______________ bien.

3. He trabajado mucho para (pagar, yo) ______________ mis gastos.

4. Ponte las gafas para (protegerse) ______________ del sol.

5. Me llamarán para que (traducir, yo) ______________ el libro.

6. Abre la ventana para que (entrar) ______________ más aire.

7. Dale dinero al niño para que (comprar) ______________ chicles.

8. Para que mi hermana y yo no (pelearse) ______________ , voy a tener más paciencia.

9. Para (comprar) ______________ más ropa, voy a ahorrar más dinero.

10. Te ayudaré para que la fiesta (ser) ______________ un éxito.

11. Llévalo para que te lo (arreglar, ellos) ______________ .

12. Haré tareas extra en casa para que el profe de mates me (subir) ______________ la nota.

F 다음 보기와 같이 cuando 절에서의 접속법 형태로 연습해 봅시다.

> 보기
>
> ¿Cuándo te casarás? (언제 결혼할 거야?)
> Yo/encontrar a un hombre perfecto.
> – Cuando encuentre a un hombre perfecto.
> (완벽한 남자를 만나면.)

1. ¿Cuándo te acostarás? Tener sueño

   – ____

2. ¿Cuándo harás el viaje? Estar de vacaciones

   – ____

3. ¿Cuándo vendrás a mi casa? Tener tiempo

   – ____

4. ¿Cuándo irás a España? Hablar español muy bien

   – ____

5. ¿Cuándo saldrás a pasear? Parar de llover

   – ____

6. ¿Cuándo irás al médico? Encontrarse mal

   – ____

7. ¿Cuándo comprarás otro coche? Ganar mucho

   – ____

8. ¿Cuándo irás a la playa? Hacer buen tiempo

   – ____

9. ¿Cuándo me llamarás? Poder

   – ____

10. ¿Cuándo irás a la discoteca? Ser mayor

   – ____

G cuando 절에서 직설법 혹은 접속법 현재로 동사 변화하여 연습해 봅시다.

> **보기**
> Te llamaré cuando llegue a España.
> (내가 스페인에 도착하면 전화할게.)
> Ella siempre me llama por teléfono cuando llega a España.
> (그녀는 스페인에 도착하면 항상 나에게 전화한다.)

1. Cuando _______________ muy cansado, no conduzco. (estar)
2. Cuando _______________ de leer este libro, te lo prestaré. (terminar)
3. Cuando _______________ a casa, me daré un baño. (llegar)
4. Me encanta pasear cuando _______________. (llover)
5. Clara, espérame en la cafetería cuando _______________ de clase. (salir)
6. Cuando _______________ 30 años, me casaré. (tener)
7. Avísame cuando _______________ la película. (empezar)
8. Cuando _______________ tiempo, me gusta ver las obras de teatro. (tener)
9. Cuando _______________ a Pepa, dale recuerdos de mi parte. (ver)
10. Cuando _______________ alcohol, no conduzcas. (beber)
11. Cuando _______________ a mi casa este domingo, te enseñaré las fotos de España. (venir)
12. Cuando _______________ mi ayuda, llámame. (necesitar)

H en cuanto + 접속법 현재의 형태로 바꿔 연습해 봅시다.

> **보기**
> Si sales, cierra la puerta. (네가 나가면, 문 닫아.)
> – En cuanto salgas, cierra la puerta. (나갈 때 바로 문 닫아.)

1. Si ves a Héctor, salúdalo de mi parte.
   – En cuanto _______________________________

2. Si llega Manolo, empezaremos la clase.

    – En cuanto ________________________________

3. Si apruebas el examen, iremos de vacaciones.

    – En cuanto ________________________________

4. Si para de llover, iremos a pasear.

    – En cuanto ________________________________

5. Si regresa Marta, haremos una fiesta.

    – En cuanto ________________________________

6. Si tengo tiempo, iré a verte.

    – En cuanto ________________________________

7. Si puedo, te acompañaré.

    – En cuanto ________________________________

I hasta que + 접속법 현재형을 사용하여 연습해 봅시다.

보기
Amanecer

    – ¿Esperarás hasta que amanezca? (동이 틀 때까지 기다릴 거야?)

1. Salir el autobús   – ________________________________

2. Parar de llover   – ________________________________

3. Llegar la ambulancia   – ________________________________

4. Tener veinte años (María)   – ________________________________

5. Volver a casa (tu marido)   – ________________________________

6. Aprobar el examen (tu hijo)   – ________________________________

7. Acabar los ejercicios (José)   – ________________________________

8. Despegar el avión   – ________________________________

9. Terminar de comer (Marta)   – ________________________________

10. Llegar los otros alumnos   – ________________________________

J antes de que + 접속법 형태의 구문으로 연습해 봅시다.

> **보기**
> Yo / cenar. Mis padres / venir
> – Voy a cenar antes de que mis padres vengan.
> (부모님이 오시기 전에 저녁을 먹어야겠다.)

1. Yo / ir de compras. Las tiendas / cerrar

   – ____

2. Él / terminar el trabajo. El jefe / llegar

   – ____

3. Yo / limpiar la casa. Mi esposo / venir

   – ____

4. Nosotros / comprar palomitas. La película / empezar

   – ____

5. Ellos / comprar la casa. El bebé / nacer

   – ____

6. Yo / salir. Llover

   – ____

7. Mis amigos / venir. Yo / preparar la comida

   – ____

8. Yo / tomar el té. (El té) / enfriarse

   – ____

K aunque + 직설법 혹은 접속법 현재 동사로 변화하여 문장을 완성해 봅시다.

1. Aunque _______________ el taxi, no llegaré a tiempo. (coger)
2. Aunque ella _______________ , no abriré la puerta. (venir)
3. Aunque _______________ rico, no serás feliz. (ser)
4. Aunque _______________ , se quieren mucho. (discutir, ellos)
5. Hará los ejercicios aunque _______________ difíciles. (ser)
6. Saldremos de casa aunque _______________ mucho frío. (hacer)

7. Aunque mi abuela ________________ 80 años, está estupendamente de salud. (tener)

8. No dejará de beber aunque se lo ________________ . (aconsejar, ella)

9. Aunque me ________________ poco, trabajaré aquí. (pagar, ellos)

10. Aunque Manuel ____________ feo, su hijo Manuelito es muy guapo. (ser)

11. Aunque ________________ pobre, soy feliz. (ser)

12. Aunque ella ____________ en la quinta planta, no coge el ascensor. (trabajar)

L 아래 보기와 같이 aunque + 접속법 형태로 연습해 봅시다.

> **보기** yo / tener sueño / no dormir
> – Aunque tenga sueño, no dormiré. (잠이 올지라도, 자지 않을 거야.)

1. Haber mucha gente / ir a la playa

   – ________________________________

2. No tener dinero / comprar la casa

   – ________________________________

3. Ser muy caro / ir a la Costa Brava

   – ________________________________

4. Estar enfermo / no ir al médico

   – ________________________________

5. Llover / dar un paseo

   – ________________________________

6. Aprobar el examen / no ir de vacaciones

   – ________________________________

7. Vivir en España / no poder hablar como nativos

   – ________________________________

8. Estar cansado / salir a cenar con mis amigos.

   – ________________________________

말 하 기

 다음 보기와 같이 구인 광고를 만들어 봅시다.

> **보기**
>
> Se busca un vendedor que tenga mucha experiencia.
> (경력이 많은 영업 사원을 찾습니다.)
> Necesitamos una secretaria que pueda hablar inglés con mucha fluidez. (영어를 유창하게 할 줄 아는 비서를 필요합니다.)

Vendedor (영업사원)	Secretaria (비서)
1. Tener buena presencia 2. Hablar inglés y francés con fluidez 3. Disponer de coche propio 4. Estar libre para viajar 5. Ser mayor de 25 años 6. Tener carné de conducir	1. Tener excelentes conocimientos de informática. 2. Ser organizada y comunicativa 3. Hablar inglés y ruso 4. Poder trabajar los sábados 5. Conocer el sector de automóvil 6. Tener un título universitario
Farmacéutica (약사)	**Dependienta (점원)**
1. Ser Licenciada en Farmacia y Biología 2. Tener mucha experiencia de trabajar 3. Tener buena presencia 4. Saber hablar inglés muy bien 5. Poder trabajar los fines de semana 6. Tener don de gentes	1. Ser amable y dinámica 2. Estar acostumbrado a trabajar en equipo 3. Estar en buena forma 4. Saber idiomas 5. Tener estudios de educación secundaria 6. Saber atender a los clientes 7. Tener mucha paciencia

Se busca un vendedor que _______________________________

____

Necesitamos una secretaria que ___________________________

____

Se busca una farmacéutica que ___________________________

____

Necesitamos una dependienta que _________________________

____

B 다음 보기와 같이 서로 가고 싶은 휴가지에 대해 스페인어로 말해 봅시다.

> **보기**
>
> E1: Yo quiero ir a un sitio que tenga una buena playa.
> (나는 좋은 해변이 있는 곳으로 가고 싶어.)
>
> E2: Yo quiero ir a un lugar que tenga museos, porque me encanta el arte.
> (나는 박물관이 있는 곳으로 가고 싶어, 왜냐하면 난 미술을 아주 좋아하거든.)

Yo quiero ir a un lugar que ___________

1. sol y playa
2. montaña
3. buen tiempo
4. (no) mucho calor
5. (no) mucho frío
6. museos
7. hoteles de lujo con piscina
8. hoteles baratos
9. zonas de mucha marcha
10. muchas tiendas
11. muchas discotecas y bares
12. cerca del aeropuerto
13. arte contemporáneo
14. arquitectura interesante
15. comida típica regional
16. transporte público

Yo quiero ir a un sitio que ___________________________

____

____

C 다음 보기와 같이 질문해 보고 경험을 한 사람이 있는지 없는지 찾아 봅시다.

> **보기** ¿Hay alguien que <u>hable</u> más de tres idiomas?
> (3개국어 이상 말할 수 있는 사람 있나요?)
> – Hay 4 personas que <u>hablan</u> más de tres idiomas. (4명 있어요.)
> – No hay nadie que <u>hable</u> más de tres idiomas. (아무도 없어요.)

¿Hay alguien que ______________?	
1. <u>hable</u> más de tres idiomas	(No) hay __________________
2. le <u>guste</u> ir de copas con amigos	__________________
3. <u>hable</u> una lengua no europea	__________________
4. <u>quiera</u> vivir en otro país	__________________
5. <u>tenga</u> algún amigo que no sea coreano	__________________
6. <u>sepa</u> cocinar bien	__________________
7. se <u>sienta</u> nervioso/a en la clase	__________________
8. <u>tenga</u> novio/a (esposo/esposa)	__________________
9. <u>viva</u> solo/a	__________________
10. <u>sepa</u> bailar bien	__________________
11. <u>tenga</u> mayor de 30 años	__________________
12. <u>tenga</u> experiencia de trabajar como profesor/a	__________________
13. <u>conozca</u> la ciudad Barcelona	__________________
14. le <u>interese</u> chatear con los amigos en internet	__________________
15. <u>conduzca</u> bien el coche	__________________
16. <u>diseñe</u> páginas de web	__________________
17. <u>lea</u> las manos	__________________
18. <u>prediga</u> el futuro	__________________
19. <u>crea</u> en Dios	__________________
20. <u>sea</u> de la otra ciudad	__________________
21. __________________	__________________

D 자신의 미래에 대해 다음 문장들을 이용하여 서로 묻고 대답해 봅시다.

Estudiante 1	Estudiante 2
1. ¿Cuándo irás a España?	
2. ¿Cuándo te casarás?	
3. ¿Cuándo tendrás hijos?	
4. ¿Cuándo comprarás un coche?	
5. ¿Cuándo aprenderás otro idioma?	
6. ¿Cuándo viajarás por todo el mundo?	
7. ¿Cuándo cambiarás de trabajo?	
8. ¿Cuándo empezarás a trabajar?	
9. ¿Cuándo comprarás tu propia casa?	

Respuestas

Cuando tenga ... años

Cuando hable bien español

Cuando me gradúe en la universidad

Cuando me case

Cuando gane mucho dinero

Cuando tenga mi propia casa

Cuando encuentre un trabajo

Cuando empiece a trabajar

Cuando conozca a la persona perfecta (mi pareja ideal)

Cuando me aburra de mi trabajo

Cuando me ofrezcan mejor trabajo

Cuando me dé el permiso mi novio / esposo

Cuando tenga tiempo y dinero

Cuando mejore la economía

Dentro de 1 año / 6 meses / poco tiempo

E 다음 질문에 스페인어로 대답해 봅시다.

1. ¿Qué harás en cuanto te gradúes?　–　___________________________

2. ¿Adónde viajarás cuando dejes de trabajar?

　　　　　　　　　　　　　　–　___________________________

3. ¿Cuando te cases, adónde irás de luna de miel?

　　　　　　　　　　　　　　–　___________________________

4. ¿Cuando te cases, cuántos hijos querrás tener?

　　　　　　　　　　　　　　–　___________________________

5. ¿Cuando ganes más de cien mil euros al año, qué harás primero?

　　　　　　　　　　　　　　–　___________________________

6. ¿Hasta qué edad trabajarás?　–　___________________________

7. ¿Después de que te jubiles, qué harás?

　　　　　　　　　　　　　　–　___________________________

F 부모님께 다음과 같은 조건을 허락받기 위해서 어떤 것을 약속할 수 있는지 스페인어로 말해 봅시다.

> **보기**　Para que me dejen ir a una fiesta, les prometo a mis padres que no llegaré tarde. (부모님이 내가 파티에 가도록 허락받기 위해, 늦게 집에 도착하지 않기로 약속해.)

Preguntas	Respuestas
1. Para ir a una fiesta	Les prometo que ___________
2. Para llegar más tarde	Les prometo que ___________
3. Para ir más tarde a la cama	Les prometo que ___________
4. Para que te compren algo tus padres	Les prometo que ___________
5. Para que te aumenten la paga tus padres	Les prometo que ___________
6. Para dormir en casa de un amigo/a	Les prometo que ___________

듣 기

A Adriana와 그녀의 남편 Víctor는 신혼 여행지에 대해 계획을 세우고 있다. 대화 내용을 듣고 큰소리로 따라 읽어 봅시다.

Víctor:	Cariño, ya llega nuestra boda. ¿Dónde quieres que vayamos de luna de miel?
Adriana:	Prefiero ir a un lugar que no sea muy turístico.
Víctor:	Pero Adriana, en agosto no hay ningún lugar que no esté lleno de gente. Aunque haya mucha gente, yo prefiero un lugar turístico.
Adriana:	Tienes razón, Víctor. También busco un lugar que ofrezca mucho para hacer, tanto de día como de noche.
Víctor:	Conozco varias ciudades de Europa que ofrecen mucha diversión. Barcelona es una ciudad hermosa que tiene arquitectura, playa y museos.
Adriana:	¡España, sí! Quiero ir a un lugar donde se venda mucha ropa elegante.
Víctor:	Adriana, tú sabes que en París se fabrica más ropa fina que en cualquier otra ciudad del mundo.
Adriana:	¡Perfecto! París es una ciudad donde hay mucha actividad cultural, además de tiendas elegantes.
Víctor:	Pues Adriana, ¿por qué no hacemos una gira por Europa?
Adriana:	¡Genial! Cuando estemos en Barcelona, veremos a nuestra amiga Beatriz.
Víctor:	Buena idea. Escríbele para que sepa de nuestro viaje.
Adriana:	Vale, cariño. Le escribiré antes de que ella tenga otro compromiso.

주요 어휘

(el) cariño 여보, 자기   nuestro/a 우리의   (la) boda 결혼식   (la) luna de miel 신혼여행   (el) lugar 장소, 곳   turístico/a 관광지의   (el) agosto 8월   lleno/a 가득찬   (la) gente 사람들   (la) razón 이유, 근거   ofrecer 제공하다   varios/as 여러 가지의   (la) diversión 재미, 오락   hermoso/a 아름다운   (la) arquitectura 건축   (el) museo 박물관   (la) ropa 옷   elegante 우아한   fabricar 제조하다   fino/a 세련된, 고상한   cualquier 어떤~이라도   (el) mundo 세상   (la) actividad 활동   cultural 문화의   además de ~이외에도   (la) tienda 가게   (la) gira 일주 여행   (el) viaje 여행   (el) compromiso 약속

주요 표현

1. 〈Tienes razón〉은 '네 말이 맞아' 라는 상대방의 말에 전적으로 동의하는 표현이다.
2. 〈tanto de día como de noche〉는 '낮뿐만 아니라 밤에도"라는 의미로 tanto A como B(A뿐만 아니라 B도)의 구문이다.
3. 〈Se + 3인칭 단수/복수 동사〉는 재귀대명사의 무인칭 구문으로 Se vende mucha ropa(많은 옷이 팔린다), Se fabrica ropa fina(세련된 옷이 제작된다)와 같이 주어가 없는 수동태와도 같은 표현이다.
4. 〈¿por qué no hacemos una gira por Europa?〉는 '유럽 일주를 하지 않을래?' 라는 의미로, ¿Por qué no ~? 구문은 '~하지 않을래?'를 뜻하는 상대방에게 제안할 때 쓰는 표현이다.

쓰 기 

A 다음 단어들을 정렬하여 문장을 만들어 봅시다.

1. comprar una que bastante corra Quiero moto

  – ______________________________________

2. un Tengo bien que funciona ordenador no

  – ______________________________________

3. fotos libro Busco que Caracas un de tenga

  – ______________________________________

4. aquí un para tomemos Vengo que café

  – ______________________________________

5. me de Fumarás aquí cuando marche

  – ______________________________________

6. de casa antes mis que la suegros Limpiaré lleguen

  – ______________________________________

7. hasta hijos de que salir No mis podré casa lleguen

  – ______________________________________

8. aunque mucho aprobar No estudies podrás

  – ______________________________________

B 다음 문장을 스페인어로 작문해 봅시다.

1. 3개국어를 할 줄 아는 비서를 찾고 있다.

  – ______________________________________

2. 나는 해변 근처에 있는 아파트를 찾고 있다.

  – ______________________________________

3. 러시아어를 할 줄 아는 사람은 아무도 모른다.

  – ______________________________________

4. 완벽한 남자를 만나면, 결혼할 거야.

   – ______________________________

5. 집에 도착하자마자 전화해.

   – ______________________________

6. 선생님이 오시기 전에 숙제를 끝내야겠어.

   – ______________________________

7. 네 남자친구가 퇴근할 때까지 기다릴 거야?

   – ______________________________

8. 내가 돈을 많이 번다 할지라도, 차를 바꾸지 않을 거야.

   – ______________________________

Me alegro mucho de que hayas venido.

(네가 와서 아주 기뻐.)

Me dijo que saliera de casa.

(나에게 집에서 나가라고 말했어.)

No creía que ya se hubieran ido.

(그들이 이미 떠났을 거라고는 생각하지 않았어.)

- 접속법 현재완료
- 접속법 불완료과거
- 접속법 대과거

문법

1 접속법 현재완료

Ⓐ 용법

- 주절에 현재 동사가 오고 종속절에 이미 완료된 사실이 올 때 접속법 현재완료를 사용하며, 종속절의 시제가 주절보다 한 시제 앞선다.
- 현재에 가깝게 완료되었거나, 화자가 개인적으로 가깝다고 느낄 수 있다.

¡Qué raro que Luis no me <u>llame</u>!
(루이스가 나한테 전화하지 않는 게 이상해!)
¡Me extraña que Luis no me <u>haya llamado</u>!
(루이스가 최근에 나한테 전화하지 않은 게 이상해!)

Ⓑ 형태

Hablar (말하다)	
que haya hablado	que hayamos hablado
que hayas hablado	que hayáis hablado
que haya hablado	que hayan hablado

Comer (먹다)	
que haya comido	que hayamos comido
que hayas comido	que hayáis comido
que haya comido	que hayan comido

Vivir (살다)	
que haya vivido	que hayamos vivido
que hayas vivido	que hayáis vivido
que haya vivido	que hayan vivido

Hacer (하다)	
que haya hecho	que hayamos hecho
que hayas hecho	que hayáis hecho
que haya hecho	que hayan hecho

Espero que llegue para las dos. (2시까지 도착하길 바래.)

Espero que ya haya llegado. (이미 도착했길 바래.)

Es una pena que no puedas ir a la boda. (결혼식에 못 간다니 유감이야.)

Es una pena que no hayas podido ir a la boda. (결혼식에 못 가서 유감이야.)

No creo que vengan a la fiesta. (파티에 온다고 생각하지 않아.)

No creo que hayan venido a la fiesta. (파티에 왔다고 생각하지 않아.)

Dudamos que el equipo gane. (그 팀이 이길지 의심돼.)

Dudamos que el equipo haya ganado. (그 팀이 이겼을지 의심돼.)

Buscamos personas que hablen varios idiomas.

(여러 언어를 할 줄 아는 사람들을 찾고 있습니다.)

Buscamos personas que hayan trabajado en este sector.

(이 분야에서 일을 했던 사람들을 찾고 있습니다.)

Me alegro mucho de que vengas a Corea.

(한국에 온다니 너무 기뻐.)

Me alegro mucho de que hayas venido a Corea.

(한국에 와서 너무 기뻐.)

2 접속법 불완료과거

A 형태

- 직설법 단순과거 3인칭 복수형에서 ~ron을 탈락시키고 ra, ras, ra, ramos, rais, ran) 또는 se, ses, se, semos, seis, sen을 첨가해야 한다.
- se형은 현대 구어체에서는 많이 쓰이지 않으며, formal한 언어에서만 쓰이곤 한다.
- 1인칭 단수와 3인칭 단수의 변화형은 동일하고, nosotros에서 강세가 붙는다.

Hablar (직설법 단순과거 3인칭 복수: hablaron)

que habla-ra	(hablase)	que hablá-ramos	(hablásemos)
que habla-ras	(hablases)	que habla-rais	(hablaseis)
que habla-ra	(hablase)	que habla-ran	(hablasen)

Comer (직설법 단순과거 3인칭 복수: comieron)

que comie-ra	(comiese)	que comié-ramos	(comiésemos)
que comie-ras	(comieses)	que comie-rais	(comieseis)
que comie-ra	(comiese)	que comie-ran	(comiesen)

Vivir (직설법 단순과거 3인칭 복수: vivieron)

que vivie-ra	(viviese)	que vivié-ramos	(viviésemos)
que vivie-ras	(vivieses)	que vivie-rais	(vivieseis)
que vivie-ra	(viviese)	que vivie-ran	(viviesen)

Estar		Ser / Ir	
estuvie-ra	estuviese	fue-ra	fuese
estuvie-ras	estuvieses	fue-ras	fueses
estuvie-ra	estuviese	fue-ra	fuese
estuvié-ramos	estuviésemos	fué-ramos	fuésemos
estuvie-rais	estuvieseis	fue-rais	fueseis
estuvie-ran	estuviesen	fue-ran	fuesen

B 직설법 단순과거 불규칙동사의 접속법 불완료과거형

원형동사	단순과거 3인칭 복수	접속법 불완료과거 1, 3인칭 단수형
Decir (말하다)	dijeron	dijera
Pedir (요구하다)	pidieron	pidiera
Querer (원하다)	quisieron	quisiera
Hacer (하다)	hicieron	hiciera
Venir (오다)	vinieron	viniera
Poder (할 수 있다)	pudieron	pudiera
Saber (알다)	supieron	supiera
Tener (가지다)	tuvieron	tuviera
Mentir (거짓말 하다)	mintieron	mintiera
Traer (가지고 오다)	trajeron	trajera
Dormir (자다)	durmieron	durmiera
Ver (보다)	vieron	viera
Dar (주다)	dieron	diera
Creer (믿다)	creyeron	creyera
Poner (놓다)	pusieron	pusiera
Servir (서빙하다)	sirvieron	sirviera
Haber (~가 있다)	hubieron	hubiera
Ir / Ser (가다 / ~이다)	fueron	fuera

C 용법

1. 접속법 불완료과거는 현재, 과거 그리고 미래를 표현할 수 있다.

No creía que estuvieras en casa. (현재–집에 있을 거라고 생각하지 않았어.)
Sentiría que te marcharas mañana. (미래–내일 떠난다면 유감일 텐데.)
No pensaba que fuera un exito la conferencia.
(과거–컨퍼런스가 성공적이었다고 생각하지 않았어.)

2. Ojalá + 접속법 불완료과거 : 실현 가능성이 희박한 소망을 나타낸다.

Ojalá que no lloviera. (제발 비가 안 왔으면 좋으련만.)
Ojalá que aprobara el examen. (제발 시험에 합격한다면 좋겠다.)

3. Como si + 접속법 불완료과거 : ~인 것처럼(주절의 행위와 종속절의 행위가 동시
  에 일어난다)

Habla como si fuera un político. (마치 정치가인 양 말한다.)

Se comporta como si fuera mi mamá. (내 엄마가 된 것처럼 행동한다.)

Salió como si estuviera enojado. (화난 것처럼 나갔다.)

4. Gustaría + que + 접속법 불완료과거 (~ 한다면 좋을 텐데)
Gustaría + 동사원형

Me gustaría que él fuera menos tímido. (그가 좀 덜 소심했으면 좋을 텐데.)

Me gustaría que mi familia pasara más tiempo conmigo.

(내 가족이 좀 더 많은 시간을 나와 함께 보냈으면 좋을 텐데.)

Me gustaría ir a las playa ahora. (지금 해변에 간다면 좋을 텐데.)

Nos gustaría tener más tiempo libre.

(우리가 자유 시간이 좀 더 많으면 좋을 텐데.)

5. poder, querer, deber가 접속법 불완료과거형으로 쓰여, 아주 공손한 표현 또는 간
  접적인 제안을 나타낸다.

¿Pudiera Ud. volver mañana?

(내일 다시 오셔도 될까요?: 영어의 Could you ~에 해당한다.)

(Yo) Quisiera ir con Ud.

(당신과 같이 가고 싶습니다: 영어의 I would like to~에 해당한다.)

Debieras tratarlo mejor.

(그를 좀 더 대우를 잘 해주셔야 합니다: 영어의 ought to ~에 해당한다.)

3 접속법 대과거

Ⓐ 형태

1. Haber 동사의 접속법 불완료과거 + 과거분사

(hubiera, hubieras, hubiera, hubiéramos, hubierais, hubieran) + 과거분사

2. 영어의 대과거에 해당하는 시제로 주절의 시제 보다 한 시제 앞선 경우에 사용되는 과거 시제이다.

Hablar (말하다)

que hubiera hablado	que hubiéramos hablado
que hubieras hablado	que hubierais hablado
que hubiera hablado	que hubieran hablado

Comer (먹다)

que hubiera comido	que hubiéramos comido
que hubieras comido	que hubierais comido
que hubiera comido	que hubieran comido

Vivir (살다)

que hubiera vivido	que hubiéramos vivido
que hubieras vivido	que hubierais vivido
que hubiera vivido	que hubieran vivido

Hacer (하다)

que hubiera hecho	que hubiéramos hecho
que hubieras hecho	que hubierais hecho
que hubiera hecho	que hubieran hecho

B 용법

1. 주절의 행위 보다 종속절의 주어의 행위가 먼저 완료 되었을 때

No creía que salieran. (그들이 나갈 거라고 생각하지 않았다.)

No creía que <u>hubieran salido</u>. (그들이 나갔을 거라고 생각하지 않았다.)

Esperaba que ellos vinieran. (그들이 오길 바랐다.)

Esperaba que ellos <u>hubieran venido</u>. (그들이 왔었길 바랐다.)

Me alegré de que lo supieras.
(그것을 알아서 기뻤다.)
Me alegré de que lo <u>hubieras sabido</u>.
(그것을 이미 알고 있어서 기뻤다.)
Me sorprendió que la conocieras.
(네가 그녀를 알고 있어서 놀라웠다.)
Me sorprendió que la <u>hubieras conocido</u>.
(네가 그녀를 이미 알고 있었기에 놀라웠다.)

2. Ojalá (que) + 접속법 대과거

일어날 수 없는, 전혀 가능성이 희박한 일에 대한 소망을 나타낸다.

Ojalá que me lo hubieras dicho.
(나에게 그것을 얘기를 했더라면 좋았을 텐데.)
Ojalá que no se hubieran divorciado.
(제발 그들이 이혼을 안 했더라면 좋았을 텐데.)
Ojalá que nuestra casa hubiera tenido una piscina.
(우리 집에 수영장이 있었더라면 좋았을 텐데.)

3. Como si + 접속법 대과거

주절의 행위보다 한 시제 앞선다.

Comes como si no hubieras comido en un mes.
(한 달 동안 마치 아무것도 안 먹은 것처럼 먹는다.)
Cantó como si hubiera cantado toda su vida.
(평생 동안 노래를 불러왔던 것처럼 노래를 했다.)
Actuaban como si nada hubiera pasado.
(그들은 아무 일도 일어나지 않은 것처럼 행동했다.)

연습문제

A 접속법 현재완료형으로 동사 변화하여 봅시다.

> **보기** Me alegro que te <u>haya gustado</u> mucho mi regalo. (gustar)
> (내 선물이 맘에 들었다니 나도 기뻐.)

1. Me alegro mucho de que _______________. (tú, llegar)
2. Es muy raro que él no _______________ nada de su mujer. (saber)
3. Es una pena que los jóvenes _______________ drogas. (tomar)
4. ¡Qué raro que _______________ mucho en Valencia! (llover)
5. Es una pena que no _______________ al concierto. (venir, vosotros)
6. ¡Qué raro que no _______________ todavía el partido de fútbol! Ya son las siete. (empezar)
7. Es una pena que ellos no _______________ ir a la fiesta. (querer)
8. Es una pena que él _______________ sin trabajo. (quedarse)
9. Es raro que no _______________ a Alejandro, es tu vecino. (conocer)
10. Es raro que ellos _______________ de piso. (mudarse)

B 다음 문장을 접속법 현재완료 형태로 문장을 만들어 봅시다.

> **보기** ¡Qué raro que Luis no me haya llamado!
> (루이스가 아직 전화 안 한 게 이상해!)
> ¡Qué pena que se hayan terminado las vacaciones!
> (휴가가 끝나서 유감이야!)

1. Él siempre viene a buscarme, pero hoy no ha venido.

  – ____

2. He llamado a mi novia varias veces y no me ha contestado.

  – _______________________________________

3. Ellos han discutido mucho y se han divorciado.

  – _______________________________________

4. Alicia es muy puntual, pero todavía no ha llegado.

  – _______________________________________

5. Tu hijo es muy buen estudiante, pero no ha querido ir a la universidad.

  – _______________________________________

6. A mí no me ha tocado la lotería.

  – _______________________________________

7. Juan ha aprobado el examen y normalmente no estudia nada.

  – _______________________________________

8. Víctor ha suspendido las matemáticas.

  – _______________________________________

C 다음 동사의 접속법 불완료과거형을 써 봅시다.

> **보기**   Hablar (hablara, yo)   (habláramos, nosotros)

	Yo/él/ella/usted	Nosotros
1. Trabajar	__________	__________
2. Estudiar	__________	__________
3. Bailar	__________	__________
4. Comer	__________	__________
5. Salir	__________	__________
6. Beber	__________	__________
7. Levantarse	__________	__________
8. Cerrar	__________	__________
9. Escribir	__________	__________
10. Llamar	__________	__________

D 다음 동사의 접속법 불완료과거형을 써 봅시다.

> **보기**   Estar (estuviera, yo)   (estuvierais, vosotros)

	Yo/él/ella/usted	Vosotros
1. Dormir	____________	____________
2. Ser	____________	____________
3. Decir	____________	____________
4. Tener	____________	____________
5. Venir	____________	____________
6. Poder	____________	____________
7. Poner	____________	____________
8. Ir	____________	____________
9. Saber	____________	____________
10. Dar	____________	____________

E 다음 동사의 접속법 불완료과거형을 써 봅시다.

1. El profesor nos aconsejó que ______________ más. (estudiar, nosotros)

2. Nos dijo que ______________ en casa. (estar, nosotros)

3. No creía que ______________ suficiente dinero para comprar el coche. (tener, él)

4. Me pidieron que ______________ el próximo año. (volver, yo)

5. El médico le recomendó que ______________ mucha agua. (tomar, él)

6. Me dio mucha pena que ellos ______________ solos. (quedarse, ellos)

7. Quería que ______________ al cine conmigo. (ir, usted)

8. Le aconsejaron que ______________ hasta el lunes. (esperar, él)

9. Sentimos mucho que ______________ ese empleo. (perder, tú)

10. Era muy difícil que ellos _______________ una beca. (conseguir, ellos)

11. Me gustó mucho que el profesor _______________ con ella. (hablar)

12. El jefe dijo que los empleados _______________ más temprano. (venir)

F 형용사절에서 접속법 불완료과거형으로 동사 변화하여 봅시다.

1. Necesitaban un gerente de ventas que _______________ el mercado. (conocer)

2. Buscaba una chica que _______________ hablar bien el español. (saber)

3. Quería conocer a alguien que _______________ en mi misma situación. (estar)

4. Estaba buscando una telefonista que _______________ italiano. (hablar)

5. Necesitaba una casa que _______________ bien comunicada. (estar)

6. Quería encontrar algún deporte que me _______________ adelgazar. (poder)

7. Ellos buscaban a alguien que _______________ ruso para traducir el texto. (saber)

8. Buscaba a una persona que me _______________ feliz. (hacer)

9. Necesitaba a alguien que _______________ de mi hijo para aceptar el trabajo. (cuidar)

10. Intenté encontrar a alguien que me _______________. (sustituir)

11. Buscaba a una persona que _______________ en este barrio. (vivir)

12. Quería encontrar a una persona que _______________ viajar conmigo. (querer)

G 현재 시제를 과거 시제로 동사 변화하여 문장을 만들어 봅시다.

> **보기**
> Quiero que vengas a la fiesta. (나는 네가 파티에 오길 바래.)
> – Quería que vinieras a la fiesta. (나는 네가 파티에 오길 바랬어.)

1. Espero que llegue a tiempo a la reunión. (llegar)
   – Esperaba ______________________________
2. Me encanta que me escribas poemas. (escribir)
   – Me encantaba ______________________________
3. Mis amigos quieren que vayamos a España esta Navidad. (ir)
   – Mis amigos querían ______________________________
4. Me molesta que no me llame por teléfono. (llamar)
   – Me molestó ______________________________
5. Es muy raro que los alquileres suban tanto. (subir)
   – Era muy raro ______________________________
6. Me alegro de que te acuerdes de mí. (acordarse)
   – Me alegré de ______________________________
7. No estoy seguro de que nuestro equipo gane. (ganar)
   – No estaba seguro de ______________________________
8. Me extraña que no le digas nada a ella. (decir)
   – Me extrañaba ______________________________
9. Quiero que mi hijo sea un gran artista. (ser)
   – Quería ______________________________
10. Es necesario que se pongan de acuerdo. (ponerse)
    – Era necesario ______________________________

H 다음 문장을 보기와 같이 접속법 과거형으로 바꿔 연습해 봅시다.

> **보기**
> No salgas de casa. (집에서 나가지 마.)
> – Me dijo que no saliera de casa.
> (나에게 집에서 나가지 말라고 말했다.)

1. Descansa más tiempo.   – ______________________________

2. No conduzcas rápido.   – ______________________________

3. No gastes mucho dinero.   – ______________________________

4. No olvides el paraguas.   – ______________________________

5. Escucha la radio.   – ______________________________

6. Coge ese libro.   – ______________________________

7. Llámame a las once.   – ______________________________

8. No te preocupes.   – ______________________________

I   Ojalá를 사용하여 실현 가능성이 희박한 소망을 표현해 봅시다.

> 보기
>
> Quiero que venga.
> – ¡Ojalá que viniera!

1. Deseo que se vaya.   – ______________________________

2. Espero que llueva.   – ______________________________

3. Creo que llegará mañana.   – ______________________________

4. Espero que salga el sol.   – ______________________________

5. Creo que ganará el partido.   – ______________________________

6. Espero que tengas suerte.   – ______________________________

7. Deseo que cene conmigo.   – ______________________________

8. Espero que seáis felices.   – ______________________________

9. Quiero que duermas más horas.   – ______________________________

10. Deseo que lo hagan juntos.   – ______________________________

J   como si + 접속법 불완료과거형으로 문장을 만들어 봅시다.

1. Salió como si ______________ enfadado. (estar)

2. Ellos actuaban como si no ______________ nada. (pasar)

3. Me trataban como si me ______________ . (conocer)

4. Conduce como si ______________ borracho. (estar)

5. Se ríe como si ______________ loco. (estar)

6. Él habla como si ______________ político. (ser)

7. Hablan como si ______________ todo. (saber)

8. Él actúa como si ______________ un tonto. (ser)

9. Se comportaba como si ______________ veinte años. (tener)

10. Bésame como si ______________ esta noche la última vez. (ser)

K 접속법 대과거 형태로 동사 변화하여 봅시다.

1. No creía que ______________ tan nervioso. (estar, tú)

2. Esperaba que ______________ el examen. (terminar, tú)

3. Me sorprendió que ______________ las noticias. (recibir, vosotros)

4. Me gustó que el profesor ______________ con Lucas. (hablar)

5. Me molestó mucho que te ______________ sin despedirte. (ir)

6. Me asustó que él ______________ la cartera. (robar)

7. No creía que ______________ tan mala la película. (ser)

8. Fue imposible que ______________ una cosa así. (pasar)

9. Nos recibió como si nos ______________ de toda la vida. (conocer, él)

10. Ella actuaba como si no ______________ nada. (pasar)

말 하 기

A 접속법 불완료과거형을 사용하여 서로 명령하고 동료의 말을 전달해 봅시다.

> **보기**
>
> A: ¡Tráeme un café! (커피 가져와!)
>
> B: Me dijo que le <u>trajera</u> un café. (나에게 커피 가져오라고 했다.)
>   ¡Sigue hablando! (계속 얘기해!)
>
> C: Me dijo que <u>siguiera</u> hablando. (나에게 계속 얘기하라고 했다.)
>   ¡Abre el libro! (책 펴!)
>
> D: Me dijo que <u>abriera</u> el libro. (나에게 책을 펴라고 했다.)

¡Sigue hablando!	¡Siéntate!	¡Abre el libro!
¡Despiértate!	¡Dime tu nombre!	¡Habla más despacio!
¡Repite!	¡Habla con ella!	¡Abre los ojos!
¡Tráeme un agua!	¡Dame tu reloj!	¡Sal de aquí!
¡Ve a tu casa!	¡Dime la verdad!	¡Baila! ¡Canta!
¡Escríbeme!	¡Ve la película!	¡Cierra la puerta!

B Pancho와 Óscar은 룸메이트로 서로 다른 성격으로 의견 충돌을 하게 된다. 다음 보기와 같이 다툼을 하게 된 이유를 접속법 불완료과거형을 사용하여 연습해 봅시다.

> **보기**
>
> Pancho no soportaba que Óscar <u>fumara</u> mucho.
> (빤쵸는 오스카가 담배를 많이 피우는 것을 견딜 수 없었다.)
> Óscar odiaba que Pancho no <u>ayudara</u> nunca en la limpieza.
> (오스카는 빤쵸가 청소를 절대 도와주지 않는 것을 싫어했다.)

Pancho López	Óscar Gutiérrez
1. No ayudaba nunca en la limpieza	1. Era muy limpio y muy ordenado.
2. Se levantaba muy tarde.	2. Estaba preparando unos exámenes.
3. Odiaba a los animales.	3. Necesitaba mucha tranquilidad.
4. Escuchaba música hasta muy tarde.	4. Tocaba la flauta y ensayaba por las mañanas.
5. Daba fiestas con amigos.	5. Fumaba mucho.
6. Nunca pagaba el alquiler el día que tocaba.	6. Tenía un gato.
7. Nunca iba al supermercado.	7. Era un poco tacaño.
8. Se compraba muchas cosas con el dinero común.	8. No salía mucho y siempre se quedaba en casa.
9. No soportaba el tabaco.	
10. Siempre dejaba todas las luces encendidas.	
11. Muy a menudo traía chicas a casa.	

듣 기

 **A** 엄마와 아들간의 대화를 듣고 큰소리로 따라 읽어 봅시다.  47

Mamá:	Hijo, ¿cómo te encuentras ahora?
Hijo:	Ahora un poco mejor.
Mamá:	¿Fuiste al médico esta tarde?
Hijo:	Fui al médico en cuanto salí de la oficina.
Mamá:	¿Qué te dijo el médico?
Hijo:	Me dijo que cogí la gripe. Y me dijo que tomara estas pastillas y jarabes. También me recomendó que no fuera al trabajo y me quedara en casa dos o tres días.
Mamá:	Yo quería que fueras más pronto al médico antes de que empeoraras.
Hijo:	¿Tienes zumo de limón en la nevera? El médico me dijo que tomara mucho zumo de limón.
Mamá:	Sí, hijo. Te lo traeré para que te pongas mejor. Pero, ¿le pediste los días libres a tu jefe?
Hijo:	Sí, afortunadamente él me permitió que descansara tres días.
Mamá:	¡Qué bien! ¿Cuándo tienes que volver a la consulta?
Hijo:	Me dijo que volviera a la consulta pasado mañana.
Mamá:	Ya, muy bien.

주 요 어 휘

encontrarse ~상태에 있다   en cuanto ~하자마자   coger 잡다, 타다   (la) gripe 감기   (la) pastilla 알약   (el) jarabe 시럽, 물약, 기침약   empeorar 악화되다   (el) zumo 주스   (el) limón 레몬   (la) nevera 냉장고   (el) jefe 상사   afortunadamente 다행이도, 운좋게도   permitir 수용, 허락하다   descansar 쉬다   (la) consulta 상담, 진찰, 의원   pasado mañana 내일모레

주요 표현

1. 〈¿Cómo te encuentras?〉는 '컨디션이 어때?, 상태가 어때?' 라는 뜻으로 현재의 컨디션을 물을 때 사용하며, encontrarse는 '~상태에 있다' 는 의미이다. 예를 들어, ¿Te encuentras bien?은 '컨디션 좋아?' 라는 의미로 스페인어 구어체에서 많이 사용된다.

2. 〈Ya〉는 '예, 그래, 알았어, 이해했어, 아아' 등의 의미이며, 상대방의 말을 이해했다는 동조의 표현으로 Sí와 함께 많이 쓰인다.

쓰 기

A 다음 단어들을 정렬하여 문장을 만들어 봅시다.

1. hijo la pena tu no que ir a una universidad haya Es querido
   – ____

2. que cita olvidado muy se la Es haya de raro
   – ____

3. ¡no boda pena venido mi que Qué hayáis a!
   – ____

4. casa Mi mandó pronto a que madre me volviera
   – ____

5. que me doctor fumara no El aconsejó
   – ____

6. diccionario le que Me dejara el dijo
   – ____

7. amigos no que a mis Me tiempo llegara molestó
   – ____

8. conociera me Me como mira si

    – __________________________________

B 다음 문장을 스페인어로 작문해 봅시다.

1. 저녁 식사가 맘에 들었다니 나도 기뻐.

    – __________________________________

2. Carlos가 아직 도착하지 않았다니 참 이상해.

    – __________________________________

3. 난 내 딸이 의사가 되기를 원했어.

    – __________________________________

4. 의사가 나에게 물을 많이 마시라고 충고했어.

    – __________________________________

5. 운전을 할 줄 아는 영업 사원을 찾고 있었어.

    – __________________________________

6. 오늘이 금요일이었음 참 좋으련만!

    – __________________________________

7. 그녀는 마치 어린 아이인양 말한다.

    – __________________________________

8. Manuel이 작별인사도 하지 않고 떠나버려서 기분이 나빴다.

    – __________________________________

Lección 25

Si me tocara la lotería, me iría a dar la vuelta al mundo.

(만일 복권에 당첨된다면, 세계 일주를 할 텐데.)

Si hubieras estudiado más, habrías aprobado el examen.

(네가 더 공부했더라면, 시험에 합격했을 텐데.)

- 단순조건
- 복합조건

문법

1 단순조건

조건절은 '~할 텐테'의 의미로 미래의 가정 사실을 나타낼 때 쓰이는 표현이며, 영어에서 'I would + 동사원형'에 해당된다.

Hablaría. (나는 말할 텐데.)
Comería. (나는 먹을 텐데.)
Escribiría. (나는 쓸 텐데.)

A 형태

1. 규칙동사

Hablar (말하다)	
hablaría	hablaríamos
hablarías	hablaríais
hablaría	hablarían

Comer (먹다)	
comería	comeríamos
comerías	comeríais
comería	comerían

Escribir (쓰다)	
escribiría	escribiríamos
escribirías	escribiríais
escribiría	escribirían

2. 불규칙동사

조건절에서 불규칙동사는 단순미래 불규칙동사에 근거하여 변화한다.

동사원형	단순미래	단순조건
Poner (놓다)	pondré	pondría
Salir (나가다)	saldré	saldría
Tener (가지다)	tendré	tendría
Valer (가치가 있다)	valdré	valdría
Venir (오다)	vendré	vendría
Caber (용량이 있다)	cabré	cabría
Haber (~가 있다)	habré	habría
Poder (할 수 있다)	podré	podría
Querer (원하다)	querré	querría
Saber (알다)	sabré	sabría
Decir (말하다)	diré	diría
Hacer (하다)	haré	haría

Ⓑ 용법

1. 미래의 가정

'~할 텐데'의 의미로 미래의 가정의 상황을 진술할 때 쓰인다.

¿Qué harías tú en ese caso? (이런 경우에 넌 뭐 할 거야?)
Yo no diría eso. (난 그렇게 이야기 안 할 텐데.)
Preferiría estar en la montaña. (난 산에 있기를 원할 텐데.)

2. 과거의 추측

'~했을 것이다'의 의미로 과거의 추측을 나타낼 때도 사용된다.

¿Por qué no vino el señor Galíndez? (갈린데쓰씨는 왜 안 왔어?)

– No sé. Estaría enfermo. (몰라, 아마도 아팠겠지.)

¿A qué edad se mudó Javier a la capital? (몇 살에 하비에르는 수도로 이사했어?)

– Él tendría unos quince años cuando se fue a Ciudad de México.

(멕시코 시티로 갔을 때 그는 아마도 약 15살이었을 거야.)

¿Los chicos regresaron muy tarde anoche? (남자들은 어젯밤에 늦게 돌아왔지?)

– Serían las dos y media o las tres. (아마도 2시 반이나 3시쯤 되었을 거야.)

3. 과거에서 바라본 미래

주절에 decir(말하다), escribir(쓰다), saber(알다), creer(생각하다, 믿다), pensar(생각하다) 등의 동사가 오고 종속절에 조건절이 오면 과거에서 바라본 미래를 나타내게 된다.

> Dice que + 직설법 미래 → Dice que vendrá. (그가 올 거라고 말한다.)
>
> Dijo que + 단순조건 → Dijo que vendría. (그가 올 거라고 말했다.)

El profesor dice que mañana habrá examen.

(선생님이 내일 시험이 있을 거라고 말한다.)

– El profesor dijo que mañana habría examen.

(선생님이 내일 시험이 있을 거라고 말했다.)

Carla escribe que llegará el domingo.

(까를라는 일요일에 도착할 거라고 편지를 쓴다.)

– Carla escribió que llegaría el domingo.

(까를라는 일요일에 도착할 거라고 편지에 썼다.)

Creo que vendrán. (그들이 올 거라고 생각한다.)

– Creía que vendrían. (그들이 올 거라고 생각했다.)

4. 충고하기

'Yo que tú(내가 너라면) 혹은 Yo en tu lugar(내가 너라면) + 조건절', 'Deberías + 동사원형'(~해야 한다)의 구문을 사용하여 상대방에게 충고 및 제안하는 표현을 할 수 있다.

충고 요청하기 / 충고하기		
충고 요청하기	¿Tú qué + 조건절 (en mi lugar)?	¿Tú qué harías en mi lugar? (네가 나라면 어떻게 할 테야?)
충고하기	Yo que tú, (Yo) En tu lugar, + 조건절 Deberías + 동사원형	Yo que tú, iría al médico. (내가 너라면, 병원에 갈 텐데.) Yo, en tu lugar, hablaría con ella. (내가 너라면 그녀와 얘기할 텐데.) Deberías ayudar a tu hermana. (너의 여동생을 도와줘야 해.)

5. 공손한 부탁

조건절을 사용하여 공손히 부탁하거나 완곡하게 거절할 수도 있다.

> ¿Podría / Te Importaría + 동사원형 ?

¿Podrías / Te importaría cerrar la puerta? (문 좀 닫아주시겠어요?)

¿Podría/s darme un cuchillo? (나이프 좀 주시겠어요?)

¿Podría/s ir a casa de Yolanda? (욜란다 집에 좀 가시겠어요?)

6. 실현 가능성이 희박한 희망 사항

> Me gustaría / encantaría + 동사원형

Me gustaría ir a Canarias ahora mismo. ¡Tengo tantas ganas de ir a la playa!
(지금 당장 카나리아 제도로 가고 싶어. 해변에 너무 가고 싶어!)
Me gustaría conocer a algún famoso. (유명인 누군가를 알고 싶어.)

ⓒ 단순조건절

실현 가능성이 거의 희박하고 현재와 미래 사실의 반대되는 사실을 표현한다.

조건	결과
Si + 접속법 불완료과거	단순조건절

(접속법 불완료과거형)   (단순조건)

Si me tocara la lotería,　　　me iría a dar la vuelta al mundo.
내가 만일 복권에 당첨된다면,　　　세계 일주를 할 텐데.
(= No puedo dar la vuelta al mundo porque no me toca la lotería)

Si tuviera dinero,　　　me compraría un coche nuevo.
내가 만일 돈이 있다면,　　　새 차를 살 텐데.
(= No puedo comprar un coche nuevo porque no tengo dinero)

Si tuviera más tiempo,　　　iría al gimnasio todos los días.
만일 시간이 많이 있다면,　　　매일 체육관에 갈 텐데.
(= No puedo ir al gimnasio todos los días porque no tengo tiempo)

Si yo fuera una mujer,　　　no me casaría nunca.
내가 만일 여자라면,　　　절대로 결혼하지 않을 텐데.
(= Tengo que casarme porque soy un hombre)

Si estuviera en tu lugar,　　　le pediría perdón.
내가 만일 너라면,　　　그에게 사과할 텐데.

Ⓓ Me gustaría... (~하면 좋을 텐데)

실현 가능성이 희박한 희망이나 소망을 표현할 때는, gustaría와 encantaría 동사를 사용한다. 영어의 I would like to + 동사원형에 해당한다. 감정을 느끼는 대상과 que 이하 절의 행위를 하는 대상이 다른 경우에는 'Me gustaría que + 접속법 불완료과거' 형태를 쓸 수 있다.

> Me gustaría + 동사원형
> Me gustaría + que + 주어 + 접속법 불완료과거

Me gustaría <u>vivir</u> en este barrio. (이 동네에 정말 살고 싶어.)

Me gustaría <u>poder</u> ir con vosotros pero hoy no puedo.

(너희들과 함께 같이 가고 싶지만 오늘은 그럴 수 없어.)

Me gustaría <u>ayudarte</u>. (너를 정말 도와주고 싶어.)

Me gustaría que (tú) me <u>ayudaras</u>. (네가 나를 도와줄 수 있다면 참 좋을 텐데.)

2 복합조건

A 형태

> Haber 동사의 단순조건 + 과거분사

'~ 했었을 텐데' 의 의미로 영어의 'would have + 과거분사' 또는 'could have + 과거분사' 에 해당되는 표현이다.

Hablar (말하다)

habría hablado	habríamos hablado
habrías hablado	habríais habaldo
habría hablado	habrían hablado

Comer (먹다)

habría comido	habríamos comido
habrías comido	habríais comido
habría comido	habrían comido

Escribir (쓰다)

habría escrito	habríamos escrito
habrías escrito	habríais escrito
habría escrito	habrían escrito

B 용법

과거 사실에 반대되는 가정을 나타낸다

조건	결과
Si + 접속법 대과거,	복합조건

Si hubieras estudiado más,
네가 더 공부했더라면,
(= No aprobaste el examen porque no habías estudiado mucho.)

habrías aprobado el examen.
시험에 합격했을 텐데.

Si hubiera tenido más tiempo,
내가 만일 시간이 많았더라면,
(= No iba al gimnasio todos los días porque no tenía tiempo.)

habría ido al gimnasio todos los días.
매일 체육관에 갔을 텐데.

Si le hubiera visto la cara,
그녀의 얼굴을 보았더라면,
(= No pudo verla)

la habría reconocido.
그녀를 알아봤을 텐데.

연습문제

A 다음 동사를 단순조건 형태로 동사 변화해 봅시다.

> **보기** Comprar (compraría, yo)   (compraríamos, nosotros)

	Yo/él/ella/usted	Nosotros
1. Tener		
2. Salir		
3. Poner		
4. Ir		
5. Poder		
6. Estudiar		
7. Decir		
8. Hacer		
9. Ser		
10. Venir		

B 단순조건 시제를 사용하여 문장을 만들어 봅시다.

> **보기** Tener tiempo (tú)
> – ¿Tendrías tiempo? (시간 있으세요?)

1. Ir al cine	– ¿________________________?
2. Hacer un favor	– ¿________________________?
3. Decir la verdad	– ¿________________________?
4. Ponerse el vestido	– ¿________________________?
5. Poder darme un cigarrillo	– ¿________________________?
6. Venir conmigo	– ¿________________________?

7. Salir a dar un paseo   – ¿________________________?

8. Encontrar un trabajo   – ¿________________________?

C 과거의 추측 및 가정을 단순조건 시제를 사용하여 연습해 봅시다.

> **보기**   Probablemente eran las diez.
> – Serían las diez. (아마도 10시쯤 되었을 거야.)

1. Probablemente <u>había</u> treinta invitados en la fiesta.

   – ______________ treinta invitados en la fiesta.

2. Probablemente <u>tenía</u> veintinueve años.

   – ______________ veintinueve años.

3. Probablemente <u>estaba</u> de viaje.

   – ______________ de viaje.

4. Supongo que <u>hacía</u> mucho frío.

   – ______________ mucho frío.

5. ¿Probablemente <u>nevaba</u> mucho en la sierra?

   – ¿______________ mucho en la sierra?

6. Me imagino que él <u>estaba</u> contentísimo.

   – Él ______________ contentísimo.

D 단순조건 시제를 사용하여 과거에서 바라본 미래를 표현해 봅시다.

> **보기**   "Iré a verte." (너를 보러 갈게.)
> – Dijo que iría a verme. (나를 보러 갈 거라고 말했다.)

1. "Me iré en avión."   – ________________________

2. "Saldré esta noche."   – ________________________

3. "Te invitaré a mi casa." – ________________________

4. "Te escribiré una carta." – ________________________

5. "Te diré la verdad." – ________________________

6. "Me pondré el sombrero." – ________________________

7. "Me casaré en noviembre." – ________________________

8. "Podré acompañarte." – ________________________

E 다음과 같은 문제점에 단순조건절을 사용하여 충고를 해 봅시다.

> 보기
>
> No sé qué billete de avión comprar. (mirar en Internet)
> (어떤 비행기 티켓을 사야 할지 모르겠어.)
> – Yo que tú, miraría en Internet.
> (내가 너라면, 인터넷을 볼 텐데.)

1. Parece que mi novio ya no me quiere. (preguntarle)

   – ________________________

2. Duermo mal por las noches. (tomar un baño caliente)

   – ________________________

3. No tengo novio. (salir más)

   – ________________________

4. Me llevo mal con mi hermana. (hablar con ella)

   – ________________________

5. No me gusta la casa donde vivo. (trasladarse)

   – ________________________

6. Estos días engordo mucho. (estar a dieta)

   – ________________________

7. No sé qué regalar a mi novio en su cumpleaños. (regalar un reloj)

   – ________________________

8. Me canso mucho de mi trabajo. (trabajar menos)

   – ________________________

9. Mi novio no me contesta al teléfono. (esperar un poco más)

   – _______________________________________

10. No puedo ir a la boda de mi mejor amiga. (llamarla y pedirle perdón)

   – _______________________________________

F 다음과 같은 상황에서 공손하게 부탁해 봅시다.

> **보기**
> Un señor está fumando y te molesta mucho el humo.
> – ¿Le importaría apagar el cigarro? (담배 좀 꺼 주시겠어요?)

1. Estás en un restaurante y tienes mucho calor. (poner el aire acondicionado)

   – _______________________________________

2. Le pides un disco de Ricky Martin a un compañero al que no conoces mucho. (prestarme)

   – _______________________________________

3. Le preguntas la hora a un señor mayor. (decirme la hora)

   – _______________________________________

4. Le preguntas a un policía la dirección de Correos. (decirme la dirección)

   – _______________________________________

5. No has entendido bien a un profesor y quieres que repita. (repetir)

   – _______________________________________

6. Hay dos personas hablando delante de la puerta de la escuela y quieres entrar. (dejarme entrar)

   – _______________________________________

G 빈칸에 접속법 불완료과거 혹은 단순조건 중 알맞은 동사를 넣어 봅시다.

> **보기**
>
> Si <u>fuera</u> más joven, me iría a vivir a otro país. (ser)
>
> (좀 더 젊더라면, 다른 나라로 가서 살 텐데.)

1. Si los profes no __________ tanto trabajo para los fines de semana, saldría con mis amigos más a menudo y me divertiría más. (poner)

2. Si mi hermano no pusiera la música tan alta, ______________ hacer los deberes. (poder)

3. __________ un hijo si yo tuviera un trabajo menos estresante. (tener)

4. Si tú quisieras, ______________ tener mucho dinero. (poder)

5. Iría a verte más a menudo si __________ más cerca de tu casa. (vivir)

6. Si Cecilia trabajara menos, ______________ tener más amigos. (poder)

7. Si Natalia ______________ mejor, no estaría tan delgada. (comer)

8. Raúl no estaría triste si su novia no ______________ a Suecia. (irse)

9. Inés sacaría mejores notas si ______________ los deberes. (hacer)

10. Si ganara dinero, ______________ una motocicleta, un móvil y una chaqueta vaquera. (comprar)

H 다음 보기와 같이 단순조건절을 만들어 봅시다.

> **보기**
>
> No hacer frío / salir a dar una vuelta
>
> – Si no hiciera frío, saldría a dar una vuelta.
>
> (춥지 않으면, 산책하러 나갈 텐데.)

1. Tener dinero / invitarte a cenar (yo)

   – ____________________________________

2. No llover / ir a la playa (yo)

   – ____________________________________

3. Querer estudiar / poder acabar la carrera (tú)

   – __________________________________

4. Tener tiempo / aprender a tocar el violín (yo)

   – __________________________________

5. Tocarle la lotería / dejar este trabajo (yo)

   – __________________________________

6. Ser actor / vivir en Hollywood (yo)

   – __________________________________

7. Hacer ejercicio / no estar gordo (tú)

   – __________________________________

8. Saber hablar chino / encontrar un trabajo (tú)

   – __________________________________

Ⅰ. 다음 조건절을 의문문으로 바꿔 연습해 봅시다.

> **보기**
> Si no lloviera, iría a la playa.
> – ¿Irías a la playa si no lloviera?
> (만일 비가 안 온다면 해변에 갈 테야?)

1. Si tuviera vacaciones, haría un viaje.

   – ¿_______________________________?

2. Si viviera más cerca, iría más a su casa.

   – ¿_______________________________?

3. Si tuviera más tiempo, estudiaría más.

   – ¿_______________________________?

4. Si durmiera suficiente, no tendría sueño.

   – ¿_______________________________?

5. Si no hiciera frío, daría un paseo.

   – ¿_______________________________?

6. Si me subieran el sueldo, trabajaría más.

   – ¿_______________________________?

7. Si ganara más dinero, cambiaría de coche.

   – ¿______________________________?

8. Si pudiera, iría a una isla desierta.

   – ¿______________________________?

J 다음 조건절을 서로 연결지어 봅시다.

1. Si fuera millonario,

2. Si estuviera en tu lugar,

3. Si tuviera que elegir entre solo o mal acompañado,

4. Si encontrara algo que no es mío en la calle,

5. Si me ofrecieran un puesto,

6. Si fuera más joven,

7. Si me quedara solo un día para vivir,

a. haría un piercing en una parte discreta del cuerpo.

b. me quedaría con la primera opción.

c. yo pasaría todo el tiempo con mi familia.

d. me compraría un yate.

e. estaría dispuesto a cambiar de trabajo.

f. iría al médico ahora mismo.

g. lo llevaría a la policía.

K 다음 조건절에서 동사원형과 que + 접속법 불완료과거 중 알맞은 형태를 선택해 봅시다.

> **보기**
>
> A José le gustaría <u>ser</u> / que fuera cantante.
>
> (호세는 가수가 되기를 원해.)
>
> A mí me gustaría hacer / <u>que hiciera</u> sol.
>
> (햇볕이 쨍쨍했으면 좋겠어.)

1. Nos gustaría comprar / que compráramos un chalé en la playa.

2. A ellos les gustaría ser / que su hija fuera azafata.

3. A Lola y a Juan les gustaría tocarles / que les tocara un viaje.

4. A él le gustaría cambiar / que cambiara de trabajo.

5. A mí me gustaría ser / que fuera médico.

6. A mis padres les encantaría ser / que sea niña el bebé que esperan.

7. A Ángel y a Susi les gustaría cambiar / que cambiaran de piso.

8. A mí me gustaría ayudar / que mi marido me ayudara más en las tareas de casa.

9. A mí me gustaría venir / que vinieras a mi casa este domingo.

10. A mis abuelos les encantaría ir / que fuera a visitarles toda la familia en Navidad.

L 다음 상황에 맞는 알맞은 희망을 gustaría + 동사원형 혹은 gustaría que + 접속법 불완료과거형으로 작문해 봅시다.

> **보기** Mañana voy de excursión. Espero que no llueva.
> (내일 소풍 가는데, 비가 안 오길 바래.)
> – Me gustaría que no lloviera. (내일 비가 안 왔으면 좋겠다.)

1. Tu novio nunca te ha hecho una fiesta sorpresa.

   – ____

2. Tus padres nunca te han regalado un ordenador.

   – ____

3. Nunca has vivido en el extranjero.

   – ____

4. Nunca te ha tocado la lotería.

   – ____

5. Nunca te han dado unas vacaciones largas.

   – ____

6. Nunca has conocido a un chico especial en tu vida.

   – ____

7. Nunca has visto a un actor famoso en la calle.

   – ____

M 복합조건 구문으로 동사 변화하여 문장을 완성해 봅시다.

> **보기**
>
> Si él <u>hubiera hecho</u> el viaje a Suiza, <u>habría hecho</u> alpinismo.
> (hacer, hacer)
> (그가 스위스로 여행을 했다면, 아마도 등산을 했을 텐데.)

1. Si José ____________ (venir) puntualmente, no ____________ (tener) problemas con su jefe.

2. Si ____________ (ir) a la pista de esquí, no me ____________ (caer).

3. Si ____________ (casarse) con Margarita, ____________ (ser) feliz.

4. Ud. ____________ (conseguir) el empleo si ____________ (estudiar) informática.

5. Leo y Olivia no se ____________ (conocer) si no ____________ (ir) al baile.

6. Si yo ____________ (estudiar) en otro país, ____________ (hablar) mejor el idioma.

7. Ella ____________ (hacer) la gimnasia todos los días si ____________ (tener) tiempo.

8. Si tú ____________ (ser) más responsable, no ____________ (tener) dificultades.

9. Si ellos ____________ (estudiar) más, ____________ (aprobar) el examen.

10. Si vosotros ____________ (aprovechar) las rebajas de julio, ____________ (ahorrar) dinero.

말 하 기

A 다음과 같은 고민에 조건절을 사용하여 충고를 해봅시다.

- Marta: Los fines de semana me aburro mucho, no sé qué hacer.
- Julio: Como no voy muy bien en mis estudios, mis padres me castigan los fines de semana.
- Rosa: Siempre llego tarde a clase.
- Yolanda: ¡Qué cansada estoy!
- Pepe: Soy muy tímido y me cuesta hacer amigos.
- Víctor: Quiero salir con una chica, pero me cuesta mucho hablar con ella.
- Virginia: No me llevo bien con mi hermana.
- Rubén: Creo que mis padres no me entienden.

	Respuestas
Yo que tú, Yo, en tu lugar, Deberías	1. Intentar trabajar menos 2. Descansar más 3. Intentar demostrarles que soy responsable y que pueden confiar en mí 4. Ir de vacaciones unos días 5. Estudiar más 6. Hacer los deberes todos los días 7. Intentar no enfadarme con ella y tratar de pensar como ella para entenderla 8. Salir más a menudo 9. Invitarla a tomar algo y aprovechar para hablar con ella de cualquier cosa 10. Aprender a bailar o hacer algún deporte 11. Tratar de llegar a clase más puntual

B 다음 문장에 유명인의 이름을 넣어 말해 봅시다.

1. Me iría de vacaciones con ________________________

2. Me casaría con ________________________

3. Le pediría consejos a ________________________

4. Invitaría a cenar a mi casa a ________________________

5. Le daría un premio a ________________________

6. Le contaría un secreto a ________________________

7. Le daría un regalo a ________________________

8. Entrevistaría a ________________________

9. Iría a bailar con ________________________

10. Sería amigo/a de ________________________

11. Pediría un autógrafo de ________________________

12. Compraría un póster de ________________________

C 단순조건형을 사용하여 공손하게 부탁해 봅시다.

보기
¿Podrías prestarme el móvil? (핸드폰 좀 빌려 줄 수 있어요?)

¿Te importaría guardar mi mochila?

(제 가방 좀 보관해 주시겠어요?)

Estudiante 1	Estudiante 2
1. Prestarme los apuntes	1. Sacar al perro de paseo
2. Darme unas hojas	2. Hacerme los deberes
3. Recogerme la habitación	3. Llevarme la mochila
4. Hacer la compra	4. Prestarme la bici
5. Acompañarme al dentista	5. Ordenarme el escritorio
6. Dar de comer al gato	6. Prepararme la merienda
7. Comprarme la medicina	7. Prestarme la cámara

D 아래와 같이 조건절을 사용하여 질문하고 스페인어로 말해 봅시다.

1. Si ahora mismo estuvieras en una playa del Caribe, ¿qué harías?
   – ____

2. Si tú pudieras viajar en el tiempo, ¿a qué edad regresarías?
   – ____

3. Si te regalaran un millón de dólares, ¿qué harías?
   – ____

4. Si tuvieras que ir a una isla deshabitada, ¿qué y a quién llevarías?
   – ____

5. Si te tocara un viaje a cualquier lugar del mundo, ¿adónde irías?
   – ____

6. Si pudieras elegir una nacionalidad, ¿qué país elegirías?
   – ____

7. Si estuvieras en España, ¿qué harías?
   – ____

8. Si hoy fuera sábado, ¿qué harías?
   – ____

9. Si hoy fuera tu cumpleaños, ¿qué harías?
   – ____

E 다음 질문 중 한 개를 선택하여 보기와 같이 말해 봅시다.

1. ¿Cuáles son tus vacaciones soñadas?
2. ¿Qué te gustaría hacer después de terminar tus estudios?
3. ¿Qué te gustaría hacer después de dejar tu trabajo?
4. ¿Qué país te gustaría visitar?

> **보기**   A mí me gustaría mucho viajar a una isla paradisíaca. Allí pasearía por el mar y me bañaría. Iría con mi novio y por las noches haríamos fiestas en la playa. Comeríamos pescados y marisco.

____

____

____

듣 기

 요즘 여자 친구 문제로 고민 중인 Raúl이 친구 Ana에게 조언을 구하는 대화 내용이다. 듣고 큰소리로 따라 읽어 봅시다. 

Ana: ¿Qué te pasa, Raúl?

Raúl: Es que tengo un problema y estoy muy preocupado.

Ana: Si quieres, puedes contarme lo que te pasa.

Raúl: Es que a mi novia le ofrecieron un trabajo en Inglaterra. Dice que es muy buena oportunidad para ella y quiere aprovecharla. ¿Qué tendría que hacer yo? Me gustaría ir a Inglaterra con ella, pero si fuera con ella, tendría que dejar el trabajo.

Ana: Yo que tú hablaría con tu jefe. Le pediría que te mandara a la sucursal de Inglaterra.

Raúl: Ya, pero no sería fácil que me lo permitiera. Además, si yo dejara mi trabajo actual, debería encontrar uno nuevo allí.

Ana: ¿A ti qué te gustaría hacer?

Raúl: A mí me gustaría que mi novia no fuera a Inglaterra y se quedara conmigo. No me gustaría perderla. Y si nos separáramos, la acabaría perdiendo.

Ana: Yo, en tu lugar, hablaría con tu novia y le pediría que no se fuera. Le insistiría en que se quedara en España y le propondría que se casara contigo.

주요 어휘

(el) problema 문제   preocupado/a 걱정하는, 근심이 있는   contar 이야기하다, 말하다   pasar (일, 사건이) 일어나다, 생기다   ofrecer 제공하다   (el) trabajo 일, 직장   Inglaterra 영국   bueno/a 좋은   (la) oportunidad 기회   aprovechar 이용하다, 활용하다   dejar 그만두다   (el) jefe 상사, 보스   pedir 요구하다   mandar 보내다   (la) sucursal 지점, 지사   fácil 쉬운   permitir 수용, 허락하다   actual 현재의   además 게다가, 더욱이   encontrar 찾다   nuevo/a 새로운   quedarse 남다, 머물다   conmigo 나와 함께   perder 잃다   separarse 별거하다   insistir en 주장하다, 고집하다   proponer 제안하다   contigo 너와 함께   casarse 결혼하다

주요 표현

1. 〈Le pediría que te mandara a la sucursal de Inglaterra〉, 〈no sería fácil que me permitiera ir a Inglaterra〉에서와 같이 주절에서 조건절이 나오면 종속절에는 반드시 접속법 불완료과거형이 와야 한다.
2. 〈Puedes contarme lo que te pasa〉는 '너에게 일어난 일을 나에게 말해줄 수 있어'의 의미로, 〈lo que 주어＋동사〉는 '～하는 것'을 뜻하는 관계대명사절에 해당한다.

B 할머니와 손녀의 대화를 듣고 큰소리로 따라 읽어 봅시다. 〔49〕

Juanita: Abuelita, ¿te habrías casado con el abuelo si hubieras vuelto a ser joven?

Abuela: Por supuesto. Pero si hubiera podido, no me habría casado tan joven.

Juanita: ¿No? ¿Por qué?

Abuela: Si hubiera tenido la oportunidad, habría estudiado Medicina en la universidad, y habría sido médica.

Juanita: ¿Por qué no estudiaste?

Abuela: Porque en esa época las chicas no iban a la universidad. Sólo los chicos iban a la universidad. Pero si hubiera ido a la universidad, tu abuelo y yo nunca nos habríamos conocido y tú nunca habrías nacido.

Juanita: ¡Es verdad! Si tú no te hubieras casado con el abuelo, yo no existiría en este mundo.

주요 어휘

(el) abuelo 할아버지   (la) abuela 할머니   casarse 결혼하다   volver 돌아가다, 돌아오다   poder 할 수 있다   tan 그렇게   joven 젊은   (la) oportunidad 기회   (la) medicina 의학, 약   (la) médica 의사   ese/a 그   (la) época 시대, 시기   (la) niña 어린 여자아이   (la) universidad 대학교   conocer 알다, 만나다   (la) verdad 진실, 사실   existir 존재하다   este/a 이   (el) mundo 세상, 세계

528

주요 표현

1. 〈Por supuesto〉는 '물론이지, 당연하지'의 의미로 Claro, Desde luego 등의 유사 표현이 있다.
2. 〈Abuelita〉는 abuela에서 축소사(~ito)를 사용한 형태로 주로 중남미 국가들에서 선호하며, 호칭이나 이름에 붙여 많이 사용된다. 축소사를 사용함으로써 단어의 느낌이 좀 더 작아지고 친근한 느낌을 가지게 한다. 예를 들어, gordito(통통한), jovencito(아주 젊은), Miguelito 등이 있다.
3. 〈Si hubieras vuelto a ser joven〉은 '다시 젊어졌더라면'의 의미로, 〈volver+a+동사원형〉은 '다시 ~하다'라는 관용어구이다.

쓰 기

A 다음 단어들을 정렬하여 문장을 만들어 봅시다.

1. estudiaría Si , más fuera Literatura joven

   – _______________________________________

2. gusto acendieran si Trabajaría a más me

   – _______________________________________

3. ejercicio Si en , mucho hiciera forma estaría

   – _______________________________________

4. tiempo Me hiciera que gustaría buen

   – _______________________________________

5. mi las casa de la gustaría que Me marido ayudara tareas

   – _______________________________________

6. estuviera partes que Me en fumar todas prohibido gustaría

   – _______________________________________

7. a tú saldría, menudo Yo más que

   – _______________________________________

8. tiempo tu familia pasar Deberías más con

   – ____

B 다음 문장을 스페인어로 작문해 봅시다.

1. 내가 복권에 당첨된다면, 세계 일주를 할 텐데.

   – ____

2. 내가 너라면, 진실을 얘기할 텐데.

   – ____

3. Inma가 12월에 한국에 온다고 말했다.

   – ____

4. 내가 좀 더 젊다면, 외국에서 살 텐데.

   – ____

5. 네가 만약 백만장자가 된다면, 뭐 할 테야?

   – ____

6. 우리 부모님께서 나에게 컴퓨터를 선물해주셨으면 좋겠다.

   – ____

7. 내 남편이 집에 빨리 도착했으면 좋겠다.

   – ____

8. 공부를 더 했더라면, 수학 성적이 좋았을 텐데.

   – ____

부록

1. 기타 문법

1 관계대명사

que (사람, 사물 선행사 가능)	Dame el libro que compré ayer. (어제 내가 산 책을 줘.) He visto al hombre que conociste ayer. (네가 어제 만났던 그 남자를 봤어.)
quien/quienes (~하는 사람들)	Es el hombre a quien yo quiero. (그 남자가 내가 사랑하는 남자야.) Quien habla mucho sabe poco. (말을 많이 하는 사람은 많이 알지 못한다.)
el que/la que/ los que/las que	Los que conocí ayer son abogados. (어제 알았던 사람들은 변호사들이다.) El que todo lo quiere, todo lo pierde. (모든 것을 원하는 사람은 모든 것을 잃게 된다.) Las que fueron al concierto son mis sobrinas. (콘서트에 갔었던 여자들은 나의 조카들이다.)
el cual/la cual/ los cuales/las cuales	Los motivos por los cuales me voy no son profesionales. (내가 떠나는 동기들은 프로답지 않다)
cuyo/cuya/cuyos/ cuyas	La doctora Silvia Más, cuyas investigaciones han abierto nuevos horizontes para el tratamiento de la malaría, acaba de publicar un nuevo libro. (실비아 마스 박사의 연구는 말라리아 치료의 새로운 지평선을 열게 되었는데, 최근에 새 책을 출간하게 되었다.)
lo que/lo cual (~하는 것)	Lo que me interesa es conocer la cultura española. (내가 관심있는 것은 스페인 문화를 아는 것이다.) María está triste, lo cual me preocupa mucho. (마리아가 지금 우울한데, 그것이 나를 많이 걱정하게 한다.)

2 소유대명사

남성		여성	
단수	복수	단수	복수
(el) mío	(los) míos	(la) mía	(las) mías
(el) tuyo	(los) tuyos	(la) tuya	(las) tuyas
(el) suyo	(los) suyos	(la) suya	(las) suyas
(el) nuestro	(los) nuestros	(la) nuestra	(las) nuestras
(el) vuestro	(los) vuestros	(la) vuestra	(las) vuestras
(el) suyo	(los) suyos	(la) suya	(las) suyas

Este vaso es mío. (이 컵은 나의 것이다.)

Mi bocadillo está buenísimo, ¿y el tuyo? (내 샌드위치는 정말 맛있어, 네 것은?)

Estos CD no son suyos, son míos. (이 CD들은 그의 것들이 아니야, 내 것들이야.)

※ Ser 동사 뒤에서 보어로 쓰일 때는 관사를 생략할 수 있다.

3 무인칭의 Se

무인칭의 Se	En el teatro no se puede hablar por el móvil. (공연장에서는 핸드폰으로 통화해서는 안된다.) Se debe apagar el teléfono móvil. (핸드폰을 꺼야 한다.)
특정한 주어가 없으며 주어를 일반화시킬 때	
상호의 Se	María y Maribel se saludan. (마리아와 마리벨은 서로 인사한다.) Ellos se quieren mucho. (그들은 서로 사랑한다.)
'서로 서로'의 의미	
책임회피의 Se	Perdona, se me ha caído al suelo y se me ha roto. (죄송한데요, 바닥에 그만 떨어져서 깨졌어요.) Al niño se le ha cerrado la puerta y nos hemos quedado fuera sin llave. (아이에게 그만 문이 닫혀버려서 우리가 열쇠없이 밖에서 있었어.)
자신의 의지에 상관없이 일어난 행위를 진술할 때	

4 부사 (-mente)

여성 형용사 + mente
rápido → rapidamente (빨리) lento → lentamente (느리게) especial → especialmente (특별히) frecuente → frecuentemente (빈번히) 예외) seguramente (아마도) 　　　 precisamente (바로)

5 전치사를 동반한 동사구

Estar interesado en (~에 흥미가 있다) Fijarse en (~를 주목하다)	Estoy interesado en la historia de España. ¿Te has fijado en lo que dice aquí?
Interesarse por (~에 흥미를 가지다)	Se interesa mucho por la arquitectura de España.
Estar dispuesto a (준비가 되어 있다) Aprender a (~하는 것을 배우다)	Estoy dispuesto a trabajar en vuestra empresa. Aprendió a andar de muy pequeño, a los nueve meses.
Darse cuenta de (~를 깨닫다) Tratar de (~에 관한 것이다) Cansarse de (~에 지치다)	Se ha dado cuenta de que te reías. Trata de estudiar un poco más. Me he cansado de decirle tantas veces.
Contar con (~을 가지고 있다, ~을 고려하다, ~을 믿다)	Cuenta con dos horas para hacerlo. Cuento contigo para el partido de mañana.

2. 동사 변화표

1 규칙동사

동사원형 현재분사 과거분사	직설법					접속법		명령법
	현재	단순과거	계속과거	단순미래	단순조건	현재	불완료과거	
hablar hablando hablado	hablo hablas habla hablamos habláis hablan	hablé hablaste habló hablamos hablasteis hablaron	hablaba hablabas hablaba hablábamos hablabais hablaban	hablaré hablarás hablará hablaremos hablaréis hablarán	hablaría hablarías hablaría hablaríamos hablaríais hablarían	hable hables hable hablemos habléis hablen	hablara hablaras hablara habláramos hablarais hablaran	habla (tú) no hables hable hablemos hablad hablen
comer comiendo comido	como comes come comemos coméis comen	comí comiste comió comimos comisteis comieron	comía comías comía comíamos comíais comían	comeré comerás comerá comeremos comeréis comerán	comería comerías comería comeríamos comeríais comerían	coma comas coma comamos comáis coman	comiera comieras comiera comiéramos comierais comieran	come (tú) no comas coma comamos comed coman
vivir viviendo vivido	vivo vives vive vivimos vivís viven	viví viviste vivió vivimos vivisteis vivieron	vivía vivías vivía vivíamos vivíais vivían	viviré vivirás vivirá viviremos viviréis vivirán	viviría vivirías viviría viviríamos viviríais vivirían	viva vivas viva vivamos viváis vivan	viviera vivieras viviera viviéramos vivierais vivieran	vive (tú) no vivas viva vivamos vivid vivan

2 불규칙동사

동사원형 현재분사 과거분사	직설법					접속법		명령법
	현재	단순과거	계속과거	단순미래	단순조건	현재	불완료과거	
estar estando estado	estoy estás está estamos estáis están	estuve estuviste estuvo estuvimos estuvisteis estuvieron	estaba estabas estaba estábamos estabais estaban	estaré estarás estará estaremos estaréis estarán	estaría estarías estaría estaríamos estaríais estarían	esté estés esté estemos estéis estén	estuviera estuvieras estuviera estuviéramos estuvierais estuvieran	está(tú) no estés esté (Ud.) estemos estad estén
ir yendo ido	voy vas va vamos vais van	fui fuiste fue fuimos fuistes fueron	iba ibas iba íbamos ibais iban	iré irás irá iremos iréis irán	iría irías iría iríamos iríais irían	vaya vayas vaya vayamos vayáis vayan	fuera fueras fuera fuéramos fuerais fueran	ve (tú) no vayas vaya (Ud.) vayamos id vayan
poder pudiendo podido	puedo puedes puede podemos podéis pueden	pude pudiste pudo pudimos pudisteis pudieron	podía podías podía podíamos podíais podían	podré podrás podrá podremos podréis podrán	podría podrías podría podríamos podríais podrían	pueda puedas pueda podamos podáis puedan	pudiera puderas pudiera pudiéramos pudierais pudieran	
poner poniendo puesto	pongo pones pone ponemos ponéis ponen	puse pusiste puso pusimos pusisteis pusieron	ponía ponías ponía poníamos poníais ponían	pondré pondrás pondrá pondremos pondréis pondrán	pondría pondrías pondría pondríamos pondríais pondrían	ponga pongas ponga pongamos pongáis pongan	pusiera pusieras pusiera pusiéramos pusierais pusieran	pon (tú) no pongas ponga (Ud.) pongamos poned pongan

	Presente	Pretérito	Imperfecto	Futuro	Condicional	Presente de subjuntivo	Imperfecto de subjuntivo	Imperativo
querer queriendo querido	quiero quieres quiere queremos queréis quieren	quise quisiste quiso quisimos quisisteis quisieron	quería querías quería queríamos queríais querían	querré querrás querrán querremos querréis querrán	querría querrías querría querríamos querríais querrían	quiera quieras quiera queramos queráis quieran	quisiera quisieras quisiera quisiéramos quisierais quisieran	quiere (tú) no quieras quiera (Ud.) queramos quered quieran
saber sabiendo sabido	sé sabes sabe sabemos sabéis saben	supe supiste supo supimos supisteis supieron	sabía sabías sabía sabíamos sabíais sabían	sabré sabrás sabrá sabremos sabréis sabrán	sabría sabrías sabría sabríamos sabríais sabrían	sepa sepas sepa sepamos sepáis sepan	supiera supieras supiera supiéramos supierais supieran	sabe (tú) no sepas sepa (Ud.) sepamos sabed sepan
ser siendo sido	soy eres es somos sois son	fui fuiste fue fuimos fuisteis fueron	era eras era éramos erais eran	seré serás será seremos seréis serán	sería serías sería seríamos seríais serían	sea seas sea seamos seáis sean	fuera fueras fuera fuéramos fuerais fueran	sé (tú) no seas sea (Ud.) seamos sed sean
tener teniendo tenido	tengo tienes tiene tenemos tenéis tienen	tuve tuviste tuvo tuvimos tuvisteis tuvieron	tenía tenías tenía teníamos teníais tenían	tendré tendrás tendrá tendremos tendréis tendrán	tendría tendrías tendría tendríamos tendríais tendrían	tenga tengas tenga tengamos tengáis tengan	tuviera tuvieras tuviera tuviéramos tuvierais tuvieran	ten (tú) no tengas tenga (Ud.) tengamos tened tengan
venir viniendo venido	vengo vienes viene venimos venís vienen	vine viniste vino vinimos vinisteis vinieron	venía venías venía veníamos veníais venían	vendré vendrás vendrá vendremos vendréis vendrán	vendría vendrías vendría vendríamos vendríais vendrían	venga vengas venga vengamos vengáis vengan	viniera vinieras viniera viniéramos vinierais vinieran	ven (tú) no vengas venga (Ud.) vengamos venid vengan

3 어근이 변하는 불규칙동사

동사원형 현재분사 과거분사	직설법					접속법		명령법
	현재	단순과거	계속과거	단순미래	단순조건	현재	불완료과거	
pedir pidiendo pedido	pido pides pide pedimos pedís piden	pedí pediste pidió pedimos pedisteis pidieron	pedía pedías pedía pedíamos pedíais pedían	pediré pedirás pedirá pediremos pediréis pedirán	pediría pedirías pediría pediríamos pediríais pedirían	pida pidas pida pidamos pidáis pidan	pidiera pidieras pidiera pidiéramos pidierais pidieran	pide (tú) no pidas pida (Ud.) pidamos pedid pidan
sentir sintiendo sentido	siento sientes siente sentimos sentís sienten	sentí sentiste sintió sentimos sentisteis sintieron	sentía sentías sentía sentíamos sentíais sentían	sentiré sentirás sentirá sentiremos sentiréis sentirán	sentiría sentirías sentiría sentiríamos sentiríais sentirían	sienta sientas sienta sintamos sintáis sientan	sintiera sintieras sintiera sintiéramos sintierais sintieran	siente (tú) no sientas sienta (Ud.) sintamos sentid sientan
reír riendo reído	río ríes ríe reímos reís ríen	reí reíste rió reímos reísteis rieron	reía reías reía reíamos reíais reían	reiré reirás reirá reiremos reiréis reirán	reiría reirías reiría reiríamos reiríais reirían	ría rías ría riamos riáis rían	riera rieras riera riéramos rierais rieran	ríe (tú) no rías ría (Ud.) riamos reíd rían
seguir siguiendo seguido	sigo sigues sigue seguimos seguís siguen	seguí seguiste siguió seguimos seguisteis siguieron	seguía seguías seguía seguíamos seguíais seguían	seguiré seguirás seguirá seguiremos seguiréis seguirán	seguiría seguirías seguiría seguiríamos seguiríais seguirían	siga sigas siga sigamos sigáis sigan	siguiera siguieras siguiera siguiéramos siguierais siguieran	sigue (tú) no sigas siga (Ud.) sigamos seguid sigan

dormir durmiendo dormido	duermo duermes duerme dormimos dormís duermen	dormí dormiste durmió dormimos dormisteis durmieron	dormía dormías dormía dormíamos dormíais dormían	dormiré dormirás dormirá dormiremos dormiréis dormirán	dormiría dormirías dormiría dormiríamos dormiríais dormirían	duerma duerams duerma durmamos durmáis duerman	durmiera durmieras durmiera durmiéramos durmierais durmieran	duerme (tú) no duermas duerma (Ud.) durmamos dormid duerman
morir muriendo muerto	muero mueres muere morimos morís mueren	morí moriste murió morimos moristeis murieron	moría morías moría moríamos moríais morían	moriré morirás morirá moriremos moriréis morirán	moriría morirías moriría moriríamos moriríais morirían	muera mueras muera muramos muráis mueran	muriera murieras muriera muriéramos murierais murieran	muere (tú) no mueras muera (Ud.) muramos morid mueran
construir construyen do construido	construyo construyes construye construimos construís construyen	construí construiste construyó construimos construisteis construyeron	construía construías construía construíamos construíais construían	construiré construirás construirá construiremos construiréis construirán	construiría construirías construiría construiríamos construiríais construirían	construya construyas construya construyamos construyáis construyan	construyera construyeras construyera construyéramos construyerais construyeran	construye (tú) no construyas construya (Ud.) construyamos construid construyan
oír oyendo oído	oigo oyes oye oímos oís oyen	oí oíste oyó oímos oísteis oyeron	oía oías oía oíamos oíais oían	oiré oirás oirá oiremos oiréis oirán	oiría oirías oiría oiríamos oiríais oirían	oiga oigas oiga oigamos oigáis oigan	oyera oyeras oyera oyéramos oyerais oyeran	oye (tú) no oigas oiga (Ud.) oigamos oíd oigan
producir produciendo producido	produzco produces produce producimos producís producen	produje produjiste produjo produjimos produjisteis produjeron	producía producías producía producíamos producíais producían	produciré producirás producirá produciremos produciréis producirán	produciría producirías produciría produciríamos produciríais producirían	produzca produzcas produzca produzcamos produzcáis produzcan	produjera produjeras produjera produjéramos produjerais produjeran	produce (tú) no produzcas produzca (Ud.) produzcamos producid produzcan

4 복합시제

직설법				접속법	
현재완료	과거완료	미래완료	복합조건	현재완료	과거완료
he hablado has comido ha vivido hemos habéis han	había hablado habías comido había vivido habíamos habíais habían	habré hablado habrás comido habrá vivido habremos habréis habrán	habría hablado habrías comido habría vivido habríamos habríais habrían	haya hablado hayas comido haya vivido hayamos hayáis hayan	hubiera hablado hubieras comido hubiera vivido hubiéramos hubierais hubieran

5 재귀동사

동사원형 현재분사 과거분사	직설법					접속법		명령법
	현재	단순과거	계속과거	단순미래	단순조건	현재	불완료과거	
acostarse acostándose acostado	me acuesto te acuestas se acuesta nos acostamos os acostáis se acuestan	me acosté te acostaste se acostó nos acostamos os acostasteis se acostaron	me acostaba te acostabas se acostaba nos acostábamos os acostabais se acostaban	me acostaré te acostarás se acostará nos acostaremos os acostaréis se acostarán	me acostaría te acostarías se acostaría nos acostaríamos os acostaríais se acostarían	me acueste te acuestes se acueste nos acostemos os acostéis se acuesten	me acostara te acostaras se acostara nos acostáramos os acostarais se acostaran	acuéstate (tú) no te acuestes acuéstese (Ud.) acostémonos acostaos acuéstense
vestirse vistiéndose vestido	me visto te vistes se viste nos vestimos os vestís se visten	me vestí te vestiste se vistió nos vestimos os vestisteis se vistieron	me vestía te vestías se vestía nos vestíamos os vestíais se vestían	me vestiré te vestirás se vestirá nos vestiremos os vestiréis se vestirán	me vestiría te vestirías se vestiría nos vestiríamos os vestiríais se vestirían	me vista te vistas se vista nos vistamos os vistáis se vistan	me vistiera te vistieras se vistiera nos vistiéramos os vistierais se vistieran	vístete (tú) no te vistas vístase (Ud.) vistámonos vesíos vístanse

3. 정답

01과

• 연습문제 •

B equis–x ge–g ce–c uve doble–w
erre–r i griega–y zeta–z jota–j
hache–h uve–v

C aeropuerto (공항) animal (동물) artista (예술가)
bicicleta (자전거) catedral (성당) chocolate (초콜릿)
concierto (콘서트) diccionario (사전) elefante (코끼리)
escuela (학교) euro (유로) examen (시험)
familia (가족) fútbol (축구) historia (역사)
hotel (호텔) información (정보) isla (섬)
jirafa (기린) metro (지하철) museo (박물관)
música (음악) oficina (사무실) palacio (궁)
plaza (광장) policía (경찰) restaurante (레스토랑)
televisión (텔레비젼) teléfono (전화) tomate (토마토)
universidad (대학교) zoo (동물원)

D am-bu-lan-cia te-lé-fo-no pro-fe-sor va-ca-cio-nes
ca-ma-re-ro Mé-xi-co Bar-ce-lo-na hos-pi-tal
es-cri-bir Co-lom-bia di-rec-tor cu-ba-no

E 끝에서 마지막 음절 – profesor, hospital, escribir, director
끝에서 두 번째 음절 – ambulancia, vacaciones, camarero, Barcelona,
Colombia, cubano
강세 불규칙 단어 – teléfono, México

F es-tu-dian-te vi-vir es-pa-ñol Má-la-ga
se-ño-ra gra-cias a-quí

G   lápiz   Ángel   televisión   están   Bogotá   Víctor   Gómez
       café   aquí   Seúl

H   1. el   2. el   3. la   4. la   5. el   6. el   7. la
     8. la   9. la   10. el   11. el   12. la

I   1. la   2. el   3. el   4. la   5. la   6. la   7. la
     8. el   9. la   10. la   11. el/la   12. el/la   13. el   14. el

J   2. 7. 8. 9. 10. 11. 12. 14.

K   1. ¿Cómo te llamas? / Me llamo Carlo.
     2. ¿Cómo te llamas? / Me llamo María.
     3. ¿Cómo te llamas? / Me llamo Antonio.
     4. ¿Cómo te llamas? / Me llamo Miguel.
     5. ¿Cómo te llamas? / Me llamo Carlos.
     6. ¿Cómo te llamas? / Me llamo Carmen.
     7. ¿Cómo te llamas? / Me llamo Pedro.

02과

• 연습문제 •

A   1. c   2. f   3. b   4. a   5. d   6. e

B   1. soy español.   2. soy Rosa.   3. soy Pedro.
     4. soy estudiante de chino.   5. soy profesor de español.   6. soy japonés.

C   1. soy María.   2. soy Pablo.   3. soy francés.   4. soy Flor.
     5. soy estudiante de inglés.   6. soy estudiante de español.

D   1. es médico.   2. es camarera.   3. es arquitecto.   4. es alumno.
     5. es francés.   6. es médica.   7. es coreano.

E 1. Es peluquera. 2. Es profesora. 3. Es arquitecta. 4. Es cocinera.
5. Es médica. 6. Es panadera. 7. Es catante. 8. Es policía.
9. Es enfermera. 10. Es abogada.

F 1. e 2. a 3. g 4. h 5. f 6. d 7. c 8. b

G 1. inglesa 2. alemán 3. iraní 4. rusa 5. japonés
6. china 7. suizo 8. canadiense 9. australiana 10. griego

H 1. h 2. g 3. e 4. a 5. f 6. c 7. b 8. d

I 1. Es ruso. 2. Es suiza. 3. Es brasileño. 4. Es marroquí.
5. Es española. 6. Es italiano. 7. Es argentina. 8. Es china.
9. Es japonesa. 10. Es alemana.

J 2. mexicana–mexicanas 3. canadiense– canadienses
4. brasileña–brasileños 5. suizo–suizos
6. sueco– suecas 7. egipcia–egipcias
8. inglés–inglesas 9. francés–franceses
10. japonesa– japonesas 11. chilena–chilenos
12. colombiano–colombianos

K 1. Son estadounidenses. 2. Son españoles.
3. Son italianas. 4. Son ingleses.
5. Son brasileños. 6. Son francesas.
7. Son cubanos. 8. Son japoneses.

● 쓰기 ●

A 1. ¿Eres estudiante de español? 2. Francesco es de Francia.
3. José y Daniel son de España. 4. Jorge y yo somos abogados.
5. Pablo Piccaso es un pintor español. 6. Yo soy estudiante de chino.

B 1. Gracias. 2. ¿Eres estudiante de español?
3. Yo también. 4. ¿De dónde eres (tú)?

5. Soy inglés.
6. ¿De qué ciudad eres?
7. Juan es un médico español.
8. Penélope Cruz es una actriz española.

03과

• 연습문제 •

A 1. es alta. 2. es baja. 3. es fea. 4. es delgada.
5. es joven. 6. es grande. 7. es simpática. 8. es seria.
9. es alegre. 10. es vaga.

B 1. es guapa. 2. es alta. 3. es nerviosa. 4. es aburrida.
5. es delgada. 6. es joven. 7. es simpática. 8. es atrevida.
9. es trabajadora. 10. es alegre.

C 1. Esteban es un chico feo y bajo.
2. La profesora Martínez es una mujer guapa y delgada.
3. Alberto es un señor mayor y gordo.
4. Arnold Schwarzenegger es un hombre alto y fuerte.
5. Oprah Winfrey es una presentadora simpática y alegre.
6. Will Smith es un actor delgado y alto.
7. Jennifer Lopez es una cantante bonita y divertida.
8. George Clooney es un actor guapo y atrevido.
9. Penélope Cruz es una actriz guapa y joven.
10. Hillary Clinton es una política inteligente y rubia.

D 1. Las casas son pequeñas. 2. La profesora es guapa.
3. Los libros son nuevos. 4. Las universidades son muy grandes.
5. La gata es fea. 6. Las chicas son trabajadoras.
7. La alumna es muy inteligente. 8. Los médicos son gordos.
9. Las secretarias son bastante morenas.
10. Las profesoras son bastante divertidas.

E 1. d 2. e 3. f 4. a 5. c 6. b

F 1. no está bien. 2. no está tranquila. 3. no está divertida.
4. no está cansada. 5. no está contenta. 6. no está triste.
7. no está enamorada. 8. no está nerviosa. 9. no está aburrida.
10. no está preocupada.

G 1. Está cansada. 2. Está tranquilo. 3. Está contento.
4. Está aburrida. 5. Está triste. 6. Están cansados.
7. Están nerviosos. 8. Están enfadados. 9. Están contentas.
10. Están divertidos.

H es mexicano/es ingeniero/está muy contento/está un poco cansado/es un hombre simpático/es un poco bajo/está preocupado por su trabajo/es de Guadalajara/está en casa/es un alumno inteligente/es guapo y moreno/está enamorado de su novia

• 쓰기 •

A 1. ¿Cómo estás (tú)? 2. Yo estoy muy bien.
3. Tú eres un chico muy simpático. 4. Sara es una chica bastante inteligente.
5. ¿Cómo está la familia? 6. Yo estoy un poco cansado hoy.
7. La profesora es muy simpática y alegre.
8. La clase de español es muy interesante.

B 1. Él es muy simpático. 2. Ella es bastante inteligente.
3. Nora es guapa y alta. 4. Jesús es joven y delgado.
5. Miguel es trabajador y divertido.
6. Sandra es guapa pero es un poco baja.
7. Pablo es chileno y es muy guapo. 8. ¿Estás cansado hoy?

04과

• 연습문제 •

A 1. compro−paseo 2. practicas 3. compra−baila−pasea

4. practicamos–paseamos

5. compráis–bailáis

6. practican–pasean   7. preparo– fumo   8. escuchas

9. prepara–fuma   10. escuchamos   11. preparáis–fumáis

12. escuchan

B 1–c   2–a   3–f   4–b   5–d   6–e

C 1. hablar   2. escuchar   3. preparar   4. bailar
5. fumar   6. pasear   7. cantar   8. comprar

D 1. yo   2. él/ella/usted   3. nosotros/nosotras
4. tú   5. vosotros/vosotras   6. tú
7. yo   8. ellos/ellas/ustedes

E 1. cocino   2. trabajas   3. habla   4. escuchas
5. toma   6. paseamos   7. fumáis   8. nadan

F 1–e   2–j   3–f   4–b   5–c   6–i   7–d   8–g   9–h   10–a

G 1. ¿Estudia usted español?   2. ¿Trabaja usted en la oficina?
3. ¿Practica usted el tenis?   4. ¿Escucha usted música?
5. ¿Canta usted bien?   6. ¿Baila usted flamenco?
7. ¿Nada usted en la piscina?   8. ¿Pasea usted en el parque?
9. ¿Cocina usted la paella?   10. ¿Fuma usted cigarrillos?

H 1. Sí/No hablo español.   2. Sí/No canto bien.
3. Sí/No estudio en la universidad.   4. Sí/No trabajo.
5. Sí/No toco la guitarra.   6. Sí/No escucho la radio.
7. Sí/No nado en la piscina.   8. Sí/No practico español en clase.
9. Sí/No bailo.   10. Sí/No cocino.
11. Sí/No fumo.   12. Sí/No tomo cerveza.
13. Sí/No hablo chino.   14. Sí/No paseo en el parque.

I 1. escuchan   2. pinta   3. toca   4. prepara   5. nadan
6. pasean   7. cantamos   8. lava   9. lleva   10. fuma

J 1–d 2–e 3–b 4–c 5–a 6–f

K 1. Me llamo   2. Me llamo   3. Se llama   4. Se llama
5. Me llamo   6. Nos llamamos   7. Nos llamamos   8. Se llaman

L 1. te llamas–Me llamo   2. se llama–Me llamo
3. os llamáis– me llamo–se llama   4. se llaman–Me llamo–Me llamo

M 1. mi   2. su   3. tus   4. sus   5. nuestros
6. su   7. vuestro   8. sus   9. tu   10. su

N 1. su   2. sus   3. vuestra   4. tu   5. sus
6. vuestros   7. sus   8. tus

• 쓰기 •

A 1. Mis abuelos son mexicanos.   2. Mi habitación es azul.
3. Mi hermana es estudiante.   4. Tu tío es muy guapo.
5. Su hermana es joven.   6. Mi madre es profesora.
7. ¿Cómo es su familia?   8. ¿Cómo se llama tu profesor de español?

B 1. ¿Qué haces?   2. ¿Estudias o trabajas?
3. Yo estudio español en una escuela de idiomas.
4. ¡Tú hablas español muy bien!   5. ¡Qué interesante!
6. Soy profesor de inglés y trabajo en una escuela.
7. ¿Qué idiomas hablas?
8. Mi hermana se llama Alicia y tiene dieciocho años.

05과

• 연습문제 •

A 1. comer   2. beber   3. leer   4. correr   5. coger

6. vender   7. aprender   8. hacer

B
1. tú   2. ellos/ellas/ustedes   3. vosotros/as   4. nosotros/as
5. yo   6. vosotros/as   7. tú   8. él /ella/usted

C
1. como   2. bebes   3. sale   4. lees   5. comprende
6. aprendemos   7. veis   8. hacen

D
1. ¿Come usted las pizzas?   2. ¿Bebe usted cerveza?
3. ¿Coge usted el taxi?   4. ¿Aprende usted español?
5. ¿Ve usted la tele?   6. ¿Hace usted los deberes de español?
7. ¿Cose usted?   8. ¿Lee usted el periódico?
9. ¿Escribe usted la carta?   10. ¿Vive usted en el piso?

E
1. Todos los días bebo cerveza.   2. A menudo leo poesía.
3. A veces leo el periódico.   4. Casi nunca veo la tele.
5. Nunca hago los deberes de español.
6. Todos los días hago yoga.   7. A menudo navego por Internet.
8. A veces uso el ordenador.   9. Casi nunca aprendo español.
10. Nunca cojo el taxi.

F
1. corren   2. lee   3. veo   4. coge   5. bebe
6. vende   7. hacen   8. cose   9. aprendemos   10. bebe
11. vivo   12. escribe

G
1. tiene   2. tienes   3. tienen   4. tenemos   5. tiene   6. tengo

H
qué / cómo / cómo / dónde / Qué / dónde / Cuántos /Cuántos / quién / Cuál / Por qué

I
1. va   2. van   3. van   4. vas   5. van
6. voy   7. van   8. van   9. vamos   10. vais

• 쓰기 •

A
1. ¿Cóme usted las hamburguesas?

2. Yo tengo un hermano y una hermana.

3. Vivo con mis padres y mis hermanos.

4. ¿Qué haces aquí en Madrid?

5. ¿Por qué me haces tantas preguntas?

6. Estudio español en una escuela de idiomas.

7. Los estudiantes va a clase de español.

8. ¿Haces los deberes de inglés?

B 1. ¿Dónde vives? 2. ¿Cuántos años tienes?

3. ¿Con quién vives? 4. Todos los días veo la tele.

5. Estoy soltero/a. 6. (Yo) casi nunca voy a la piscina.

7. (Yo) tengo novio. 8. Mis aficiones son escuchar música y nadar.

06과

• 연습문제 •

A 1. Es veinticuatro de diciembre. 2. Es uno(primero) de enero.

3. Es catorce de febrero. 4. Es veinticinco de diciembre.

5. Es seis de enero. 6. Es treinta y uno de diciembre.

B 1. Estamos a veinticuatro de septiembre.

2. Estamos a veintirés de febrero. 3. Estamos a diecisiete de julio.

4. Estamos a veintinueve de noviembre.

5. Estamos a diecinueve de diciembre.

6. Estamos a primero de marzo.

C 1. Son las siete y media. 2. Son las siete y treinta y cinco.

3. Es la una en punto. 4. Son las tres y cuarto.

5. Son las diez menos diez. 6. Son las cinco y veinte.

7. Son las nueve menos cuarto. 8. Son las dos y cinco.

D 1. Son las cuatro y media. 2. Son las siete y cuarto.

3. Son las ocho y veinticinco. 4. Son las once y cuarto.

5. Es la una y cinco. 6. Son las cuatro y cuarto.

7. Son las tres y cuarenta y cinco.(Son las cuatro menos cuarto.)

E 1. Es a las once.   2. Es a las nueve y media.
3. Es a las diez en punto.   4. Es a la una en punto.
5. Es a las siete y media.

F 1. g   2. e   3. d   4. h   5. b   6. i   7. j   8. a   9. f   10. c

G 1. tercer   2. cuarto   3. primer   4. noveno   5. séptima
6. octava   7. tercer   8. segunda   9. primer   10. quinta

• 쓰기 •

A 1. El Año Nuevo es primero de enero.   2. ¿Qué fecha es Navidad?
3. ¿A qué hora es la clase de francés?   4. La clase de inglés es a las nueve.
5. Cumplo años el trece de noviembre.   6. Soy del mes de abril y soy Aries.

B 1. ¿Qué día es hoy?   2. ¿Qué fecha es hoy? (¿A qué estamos hoy?)
3. Tenemos la misma edad.   4. ¿Cuál es tu número de teléfono?
5. ¿Qué hora es ahora?   6. ¿A qué hora es la clase?
7. Son las cuatro y cuarto.   8. Vivo en el quinto (piso)

07과

• 연습문제 •

A 1. mucho   2. mucho   3. mucha   4. mucha   5. mucho
6. mucha   7. mucho   8. mucha

B 1. f   2. e   3. h   4. c   5. g   6. b   7. a   8. d

C 1. c   2. e   3. d   4. f   5. a   6. b

D 1. Tú   2. Yo   3. Ellos/ellas/ustedes
4. Nosotros/as   5. Él/ella/usted   6. Vosotros/as

E 1. Sí (no) quiero vivir en España.   2. Sí (no) quiero trabajar en España.
3. Sí (no) quiero sacar muchas fotos.   4. Sí (no) quiero conocer la gente.
5. Sí (no) quiero salir de noche.   6. Sí (no) quiero visitar los museos.
7. Sí (no) quiero ir al cine.   8. Sí (no) quiero bailar flamenco.
9. Sí (no) quiero encontrar un novio español.
10. Sí (no) quiero ir de compras.   11. Sí (no) quiero ir de excursión.
12. Sí (no) quiero tomar el sol.

F 1. prefiero tomar una cola.   2. prefiero salir a pasear.
3. prefiero ver una película en la televisión.
4. prefiero comer un pollo asado.   5. prefiero cantar en karaoke.
6. prefiero aprender francés.   7. prefiero viajar por Europa.
8. prefiero ver el partido en la tele.   9. prefiero ir a la playa.
10. prefiero descansar.

• 쓰기 •

A 1. ¿Qué quieres hacer este fin de semana?
2. Quiero comer en un restaurante español.
3. Ana y yo queremos viajar por Latinoamérica.
4. ¿Quieres ir de compras?
5. ¿Quieres tener una casa muy grande?
6. Yo llamo al cine para reservar las entradas.
7. Tiene mucho sueño y duerme la siesta.
8. Yo prefiero comer un pollo asado.

B 1. Ana está enferma y tiene fiebre.   2. Tengo sed y tomo agua.
3. ¿Tienes hambre?
4. Alejandro tiene examen y está nervioso.
5. Nora quiere ver la tele, pero Nuria prefiere ir de compras.
6. ¿Quieres pasear por el parque?   7. Alberto tiene prisa y coge el taxi.
8. Tengo miedo de los perros.

08과

• 연습문제 •

Ⓐ 1. Hace sol.　　2. Hace buen tiempo.　　3. Hace fresco.
4. Está nublado.　　5. Llueve.　　6. Nieva.
7. Hace calor.　　8. Hace frío.　　9. Hay niebla.
10. Hace viento.　　11. Hay humedad.　　12. Hay nubes.
13. Hace mal tiempo.

Ⓑ 1.–a　2.–b　3.–e　4.–h　5.–i　6.-d　7.-c　8.–g　9.–f

Ⓒ 1. invierno　　2. primavera　　3. otoño　　4. verano

Ⓓ 1. Me gusta el tenis.　　2. Me gustan los chocolates.
3. Me gustan los niños.　　4. Me gustan los ordenadores.
5. Me gusta el cine.　　6. Me gustan las hamburguesas.
7. Me gustan las matemáticas.　　8. Me gusta la política.
9. Me gusta la historia.　　10. Me gustan los libros.

Ⓔ 1. c　2. f　3. a　4. e　5. b　6. d

Ⓕ 1. gustan　2. gustan　3. gustan　4. gustan　5. gusta
6. gusta　7. gustan　8. gusta　9. gusta　10. gusta

Ⓖ 1. te　2. me　3. le　4. nos　5. les
6. le　7. les　8. os　9. les　10. me

Ⓗ 1. Sí, me gusta.　2. Sí, me gusta　3. Sí, me gusta.　4. Sí, me gusta.
5. Sí, le gusta.　6. Sí, le gusta.　7. Sí, nos gusta.　8. Sí, nos gusta.
9. Sí, les gusta.　10. Sí, les gusta.

Ⓘ 1. A mí también/A mí no　　2. A mí también/A mí no
3. A mí tampoco/A mí sí　　4. A mí tampoco/A mí sí
5. A mí tampoco/A mí sí　　6. A mí también/A mí no
7. A mí también/A mí no　　8. A mí tampoco/A mí sí

9. A mí también/A mí no   10. A mí tampoco/A mí sí

J 1. gustan → gusta   2. gusta →gustan
3. le → les   4. encanta → encantan
5. gustan → gusta   6. encantan → encanta
7. os → nos   8. Yo → A mí
9. Me gusta nada → No me gusta nada   10. A ti gusta → A ti te gusta

K 1. A ti te encanta la pintura de Picasso.
2. A él le interesa la arquitectura de Gaudí.
3. A ellos les interesan las obras de teatro.
4. A vosotros os apetece picar algo.   5. A usted le apetece tomar algo.
6. A mí me importa tu opinión.   7. A ella le importan las críticas.
8. A mí me apetece ir a la India.
9. A nosotros nos molestan los ruidos.   10. A ti te preocupa el examen.

L 1. No, no me apetece jugar a las cartas. 2. No, no le apetece salir de noche.
3. No, no me apetece jugar al tenis.
4. No, no me interesa la arquitectura moderna.
5. No, no nos interesa la escultura.   6. No, no nos interesa la fotografía.
7. No, no me molesta su actitud.   8. No, no me molesta el humo.
9. No, no me importa abrir la ventana.   10. No, no me importa apagar la luz.

• 쓰기 •

A 1. A casi toda la gente le gusta bailar.   2. Cecilia, ¿te gusta cocinar?
3. A los jóvenes no les gusta la música clásica.
4. A Nuria le gusta mucho dormir.
5. A mí no me gusta nada la comida picante.
6. A los españoles les gusta mucho comer fuera de casa.
7. ¿Te gusta mucho jugar al tenis?
8. A Esther le encantan todos los vestidos.

B 1. ¿Qué tiempo hace en primavera?
2. En primavera hace sol y no hace ni calor ni frío.
3. En otoño hace buen tiempo, como en primavera.

4. ¿Cuál es tu estación favorita?

5. A los niños no les gustan nada los pescados.

6. ¿A usted le gusta coleccionar los sellos?

7. A mí me encantan las naranjas.

8. ¿Qué te gusta hacer en tu tiempo libre?

09과

• 연습문제 •

A 1. El mercado está a la izquierda del hotel.

2. Dónde está – La librería está enfrente del cine.

3. Dónde está – La panadería está a la derecha de la escuela.

4. Dónde está – El teatro está detrás del quiosco.

5. Dónde está – La pastelería está delante de la peluquería.

6. Dónde están – Las sillas están dentro de la habitación.

7. Dónde están – Los alumnos están fuera de la clase.

8. Dónde están – Las lámparas están entre la cama y la estantería.

B 1.F   2. F   3.V   4. V   5. V   6. V   7. F   8. V   9. F   10. F
11. V   12. V

C 1. ¿Cuántos camareros hay en el bar?

2. ¿Cuántas cervezas hay en la nevera?

3. ¿Cuántas bibliotecas hay en Seúl?   4. ¿Cuántos museos hay en Madrid?

5. ¿Cuánto dinero hay en la cartera?   6. ¿Cuánta gente hay en casa?

7. ¿Cuántas personas hay en el museo?

8. ¿Cuántos pantalones hay en el armario?

D 1. Estos garajes   2. Estas escuelas   3. Estas cafeterías

4. Este cine   5. Estos restaurantes   6. Estas tiendas de ropa

7. Estas zapaterías   8. Este teatro

E 1. Esa panadería   2. Ese taxi   3. Esa parada de autobús

4. Ese quiosco   5. Esa estación de metro   6. Esas guarderías

7. Esas novelas pliciacas   8. Esos coches de alquiler

F 1. Aquellos diccionarios   2. Aquel cine   3. Aquellos museos

4. Aquella estatua   5. Aquellos zapatos

6. Aquellas revistas de deporte   7. Aquella heladería

8. Aquellos edificios nuevos

G 1. Eso es un museo.   2. Esto es una iglesia.

3. Aquello es el Ayuntamiento.   4. Eso es el Palacio Real.

5. Esto es un templo.   6. Aquello es una galería de arte.

7. Eso es un colegio.   8. Esto es un hotel.

H 1. verdes   2. blancas   3. rojos   4. marrón   5. gris
6. amarillos   7. negro   8. lilas   9. naranjas   10. rosa

I 1. verde   2. negra   3. rojos   4. amarillas   5. azul
6. naranja   7. marrones   8. blanca   9. lilas   10. azules

• 쓰기 •

A 1. ¿Hay un banco cerca de aquí?

2. Al lado de mi casa hay un quiosco nuevo.

3. ¿Dónde está el taller de coches de José?

4. ¿De qué color es el limón?   5. En Perú hay un lago muy grande.

6. En Francia hay unos vinos muy buenos.

7. La librería está a la izquierda del cine.

8. ¿Cuántas personas hay en el museo?

B 1. ¿Hay un cine cerca de aquí?

2. ¿Dónde está la farmacia?

3. Giras en la primera calle a la derecha.

4. Sigues todo recto.

5. ¿Cuántos libros hay en el aula?

6. Hay un probador al fondo del pasillo.

7. ¿De qué color es esta mesa?

8. La piscina está a la izquierda del hospital.

10과

● 연습문제 ●

Ⓐ 1. c 2. d 3. f 4. e 5. a 6. b

Ⓑ 1. Me levanto a las siete y media. 2. Se levanta a las seis.
3. Me levanto a las ocho y cuarto. 4. Se levantan a las diez y media.
5. Nos levantamos a las nueve. 6. Me levanto a las nueve y media.
7. Se levanta a las once. 8. Se levantan a las ocho menos cuarto.

Ⓒ 1. Se acuestan a las doce y veinte. 2. Me acuesto a las diez.
3. Me acuesto a las nueve y media. 4. Se acuesta a la una.
5. Se acuesta a las dos y cuarto.
6. Se acuestan a las once y cuarenta y cinco.
7. Me acuesto a las doce. 8. Nos acostamos a las once y media.

Ⓓ 1. se 2. me 3. se 4. se 5. nos 6. me 7. se 8. se 9. te 10. os

Ⓔ 1. Después de jugar al fútbol, Guillermo se ducha.
2. Antes de ponerse los zapatos, Pedro se viste.
3. Después de pasear, Lola se acuesta.
4. Antes de ponerse los calcetines, Aurora se maquilla.
5. Antes de ducharse, Ernesto se afeita.
6. Después de lavarse el pelo, Amanda se seca el pelo.
7. Antes de bañarse, Raúl se quita el pijama.
8. Después de ponerse el pijama, Ana se acuesta.

Ⓕ 1. A mí también/A mí no 2. A mí tampoco/A mí sí
3. A mí tampoco/A mí sí 4. Yo también/Yo no
5. Yo tampoco/Yo sí 6. Yo también/Yo no
7. Yo también/Yo no 8. A mí también/A mí no
9. Yo también/Yo no 10. Yo tampoco/Yo sí

Ⓖ 1. la escribe. 2. la escucha. 3. lo lees. 4. la abren.
5. los hacéis. 6. las compra. 7. los venden. 8. las escribe.

H 1. la quiero.   2. no la quiero.   3. las quiero.
4. no lo quiero.   5. los quiero.   6. no lo quiero.
7. la quiero.   8. no lo quiero.   9. la quiero.
10. no la quiero.

I 1. Las quiero azules.   2. Los quiero negros.   3. Las quiero marrones.
4. Las quiero amarillas.   5. Los quiero grises.   6. Las quiero rojas.
7. Los quiero blancos.

J 1. me   2. te   3. nos   4. les   5. os
6. les   7. nos   8. le   9. me   10. les
11. os   12. les

K 1. Yo se la escribo.   2. Usted se lo da.   3. Tú se las sirves.
4. Nosotros se lo enviamos.   5. Pepe se las regala.
6. El profesor nos los explica.   7. Ellos se lo pide.
8. Paco se los vende.   9. Mi esposo me las trae. 10. Yo se la hago.

L 1. te lo doy.   2. te lo doy.   3. te la traigo.   4. te lo sirvo.
5. te la explico.   6. te la hago.   7. te la digo.   8. te lo vendo.
9. te lo doy.   10. te la doy.   11. te lo doy.   12. me lo pones.
13 me los explicas.   14. me la dices.
15. se los doy.   16. se la pido.   17. se la pido.   18. se lo envío.

• 쓰기 •

A 1. Antes de comer, me lavo las manos.
2. Le envío el mensaje electrónico a mi hermana.
3. ¿Me trae la carta, por favor?
4. Ahora mismo se lo traigo.
5. ¿A qué hora te levantas normalmente?
6. Me gusta vestirme muy cómodo.
7. Casi nunca me pongo la falda corta.
8. Me levanto a las ocho de la mañana.

B 1. Me ducho por la noche porque no tengo tiempo por la mañana.

2. Me peino y me maquillo.

3. De primero, me pone una ensalada de verduras.

4. ¿De postre, qué le pongo?　　5. ¿Qué haces antes de acostarte?

6. Normalmente me pongo pantalones y camiseta.

7. Me gusta levantarme temprano.　　8. ¿Me das las gafas?

11과

• 연습문제 •

A 1. El Aconcagua es menos alto que el Everest.

2. El Nilo es menos largo que el Amazonas.

3. Brasilia es menos antigua que Lima.

4. La Torre Eiffel es menos alta que el Empire State.

5. España está menos poblada que Italia.

6. Venecia es menos moderna que Nueva York.

7. El Teide es menos alto que el Kilimanjaro.

8. El español es menos difícil que el chino.

B 1. El café expreso es más fuerte el café americano.

2. El esquí es más peligroso que la natación.

3. El metro es más puntual que el autobús.

4. La seda es más suave que el algodón.

5. El hotel es más caro que el hostal.

6. El sillón es más cómodo que la silla.

7. Los gatos son más independientes que los perros.

8. Las ensaladas son más sanas que las hamburguesas.

C 1. El Pico Bolívar es la montaña más alta de Venezuela.

2. Cuba es la isla más grande del Caribe.

3. El Amazonas es el río más largo de América del Sur.

4. El Vaticano es el país más pequeño de Europa.

5. El Hierro es la isla más pequeña de las Canarias.

6. México es el país más poblado del mundo hispano.

7. El Aconcagua es la montaña más alta del mundo hispano.

8. Atacama es el desierto más seco del planeta.

D 1. pequeñísimo   2. inteligentísimos   3. amabilísimos

4. importantísimo   5. feísimo   6. grandísimo

7. riquísimas   8. tranquilísimos   9. enamoradísimos

10. rapidísimo

E 1. La miel es tan dulce como el azúcar.

2. Las proteínas son tan necesarias como las vitaminas.

3. El deporte es tan importante como la cultura.

4. José es tan antipático como su novia.

5. La pizza es tan rica como la hamburguesa.

6. Los tigres son tan salvajes como los leones.

7. El Prado es tan interesante como El Louvre.

8. Goya es tan genial como Picasso.

F 1. tanta   2. tanto   3. tantas   4. tanta   5. tanto

6. tanto   7. tanto   8. tanto   9. tanto   10. tantos

G 1. Conoces   2. Conoces   3. Sabes   4. Conoces   5. Conoces

6. Sabes   7. Sabes   8. Sabes   9. Sabes   10. Conoces

H 1. No las conozco.   2. No lo sé.   3. No lo conozco.

4. No lo conozco.   5. No lo sé.   6. No lo sé.

7. No lo conozco.   8. No los conozco.   9. No lo sé.

10. No las conozco.

I 1. lo conoces   2. las conoces   3. lo conoces   4. la conoces

5. lo conoces   6. lo conoces   7. los conoces

• 쓰기 •

A 1. Los coreanos son más trabajadores que los españoles.

2. China es el país más poblado del mundo.

3. Son unos zapatos carísimos.　4. ¿Conoces la ciudad de Sevilla?

5. Sé hablar español muy poco.　6. Soy el más simpático de mi trabajo.

7. Yo no conozco al chico de la moto. 8. ¿Sabes si hay una piscina cerca?

B 1. Mi novio es dos años mayor que yo.

2. María es más inteligente que José.

3. Ramón es tan alto como Guillermo.

4. Carla tiene tantos hermanos como Andrea.

5. ¿Conoces a Marta Guerrero?

6. Yo sé conducir muy bien.

7. Colombia es el mayor exportador de café del mundo.

8. ¿Sabes dónde está el Palacio Real?

12과

• 연습문제 •

A 1. Voy a ir a Europa.　　　2. Voy a pintar el salón.

3. Voy a preparar el examen.　4. Vamos ir al bar y a tomar una cerveza.

5. Vamos a ir al campo.

6. Voy a preparar oposiciones para Correos.

7. Vamos a ir de compras al centro comercial.

8. Va a buscar un trabajo.

B 1. Voy a tomar agua sin gas.　　2. Voy a tomar café solo.

3. Voy a tomar fruta.　　　　　4. Voy a tomar pescado.

5. Voy a tomar vino tinto.　　　6. Voy a tomar aceite de oliva.

7. Voy a tomar ensalda.　　　　8. Voy a tomar cerveza con limón.

C 1. Voy a visitarlas.　　　　　2. Voy a verlo.

3. Antonio va a esperarla.　　　4. Voy a escucharla.

5. Vamos a verlas.　　　　　　6. Felipe va a recibirlos.

7. Voy a saludarlo.　　　　　　8. Voy a llamarlo.

D 1. tiene que preparar　　　　2. tenemos que lavar

3. tengo que hablar   4. tenemos que caminar

5. tiene que limpiar   6. tengo que trabajar

7. tenéis que practicar   8. tengo que hacer

9. tienes que corregir   10. tenéis que cepillaros

E 1. Tengo que enviar el e-mail esta noche.   2. Tengo que ir Madrid.

3. Tengo que ver a mi novio después de la clase.

4. Tengo que dejar la habitación antes de las doce.

5. Tengo que cortarme el pelo hoy.   6. Tienes que comprar el pan.

7. Tienes que poner la leche en la nevera.

8. Tienes que pedir el postre ahora mismo.

F 1. esperando   2. saliendo   3. pensando   4. haciendo   5. abriendo

6. pidiendo   7. oyendo   8. durmiendo   9. trayendo   10. sirviendo

11. sintiendo   12. riendo

G 1. está jugando al tenis.   2. están paseando a los niños.

3. está cocinando.   4. está sirviendo la comida.

5. estamos comiendo en un restaurante.

6. estoy leyendo el periódico/estoy escuchando la música.

7. están nadando en la piscina.   8. está escribiendo la carta.

9. están leyendo los libros.

10. está hablando por teléfono en este momento.

H 1. Los niños están bañándose.   2. Nosotras estamos vistiéndonos.

3. Ella está pintándose los labios.   4. ¿Vosotros estáis lavándoos las manos?

5. ¿Tú estás poniéndote el vestido? 6. ¿Usted está bañándose?

7. Juan está duchándose.   8. Yo estoy afeitándome.

9. Ellas están maquillándose.   10. Diego está secándose el pelo.

I 1. La está cantando/está cantándola.

2. Las estoy comprando/estoy comprándolas.

3. Él la está mirando/está mirándola.

4. Nosotros lo estamos tomando/estamos tomándolo.

5. Ellos lo están tocando/están tocándolo.

6. Yo los estoy haciendo/estoy haciéndolos.

7. Vosotros lo estáis buscando/estáis buscándolo.

8. Los niños los están comiendo/están comiéndolos.

J 1. Hace tres meses que vivimos en Madrid / Llevamos tres meses viviendo en Madrid.

2. Hace diez años que Sandra conce a Pablo / Sandra lleva diez años conociendo a Pablo.

3. Hace dos semanas que tú sales con Silvia / Tú llevas dos semanas saliendo con Silvia.

4. Hace dos años que mi vecino trabaja en una empresa extranjera / Mi vecina lleva dos años trabajando en una empresa extranjera.

5. Hace una hora que yo escribo un e-mail / Llevo una hora escribiendo un e-mail.

6. Hace diez minutos que ellos esperan el autobús / Ellos llevan diez minutos esperando el autobús.

7. Hace cinco años que Enrique juega al baloncesto profesional / Enrique lleva cinco años jugando al baloncesto profesional.

8. Hace media hora que usted toca la guitarra / Usted lleva media hora tocando la guitarra.

• 쓰기 •

A 1. ¿Qué vas a hacer este fin de semana?

2. Vamos a comer el marisco típico.

3. Mañana tienes que levantarte temprano.

4. Estoy haciendo los deberes de matemáticas.

5. Voy a estar en tu casa en veinte minutos.

6. ¿A qué hora vamos a ir?

7. ¿Cuánto tiempo llevas estudiando español?

8. Llevo cinco meses conociendo a mi profesor.

B 1. Tú vas a leer el periódico y yo voy a cocinar.

2. ¿Vas a quedar con tus amigos?

3. ¿Va a hacer buen tiempo mañana?

4. Nosotros estamos escuchando la radio.

5. Mi esposo está ayudando mucho en casa.

6. ¿Vas a recoger a Juanito en el colegio?

7. ¿Cuánto tiempo llevas esperando el autobús?

8. Llevo cuarenta minutos navegando por Internet.

13과

• 연습문제 •

A 1. Cuál 2. Qué 3. Qué 4. Cuáles 5. Cuál
6. Qué 7. qué 8. Qué 9. Qué 10. Cuál

B 1. Cuál 2. Qué 3. Qué 4. Qué 5. Cuál
6. Cuál 7. Cuál 8. Qué 9. Cuál 10. Qué
11. Qué 12. Cuál 13. Qué 14. Cuál

C 2. ¿Cuál es tu color favorito? 3. ¿Cuál es tu deporte favorito?
4. ¿Cuáles son tus canciones favoritas?
5. ¿Cuál es tu lugar de vacaciones favorito?
6. ¿Cuáles son tus aficiones? 7. ¿Cuál es tu fecha de nacimiento?
8. ¿Cuál es tu número de teléfono? 9. ¿Cuál es tu domicilio?
10. ¿Cuál es tu actor favorito?

D 1. Cómo 2. Cuándo 3. Cuál 4. Dónde 5. Cuánto
6. Quién 7. Por qué 8. Qué 9. Cómo 10. Cuándo

E 1. por/por 2. para 3. para 4. Por/por 5. Para/por
6. por 7. Para 8. por 9. por/ para 10. para
11. Para/por 12. para

F 1. duermo/duerme 2. salgo/sale 3. voy/va
4. vengo/viene 5. cierro/cierra 6. pierdo/pierde
7. juego/juega 8. digo/dice

G 1. ¿Tienes un lápiz? 2. ¿Puedes abrir la ventana?
3. ¿Entiendes el japonés? 4. ¿Conduces el coche?

5. ¿Duermes bien?   6. ¿Sales de noche?

7. ¿Meriendas?   8. ¿Cierras la puerta?

9. ¿Pides el dinero a tus padres?   10. ¿Dices la verdad a tu novia?

• 쓰기 •

A 1. ¿Cuál es tu número de teléfono?   2. ¿Qué pantalones te gustan más?

3. ¿Cuál es el país más pequeño de Europa?

4. Los alumnos no entienden el francés.

5. ¿Sabe usted cantar esa canción?

6. ¿Tú puedes poner el aire acondicionado?

7. María va al trabajo en coche.

8. Necesito recoger unos documentos importantes.

B 1. Quiero reservar una mesa para esta noche.

2. ¿Cuál es la especialidad del restaurante?

3. ¿Cuál es la dirección del restaurante?

4. ¿Cuáles son tus aficiones?   5. ¿Dónde es la boda?

6. ¿Cuántos invitados hay?   7. ¿Cuál es la capital de Ecuador?

8. Para ser una niña de siete años, es alta.

14과

• 연습문제 •

A 1. pensado   2. bailado   3. recibido   4. tenido

5. salido   6. ido   7. preferido   8. sido

9. estado   10. conocido

B 1. f   2. b   3. e   4. c   5. g   6. h   7. i   8. a   9. d

C 1. he estudiado   2. habéis salido   3. ha puesto

4. ha dado   5. ha abierto   6. ha visto

7. ha vuelto   8. hemos escrito   9. he hecho

10. han dicho   11. me he levantado   12. ha roto

D 1. Yo todavía no he hecho los deberes.

2. Marisa ya ha leído el artículo.

3. Lucas todavía no ha reservado la mesa.

4. Paula ya se ha puesto la falda.   5. Yo todavía no he cenado.

6. Lola ya ha vuelto a casa.   7. Tú todavía no ha escrito la carta.

8. María ya ha puesto la tele.

E 1. ¿Has escrito ya las postales?   2. ¿Has ido ya al museo?

3. ¿Has puesto ya la tele?   4. ¿Has comido ya?

5. ¿Has hecho ya los deberes?   6. ¿Has estado ya en Madrid?

7. ¿Has tomado ya el café?   8. ¿Has cenado ya?

9. ¿Has dicho ya la verdad?   10. ¿Has abierto ya la ventana?

F 1. ¿Has cantado alguna vez en público?

2. ¿Has escrito alguna vez las cartas de amor?

3. ¿Te has enamorado alguana vez a primera vista?

4. ¿Has dormido alguna vez en la hamaca?

5. ¿Has trabajado alguna vez en un bar?

6. ¿Has estado alguna vez en Madrid?

7. ¿Has probado alguna vez los tacos?

8. ¿Has visto alguna vez a un actor famoso?

9. ¿Has fumado alguna vez?

10. ¿Has hecho alguna vez boxeo?

G 1. Sí, se los he dado.   2. Sí, se las he dado.

3. Sí, se los he dado.   4. Sí, se la he dado.

5. Sí, se las he dado.   6. Sí, se la he dado.

7. Sí, se lo he comprado.   8. Sí, te lo he traído.

9. Sí, te lo he traído.   10. Sí, te los he traído.

• 쓰기 •

A 1. Los niños ya se han acostado.

2. Juan y Felipe todavía no han hecho los deberes.

3. Esta semana no hemos trabajado mucho.

4. Este año se ha enamorado dos veces.

5. ¿Has estado alguna vez en Francia?

6. Los vecinos me han traído el pan.

7. Hoy hemos cocinado la paella para ti.

8. ¿Has probado alguna vez la comida japonesa?

B 1. ¿Has trabajado alguna vez de camarero en la cafetería?

2. ¿Te has enamorado alguna vez a primera vista?

3. ¿Ya has hecho los deberes de español?

4. ¿Cuánto tiempo hace que vives en España?

5. He ido al cine dos veces este mes.

6. ¿Le has comprado el reloj a tu novia?

7. ¿Qué es lo que más te gusta de España?

8. ¿Has visto alguna vez un espectáculo de flamenco?

15과

• 연습문제 •

A 1. terminé   2. cantaste   3. dejamos   4. cambiaron   5. bailó
6. comió   7. bebisteis   8. salí   9. corrió   10. llevaste

B 1. empecé   2. comencé   3. toqué   4. jugué   5. pagué
6. crucé   7. saqué   8. llegué   9. recé   10. aparqué

C 1. cantaron   2. corrió   3. tomasteis   4. salí   5. me levanté
6. llevaste   7. abrió   8. barilaron   9. pagaste   10. jugó

D 1. Sí/No tomé el desayuno.   2. Sí/No salí a pasear.
3. Sí/No vi la telvisión.   4. Sí/No estudié español.
5. Sí/No comí fruta.   6. Sí/No bebí la cerveza.
7. Sí/No bailé en la discoteca.   8. Sí/No limpié la casa.
9. Sí/No llamé por teléfono a mis padres.   10. Sí/No compré el pan.

E 1. decir 2. venir 3. poder 4. estar 5. hacer
6. traer 7. tener 8. dar 9. ver 10. poner
11. conducir 12. andar 13. ir 14. querer

F 1. puso 2. trajo 3. dijeron 4. traduje 5. supisteis
6. vino 7. quiso 8. produjeron 9. pudiste 10. hicieron
11. estuviste 12. tuvo 13. fui 14. fueron

G 1. ¿Pusiste la lavadora? 2. ¿Tuviste hambre?
3. ¿Trajiste el libro? 4. ¿Pudiste ver a Charo?
5. ¿Hiciste la compra en el mercado? 6. ¿Diste un paseo?
7. ¿Viste la tele? 8. ¿Viniste a clase?
9. ¿Condujiste el coche? 10. ¿Dijiste la verdad a tu novia?
11. ¿Fuiste a la peluquería? 12. ¿Anduviste mucho?

H 1. Dijo que asistió a la reunión. 2. Dijo que se puso muy nervioso.
3. Dijo que condujo muy rápido. 4. Dijo que vio la tele todo el día.
5. Dijo que hizo la cena para su esposo.
6. Dijo que pagó la cuenta anoche. 7. Dijo que anduvo toda la tarde.
8. Dijo que fue un día muy feliz.
9. Dijo que se durmió durante la clase. 10. Dijo que trajo la medicina.

I 1. durmió 2. se sintieron 3. construyó 4. se vistieron 5. siguió
6. murió 7. prefirieron 8. leyó 9. sirvieron 10. oyó

J 1. Hace más de ciento treinta años que inventó el teléfono.
2. Hace más de ciento veinte años que construyó la Torre Eiffel.
3. Hace más de noventa años que murió Pancho Villa.
4. Hace más de quinientos años que Colón llegó a América.
5. Hace más de treinta y cinco años que murió Franco.
6. Hace más de veinte años que se unificó Alemania.

• 쓰기 •

A 1. El sábado pasado salí de noche con mis amigos.

2. Yo invité a mis amigos a cenar ayer.

3. Primero me afeité y me lavé la cara.

4. ¿A qué hora te acostaste anoche?

5. Ayer almorcé en un restaurante chino cerca de mi casa.

6. Anoche vi las noticias en la tele.

7. Conocí a mi esposa en España.

8. ¿Estudiaste para la clase de español?

B 1. Por la tarde anduve junto al mar.　　2. Por la noche vi una puesta de sol.

3. Anoche me bañé y leí la novela.　　4. Ayer fui al cine con Rosa.

5. El viernes fui de excursión en bici.

6. La semana pasada vi a una amiga en la calle.

7. ¿Tú dijiste la verdad a tu novio?

8. El mes pasado ellos estuvieron en Londres.

16과

• 연습문제 •

A 1. compraba　　2. cantaba　　3. empezabas　　4. pensaban

5. recordábamos　6. estaba　　7. trabajabas　　8. gritaba

9. cenabais　　10. estudiaban

B 1. podía　　2. tenía　　3. salías　　4. prefería　　5. vivíamos

6. hacía　　7. oían　　8. decías　　9. quería　　10. seguíamos

C 1. eras　　2. era　　3. éramos　　4. ibas　　5. ibais

6. iba　　7. iba　　8. veía　　9. veías　　10. veían

D 1. tenía problemas con el ordenador ayer.　　2. no hacía mucho frío.

3. estaba en casa ayer.　　4. no conocía Sevilla.

5. viajaba mucho.　　6. llovía mucho en verano.

7. no comía a menudo con mis padres.　　8. iba al cine a menudo.

9. no había mucho tráfico.

10. daba propina a los camareros.

E 1. Antes no dormía la siesta.　　2. Antes no quería salir a cenar.

3. Antes no nadaba en el mar.

4. Antes no empezaba a trabajar a las siete.

5. Antes no compraba por Internet.　　6. Antes no jugaba al fútbol.

7. Antes no había un teatro.

8. Antes no había un bar al lado de la farmacia.

F 1. salía　　2. venía　　3. leía　　　4. sabía　　　5. tenía

6. escribía　7. compraba　8. tenía

G 1. Sí, hacía fiestas con amigos/Nunca hacía fiestas.

2. Sí, jugaba al fútbol/Nunca jugaba al fútbol.

3. Sí, iba a la iglesia/Nunca iba a la iglesia.

4. Sí, fumaba/Nunca fumaba.

5. Sí, tenía portátil/Nunca tenía portátil.

6. Sí, llevaba gafas/Nunca llevaba gafas.

7. Sí, tenía novio/Nunca tenía novio.

8. Sí, trabajaba/Nunca trabajaba.

9. Sí, estudiaba mucho/Nunca estudiaba mucho.

10. Sí, era deportista/Nunca era deportista.

H 1. había sido　　　2. había abierto　　　3. habíamos hecho

4. había puesto　　5. habías dicho　　　6. había vuelto

7. había roto　　　8. se había levantado　　9. habíais escrito

10. habían dado

I 1. Cuando entré en el cine, la película había empezado.

2. Cuando vi a María, ella se había cortado el pelo.

3. Cuando conocí a Rosa, ella se había casado.

4. Cuando el médico llegó, el enfermo se había muerto.

5. Cuando conocí a Luis, él había comprado el piso.

6. Cuando fuimos a comprar, los grandes almacenes habían cerrado.

7. Cuando llegamos a la estación, el autobús había salido.

8. Cuando fui a casa de mis amigos, ellos habían cenado.

J 1. había conocido a un chico muy simpático.

2. había estado en muchas fiestas de sus nuevos amigos.

3. le había gustado mucho la experiencia.

4. había trabajado mucho para ganar dinero.

5. había visitado muchos museos y ciudades.

6. había aprendido mucho y había podido practicar la lengua.

7. había ido al cine y había visto la película con Yolanda.

8. había dado un paseo en la playa y había montado a caballo.

• 쓰기 •

Ⓐ 1. Felipe montaba en bicicleta a menudo.

2. Estela pasaba las vacaciones en Mallorca en verano.

3. El abuelo de Alejandro cuidaba el jardín.

4. ¿Qué hacías cuando tenías dieciocho años?

5. Antes trabajaba en una empresa brasileña.

6. ¿Te gustaba tocar los instrumentos musicales?

Ⓑ 1. ¿Dónde vivías cuando eras pequeño/a?

2. Todos los días salía a pasear con mis amigos.

3. Cuando iba a la universidad, estudiaba idiomas.

4. Antes llevaba gafas pero ahora no llevo gafas.

5. Antes leía mucho pero ya no leo tanto.

6. Cuando llegué a la estación, el tren ya había salido.

7. José dijo que había visto una película y le había gustado mucho.

8. Cuando era niño/a, me gustaba el deporte.

17과

• 연습문제 •

Ⓐ 1. la hice anoche.　　　　2. lo recibí a las ocho.

3. lo compré hace una hora.　　　　4. lo visité hace dos horas.

5. la puse ayer.　　　　6. lo leí anteayer.

7. lo encontré el sábado.　　　　8. la dije ayer.

9. lo rompí anoche.　　　　10. la tuve hace una semana.

B 1. ha habido　　　2. jugamos　　　3. han empezado
4. ha perdido　　　5. han salido　　　6. hice
7. subí　　　8. ganó　　　9. me he puesto
10. hemos ido

C 1. salí–he llegado　　　　2. se marchó–ha vuelto
3. elegí–he reservado　　　　4. estuve–me he quedado
5. me olvidé–me he dado cuenta　　　　6. dio– he abierto
7. mandó–he recibido

D 1. Ella puso la lavadora.　　　　2. Los niños jugaron en el patio.
3. Jaime propuso ir al cine.　　　　4. ¿Qué hiciste?
5. ¿Quién ganó?　　　　6. ¿Qué leyó usted?
7. Nosotros trajimos las flores.　　　　8. Me dieron el regalo.
9. Yo conduje el coche hasta Barcelona.

E 1. Cuando viajaba en tren, perdió el bolso.
2. Cuando me desperté, eran las diez.
3. Cuando estaba de vacaciones, se murió.
4. Cuando estaba en la montaña, se rompió una pierna.
5. Cuando salió el sol, nos metimos en el agua.
6. Cuando iba a la fábrica, se encontró con Miguel.
7. Cuando empecé a jugar al ajedrez, no me gustaba.
8. Cuando salí a dar una vuelta, hacía mucho calor.
9. Cuando se fue de casa de sus padres, era muy joven.
10. Cuando Alberto y yo nos conocimos, estábamos en la universidad.

F 1. veía–sonó　　　2. caminaba–vi　　　3. hablaba–llegué
4. me bañaba–entró　　　5. llovía–salí　　　6. caí–bajaba
7. dormían–sonó　　　8. tomaban–vieron　　　9. comían–llegué

G 1. Di un paseo porque no pude dormir/Como no pude dormir, di un paseo.
2. Me acosté temprano porque estaba muy cansado/Como estaba muy
cansado, me acosté temprano.

3. No pude dormir bien porque había mucho ruido/Como había mucho ruido, no pude dormir bien.

4. Vine a casa porque quería ver a mi familia/Como quería ver a mi familia, vine a casa.

5. Puse el aire porque hacía muchísimo calor/Como hacía muchísimo calor, puse el aire.

6. No salí porque estaba lloviendo/Como estaba lloviendo, no salí.

7. Fui en tren porque no había autobuses/Como no había autobuses, fui en tren.

8. Cogí el taxi porque tenía prisa/Como tenía prisa, cogí el taxi.

9. Llegué tarde a clase porque había mucho tráfico/Como había mucho tráfico, llegué tarde a clase.

10. No te llamé porque estaba muy ocupado/Como estaba muy ocupado, no te llamé.

H 1–d 2–e 3–f 4–b 5–c 6–a

J 1. conocí 2. supe 3. sabía 4. era 5. fui
6. estaban 7. estuvieron 8. tenías 9. tuviste 10. hubo
11. había

• 쓰기 •

A 1. ¿Cuándo empezaste a estudiar español?

2. No ha llovido ni un solo día.

3. Estas vacaciones me lo he pasado muy bien.

4. He conocido a unos chicos simpáticos.

5. Estuve en el bar hasta las once.   6. ¿Dónde estabas cuando te llamé?

7. ¿Quién usó mi cámara el otro día?

8. La fiesta del sábado fue muy divertida.

B 1. Cuando tenía 18 años, aprendí a montar en bici.

2. Cuando iba a casa, me encontré a Miguel.

3. Cuando viajaba por Europa, conocí a mi novia.

4. Decidí estudiar español porque quería conocer la cultura de España.

5. El año pasado fui a Japón pero este año no he ido.

6. Me dormí cuando veía la película.

7. Di un paeo porque hacía buen tiempo(Como hacía buen tiempo, di un paseo.)

8. Salí a comer en un restaurante porque tenía hambre(Como tenía hambre, salí a comer en un restaurante.)

18과

• 연습문제 •

Ⓐ 1. Por la tarde estuve haciendo limpieza en casa.

2. Estuve hablando por teléfono hasta muy tarde.

3. Te estuve llamando durante una hora.

4. Estuviste haciendo exámenes toda la tarde.

5. Juan estuvo dando un paseo por el Retiro.

6. Nosotros estuvimos comiendo en un restaurante chino.

7. Ellos estuvieron tomando un aperitivo en la playa.

8. Estuve durmiendo la siesta dos horas.

Ⓑ 1. Estuve cenando en un restaurante japonés.

2. Estuve trabajando en turismo.   3. Estuve haciendo los deberes.

4. Estuvo estudiando en Frankfurt.

5. Estuve haciendo windsurf en Málaga.

6. Estuve bailando flamenco en 2011.

7. Estuve jugando al golf en verano.

8. Muchas personas estuvieron viendo el partido de fútbol.

Ⓒ 1. ¿Qué estabas bebiendo?   2. ¿Quién estaba duchándose?

3. ¿De qué estaban riéndose ellos?   4. ¿Quién estaba gritando?

5. ¿En qué estabas pensando?   6. ¿Con quién estaba hablando usted?

7. ¿Con quién estabas saliendo?   8. ¿Cómo estaba comportándose él?

Ⓓ 1. Estaba hablando de José.   2. Estaba bañándose.

3. Estaba afeitándome.   4. Estaban resolviendo un problema.

5. Estábamos estudiando español.　　6. Estaba lavándome los dientes.

7. Estaba preparando un café.　　8. Estaba paseando a su perro.

E　1. no hay ninguno.　　2. no hay ninguna.　　3. no hay ninguno.

4. no hay ninguna.　　5. no hay ninguna.　　6. no hay ninguno.

7. no hay ninguno.　　8. no hay ninguna.

F　1. hay algunas.　　2. hay algunos.　　3. hay algunas.

4. hay algunas.　　5. hay algunos.　　6. Tengo algunas.

7. Tengo algunos.　　8. Tengo algunos.

G　1. No hay nada interesante.　　2. No ha llamado nadie por teléfono.

3. No necesito nada.　　4. No quiero tomar nada.

5. No ha venido nadie.　　6. No hay nadie en los balcones.

7. No se lo he dicho a nadie.　　8. No quiero decir nada.

H　1. ningún　　2. alguna　　3. algo　　4. ninguna

5. alguien　　6. nada　　7. alguna　　8. ningún

9. nada　　10. algún

I　1. poco　　2. poca　　3. pocos　　4. pocas

5. pocas　　6. poca　　7. pocos　　8. poca

J　1. demasiado　　2. demasiado　　3. demasiado　　4. demasiada

5. demasiadas　　6. demasiado　　7. demasiados　　8. demasiado

K　1. todo　　2. otra　　3. otra　　4. mucho

5. demasiado　　6. poca　　7. toda　　8. demasiada

9. pocos　　10. muchos

• 쓰기 •

A　1. ¿Hay alguna farmacia cerca de aquí?

2. Hace dos años estuve haciendo un máster en Inglaterra.

3. Vi a María cuando estaba esperando el autobús.

4. No conozco a nadie en la empresa.

5. Mi hermana duerme muchas horas al día.

6. Quedan pocos huevos en la nevera.

7. Anoche estuve conduciendo dos horas.

8. No tengo ningún motivo para enfadarme.

B 1. ¿Qué estuviste haciendo el verano pasado?

2. ¿Qué estabas haciendo cuando te llamé por teléfono?

3. Estaba comprando fruta cuando vi a Ángela.

4. No hay ningún alumno en el aula.

5. Hay algunas manzanas en la nevera.

6. ¿Quieres tomar algo?   7. No hay nadie en casa.

8. Tú trabajas demasiado.

19과

● 연습문제 ●

A 1. Escucharé música.   2. Pintarás la pared.

3. Visitará la catedral.   4. Dará un paseo.

5. Veré una película.   6. Irá de compras.

7. Comprarán helados.   8. Cogerás el taxi.

9. Limpiará la habitación.   10. Dormiré en el sofá.

B 1. ¿Te pondrás el sombrero verde?

2. ¿Tendrás tiempo para hablar conmigo?

3. ¿A qué hora saldrás de la oficina esta noche?

4. ¿Habrá mucha gente en la fiesta?

5. ¿Podrás cruzar el río?   6. ¿Sabrás conducir?

7. ¿Harás las maletas esta noche?   8. ¿Querrás venir al zoo con nosotros?

9. ¿Dirás la verdad?

C 1. iré al cine.   2. no haré las maletas.

3. vendré a clase.   4. no diré la verdad a Juan.

5. podré llamar al profesor.   6. haré los deberes de español.

7. no habrá una fiesta.   8. te llamaré esta noche.

576

9. no tendré tiempo mañana.　　10. hará buen tiempo.

D 1. Si comes mucha carne, engordarás.

2. Si te levantas tarde, no llegarás puntual a la cita.

3. Si terminamos la clase, iremos de copas.

4. Si vas a España, probarás la paella.

5. Si te duele la cabeza, tomarás la aspirina.

6. Si voy a la playa, comeré el marisco típico.

7. Si bebes el té de manzanilla, te sentirás mejor.

8. Si quieres ir al cine, me llamarás esta noche.

9. Si te pones el abrigo, no cogerás el frío.

10. Si termina el trabajo, saldrá conmigo.

E 1. Habrá terminado el examen.　　2. Habrá discutido con su marido.

3. No le habrá ineteresado la clase.　　4. Habrá cumplido años.

5. Habrá olvidado la hora.　　6. Habrá tenido gripe.

F 1. habrás resfriado　　2. habrá habido　　3. será

4. habrá ido　　5. estarán　　6. será– será

7. habrá sido

G 1. ciento diecinueve　　2. doscientos cincuenta y cuatro

3. trescientos trece　　4. cuatrocientos noventa y uno

5. ochocientos veintidós　　6. mil ciento treinta y ocho

7. tres mil quinientos　　8. cuatro mil setecientos veintiséis

9. ocho mil doscientos ochenta y cinco

10. mil novecientos noventa y ocho

11. quince mil cuatrocientos treinta y tres

12. un millón cuatrocientos veintiún mil seiscientos cincuenta y ocho

H 1. cuatrocientas trece postales　　2. novecientas ochenta y seis personas.

3. quinientos setenta y siete árboles

4. trescientos cuatro billetes　　5. ochocientos treinta y un sellos

6. doscientas doce monedas　　7. ciento veinticinco rosas

8. setecientas veintiocho libras　　9. seiscientos cuatrenta dólares

10. ciento cincuenta y nueve enfermeras

Ⅰ
1. Cinco de febrero de dos mil uno
2. Veintiséis de marzo de mil novecientos noventa y cinco
3. Treinta de abril de mil novecientos cuarenta y dos
4. Dos de mayo de dos mil cinco
5. Treinta y uno de junio de mil novecientos noventa y nueve
6. Diecisiete de julio de mil novecientos setenta y cuatro
7. Veintidós de agosto de mil ochocientos trece
8. Quince de septiembre de dos mil quince
9. Doce de octubre de mil cuatrocientos noventa y dos
10. Veintiocho de noviembre de mil novecientos treinta y uno
11. Veinticinco de diciembre de dos mil trece

• 쓰기 •

A
1. No hará buen tiempo este fin de semana.
2. Ellos irán al pueblo de los abuelos.
3. Este domingo tendré que ayudar a mi madre.
4. Si no corres, perderás el taxi.
5. Si no descansas, te pondrás enfermo.
6. Habrás resuelto el problema antes de la reunión.

B
1. Si hace buen tiempo, saldré a pasear.
2. Si te levantas tarde, llegarás tarde a clase.
3. Este domingo será mi cumpleaños.
4. Creo que Daniel no vendrá a la fiesta.
5. Si no estudias mucho, no aprobarás el examen.
6. Pedro habrá llegado a casa a eso de las siete.

20과

• 연습문제 •

A
1. limpie/limpiemos
2. corra/corramos

3. escriba/escribamos   4. baile/bailemos

5. llegue/lleguemos   6. venda/vendamos

7. viva/vivamos   8. lea/leamos

9. compre/compremos   10. responda/respondamos

B 1. siento/sienta   2. duermo/duerma

3. pido/pida   4. sirvo/sirva

5. tengo/tenga   6. conozco/conozca

7. construyo/construya   8. juego/juegue

9. busco/busque   10. cojo/coja

C 1. mienta/mintáis   2. pida/pidáis

3. muera/muráis   4. diga/digáis

5. traduzca/traduzcáis   6. pague/paguéis

7. vea/veáis   8. vaya/vayáis

9. sepa/sepáis   10. dé/deis

D 1. hacer   2. ser   3. querer   4. jugar

5. poder   6. estar   7. pedir   8. saber

9. ir   10. conocer   11. tener   12. poner

E 1. Canta una canción.   2. Limpia tu habitación.

3. Practica la pronunciación.   4. Escucha a la profesora.

5. Contesta al móvil.   6. Bebe cerveza.

7. Corre en el parque.   8. Escribe en el cuaderno.

9. Vive tranquilo.   10. Baila conmigo.

F 1. Ve al dentista.   2. Sal a bailar.

3. Pon el aire acondicionado.   4. Sé honesto.

5. Ven a la fiesta.   6. Haz los deberes.

7. Di que sí.   8. Ten cuidado.

G 1. Pida la cuenta.   2. Haga cola.   3. Salga a pasear.

4. Traiga el postre.   5. Sea feliz.   6. Vaya al médico.

7. Ponga la tele.   8. Encienda la luz.   9. Tenga paciencia.

10. Duerma más horas.

H   1. cierre   2. pon   3. pase   4. llama   5. sal
    6. enciende   7. limpie   8. haz   9. dame   10. repita

I   1. Levántate/Levántese.   2. Lávate/Lávese.
    3. Acuéstate/Acuéstese.   4. Cállate/Cállese.   5. Siéntate/Siéntese.
    6. Ponte/Póngase.   7. Relájate/Relájese.   8. Báñate/Báñese.
    9. Diviértete/Diviértase.   10. Aféitate/Aféitese.

J   1. Acostaos/Acuéstense.   2. Escuchad/Escuchen.
    3. Apagad/Apaguen.   4. Id/Vayan.   5. Leed/Lean.
    6. Sentaos/Siéntense.   7. Salid/Salgan.   8. Colgad/Cuelguen.
    9. Estudiad/Estudien.   10. Venid/Vengan.

K   1. Tráelos/Tráigalos.   2. Ábrela/Ábrala.   3. Pruébalo/Pruébelo.
    4. Apágalo/Apáguelo.   5. Cómpralos/Cómprelos.
    6. Hazlo/Hágalo.   7. Tráela/Tráigala.   8. Úsalo/Úselo.
    9. Págala/Páguela.   10. Cómela/Cómala.

L   1. Póntelos/Póngaselos.   2. Póntelo/Póngaselo.   3. Póntela/Póngasela.
    4. Póntelo/Póngaselo.   5. Póntelos/Póngaselos.
    6. Pónselas/Póngaselas.   7. Pónsela/Póngasela.   8. Pónselo/Póngaselo.
    9. Pónselo/Póngaselo.   10. Pónselos/Póngaselos.

M   1. Sí, dáselos.   2. Sí, tráemela.   3. Sí, préstaselos.
    4. Sí, cómpraselo.   5. Sí, házmela.   6. Sí, dísela.
    7. Sí, tráemela.   8. Sí, cómprasela.   9. Sí, mándamelas.
    10. Sí, cómpramelos.

N   1. No estudies/No estudiéis.   2. No comas/No comáis.
    3. No cantes/No cantéis.   4. No vengas/No vengáis.
    5. No trabajes/No trabajéis.   6. No escribas/No escribáis.
    7. No salgas/No salgáis.   8. No pagues/No paguéis.
    9. No empieces/No empecéis.   10. No enciendas/No encendáis.

O   1. No veas la tele.   2. No conduzcas rápido.
    3. No saques la basura.   4. No salgas a pasear.

5. No digas la verdad.
6. No hagas los deberes.
7. No vengas al cibercafé.
8. No vayas a caballo.
9. No pongas la música.
10. No seas agresivo.

P 1. No la apague.
2. No los compres.
3. No los ponga ahí.
4. No te lo laves.
5. No las traiga.
6. No lo traigas.
7. No te las pongas.
8. No la cierre.
9. No los hagas.
10. No la abras

Q 1. No te levantes temprano.
2. No te vayas.
3. No te las laves.
4. No te lo pongas.
5. No lo hagas ahora.
6. No se lo digas.
7. No me lo des.
8. No me lo hagas.
9. No me la traigas.
10. No se lo prestes.

R 1. sales/saca
2. tienes/pon
3. llueve/coge
4. va/visite
5. estás/ve
6. viaja/alquile
7. tienes/quédate
8. quiere/no coma
9. vas/compra
10. está/tome

• 쓰기 •

A 1. Llama a tus amigos y ve con ellos.
2. No te olvides del paraguas.
3. Me duelen los brazos y las piernas.
4. Quédese en casa tres días como mínimo.
5. No apague la luz del dormitorio, por favor.
6. No le digas la verdad a tu novio.

B 1. No vuelvas tarde a casa.
2. Préstale veinticinco euros a Raúl.
3. Ponle los pantalones a Pablo.
4. No vaya al trabajo y descanse en casa.
5. Si le duele la garganta, beba mucho zumo de limón.
6. Si quiere adelgazar, no coma mucho.

21과

• 연습문제 •

A 1. Quiero que bañe al perro Ernestito.

2. Quiero que barra el patio Guillermo.

3. Quiero que pague las cuentas Ernesto.

4. Quiero que cuide a los niños Tomás.

5. Quiero que sacuda los muebles Berta.

6. Quiero que arregle el coche Pepe.

7. Quiero que envíe el paquete Amanda.

8. Quiero que jueguen con la gata los niños.

9. Quiero que recoja la ropa Daniel.

10. Quiero que ponga flores allí Carmen.

B 1. llegar   2. lleves   3. seáis   4. olvides   5. tengan

    6. pedir   7. coger   8. lleves   9. trabajar   10. estudien

C 1. ¿Quieres que yo lleve al colegio a los niños?

2. ¿Quieres que yo traiga el postre?

3. ¿Quieres que yo cuide a tus hijos?

4. ¿Quieres que yo preste el paraguas?

5. ¿Quieres que yo hable con él?

6. ¿Queréis que yo llame al profesor?

7. ¿Queréis que yo espere en la sala?

8. ¿Queréis que yo ponga el aire acondicionado?

9. ¿Queréis que yo vaya al cine con vosotros?

10. ¿Queréis que yo termine la clase?

D 1. ¡Que duermas bien!   2. ¡Que te vaya bien!

3. ¡Que tengas suerte!   4. ¡Que se mejore!

5. ¡Que lo pases bien!/¡Que disfrutes del viaje!

6. ¡Que aproveches!   7. ¡Que te diviertas!

8. ¡Que te mejores!/¡Que te cuides!

E 1. ¡Ojalá (que) reciba muchos regalos!

2. ¡Ojalá (que) haga buen tiempo!   3. ¡Ojalá (que) no tenga que trabajar!

4. ¡Ojalá (que) no esté enfermo!

5. ¡Ojalá (que) vengan a visitarme mis amigos!

6. ¡Ojalá (que) pongan una nueva película!

7. ¡Ojalá (que) tenga vacaciones!   8. ¡Ojalá (que) sea feliz!

F 1. Creo que su marido tiene(tendrá) algún problema/No creo que su marido tenga algún problema.

2. Creo que Rosa está(rá) deprimida/No creo que Rosa esté deprimida.

3. Creo que Yolanda acaba(rá) el Bachillerato/No creo que Yolanda acabe el Bachillerato.

4. Creo que Marisa puede(podrá) hablar español/No creo que Marisa pueda hablar español.

5. Creo que Patricia paga(rá) la cuenta/No creo que Patricia pague la cuenta.

6. Creo que José viene(vendrá) a la fiesta/No creo que José venga a la fiesta.

7. Creo que ellos salen(saldrán) de copas/No creo que ellos salgan de copas.

8. Creo que Pedro vende(rá) su coche/No creo que Pedro venda su coche.

9. Creo que Javier aprueba(aprobará) el examen/No creo que Javier apruebe el examen.

10. Creo que hay(habrá) rebajas en los grandes almacenes/No creo que haya rebajas en los grandes almacenes.

G 1. pierdan el tren   2. lleguemos tarde   3. haga frío mañana
4. nieve este invierno   5. tenga suerte   6. gane la carrera
7. venga Marta   8. vaya a trabajar

H 1. gana   2. sea   3. necesite   4. llamará   5. ayuden
6. estará   7. tienen   8. es   9. siga   10. sustituyan

I 직설법: Seguro que/Está claro/Es indudable/No hay ninguna duda/Es evidente/Es cierto

접속법: Es posible que/Es probable que/Dudo que/Probablemente/No estoy seguro de que/Posiblemente

• 쓰기 •

A 1. ¿Quieres que lleve a tu hijo al médico?

2. Quiero que alguien me ayude.

3. Creo que la tele es un invento muy importante.

4. Es posible que Javi gane una medalla de oro.

5. Dudo que le den el ascenso.

6. Es probable que Luci no vaya de viaje a Portugal.

7. No creo que todo el mundo pueda comprarse una casa.

8. No estoy seguro de que Pedro devuelva el dinero.

B 1. Espero que apruebes el examen.

2. ¿Quieres que yo vaya al cine contigo?

3. ¡Qué tengas un buen viaje!　　　4. No creo que Javier venda su casa.

5. ¡Qué tengas un buen día!　　　6. ¡Ojalá no llueva!

7. Es posible(probable) que Miguel llegue tarde a clase.

8. Mi esposa quiere que la habitación dé a la playa.

22과

• 연습문제 •

A 1. vayas　　2. estudiar　　3. tome　　4. dormir　　5. tenga
6. salgan　　7. pongas　　8. reserves

B 1. hacer　　2. que se olviden　　3. hacer　　4. viajar
5. que un amigo me mienta　　6. que me inviten　7. conocer
8. hablar　　9. cometer　　10. que le pregunte

C 1. echen　　2. hacer　　3. mienta　　4. guste　　5. cantar
6. abandone　7. salude　　8. vayas　　9. levantarme　10. corrija

D 1. se lo explico.　　2. Ponla.　　3. se la paso.　　4. Contesta.
5. lo apago.　　6. Llévatelo.　　7. Cuélgala.　　8. Tráelo.
9. me los guardo.　10. se la paso.

E 1. llegue　　2. lea　　3. entreguemos　　4. coma　　5. tengamos
6. veas　　7. tome　　8. reserves　　9. hable　　10. descanses

F 1. Te aconsejo que uses los transportes públicos.

2. Te aconsejo que duermas ocho horas todos los días.

3. Te aconsejo que te diviertas en clase.

4. Te aconsejo que leas el periódico y no salgas.

5. Te aconsejo que sigas los consejos de tus padres.

6. Te aconsejo que ahorres para el futuro.

7. Te aconsejo que no abandones a los animales.

8. Te aconsejo que ayudes a tus padres.

9. Te aconsejo que respetes los semáforos.

10. Te aconsejo que no gastes tanto dinero.

G 1. Me dice que me ponga el abrigo.

2. Me dice que no vaya al cine esta noche.

3. Me dice que no fume en el tren.　　4. Me dice que vuelva pronto.

5. Me dice que no pise el césped.　　6. Me dice que le dé un cigarrillo.

7. Me dice que tome una aspirina.　　8. Me dice que me levante temprano.

9. Me dice que le traiga un vaso de agua.

10. Me dice que no coma demasiado.

• 쓰기 •

A 1. Es importante hacer ejercicios de vocabulario.

2. Es fundamental que ustedes practiquen un idioma.

3. Me encanta seguir estudiando español.

4. A José le pone nervioso conducir de noche.

5. ¿Te importa que me sienta aquí?

6. Os prohíbo que os caséis tan jovenes.

7. Te recomiendo que no compres un coche deportivo.

8. Les ruego que no hagan tanto ruido.

B 1. Es importante que los coreanos aprendan español.

2. Me encanta que me regalen los libros.

3. Me molesta que la gente fume en la calle.

4. ¿Le importa que yo ponga el eire acondicionado?

5. ¿Le importa pasarme las servilletas?

6. Te pido que no hagas fiestas en casa.

7. El doctor me aconseja que coma muchas verduras.

8. El profesor me dice que hable en voz alta.

23 과

• 연습문제 •

A 1. esté 2. tenga 3. salga/vuelva 4. esté 5. describa
6. sirva 7. venda 8. tenga 9. hable 10. sepa

B 1. ¿Conoces a alguien que viva en Jeju?

2. ¿Conoces a alguien que toque el violín?

3. ¿Conoces a alguien que tenga gatos?

4. ¿Conoces a alguien que arregle ordenadores?

5. ¿Conoces a alguien que baile flamenco?

6. ¿Conoces a alguien que sepa cocinar la paella?

7. ¿Conoces a alguien que hable chino?

8. ¿Conoces a alguien que escriba poemas?

C 1. Sí, conozco a un chico que vive en Jeju/No, no conozco a nadie que viva en Jeju.

2. Sí, conozco a un chico que toca el violín/No, no conozco a nadie que toque el violín.

3. Sí, conozco a un chico que tiene gatos/No, no conozco a nadie que tenga gatos.

4. Sí, conozco a un chico que arregla ordenadores/No, no conozco a nadie que arregle ordenadores.

5. Sí, conozco a un chico que baila flamenco/No, no conozco a nadie que baile flamenco.

6. Sí, conozco a un chico que sabe cocinar la paella/No, no conozco a nadie que sepa cocinar la paella.

7. Sí, conozco a un chico que habla chino/No, no conozco a nadie que hable chino.

8. Sí, conozco a un chico que escribe poemas/No, no conozco a nadie que

escriba poemas.

D 1. Te he traído unas revistas para que las leas.

2. Le he regalado un bañador a Paco para que vaya a la playa.

3. Te he dado mi e-mail para que me escribas.

4. Te he traído unas fotografías para que las veas.

5. Le he dado una corbata a mi esposo para que se la ponga.

6. Le he dado un paquete de cigarrilos para que fume.

7. Os he traído unos bocadillos para que los comáis.

8. Me han comprado unos juguetes para que juegue.

E 1. cuentes 2. ponerte 3. pagar 4. protegerte

5. traduzca 6. entre 7. compre 8. nos peleemos

9. comprar 10. sea 11. arreglen 12. suba

F 1. Cuando tenga sueño. 2. Cuando esté de vacaciones.

3. Cuando tenga tiempo. 4. Cuando hable español muy bien.

5. Cuando pare de llover. 6. Cuando me encuentre mal.

7. Cuando gane mucho. 8. Cuando haga buen tiempo.

9. Cuando pueda. 10. Cuando sea mayor.

G 1. estoy 2. termine 3. llegue 4. llueve 5. salgas

6. tenga 7. empiece 8. tengo 9. veas 10. bebas

11. vengas 12. necesites

H 1. En cuanto veas a Héctor, salúdalo de mi parte.

2. En cuanto llegue Manolo, empezaremos la clase.

3. En cuanto apruebes el examen, iremos de vacaciones.

4. En cuanto pare de llover, iremos a pasear.

5. En cuanto regrese Marta, haremos una fiesta.

6. En cuanto tenga tiempo, iré a verte.

7. En cuanto pueda, te acompañaré.

I 1. ¿Esperarás hasta que salga el autobús?

2. ¿Esperarás hasta que pare de llover?

3. ¿Esperarás hasta que llegue la ambulancia?

4. ¿Esperarás hasta que tenga veinte años María?

5. ¿Esperarás hasta que vuelva a casa tu marido?

6. ¿Esperarás hasta que apruebe el examen tu hijo?

7. ¿Esperarás hasta que acabe los ejercicios José?

8. ¿Esperarás hasta que despegue el avión?

9. ¿Esperarás hasta que termine de comer Marta?

10. ¿Esperarás hasta que lleguen los otros alumnos?

J 1. Yo voy a ir de compras antes de que cierren las tiendas.

2. Él va a terminar el trabajo antes de que el jefe llegue.

3. Yo voy a limpiar la casa antes de que mi esposo venga.

4. Nosotros vamos a comprar palomitas antes de que la película empiece.

5. Ellos van a comprar la casa antes de que el bebé nazca.

6. Yo voy a salir antes de que llueva.

7. Mis amigos van a venir antes de que yo prepare la comida.

8. Yo voy a tomar el té antes de que se enfríe.

K

1. coja	2. venga	3. seas	4. discuten
5. sean	6. haga	7. tiene	8. aconseje
9. paguen	10. es	11. soy	12. trabaja

L 1. Aunque haya mucha gente, iré a la playa.

2. Aunque no tenga dinero, compraré la casa.

3. Aunque sea muy caro, iré a Costa Brava.

4. Aunque esté enfermo, no iré al médico.

5. Aunque llueva, daré un paseo.

6. Aunque apruebe el examen, no iré de vacaciones.

7. Aunque viva en España, no podré hablar como nativos.

8. Aunque esté cansado, saldré a cenar con mis amigos.

• 쓰기 •

A 1. Quiero comprar una moto que corra bastante.

2. Tengo un ordenador que no funciona bien.

3. Busco un libro que tenga fotos de Caracas.

4. Vengo aquí para que tomemos un café.

5. Fumarás cuando me marche de aquí.

6. Limpiaré la casa antes de que lleguen mis suegros.

7. No podré salir de casa hasta que lleguen mis hijos.

8. No podrás aprobar aunque estudies mucho.

B 1. Estoy buscando (a) una secretaria que hable tres idiomas.

2. Estoy buscando un piso que esté cerca de la playa.

3. No conozco a nadie que hable ruso.

4. Me casaré cuando encuentre a un hombre perfecto.

5. Llámame en cuanto llegues a casa.

6. Voy a terminar(acabar) los deberes antes de que llegue el profesor.

7. ¿Esperarás hasta que salga del trabajo(la oficina) tu novio?

8. No cambiaré de coche aunque gane mucho dinero.

24과

• 연습문제 •

A 1. hayas llegado 2. haya sabido 3. hayan tomado

4. haya llovido 5. hayáis venido 6. haya empezado

7. hayan querido 8. se haya quedado 9. hayas conocido

10. se hayan mudado

B 1. ¡Qué raro que no haya venido hoy!

2. ¡Qué raro que no me haya contestado!

3. ¡Qué pena que se hayan divorciado!

4. ¡Qué raro que no haya llegado!

5. ¡Qué pena que no haya querido ir a la universidad tu hijo!

6. ¡Qué pena que no me haya tocado la lotería!

7. ¡Qué raro que haya aprobado el examen!

8. ¡Qué pena que haya suspendido las matemáticas Víctor!

C 1. trabajara/trabajáramos 2. estudiara/estudiáramos

3. bailara/bailáramos 4. comiera/comiéramos

5. saliera/saliéramos 6. bebiera/bebiéramos

7. me(se) levantara/nos levantáramos

8. llamara/llamáramos

D 1. durmiera/durmierais   2. fuera/fuerais

3. dijera/dijerais   4. tuviera/tuvierais

5. viniera/vinierais   6. pudiera/pudierais

7. pusiera/pusierais   8. fuera/fuerais

9. supiera/supierais   10. diera/dierais

E 1. estudiáramos   2. estuviéramos   3. tuviera   4. volviera

5. tomara   6. se quedaran   7. fuera   8. esperara

9. perdieras   10. consiguieran   11. hablara   12. vinieran

F 1. conociera   2. supiera   3. estuviera   4. hablara

5. estuviera   6. pudiera   7. supiera   8. hiciera

9. cuidara   10. sustituyera   11. viviera   12. quisiera

G 1. que llegara a tiempo a la reunión.

2. que me escribieras poemas.   3. que fuéramos a españa esta Navidad.

4. que no me llamara por teléfono.   5. que los alquileres subieran tanto.

6. que te acordaras de mí.   7. que nuestro equipo ganara.

8. que no le dijeras nada a ella.   9. que mi hijo fuera un gran artista.

10. que se pusieran de acuerdo.

H 1. Me dijo que descansara más tiempo.

2. Me dijo que no condujera rápido.

3. Me dijo que no gastara mucho dinero.

4. Me dijo que no olvidara el paraguas.

5. Me dijo que escuchara la radio.

6. Me dijo que cogiera ese libro.

7. Me dijo que lo/la llamara a las once.

8. Me dijo que no me preocupara.

I 1. ¡Ojalá que se fuera!   2. ¡Ojalá que lloviera!

3. ¡Ojalá que llegara mañana!   4. ¡Ojalá que saliera el sol!

5. ¡Ojalá que ganara el partido!   6. ¡Ojalá que tuvieras suerte!

7. ¡Ojalá que cenara conmigo!   8. ¡Ojalá que fuerais felices!

9. ¡Ojalá que durmieras más horas!

10. ¡Ojalá que lo hicieran juntos!

J
1. estuviera   2. pasara   3. conocieran   4. estuviera
5. estuviera   6. fuera   7. supieran   8. fuera
9. tuviera   10. fuera

K
1. hubieras estado   2. hubieras terminado
3. hubierais recibido   4. hubiera hablado
5. hubieras ido   6. hubiera robado
7. hubiera sido   8. hubiera pasado
9. hubiera conocido   10. hubiera pasado

• 쓰기 •

A
1. Es una pena que tu hijo no haya querido ir a la universidad.

2. Es muy raro que se haya olvidado de la cita.

3. ¡Qué pena que no hayáis venido a mi boda!

4. Mi madre me mandó que volviera pronto a casa.

5. El doctor me aconsejó que no fumara.

6. Me dijo que le dejara el diccionario.

7. Me molestó que mis amigos no llegara a tiempo.

8. Me mira como si me conociera.

B
1. Me alegro de que te haya gustado la cena.

2. ¡Qué raro que Carlos no haya llegado todavía!

3. Yo quería que mi hija fuera médica.

4. El doctor me aconsejó que tomara mucha agua.

5. Estaba buscando un vendedor que supiera conducir.

6. ¡Ojalá fuera viernes hoy!

7. Ella habla como si fuera una niña.

8. Me molestó que Manuel se hubiera ido sin despedirse.

25 과

• 연습문제 •

Ⓐ 1. tendría/tendríamos   2. saldría/saldríamos   3. pondría/pondríamos

4. iría/iríamos   5. podría/podríamos

6. estudiaría/estudiaríamos   7. diría/diríamos

8. haría/haríamos   9. sería/seríamos   10. vendría/vendríamos

Ⓑ 1. ¿Irías al cine?   2. ¿Harías un favor?   3. ¿Dirías la verdad?

4. ¿Te pondrías el vestido?   5. ¿Podrías darme un cigarrillo?

6. ¿Vendrías conmigo?   7. ¿Saldrías a dar un paseo?

8. ¿Encontrarías un trabajo?

Ⓒ 1. Habría   2. Tendría   3. Estaría   4. Haría   5. Nevaría   6. estaría

Ⓓ 1. Dijo que se iría en avión.   2. Dijo que saldría esta noche.

3. Dijo que me invitaría a su casa.   4. Dijo que me escribiría una carta.

5. Dijo que me diría la verdad.   6. Dijo que se pondría el sombrero.

7. Dijo que se casaría en noviembre.   8. Dijo que podría acompañarme.

Ⓔ 1. Yo que tú, le preguntaría.   2. Yo que tú, tomaría un baño caliente.

3. Yo que tú, saldría más.   4. Yo que tú, hablaría con ella.

5. Yo que tú, me trasladaría.   6. Yo que tú, estaría a dieta.

7. Yo que tú, regalaría un reloj.   8. Yo que tú, trabajaría menos.

9. Yo que tú, esperaría un poco más.

10. Yo que tú, la llamaría y le pediría perdón.

Ⓕ 1. ¿Le importaría poner el aire acondicionado?

2. ¿Le importaría prestarme un disco de Ricky Martin?

3. ¿Le importaría decirme la hora?

4. ¿Le importaría decirme la dirección?

5. ¿Le importaría repetir?   6. ¿Le importaría dejarme entrar?

Ⓖ 1. pusieran   2. podría   3. tendría   4. podrías   5. viviera

6. podría   7. comiera   8. se fuera   9. hiciera   10. compraría

H 1. Si tuviera dinero, te invitaría a cenar.

2. Si no lloviera, iría a la playa.

3. Si quisieras estudiar, podrías acabar la carrera.

4. Si tuviera tiempo, aprendería a tocar el violín.

5. Si me tocara la lotería, dejaría este trabajo.

6. Si fuera actor, viviría en Hollywood.

7. Si hiciera ejercicio, no estaría gordo.

8. Si supiera hablar chino, encontraría un trabajo.

I 1. ¿Harías un viaje si tuvieras vacaciones?

2. ¿Irías más a su casa si vivieras más cerca?

3. ¿Estudiarías más si tuvieras más tiempo?

4. ¿No tendrías sueño si durmieras suficiente?

5. ¿Darías un paseo si no hiciera frío?

6. ¿Trabajarías más si te subieran el sueldo?

7. ¿Cambiarías de coche si ganaras más dinero?

8. ¿Irías a una isla desierta si pudieras?

J 1. d   2. f   3. b   4. g   5. e   6. a   7. c

K 1. comprar   2. que su hija fuera   3. que les tocara

4. cambiar   5. ser   6. que sea

7. cambiar   8. que mi marido me ayudara

9. que vinieras   10. que fuera

L 1. Me gustaría que mi novio me hiciera una fiesta sorpresa.

2. Me gustaría que mis padres me regalaran un ordenador.

3. Me gustaría vivir en el extranjero.

4. Me gustaría que me tocara la lotería.

5. Me gustaría que me dieran unas vacaciones largas.

6. Me gustaría conocer a un chico especial.

7. Me gustaría ver a un actor famoso en la calle.

M 1. hubiera venido/habría tenido

2. hubiera ido/habría caído

3. me hubiera casado/habría sido feliz

4. habría conseguido/hubiera estudiado

5. habrían conocido/hubieran ido

6. hubiera estudiado/habría hablado

7. habría hecho/hubiera tenido

8. hubieras sido/habría tenido

9. hubieran estudiado/habrían aprobado

10. hubierais aprovechado/habríais ahorrado

• 쓰기 •

A 1. Si fuera más joven, estudiaría Literatura.

2. Trabajaría más a gusto si me acendieran.

3. Si hiciera mucho ejercicio, estaría en forma.

4. Me gustaría que hiciera buen tiempo.

5. Me gustaría que mi marido ayudara las tareas de casa.

6. Me gustaría que estuviera prohibido fumar en todas partes.

7. Yo que tú, saldría más a menudo.

8. Deberías pasar más tiempo con tu familia.

B 1. Si me tocara la lotería, me daría la vuelta al mundo.

2. Yo que tú, diría la verdad.

3. Inma dijo que vendría a Corea en diciembre.

4. Si fuera más joven, viviría en el extranjero.

5. ¿Qué harías si fueras millonario?

6. Me gustaría que mis padres me regalaran un ordenador.

7. Me gustaría que mi marido llegara pronto a casa.

8. Si hubiera estudiado más, habría sacado buenas notas.

4. 듣기 지문 번역

01과

• 대화 A •

까르멘: 안녕! 좋은 아침이야. 어떻게 지내니?
미겔: 안녕! 좋은 아침! 넌 이름이 뭐야?
까르멘: 난 까르멘이라고 해, 넌?
미겔: 난 미겔이야.
까르멘: 만나서 반가워, 미겔.
미겔: 만나서 반가워, 까르멘.
까르멘: 안녕.
미겔: 나중에 보자.

02과

• 대화 A •

아나: 안녕! 어떻게 지내니?
미겔: 아주 잘 지내, 고마워. 넌 잘 지내니?
아나: 충분히 잘 지내, 고마워.
미겔: 넌 이름이 뭐니?
아나: 난 아나라고 해, 넌?
미겔: 난 미겔이라고 해.
아나: 넌 스페인어를 배우는 학생이니?
미겔: 응, 난 스페인어를 배우는 학생이야. 넌?
아나: 나도 스페인어를 배우는 학생이야.
미겔: 만나서 반가워.
아나: 나도 반가워.
미겔: 안녕.
아나: 나중에 보자.

• 대화 B •

아나:	안녕, 난 아나라고 해.
미겔:	반갑다, 아나. 난 미겔이야. 넌 어디 출신이야?
아나:	난 영국인이야. 넌 이탈리아 사람이야?
미겔:	응, 난 로마에서 왔어. 넌 어느 도시 출신이니?
아나:	난 런던에서 왔어. 넌 스페인어를 배우는 학생이니?
미겔:	그래, 난 스페인어를 배우는 학생이야, 넌?
아나:	나도, 미겔.
미겔:	안녕, 아나. 나중에 봐.
아나:	안녕, 또 보자.

03과

• 대화 A •

안토니오:	안녕, 사라, 정말 오랜만이야!
사라:	사실이야, 안토니오. 어떻게 지내?
안토니오:	아주 좋아. 일도 잘 되고, 가족들도 잘 지내. 넌?
사라:	좋아, 아주 바빠. 이번 주에는 일이 많아서 아주 피곤해.
안토니오:	만나서 반가웠어.
사라:	나도, 또 보자.
안토니오:	안녕, 또 만나.

• 대화 B •

남자 선생님:	안녕하세요, 가르시아 선생님. 잘 지내시죠?
여자 선생님:	아주 잘 지내요. 멘데스 선생님은요?
남자 선생님:	조금 피곤하네요. 가족은 잘 있나요?
여자 선생님:	잘 있어요, 고마워요. 선생님 가족들은요?
남자 선생님:	아주 잘 있습니다. 고마워요.

04과

• 대화 A •

디에고: 에바, 넌 직업이 뭐야? 학생이야 아니면 직장인이야?

에바: 학원에서 일해. 영어 선생님이야.

디에고: 나는 학생이야. 대학교에서 공부해.

에바: 넌 스페인어를 참 잘하는 구나!

디에고: 난 어학원에서 스페인어를 공부해.

에바: 그래? 정말 재미있겠다!

디에고: 넌 어떤 언어를 할 줄 아니?

에바: 영어, 스페인어 그리고 중국어를 할 줄 알아. 스페인어 수업은 어때?

디에고: 수업은 참 재미있어.

에바: 선생님은 어떤 분이셔?

디에고: 선생님 성함은 까르멘이야. 스페인 분이시고 아주 친절해.

에바: 수업 시간에 동료들은 어때?

디에고: 동료들도 아주 친절해.

에바: 수업 시간에 많이 말해?

디에고: 응, 많이 말해.

에바: 수업 시간에 음악도 들어?

디에고: 응, 음악도 듣고 노래도 해.

에바: 집에서 스페인어 연습도 해?

디에고: 그래, 연습 충분히 해.

에바: 잘 됐다!

• 대화 B •

헤마: 너의 가족은 어때?

빠꼬: 우리 가족은 다섯 명이야. 아빠, 엄마, 형, 여동생 그리고 나.

헤마: 부모님은 연세가 어떻게 돼?

빠꼬: 아빠는 오십 살이시고 엄마는 사십 다섯 살이셔.

헤마: 아빠 직업은 뭐야?

빠꼬: 아빠는 병원에서 일하고 의사셔. 엄마는 가정주부야.

헤마: 부모님은 어떤 분이셔?

빠꼬: 아빠는 아주 친절하고 부지런해. 엄마는 인자하시고 조금 진지하시지.

헤마: 형은 몇 살이야?

빠꼬:	스물 여덟 살이야. 변호사 사무실에서 일해. 변호사지.
헤마:	결혼은 했어?
빠꼬:	아니, 미혼이야. 그런데 여자친구는 있어. 알리시아라고 해. 그녀는 보험회사 직원이고 아주 예뻐.
헤마:	여동생은 몇 살이야?
빠꼬:	여동생은 열 여덟 살이야. 고등학교에서 공부해.
헤마:	여동생은 어떤 사람이야?
빠꼬:	아주 사교적이고 스포츠를 잘해. 아! 개도 한 마리 있어. 이름은 토토야. 아주 사랑스러워.

05과

• 대화 A •

페드로:	안녕! 난 페드로라고 해.
나탈리아:	안녕! 어떻게 지내?
페드로:	넌 이름이 뭐야?
나탈리아:	난 나탈리아라고 해.
페드로:	나탈리아, 넌 어디 출신이야?
나탈리아:	난 브라질 사람이야.
페드로:	어디에 살아? 여기 마드리드에 살아?
나탈리아:	응, 푸에르토리코 거리에 살아.
페드로:	여기 마드리드에서 뭐해?
나탈리아:	어학원에서 스페인어 공부해.
페드로:	결혼했어 아니면 미혼이야?
나탈리아:	난 미혼이야, 그런데 남자친구는 있어.
페드로:	남자친구 이름은 뭐야?
나탈리아:	라울이라고 해.
페드로:	잘 생겼어?
나탈리아:	응, 아주 잘 생겼어.
페드로:	넌 몇 살이야?
나탈리아:	스물 네 살이야.
페드로:	형제 자매는 있어?
나탈리아:	응, 남자 형제 한 명이랑 자매 한 명 있어.
페드로:	누구랑 살고 있어?

나탈리아:　부모님과 형제들이랑 살고 있어.

페드로:　　너의 취미는 뭐야?

나탈리아:　내 취미는 음악 듣기와 클럽에서 춤추는 거야. 그런데 왜 그렇게 많은 질문을 하는 거니?

06과

• 대화 A •

까르멘:　후안, 오늘 무슨 요일이야?

후안:　　오늘은 월요일이야.

까르멘:　며칠이지?

후안:　　4월 22일이야.

까르멘:　넌 몇 살이야?

후안:　　스물 한 살이야.

까르멘:　우와! 나랑 동갑이네! 언제 네 생일이야?

후안:　　7월 1일, 넌?

까르멘:　난 다음 달이야. 네 별자리는 뭐야?

후안:　　난 게자리야, 넌?

까르멘:　난 황소자리야. 어디에 살고 있니?

후안:　　프린시페 거리, 15번지에 살고 있어.

까르멘:　몇 층에?

후안:　　3층.

까르멘:　전화번호는 뭐야?

후안:　　내 전화번호는 91 254 5013번이야.

까르멘:　무슨 요일에 스페인어 수업이 있어?

후안:　　월요일, 수요일 그리고 금요일마다 있어.

까르멘:　몇 시에 수업이야?

후안:　　오전 10시.

까르멘:　점심은 몇 시에 먹으러 나가니?

후안:　　1시에.

07과

• 대화 A •

호세: 이번 주말에 뭐 하고 싶어?

까르멘: 영화 한 편 보고 싶어.

호세: 어떤 영화를 보고 싶니? 액션 영화, 멜로 아니면 공상과학 영화?

까르멘: 멜로 영화를 선호해. 난 많은 폭력을 원하지 않아.

호세: 에스트레야 영화관에서 페드로 알모도바르 영화인 '귀향'을 상영하고 있어. 그 영화 볼래?

까르멘: 좋은 생각이야.

호세: 영화 본 후에는 뭐 하고 싶어?

까르멘: 스페인 식당에서 점심 먹고 싶어.

호세: 생선 요리, 소고기 요리 혹은 닭고기 요리 중에 뭘 먹고 싶니?

까르멘: 난 닭고기 요리를 먹고 싶어.

호세: 좋아. 내가 영화관에 전화해서 입장권 예약할게.

까르멘: 오케이. 난 레스토랑에 전화할게.

08과

• 대화 A •

루이사: 한국의 기후는 어때? 봄의 날씨는 어때?

마리오: 봄에는 날씨가 아주 좋아. 햇볕이 쨍쨍하고 덥지도 춥지도 않아. 날씨가 아주 쾌적해.

루이사: 그리고 여름에는 날씨가 어때?

마리오: 여름에는 아주 더워, 햇볕이 아주 쨍쨍하고 기후는 아주 습해. 장마철에는 비가 많이 와.

루이사: 가을에는 날씨가 어때?

마리오: 가을에는 봄처럼 날씨가 좋아. 선선하고 바람이 불어.

루이사: 마지막으로 겨울에는 날씨가 어때?

마리오: 겨울에는 날씨가 나빠. 매우 춥고 눈이 자주 와. 그리고 기후가 아주 건조하지.

루이사: 네가 가장 좋아하는 계절이 뭐야?

마리오: 내가 가장 좋아하는 계절은 가을이야. 왜냐하면 덥지도 춥지도 않거든.

• 대화 B •

사라: 후안, 넌 여가 시간에 뭐 하는 것을 좋아하니?

후안: 난 영화보는 걸 정말 좋아해. 스포츠도 많이 좋아하고 언어도 충분히 좋아하지.

사라: 어떤 영화를 좋아해?

후안: 난 공상과학 영화와 코미디 영화를 좋아해. 그러나 공포 영화는 전혀 좋아하지 않아.

사라: 어떤 스포츠를 좋아하니?

후안: 축구 하기와 자전거 타는 거 좋아해. 주말마다 자전거를 타.

사라: 어떤 언어를 좋아하니?

후안: 스페인어 공부하는 것을 좋아해. 난 스페인과 라틴 아메리카 문화가 너무 좋아. 월요일, 수요일, 금요일마다 스페인어 공부해. 넌, 사라, 뭐를 좋아하니?

사라: 난 디스코 음악 좋아하고, 춤 추는 걸 아주 좋아해. 주말마다 클럽에 가. 그리고 햇볕 쬐는 것도 좋아한단다. 매주 일요일마다 해변에 가지.

후안: 나도 해변 좋아해서 자주 해수욕을 해.

09과

• 대화 A •

에바: 실례합니다만, 이 근처에 주유소가 있나요?

아저씨: 네, 여기 옆에 안토니오 마차도 거리에 하나 있어요.

에바: 어디에 있나요?

아저씨: 음, 아주 쉬워요! 이 거리를 직진해서 첫 번째 거리에서 왼쪽으로 돌아요. 주유소는 은행 오른편에 있어요.

에바: 그리고 이 근처에 키오스크도 있나요?

아저씨: 주유소 옆에 한 개 있어요.

에바: 이 근처에 화장실은 있나요?

아저씨: 주유소 안에 화장실 있어요.

에바: 고마워요.

아저씨: 천만에요.

• 대화 B •

나탈리아: 이번 주말에 결혼식이 있는데 원피스가 하나 필요해요. 저기 있는 저 정장이 맘에 들

어요.

판매원:　참 죄송한데요, 저기 있는 저 정장은 판매가 됐어요. 그러나 여기 이 바지나 저기 저 원피스가 있어요.

나탈리아:　여기 이 원피스가 더 맘에 들어요. 무슨 색상이 있나요?

판매원:　검정, 파랑 그리고 빨강색 있어요.

나탈리아:　작은 사이즈 있어요?

판매원:　네, 여기 있어요.

나탈리아:　입어봐도 되나요?

판매원:　물론이죠. 저기 복도 끝에 피팅룸이 있습니다.

나탈리아:　검정도 나쁘지는 않지만 전 빨강과 같은 좀 더 밝은 색이 더 맘에 들어요.

판매원:　저도 전적으로 동의해요. 다른 것 필요한가요?

나탈리아:　아니요, 감사합니다. 얼마예요?

판매원:　20유로입니다.

나탈리아:　할인은 없나요?

판매원:　이미 할인가예요. 현금으로 지불하실 거예요 아니면 카드로 지불하실 거예요?

나탈리아:　카드로요.

판매원:　네, 계산대로 가십시오.

10과

● 대화 A ●

로사:　넌 평소에 몇 시에 일어나니?

미겔:　9시에.

로사:　일어난 후에 뭐 하니?

미겔:　얼굴 씻고 면도해. 그리고 그 후에 아침 먹고 이빨을 닦지. 그 다음에 옷을 입고 집에서 나가.

로사:　아침에 샤워해 아니면 밤에 샤워해?

미겔:　밤에 샤워해. 왜냐하면 아침에는 시간이 없기 때문이지.

로사:　집에서 아침 먹어 아니면 집 밖에서 아침 먹어?

미겔:　난 항상 식당에서 아침 먹어.

로사:　대학교 가기 위해 무슨 옷을 입어?

미겔:　청바지와 셔츠 입어. 난 편하게 입는 게 좋아.

로사:　몇 시에 집에 돌아와?

미겔:　약 7시 30에 돌아와.

로사:　자기 전에는 뭐하니?

미겔:　인터넷하고, 책도 좀 읽고 텔레비전도 봐.

로사:　몇 시에 자니?

미겔:　10시에 자. 난 일찍 자는 걸 좋아해.

● 대화 B ●

산드라:　웨이터! 여기요!

웨이터:　네, 아가씨, 잠시만요.

산드라:　메뉴판 좀 갖다 주시겠어요?

웨이터:　지금 갖다 드릴게요. 여기 있습니다.

산드라:　고마워요.

웨이터:　어디 봅시다…… 뭐 드릴까요?

산드라:　전채요리로는 야채 샐러드 주시고, 메인 요리는 감자 토르티야 주세요.

웨이터:　네, 좋아요. 또 다른 것은요?

산드라:　오징어도 좀 주세요.

웨이터:　좋아요, 야채 샐러드 하나, 감자 토르티야 일 인분 그리고 오징어요. 후식은 뭐 드릴까요?

산드라:　초콜릿 케이크 주세요.

웨이터:　마실 거는요?

산드라:　레드 와인 한 잔요.

웨이터:　지금 바로 갖다 드릴게요.

－ 한 시간 후－

산드라:　웨이터, 계산서 좀 갖다 주실래요?

웨이터:　지금 바로 갖다 드릴게요.

11과

● 대화 A ●

이사벨:　안녕, 미겔! 잘 지내고 있어?

미겔:　아주 잘 지내, 넌? 어때?

이사벨:　완전 좋아! 나 다음 달에 결혼하는 거 아니?

미겔:　말도 안돼! 남자친구는 어떤 사람이니?

이사벨: 키도 크고 마르고 갈색 피부를 가졌어. 여기 사진 한 장 있어.

미겔: 완전 잘 생겼네. 몇 살이야? 너 보다 나이가 많아?

이사벨: 스물 일곱이야. 나보다 두 살 연하야.

미겔: 직업은 뭐야?

이사벨: 영어 선생님이야, 학교에서 일해.

미겔: 좋겠다! 너만큼 유쾌한 사람이야?

이사벨: 응, 친절하고 유쾌하고 똑똑해. 그런데 나보다 더 소심해.

미겔: 너 남자친구 소개시켜 줄래?

이사벨: 그래, 다음 주에 소개시켜 줄게.

12과

• 대화 A •

나탈리아: 안녕! 이번 주말에 뭐 할 예정이니?

다니엘: 친구들과 함께 해변에 갈 거야, 넌?

나탈리아: 특별한 건 없어. 아직 계획이 없어.

다니엘: 우리랑 같이 가지 않을래?

나탈리아: 완전 좋아! 몇 시에 가는 거야?

다니엘: 이번 주 토요일에 여기서 오전 7시에 출발할 예정이야.

나탈리아: 몇 명이 갈 예정이야?

다니엘: 5명이 될 거야.

나탈리아: 해변에서는 뭐 할 계획이야?

다니엘: 서핑도 하고 선탠도 할 예정이야. 그리고 해산물도 먹을 거야.

나탈리아: 언제 돌아올 거야?

다니엘: 유스호스텔에 묵을 거고 일요일에 돌아올 거야.

나탈리아: 뭐 가지고 가야 해?

다니엘: 수영복만 가져오기만 하면 돼.

나탈리아: 아주 좋아! 완전 기다려진다!

• 대화 B •

미리암: 네? 여보세요?

다니엘: 미리암? 나 다니엘이야.

미리암: 안녕! 잘 지내, 다니엘?

다니엘: 잘 지내, 넌?

미리암: 나도 아주 잘 지내, 너무 좋아.

다니엘: 뭐 하고 있어?

미리암: 프랑스어 연습문제 풀고 있어.

다니엘: 아, 그렇구나. 아르만도와 파블로는 뭐 하고 있어? 거기 너랑 같이 있지?

미리암: 그래, 아직 여기에 있어. 아르만도는 친구에게 편지 쓰고 있고, 파블로는 음악 듣고 있어.
　　　　넌 뭐 하고 있니?

다니엘: 난 수학 숙제 하고 있어.

미리암: 우리 집에 잠시 오지 않을래? 뭐 마시고 수다 좀 떨자.

다니엘: 오케이, 15분 후에 너희 집에 도착할 거야.

13과

● 대화 A ●

실비아: 이번 주말에 뭐 할 예정이야?

나쵸: 　바르셀로나에 가야 해.

실비아: 언제 바르셀로나로 가?

나쵸: 　이번 주 토요일에. 아침에 나가서 3시간 동안 가야 해.

실비아: 비행기로 안 가?

나쵸: 　물론 아니야! 기차로 가. 훨씬 저렴해.

실비아: 얼마나 거기서 머물 생각이야?

나쵸: 　1주일! 몇몇 중요한 서류를 가져와야 해. 다음 주 금요일까지 준비가 될 예정이래.

실비아: 많이 보고 싶을 거야, 자기야.

● 대화 B ●

고객: 　안녕하세요. 오늘 밤에 테이블 예약하고 싶은데요.

웨이터: 몇 명이세요?

고객: 　두 명요.

웨이터: 몇 시예요?

고객: 　여덟 시요.

웨이터: 성함이 어떻게 되시나요?

고객: 실비아 곤살레스입니다.

웨이터: 식당 내부 아니면 야외 중 어디를 선호하시나요?

고객: 야외 테라스가 좋아요.

웨이터: 네, 알겠습니다.

고객: 식당에서 잘하는 전문 요리가 뭐죠?

웨이터: 고기입니다.

고객: 어떤 종류의 고기요, 소고기 아니면 돼지고기요?

웨이터: 특히, 소고기 요리 입니다.

고객: 고기는 어떻게 준비하나요? 굽나요 아니면 튀기나요?

웨이터: 고객님 원하시는 대로요.

고객: 식당 주소가 어떻게 되나요?

웨이터: 알칼라 거리 35번지 입니다.

고객: 아주 친절하시네요. 감사합니다.

웨이터: 고객님께도 감사 드립니다. 안녕히 계세요.

14과

• 대화 A •

페드로: 안녕, 롤라. 오늘 하루는 어땠니?

롤라: 아주 잘 보냈어. 아주 유쾌한 하루였지. 훌리아를 만나서 일본 레스토랑에 가서 수시를 먹었어.

페드로: 음식은 좋았어?

롤라: 응, 일본 음식 먹어본 건 처음이었는데, 아주 좋았어.

페드로: 그런데 넌 점심 전에 수업 있었니?

롤라: 물론이지, 학교에 도착해서 수업했지. 이쪽 저쪽으로 서류 옮겨 놓았고, 점심 먹으러 나갔어. 그 후에 더 많은 일들을 했어. 넌?

페드로: 난 오늘 수업이 없었어. 그래서 하루 종일 집에 있으면서 쉬었어.

롤라: 그렇다면, 특별한 일 하지 않았어?

페드로: 오케이, 내 방 청소하고, 요리해서 혼자 식사했어. 그리고 책도 좀 읽고 텔레비전도 봤어. 아주 조용한 하루였지.

롤라: 좋았겠다!

● 대화 B ●

로헬리오: 베로니카, 스페인에 산지 얼마나 되었어?

베로니카: 여기 마드리드에 산지 6개월째야.

로헬리오: 스페인의 삶이 좋아?

베로니카: 물론이지! 스페인에 사는 게 아주 좋아.

로헬리오: 스페인에 대해 가장 좋은 게 뭐야?

베로니카: 사람들이 아주 좋아. 스페인 음식도 좋아.

로헬리오: 이미 많은 스페인 친구들을 사겼니?

베로니카: 그래, 이미 몇몇 스페인 사람들을 만났어. 아주 친절해.

로헬리오: 스페인 음식은 먹어봤니?

베로니카: 응, 빠에야는 많이 먹어봤어. 또한 스페인 토르티야도 먹어봤어.

로헬리오: 음식은 좋았어?

베로니카: 완전 좋았어!

로헬리오: 스페인에서 여러 곳을 가봤어?

베로니카: 바르셀로나에 가서 사그라다 파밀리아 성 가족 대성당과 구엘 공원을 방문했어. 또한 세비야와 그라나다도 갔어.

로헬리오: 플라멩코 쇼는 봤어?

베로니카: 물론! 세비야의 타블라오에서 봤어. 너무 좋았어.

15과

● 대화 A ●

미겔: 지난 주말에 뭐 했어?

까르멘: 토요일에는 레스토랑에 몇몇 친구들과 함께 점심 먹으러 나갔어.

미겔: 뭐 먹었니?

까르멘: 생선 먹었어. 너무 좋았어.

미겔: 그 후에는 뭐 했어?

까르멘: 산책했어. 커피숍에 가서 수다도 많이 떨었어.

미겔: 몇 시에 집에 돌아왔어?

까르멘: 9시에 돌아왔어. 많이 걸어서 피곤해서 잠들었어. 넌 뭐 했니?

미겔: 난 집에서 나오지 않았어. 주말 내내 집에 있었어. 그런데 많은 것들을 했단다. 토요일에는 집안일을 했어. 청소하고, 세탁하고 요리도 했어.

까르멘: 일요일에는 뭐 했어?

미겔: 일요일에는 한 친구가 우리 집에 왔어. 스페인어 숙제하고 조금 연습했어. 그리고 나서 텔레비전에서 영화 한 편을 봤어.

까르멘: 영화는 좋았어?

미겔: 응, 너무 맘에 들었어. 코미디 영화였는데 우리는 많이 웃었어.

• 대화 B •

나탈리아: 지난 휴가 때 뭐 했어?

페드로: 친구들과 산에 소풍 갔어.

나탈리아: 어디로 갔었어?

페드로: 피레나 산맥으로 가서 캠핑했어. 하이킹도 하고 많이 걸었지.

나탈리아: 날씨는 어땠어? 많이 더웠어?

페드로: 무슨 소리야! 아주 멋진 날이었어. 날씨가 아주 맑아서 깨끗한 공기를 마실 수 있었어. 넌 뭐 했니?

나탈리아: 음, 난 해변에 있었지. 남편이랑 카나리아 제도에 갔었어. 아름다운 장소들에도 가고 투어도 많이 했어. 너무 재미있었지.

페드로: 어디서 잤어?

나탈리아: 해변 가까이 있는 호텔에서 잤어. 전망이 환상적이었지.

페드로: 전통 음식은 먹었어?

나탈리아: 응, 맛있는 해산물을 먹었는데 너무 좋았어.

페드로: 바다에서 스쿠버 다이빙도 했어?

나탈리아: 응, 스쿠버 다이빙도 하고, 윈드서핑도 하고 선탠도 했어.

페드로: 사진은 많이 찍었니?

나탈리아: 물론이지, 진짜 아름다운 사진들을 찍었어.

페드로: 다음 번에 사진들 좀 보여줘, 알았지?

나탈리아: 응, 그럴게.

16과

• 대화 A •

페드로: 내가 어렸을 때 이 사진 봐.

클라라: 정말 잘 생겼구나! 이 사진에서 몇 살이었니?

페드로: 8살이었어.

클라라: 어렸을 때 어디에 살았었어?

페드로: 어렸을 때 남쪽에 있는 한 마을에 살았었지.

클라라: 그 마을은 어땠어? 아름다웠어?

페드로: 응, 아주 아름다운 마을이었어. 산으로 둘러 싸여 있었고 근처에 호수가 하나 있었어.

클라라: 그 마을에서의 삶은 어땠어? 뭐 했었어?

페드로: 아주 평온한 삶이었지. 매일 친구들과 함께 산책하러 나갔었고, 자주 나무에 올라갔었어. 여름에는 호수에서 물놀이도 했었단다.

클라라: 어렸을 때 넌 어떤 아이였니?

페드로: 난 아주 활동적이고 스포츠를 좋아하는 아이였단다. 학교 축구팀에서 운동했어. 운동을 정말 많이 좋아했었지!

클라라: 여기 개도 있었네! 이름이 뭐였어?

페드로: 마라톤이라 불렸지. 왜냐하면 달리는 걸 너무 좋아했었거든.

클라라: 너의 마을이 많이 그립지?

페드로: 응, 많이 그리워. 시골의 조용함과 풍경을 즐기고 싶어.

클라라: 마을에 자주 가니?

페드로: 예전에는 아주 자주 갔었는데 지금은 시간이 없어서 자주 갈 수가 없어.

17과

● 대화 A ●

카를로스: 저기, 라켈, 올 여름엔 뭐 했어?

라켈: 일본에 있었어. 직장 동료들과 갔었어. 넌 일본에 가본 적 있어?

카를로스: 응, 여러 번 갔었어. 마지막으로 간 게 작년 11월이었지. 무엇을 보았니?

라켈: 박물관들 방문하고 많이 걸었어.

카를로스: 새로운 친구들을 많이 사귀었니?

라켈: 응, 정말 친절한 몇몇의 남자들을 만났어. 네 휴가는 어땠어? 올 여름에 뭐 했어?

카를로스: 난 여자 친구랑 스페인에 있었어. 7월엔 2주 동안 안달루시아에 다녀왔고 8월엔 1주일간 말라가 해변에서 보냈어.

라켈: 날씨는 어땠니?

카를로스: 이번 여름엔 날씨와는 운이 좋았어, 단 하루도 비가 오지 않았고 기온도 아주 쾌적했었단다.

라켈: 언제 돌아왔어?

카를로스: 1주일 전에 돌아왔어. 정말 잘 보냈었어.

• 대화 B •

사라: 어젯밤에 어디에 있었어? 여러 번 전화했었는데 응답이 없더라.

다니엘: 미안해, 집에 핸드폰을 두고 나가서 전화를 받을 수 없었어.

사라: 내가 전화 했을 때 어디에 있었니?

다니엘: 일이 많아서 사무실에 있었어.

사라: 그러면 사무실에서 왜 전화 안 했어?

다니엘: 시간이 없어서 전화 못했어.

사라: 사무실에서 몇 시에 나왔니?

다니엘: 10시에 나왔어. 그런데 집으로 가는 중에 미겔을 만나서 뭐 좀 마시러 갔어. 11시까지 바에서 있었어.

사라: 몇 시에 집에 돌아왔어?

다니엘: 12시에 돌아왔어.

사라: 집에 도착했을 때 왜 전화 안 했어?

다니엘: 집에 도착했을 때, 너무 피곤해서 잠들어 버렸어. 미안해.

사라: 오케이, 왜냐하면 네가 전화 안 해서 많이 걱정하고 있었단 말이야.

18과

• 대화 A •

마리벨: 요전 날 나에게 무슨 일이 있었는지 아니?

후안: 어디 보자, 얘기해봐.

마리벨: 내가 마요르 광장을 산책하고 있었는데, 내 이탈리아 친구 에스테르를 만났어.

후안: 진짜? 그녀는 뭐 하고 있었어?

마리벨: 신문을 사고 있었어. 내가 그녀를 불렀을 때, 너무 놀랐었어. 왜냐하면 아무도 만날 거라고는 기대하지 않았거든.

후안: 정말 우연이다! 그래서 뭐 했어?

마리벨: 뭐 좀 마시러 바에 가서 우리가 하고 있는 것에 대해 이야기를 나눴어. 그녀는 어떤 친구 한 명과 함께 여행 중이었고, 그 친구는 그 순간에 호텔에서 자고 있었다고 얘기했어.

후안: 그녀의 친구는 너희들한테 오기를 원하지 않았어?

마리벨: 아니, 우리가 얘기하고 있는데, 그녀의 친구가 핸드폰으로 전화를 했지. 20분 후에 도착했는데…… 누구였는지 상상해봐!

후안: 모르겠는데……

마리벨: 우리 친구 훌리아였어!

• 대화 B •

카밀라: 오늘 밤에 파티에 올 거야?
다빋: 못 가. 일이 많아서.
카밀라: 넌 일을 지나치게 많이 해.
다빋: 사실이야. 요즘 너무 예민하고 긴장하고 있어.
카밀라: 왜?
다빋: 왜냐하면 여행을 많이 하고 사무실에는 할 일이 많이 있어. 시간이 거의 없단 말이지.
카밀라: 어디로 여행해?
다빋: 거의 매달 마드리드로 많이 가. 모든 걸 하는 것은 아주 어려워.
카밀라: 사무실에서는 어떤 일을 해야 해?
다빋: 많은 이메일을 써야 하고 게다가 회의도 충분히 많아. 넌?
카밀라: 난 요즘 별로 바쁘지 않아. 충분히 조용한 시기지.
다빋: 언제 만나서 저녁 먹어야겠다.
카밀라: 완전 좋아! 마요르 광장 근처에 아주 좋은 레스토랑들이 몇 개 있어.
다빋: 그래? 난 아무 레스토랑도 모르는데.
카밀라: 내가 예약할게.
다빋: 오케이.
카밀라: 너무 많이 일하면 안 돼!

19과

• 대화 A •

마누엘: 테레사, 이번 주말에 뭐 할 거야?
테레사: 파티를 열거야. 이번 토요일이 내 생일이야. 18살이 되는 거지. 어른이 되는 거야!
마누엘: 좋겠다! 축하해!
테레사: 내 친구들 모두 초대해서 파티를 열 거야. 너도 파티에 올 거지?
마누엘: 그래, 물론이지. 네 생일을 축하해야지.
테레사: 파티 준비하는 거 도와줄래?
마누엘: 물론이지, 뭐 할까?
테레사: 음식하고 음료수들을 준비할 거야.
마누엘: 몇 명이 올 거야?

테레사: 루이스, 빠코, 세실리아 그리고 아나가 올 거야.

마누엘: 다니엘은 안 와?

테레사: 그의 고향에 가기 때문에 못 올 거라고 생각해.

마누엘: 그렇다면, 네 명, 너와 나를 합치면 총 6명이겠네.

테레사: 그렇지. 내가 빠에야 만들게. 그리고 음료수랑, 치즈, 하몬 조금하고 빵을 살 거야.

마누엘: 내가 케이크하고 좋은 와인 한 병 가져올게.

테레사: 아주 좋아. 아주 큰 파티가 되겠다!

20과

• 대화 A •

페드로: 오늘 오후에 에바 집에 가도 돼요? 에바 생일 파티가 있어요.

어머니: 그런데 아직 숙제 안 했잖아, 아들. 먼저 숙제부터 해.

페드로: 그러나 엄마! 제발 이러지 마세요…… 내 친구들이 기다린다 말이에요.

어머니: 오케이… 파티가 몇 시야?

페드로: 6시요.

어머니: 그런데 혼자 가지 마, 친구들한테 전화해서 그들과 함께 가.

페드로: 네, 좋아요.

어머니: 케이크 가게 들러서 케이크 하나 사서 에바 집에 갖고 가.

페드로: 좋아요! 돈 주세요, 엄마, 한 푼도 없어요.

어머니: 오케이, 받아, 그러나 아주 늦게 오지 마.

페드로: 안 그럴게요! 걱정 마세요.

어머니: 에바 집에서 아주 늦게 나오게 되면, 전화해, 알았지?

페드로: 알았어요, 엄마.

어머니: 우산 잊지마. 비 오고 있어.

• 대화 B •

환자: 안녕하세요. 좋은 아침입니다.

의사: 안녕하세요. 좋은 아침이에요. 들어오셔서 앉으세요.

환자: 고맙습니다.

의사: 말씀하세요. 어디가 편찮으세요?

환자: 기침이 심하구요, 특별히 밤에요. 게다가 거의 숨을 쉴 수 없어요.

의사:	목이 아픈가요?
환자:	네.
의사:	입을 벌리고… 호흡하세요… 그리고 조금 기침해 보세요. 좋아요. 그리고 머리도 아파요?
환자:	네, 머리도 아파요.
의사:	열이 있으세요?
환자:	네, 팔과 다리도 아파요. 그러니깐…… 몸 전체가 아파요.
의사:	얼마동안 아프셨어요?
환자:	약 4일 됐어요.
의사:	독감에 걸리셨네요. 기침에 이 시럽을 드시고 이 주사를 맞으세요.
환자:	네, 알겠습니다.
의사:	물론, 담배는 피우지 마시고요. 누워서 쉬세요. 직장에 나가지 마시고 집에서 적어도 3일은 쉬세요. 찬 바람은 세지 마시고요. 목이 많이 아프면 꿀을 탄 레몬 차를 마셔요. 3일 지난 후에도 컨디션이 낳아지지 않으면, 병원에 다시 오세요.
환자:	감사합니다, 의사 선생님.
희사:	천만에요. 몸 잘 돌보세요.

21과

• 대화 A •

직원:	안녕하세요! 무엇을 도와 드릴까요?
고객:	안녕하세요! 외국 여행에 대한 정보를 주셨으면 합니다.
직원:	어디로 여행하고 싶으세요?
고객:	칸쿤으로 가고 싶어요.
직원:	칸쿤은 아름다운 해변으로 마야 유적지도 알 수 있을 거예요. 칸쿤 팸플릿 하나 드릴까요?
고객:	아주 좋아요! 제 아내도 보길 원해요.
직원:	매주 월요일과 수요일 두 번 출발합니다. 무슨 요일을 원하세요?
고객:	8월 첫째 월요일이 좋겠네요.
직원:	좋습니다! 몇 명이 여행하나요?
고객:	어른 두 명과 어린이 한 명입니다.
직원:	고급 호텔, 작은 호텔 그리고 별장 중 어떤 종류의 숙박 시설을 원하시나요?
고객:	저는 호텔이 적당히 저렴하고 해변 근처에 있기를 원해요. 그리고 제 아내는 방이 해변으로 향해있기를 바래요.
직원:	어디 봅시다…… 네, 여기 하나 있네요. 바다 전망이 있는 3성급 미라마르 호텔입니다.

해변에서 5분 거리네요. 게다가 아침과 점심 식사가 포함되어 있어요.

고객: 그 호텔로 예약하길 원합니다.

직원: 여기 예약 티켓과 팜플릿 있고요. 행복한 여행 되길 바래요.

고객: 감사합니다. 좋은 하루 되세요!

22과

• 대화 A •

페드로: 우리가 같이 사는 문제에 대해서 얘기를 좀 하기를 원해.

엘비라: 그래, 말해 봐, 내가 뭘 하길 원하니?

페드로: 우리가 집안 일 분담하는 게 중요해. 난 내가 혼자 다 하는 거 싫어. 내가 일주일에 두 번 청소할 테니 너도 똑같이 하길 요구해.

엘비라: 동의해. 나도 한가지 너한테 요구할게. 난 네가 집에서 담배 피우는 거 정말 싫어. 담배 피우고 싶으면 집 밖에서 피우기를 정말 부탁할게.

페드로: 그래, 그렇게 하도록 할게. 너도 알다시피 내가 내년에 있을 공무원 시험을 준비하고 있잖아. 네가 음악 크게 틀어 놓는 게 너무 짜증나. 소음 때문에 공부할 수가 없어.

엘비라: 난 음악 크게 듣는 걸 좋아하는데, 네가 싫다면 볼륨을 좀 낮출게.

페드로: 그리고 또 친구들이 집에 올 때는 나에게 좀 통보하길 요구할게. 난 네가 집에서 파티 너무 많이 하는 게 싫어.

엘비라: 페드로, 난 네가 잠시 한동안 휴가를 가지기를 충고해. 집에 하루 종일 있는 것은 좋지 않아. 친구들과 밤에 나가 놀기를 권해. 내가 보기에는 너 조금 히스테릭해 보인다.

페드로: 요즘에 시험 때문에 긴장했어. 휴식이 필요해.

엘비라: 좀 긴장을 풀 수 있게 요가 수업에 등록하기를 추천한다.

23과

• 대화 A •

빅토르: 자기야, 벌써 우리 결혼식이 다가오고 있어. 우리가 신혼 여행 어디로 가길 원해?

아드리아나: 너무 관광지가 아닌 곳에 갔으면 좋겠어.

빅토르: 그런데, 아드리아나, 8월엔 사람으로 가득 차지 않은 장소가 하나도 없어. 사람이 많을지라도 난 관광지를 더 선호해.

아드리아나: 네 말이 맞아, 빅토르. 그리고 낮뿐만 아니라 밤에도 할 일들을 많이 제공하는 장소를 찾고 싶어.

빅토르: 많은 재미있는 것들을 제공하는 여러 유럽 도시들을 알고 있어. 바르셀로나는 건축, 해변, 박물관들이 있는 아름다운 도시지.

아드리아나: 스페인, 그래! 유행하는 우아한 옷들을 많이 파는 곳으로 가고 싶어.

빅토르: 아드리아나, 네가 알다시피 파리에서는 세계 그 어느 다른 도시에서보다도 세련된 옷들이 많이 제조되고 있잖아.

아드리아나: 좋아! 파리는 우아한 가게들 뿐만 아니라 많은 문화적인 활동이 있는 도시야.

빅토르: 자 그러면 아드리아나, 우리 유럽 일주 하지 않을래?

아드리아나: 완전 좋지! 바르셀로나에 있을 때, 우리 친구 베아트리스를 봐야겠다.

빅토르: 좋은 생각이야. 그녀가 우리의 여행에 대해 알 수 있도록 편지 써.

아드리아나: 그래, 자기야. 그녀가 다른 약속 잡기 전에 편지 쓸게.

24과

• 대화 A •

엄마: 아들, 지금 상태는 어때?

아들: 지금 조금 낳아졌어요.

엄마: 오늘 오후에 병원 갔었니?

아들: 퇴근하자마자 병원에 갔어요.

엄마: 의사가 뭐라고 했니?

아들: 감기에 걸렸다고 했어요. 그리고 이 알약하고 시럽 먹으라고 했어요. 또 직장에 가지 말고 2~3일은 집에 있으라고 충고 했어요.

엄마: 난 네가 더 나빠지기 전에 병원에 빨리 가길 원했어.

아들: 냉장고에 레몬주스 있어요? 의사가 레몬주스 많이 마시라고 했어요.

엄마: 그래, 아들. 네가 낳을 수 있게 가지고 올게. 그런데, 상사한테 휴가 요구했어?

아들: 네, 다행히도 3일 쉬라고 허락했어요.

엄마: 잘됐다! 병원에는 언제 다시 가야 하니?

아들: 내일모레 다시 오라고 했어요.

엄마: 알았다, 아주 좋아.

25과

• 대화 A •

아나: 라울, 무슨 일이야?

라울: 문제가 하나 있는데, 아주 걱정이야.

아나: 네가 원한다면, 무슨 일인지 나한테 얘기해도 돼.

라울: 내 여자친구가 영국에서 일자리 하나를 제공 받았어. 그녀에게는 아주 놓은 기회고 그 기회를 꼭 활용하고 싶다고 해. 내가 뭘 해야 할까? 나도 그녀와 함께 영국에 가고 싶지만, 만약 영국에 가게 되면 여기 일을 그만둬야만 하겠지.

아나: 내가 너라면 너의 상사랑 얘기해 볼 텐데. 영국 지사로 보내달라고 부탁해 볼 텐데.

라울: 그래, 하지만 나한테 그걸 허락하는 게 쉽지 않을 거야. 게다가 내가 지금 직장을 그만 두게 되면, 거기서 다른 일을 찾아야만 하겠지.

아나: 넌 어떻게 하고 싶어?

라울: 난 내 여자친구가 영국에 안 가고 나와 함께 있었으면 좋겠어. 그녀를 잃고 싶지 않아. 우리가 헤어져 지내게 된다면, 나중에는 그녀를 결국은 잃어버리게 되겠지.

아나: 내가 너라면 네 여자 친구랑 얘기해서 가지 말라고 요구할 것 같아. 스페인에 있으라고 집요하게 부탁해서 너랑 결혼할 수 있도록 프러포즈 할 텐데.

• 대화 B •

후아니따: 할머니, 만일에 젊어졌더라면, 할아버지랑 결혼하셨을까요?

할머니: 물론이지, 그런데 할 수만 있었다면, 그렇게 젊은 나이에 결혼을 하지 않았을 거야.

후아니따: 그래요? 왜요?

할머니: 기회만 있었더라면, 나는 아마 대학에서 의학을 공부해서 의사가 됐을 거야.

후아니따: 왜 공부 안 하셨어요?

할머니: 왜냐하면 그 시대에는 여자들은 대학교에 가지 않았단다. 오직 남자들만 대학에 갔었지. 그러나 내가 대학에 갔었더라면, 네 할아버지와 내가 절대로 서로 만나지 못했을 테고 그렇게 되면 너도 절대로 태어나지 않았겠지.

후아니따: 정말이네요! 할머니가 할아버지와 결혼하지 않았더라면, 나는 이 세상에 존재하지 않겠네요.